나고야의정서의 이행

환경과 통상

김두수 저

2018

박영사

Implementation of the Nagoya Protocol

Environment & Trade

KIM Doosu

2018

PARKYOUNGSA

서 문

　'생물다양성의 보전, 지속가능한 이용, 유전자원 및 관련 전통지식의 이용으로부터 발생하는 이익의 공정하고 공평한 공유'를 목적으로 하는 나고야의정서는 2010년 10월 29일 채택된 후 2014년 10월 12일 발효되었다. 국제사회에서 나고야의정서 만큼 환경과 통상, 양 측면을 포괄하고 있는 국제조약도 많지 않다. 처음에는 개도국과 최빈개도국을 중심으로 당사국 수가 증가하였으나, 근래에는 선진국들의 비준도 지속해서 증가하고 있어, 2018년 초 이미 나고야의정서의 당사국은 105개국에 달하고 있다. 이제 나고야의정서의 국내법이나 제도의 마련은 선택이 아닌 필수로서 국제사회의 대세적 경향이 되고 있다. 그리고 나고야의정서가 유전자원 이용자의 이행의무준수를 핵심내용으로 하고 있기 때문에 유전자원의 제공자보다는 이용자의 입장에 있는 당사국들은 상당한 부담을 갖게 되었다. 이러한 상황에서 우리나라는 국내이행법률인 '유전자원의 접근·이용 및 이익 공유에 관한 법률(유전자원법)'을 2017년 1월 17일 제정·공포하였고, 2017년 5월 19일 나고야의정서를 비준하였으며, 2017년 8월 17일부터 당사국의 지위를 갖게 되었다.

　이제 나고야의정서에 대하여는 주요 핵심 사항에 대한 국내이행 법제의 완비와 함께 상호주의가 작용하는 국제사회에서의 동 의정서 이행과 관련된 핵심 사항에 대한 비교법적 검토와 적절한 대응이 필요하다. 이에 이 책에서는 먼저 우리나라의 유전자원법을 소개하였고 유전자원 이용자 입장이 강한 EU 주요 회원국들의 ABS 법제를 소개하였다. 앞으로 타 지역 국가들의 ABS 법제들도 수록할 계획이다.

　제1장은 국제경제법연구(제15권 제3호, 2017.11)의 "나고야의정서에 대한 우리나라 유전자원법의 법적 검토", 제2장은 국제경제법연구(제16권 제2호, 2018.7)의 "나고야의정서의 사전통보승인(PIC)상 유전자원 및 관련 전통지식에 대한 '접근신청' 관련 이용자의 이행의무준수: 국내 유전자원 '접근신고 간소화 및 예외'를 중심으로", 제3장은 국제경제법연구(제12권 제3호, 2014.11)의 "EU법상 나고야의정서 이행에 있어서의 쟁점 분석 및 시사점", 제4장은 법학연구(제45집, 2015.9)의 "나고야의정서에 관한 영국 이행입법의 법적 검토", 제5장은 국제법학회논총(제61권 제4호, 2016.12)의 "네덜란드의 나

고야의정서상 접근 및 이익 공유(ABS)에 관한 이행 동향: 자율 규제에서 국내이행법률 채택으로의 전환", 제6장은 국제경제법연구(제15권 제1호, 2017.3)의 "독일의 나고야의정서상 접근 및 이익 공유(ABS) 체계 분석과 시사점", 제7장은 국제경제법연구(제15권 제2호, 2017.7)의 "덴마크의 나고야의정서상 유전자원의 접근 및 이익 공유(ABS) 체계에 관한 분석과 시사점", 제8장은 국제경제법연구(제16권 제1호, 2018.3)의 "프랑스의 나고야의정서상 접근 및 이익 공유(ABS)에 관한 국내이행 법제 동향", 제9장은 국제법학회논총(제61권 제3호, 2016.9)의 "나고야의정서상의 상호합의조건(MAT)과 해양미생물의 접근 및 이익 공유(ABS)에 관한 EU Micro B3 모델협정"을 참조하였다.

부디 이 책이 나고야의정서와 그 이행에 대한 교육 및 정보를 필요로 하는 학계와 실무계의 관계자 분들께 유익하기를 바란다.

끝으로 저자를 위해 헌신하신 아버지(김종기)와 어머니(정진옥)께 깊은 감사의 말씀을 올리며, 사랑하는 가족에게 고마운 마음을 전한다.

2018년 8월 10일

김두수

차 례

제 2 부 EU의 나고야의정서 이행   71

제 3 장 EU의 ABS

제 4 장 영국의 ABS

제 7 장 덴마크의 ABS

제 8 장 프랑스의 ABS

제 9 장 EU의 Micro B3 모델협정과 ABS

제10장 EU 및 회원국의 ABS 요약

약 어

ABS: Access and Benefit–Sharing

ABSCH: Access and Benefit–Sharing Clearing–House

BfN: Bundesamt für Naturschutz

BMUB: Bundesministerium für Umwelt, Naturschutz, Bau und Reaktorsicherheit

CBD: Convention on Biological Diversity

CGIAR: Consultative Group on International Agricultural Research

CGN: Centre for Genetic Resources, the Netherlands

CITES: Convention on International Trade in Endangered Species of wild Fauna and Flora

CNA: Competent National Authorities

CNTE: Conseil national de la transition ecologique

CP: Checkpoint

EC: European Community

EIE: Environmental Impact Assessment

EU: European Union

FTA: Free Trade Agreement / Free Trade Area

FVO: Food & Veterinary Office

GATS: General Agreement on Trade in Services

GATT: General Agreement on Tariffs and Trade

GISRS: Global Influenza Surveillance and Response System

GMO: Genetically Modified Organisms

HACCP: Hazard Analysis Critical Control Points

IPEN: International Plant Exchange Network

IPLCs: Indigenous Peoples and Local Communities

IRCC: Internationally Recognized Certificate of Compliance

ITPGRFA: International Treaty on Plant Genetic Resources for Food and Agriculture

IUCN: International Union for Conservation of Nature

MAT: Mutually Agreed Term

MEAs: Multilateral Environmental Agreements

MFN: most−favored−nation treatment

MOSAICC: Micro−organisms Sustainable Use and Access Regulation International Code of Conduct

NFP: National Focal Point

NT: National Treatment

OECD: Organization for Economic Co−operation and Development

OSD: Ocean Sampling Days

PIC: Prior Informed Consent

PIPF: Pandemic Influenza Preparedness Framework

PPP: Polluter−pays Principle

SMTA: Standard Material Transfer Agreement

SPS: Agreement on the Application of Sanitary and Phytosanitary Measures

TBT: Agreement on Technical Barriers to Trade

TEU: Treaty on European Union

TFEU: Treaty on the Functioning of the European Union

TK: traditional knowledge

TRIPs: Agreement on Trade−Related Aspects of Intellectual Property Rights

UN: United Nations

UNCLOS: United Nations Convention on the Law of the Sea

UNDRIP: UN Declaration on the Rights of Indigenous Peoples

UNFAO: United Nations Food and Agriculture Organization

UPOV: International Union for the Protection of New Varieties of Plants

WHO: World Health Organization

WIPO: World Intellectual Property Organization

WTO: World Trade Organization

제1부

우리나라의 나고야의정서 이행

제 1 장

우리나라의 ABS

Ⅰ. 서언

나고야의정서[1]의 당사국은 105개국에 달하고 있으며,[2] 2014년 10월 12일 동 의정서가 국제적으로 발효된 이후 비준국은 꾸준한 증가를 보이고 있다. 처음에는 개도국과 최빈개도국을 중심으로 당사국 수가 증가하였으나, 근래에는 선진국들의 비준도 증가하고 있다.[3] 우리나라도 나고야의정서의 비준 뒤[4] 1년 후에 세부 요건이 적용될 것을 조건으로 하여 '유전자원의 접근·이용 및 이익 공유에 관한 법률(유전자원법)'을 2017년 1월 17일 제정·공포하였고, 2017년 5월 19일 나고야의정서를 비준하였으며, 2017년 8월 17일부터 당사국의 지위를 갖게 되었다. 이에 동 의정서의 실질적 이행을 위한 유전자원에 대한 접근절차나 이익공유절차 등 국내 후속조치의 검토도 추가적으로 필요하다.

---

1 나고야의정서는 2010년 10월 29일 채택되었으며, 정식명칭은 '생물다양성협약 부속 유전자원에 대한 접근 및 그 이용으로부터 발생하는 이익의 공정하고 공평한 공유에 관한 나고야의정서(Nagoya Protocol on Access to Genetic Resources and the Fair and Equitable Sharing of Benefits arising from their Utilization to the Convention on Biological Diversity)'이다.

2 https://www.cbd.int/information/parties.shtml#tab=2.

3 '비준'에 있어서 선진국들이 다소 소극적이나, 유전자원을 이용하기 위해선 '선진 이용국의 비준 여부'와 관계없이 나고야의정서에 '가입한 제공국'의 PIC을 얻어야 한다는 점이 중요하다. 이미 비준한 국가들도 자국 내의 이행체계 정착에 일정기간이 소요될 것으로 보인다. 이에 일단 우리나라 국내 관련 산업계에 단기간에 미치는 영향은 크지 않을 것으로 보이나, '장기적'으로는 나고야의정서 체제로 개편될 것에 대비해 준비가 필요하다. 따라서 '국내 이행법률' 못지않게 '외국의 ABS 법제'에 관한 분석 및 검토도 필요하다.

4 좀 더 정확히 말하면 나고야의정서의 국내 발효 후를 의미하는 것으로 '비준' 후 '가입국의 지위'를 갖는 시기를 말한다.

이러한 상황에서 본 연구를 위하여 기본적으로 염두에 둘 내용은, 첫째, 유전
자원에 대한 '접근 및 이익 공유(Access and Benefit-Sharing: ABS)'의 궁극적인 목
적이 생물다양성협약(Convention on Biological Diversity: CBD)과 나고야의정서에서
도 명시하고 있는 바와 같이 유전자원 제공국의 '생물다양성의 보전', '지속가능한 이
용' 등 환경보호에의 기여도 있음을 상기할 필요가 있고,[5] 이를 통하여 나고야의정서
의 본질적 목적이 '이익 공유'가 전부가 아니라는 점에 유의할 필요가 있다. 둘째, 나
고야의정서 당사국들의 동 의정서 이행을 위한 ABS 법제 마련의 '의무 또는 중요성'에
대한 국제사회의 대세적 경향에 대한 인식이 필요하다. 동 의정서가 국제환경조약으
로서 연성법적 성질을 가지고 있음은 부인할 수 없으나, 다수의 당사국들도 현재 다
른 국가들의 이행 상황을 예의주시하고 있는 상황이다. 셋째, 국가책임기관(competent
authority),[6] 국가연락기관(focal points),[7] 점검기관(checkpoints),[8] 사전통보승인(prior
informed consent: PIC),[9] 상호합의조건(mutually agreed terms: MAT),[10] 상업적 이용 및
비상업적 이용,[11] 금전적 이익 공유 및 비금전적 이익 공유[12] 등 나고야의정서의 거버
넌스에 대한 기초적인 이해가 필요하다. 이와 같은 내용은 나고야의정서 및 '이용자의
이행의무준수(compliance)'를 이해하기 위한 가장 기본적이면서도 중요한 개념이기 때
문이다. 이는 앞의 둘째 사항과도 연관되는 것으로, 결국 국제사회에서 주목받는 부
분은 국제사회에서 국가들이 이용자의 '이행의무준수'를 확보하기 위하여 법제도적으
로 어떻게 구비하고 있느냐하는 문제이기 때문이다. 즉 당사국들의 ABS 법제 마련도
중요하지만, 그 중에서도 이용자의 '이행의무준수'를 '어떻게' 구체적으로 규율하고 있
느냐가 핵심이라고 할 수 있다. 당사국의 ABS 법제에 '벌칙 규정'이 있다면 이는 '이
행의무사항'이 있다는 것이고 또한 '위반행위'가 발생할 수 있다는 의미이기 때문이다.
따라서 처벌의 근거, 기준에 관한 숙지도 필요하다. 향후에는 규제의 기준 등이 국가
마다 천차만별이 아니라 통일성 및 일관성이 있게 이루어질 수도 있다. 넷째, 유전자

---

5   생물다양성협약 제1조, 나고야의정서 제1조.
6   나고야의정서 제13조 제2항.
7   나고야의정서 제13조 제1항.
8   나고야의정서 제17조 제1항.
9   나고야의정서 제6조.
10   나고야의정서 제5조.
11   나고야의정서 제8조.
12   나고야의정서 제5조 제4항, 부속서(Annex).

원에 대한 국가 주권[13]의 확보, 연구와 개발(R&D) 즉 투자의 중요성 및 관련 산업계(제약, 화장품, 건강기능식품 등 바이오산업) 이익보호에 대한 정책적 중요성 등을 피력할 필요가 있다. 이는 특히 유전자원에 대한 이용국 입장에서 중요하다.

   이에 이 글에서는 먼저, 나고야의정서의 국내적 이행상의 주요 본질적 '쟁점 사항'에 관하여 살펴본 후, 이어서 우리나라의 적절한 대응책을 모색하고, 우리나라 유전자원법의 주요 내용을 검토하고자 한다.

II. 나고야의정서의 주요 본질적 쟁점 사항에 대한 세부적 검토

1. MAT 방식을 통한 '이익 공유'에 있어서의 '계약자유의 원칙'

   나고야의정서의 발효에 대한 논의는 CBD가 채택된 1992년 브라질 리우 UN환경개발회의(United Nations Conference on Environment and Development)에서 시작했다. 당시 개도국들은 선진국이 개도국의 생물자원으로 다양한 제품을 개발해 막대한 이득을 얻고 있지만, 정작 생물자원을 제공한 개도국들은 '정당한' 이익을 분배받지 못하고 있다고 주장하였다. 당시에는 '기술'을 보유한 선진국과 '생물자원'을 보유한 개도국 간에 이견이 컸다. 그럼에도 불구하고 생물자원의 이용에 따른 '이익을 공정하고 공평하게 배분'하자는 내용이 그 '구체적인 방법'을 제시하지는 못하였지만 일단은 CBD 제15조[14]에 규정되게 되었다.

   그런데 소위 '이익 공유'의 방식과 관련해서는, 국내사회에서 사적 자치의 영역으로 계약자유의 원칙을 인정하나 일정한 제한을 하는 것과 같이, 국제사회에서도 국제적 정의의 실현을 위하여 '이익 공유' 방식의 국제계약(즉 MAT)에 관한 국제적 규제가 가능하다고 보아야 한다. 본래 '계약자유의 원칙'은 계약체결의 자유, 내용결정의 자

---

13 나고야의정서는 기본적으로 유전자원에 대한 국가 주권을 인정하고 있다. 나고야의정서 제6조 제1항.
14 나고야의정서 제15조 제7항.

유, 계약방식의 자유를 내용으로 하고 있다. '계약체결의 자유'는 당사자가 계약을 체결할 것인가, 또한 체결한다고 할 때 누구와 체결할 것인가를 자유롭게 결정할 수 있는 것을 의미한다. '내용결정의 자유'는 당사자가 계약의 내용을 자유롭게 결정할 수 있다는 것을 의미하며, 일단 성립된 계약의 내용도 자유롭게 소멸시키거나 변경시킬 수 있는 것까지 포함한다. 그리고 '계약체결방식의 자유'는 당사자들이 체결하는 방식을 자유롭게 선택할 수 있는 것을 의미한다. 즉 각 당사자들은 편의에 따라 서면·구두로 계약체결이 가능하다는 것이다. 이와 같은 '계약자유의 원칙'은 자유경쟁의 기회를 보장함으로서 자본주의 경제의 급격한 발전을 가져왔으나, 다른 한편으로는 경제적 불평등의 심화로 경제적 강자와 약자의 현저한 대립을 초래하였다. 이런 상태에서 '계약자유의 원칙'은 오히려 가진 자가 경제적으로 우월한 지위를 이용하여 갖지 못한 자를 지배하는 수단으로 악용되기도 하였다. 따라서 경제적 강자의 지위남용을 막고 '계약의 공정'을 실현하기 위하여 '계약자유의 원칙'을 제한하고 있다.[15] '공정하고 공평한' 이익공유의 내용도 바로 사적 자치의 영역인 MAT에서 정하게 되어 있는데,[16] MAT은 사법상의 계약적 성질로서 소위 국내법상 공정거래법의 규율 대상이 될 수도 있을 것이다. 그런데 MAT은 나고야의정서에 따라 사적 자치로서 이익 공유 방식 등을 포함하는 중요한 대부분의 내용을 MAT에서 정하도록 하고 있고, MAT이 없으면(존재 여부) 분쟁발생시 항변사유를 결할 수 있으나, MAT 내용 자체(구체적인 내용)의 평가에 대한 적절성(부당성) 기준은 없기 때문에 공정하고 공평한 이익 공유는 'case by case'가 될 수밖에 없다는 문제점이 제기될 수밖에 없고, 따라서 국가의 공적 개입으로 인한 규제가능성이 전혀 배제된다고 보기도 어려운 것이 현재의 상황이다. 인도의 경우에는 정부차원에서 경우에 따라 1%~5%의 금전적 이익 공유 비율을 제시하고 있다.[17]

2. ABS 법제 마련이 '의무적' 사안이 된 국제적 추세

그런데 이익 공유가 사적 자치의 계약자유의 원칙에 의한다 하더라도, 이익 공유

---

15 이와 같은 '계약자유의 원칙과 제한'에 관하여는 곽윤직·김재형, 「민법총칙」(박영사, 2013), pp.38~44; 양창수·김재형, 「계약법」(박영사, 2015), pp.13~17 참조.

16 나고야의정서 제6조 제3항 (g).

17 김윤정, "나고야의정서 이행에 있어 금전적 이익 공유에 대한 고찰 ― 브라질, 인도의 입법적 조치를 중심으로", 「국제경제법연구」 제14권 제3호(2016.11), pp.50~55 참조.

에 대하여 국가가 부정적 또는 소극적인 태도를 취하는 경우 개도국을 중심으로 이용국에 대한 보이콧(boycott) 등의 행동을 보일 수 있어 선진 이용국들에게 부담이 될 수 있다. 따라서 ABS 법제 마련은 선택이 아닌 '의무적 또는 필수적' 사안이 될 만큼 중요한 사안이 되었다.

그러나 CBD에는 이익 공유에 관한 '구체적' 이행방법이나 절차를 명시하지 않았고, 2002년 4월 네덜란드 헤이그에서 개최된 CBD 제6차 당사국 총회(COP6)에서 구체적인 프로세스가 담긴 '본 가이드라인(Bonn Guidelines)'[18]을 채택하였다. 그러나 이 '본 가이드라인'은 법적 구속력이 없는 자발적 지침에 불과해 생물자원 수입국들의 이행의지가 부족할 수밖에 없었다. 또한 CBD 체결 이후 생물자원 보유국들이 서로 다른 자국 국내법을 적용하려 해 혼선을 빚었다. 이로 인해 CBD을 이행하기 위해 시도했던 국가들도 나중에는 나고야의정서상의 ABS 체계에 부합하는 법제 정비의 필요가 발생하게 되기도 하였다. 여하튼 본 가이드라인 채택 이후 CBD 당사국들은 '2010년'까지 어떻게든 국제협상을 마무리하여 ABS와 관련한 국제적 공동규범을 마련하기로 하였고, 이 같은 우여곡절 끝에 2010년 10월 29일 일본 나고야에서 열린 CBD 제10차 당사국 총회(COP10)에서 비로소 나고야의정서가 채택되게 되었다. 개도국들의 입장에서 보면, 과거에 특허 등의 권리를 보장하는 세계무역기구(World Trade Organization: WTO) 통상자유화에 반대하는 등 민감하게 반응했던 전례를 볼 때, 국제사회에서 '부의 정의로운 배분'과 관련하여 WTO에 대한 보상심리가 일정부분 반영되었다고 볼 수 있다. 나고야의정서는 전문과 36개의 조문, 금전적·비금전적(기술이전, 공동연구 및 연구성과 공유, 교육, 자국민 고용 등 포함)[19] 이익공유의 종류 예시를 명시한 1개의 부속서로 구성되었다. 이로써 생물유전자원에 대한 접근 및 이용으로 발생하는 이익에 대한 공정하고 공평한 이익 공유를 위하여 당사국들은 나고야의정서 이행을 위한 ABS에 관한 법률이나 제도적 조치를 마련해야 한다. 나고야의정서 적용 시점은 동 의정서 발효일 이후부터로, 발효를 위해서는 50개 국가가 비준을 하고 90일이 지나야 하는데,[20] 2014년 7월 12일 우루과이가 50번째 비준국가가 되면서 90일 후인 2014년 10월 12일부터 발효되었다.

---

18 Bonn Guidelines on Access to Genetic Resources and Fair and Equitable Sharing of the Benefits arising out of their Utilization, 2002.

19 나고야의정서 부속서(Annex: Monetary and Non–Monetary Benefits), 2.

20 나고야의정서 제33조 제1항.

3. ABS를 위한 거버넌스 구축

나고야의정서가 2014년 10월 12일부터 발효되어 유전자원 및 관련 전통지식 (traditional knowledge: TK)의 '이용자(user)'는 ① 유전자원 제공자(provider) 국가의 국가책임기관에게 'PIC'을 받아야 유전자원을 취득할 수 있으며,[21] ② 유전자원 제공자와 'MAT'이라는 계약을 체결하여 그 이용으로부터 발생하는 이익에 대하여 공정하고 공평하게 이익을 공유해야 한다. 이 나고야의정서는 특정 국가의 '토착 생물자원 및 관련 전통지식'을 해당 '국가의 권리'로 인정한 최초의 조약이다. 이에 따라 생물자원에서 얻은 이익을 개발한 측과 제공한 측이 공정하고 공평하게 배분하도록 규정하고 있다. 따라서 나고야의정서 당사국은 이러한 PIC 및 MAT의 여부에 대한 자국 이용자의 '의무이행준수'를 감시하는 '점검기관'도 하나 이상 설치하여[22] 제공자의 권리를 보장해야 한다. 만약 이용자가 이러한 의무를 위반할 경우에는 제품개발 관련 투자비 및 수익금을 빼앗기고 지적재산권까지 박탈당할 수 있다. 그리고 당사국들은 ABS 법제상의 처벌규정에 따라 의무이행을 준수하지 않은 자를 처벌하게 된다. 유럽연합 (European Union: EU)의 경우 '규칙 511/2014/EU'[23]에서 이용자의 '적절주의의무(due diligence)'를 규정하고, 그 세부 이행규칙인 '규칙 2015/1866/EU'[24]에서 유전자원의 수집등록, 이용자의 적절주의의무 신고, 업무처리 모범관행(best practice)을 규정함으로서 이용자 이행의무준수를 보다 구체적으로 규율하고 있다. 이를 통해 적어도 28개국으로 구성된 EU 내에서 규제의 기준이 천차만별이 아니라 '통일성' 및 '일관성' 있게 이루어질 수 있다는 점에서 국제사회에 시사하는 바가 크다. 그런데 국가들은 보통 ABS 법률상 또는 법률의 하위규범(시행령 등)에서 점검기관의 기능과 절차를 보다 상세히 규정하기도 하는데, 이렇게 지정된 점검기관은 책임감을 갖고 직무를 수행해야

---

21 나고야의정서의 당사국은 단일기관을 지정하여 국가연락기관과 국가책임기관의 직무를 동시에 수행하도록 할 수 있다. 나고야의정서 제13조 제3항.

22 나고야의정서 제17조 제1항 (a).

23 Regulation 511/2014/EU of the European Parliament and of the Council of 16 April 2014 on compliance measures for users from the Nagoya Protocol on Access to Genetic Resources and the Fair and Equitable Sharing of Benefits Arising from Utilization in the Union (OJ 2014 L150/59).

24 Implementing Regulation 2015/1866/EU of 13 October 2015 laying down detailed rules for the implementation of Regulation 511/2014/EU of the European Parliament and of the Council as regards the register of collections, monitoring user compliance and best practices (OJ 2015 L275/4－19).

한다. 점검기관의 핵심적인 기능은 PIC 및 MAT에 대한 '이용자의 이행의무준수'를 조사·감시하는 것으로,[25] 이는 분쟁예방적 차원에서 매우 중요한 기능이다. 일반적으로 상호주의가 적용되는 국제사회의 성질을 고려하면 '모든 국가들'이 나고야의정서에 가입하여 점검기관의 기능이 일반적으로 발휘되는 것이 최상의 시나리오일 것이다. 나고야의정서가 국제환경조약으로 동시에 국제통상규범의 성질을 가지나, WTO와 같은 강력한 통제메커니즘을 기대할 수 없는 것이 현실이라면, 가능하면 많은 국가들이 나고야의정서에 가입하지 않으면 아니 되도록 하는 국제사회의 노력도 필요하다. 아울러 점검기관은 사정상 복수로 지정하는 것도 가능하나, 정부부처의 변경(통합 또는 폐지 등)을 고려하여 변경시에도 '관리의 지속성'이 유지될 수 있는 기관이 점검기관으로 지정되는 것이 바람직하고, 불가피한 경우에 활용되는 '분산형' 방식보다는 가급적 '통합형' 방식으로 역사적·법적 배경을 고려한 기관을 점검기관으로 지정하여 최상의 '유기적 거버넌스'를 갖추고 운영하는 것이 바람직하다. 이 경우 운영상의 '전문성'을 고려하여 국가책임기관들의 일부 직원이 점검기관의 업무보조역할의 수행을 위하여 점검기관을 전적으로 지원할 수도 있다. 관련 유전자원에 대하여 여러 국가책임기관을 지정하여 해당 관할 유전자원에 대한 각각의 점검기관으로서의 역할을 수행하는 방법도 가능할 것이다.

4. 국제환경조약인 모조약 CBD의 부속으로서의 나고야의정서

나고야의정서는 그 목표로 '공정하고 공평한 이익 공유' 외에 '지속가능한 이용', 생물 '멸종 속도'를 줄이는 '생물다양성의 보전'을 그 목표로 하고 있으며, 모조약인 CBD의 부속의정서로서 국제환경조약의 형식을 띠고 있지만, CBD가 강제한 이익공유 방법에 대한 구체적인 절차, 방법, 이행강제수단 등에 대해 보다 상세하게 합의한 것으로서 이러한 내용은 실제로 대부분 관련 산업계에 상당한 영향을 미치고 있다. 즉 나고야의정서는 성질상 '관련 산업계에 상당한 경제적·행정적·시간적 부담과 영향을 미치는 국제환경조약'에 해당된다. 다만 나고야의정서는 WTO협정 부속서 1b의 서비스무역협정(General Agreement on Trade in Services: GATS)의 '연구개발'과 관련된

---

25 나고야의정서 제17조 1항.

국제투자와 관련되므로 자유무역협정(free trade agreement: FTA) 등 통상협정과도 관련이 있다고 볼 수 있어 통상분쟁화가 될 소지를 완전히 배제할 수 없고, 이 경우에는 WTO협정과 나고야의정서 양 조약 간의 충돌문제가 발생하게 되어 '조화'로운 해결을 시도해야 할 것이다.[26] WTO협정의 측면에서 본다면, '1994년 관세 및 무역에 관한 일반협정(General Agreement on Tariffs and Trade: GATT 1994)' 제XX조상의 환경보호를 위한 '일반적 예외'를 적용할 수도 있을 것이다. 그러나 문제는 그 일반적 예외로 인정받을 가능성을 담보할 수 없다는 점이다. 아무튼 어떤 의미에서는 생물다양성의 '보전'과 생물자원의 '이용'이 별개가 아닌 '상생관계'로서 제공자와 이용자가 모두 환경보호의 의무를 부담해야 한다는 것을 의미한다. 따라서 이익 공유로서 이용자가 지불하는 금전적·비금전적 급부를 제공자는 CBD 및 나고야의정서의 목적 및 취지에 맞게 '환경부문에 사용해야' 한다. 이처럼 나고야의정서의 3가지 목적은 서로 분리되는 것이 아니라 상호 밀접한 불가분의 관계에 놓여 있다는 인식을 가져야 한다.

아울러 나고야의정서상에 나타난 유전자원 및 관련 전통지식(TK)에 관한 ABS 운영체계를 그림으로 표현하면 다음과 같이 정리할 수 있다.

---

[26] 나고야의정서의 이익공유제도와 WTO협정 간의 조화에 관하여는 최원목, "유전자원 접근 및 이익 공유를 위한 나고야의정서와 국제통상법 간의 충돌과 조화", 「법학논집」 제19권 제2호 (2014.12), p.477.

나고야의정서 발효 후 유전자원의 접근 및 이익공유 과정

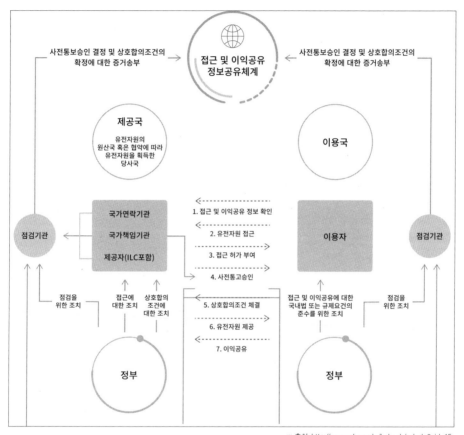

※ 출처: http://www.abs.go.kr/kabsch/sub.do?cid=15.

III. 나고야의정서에 대한 우리나라 정부 및 관련 산업계의 적절한 대응책 모색

2014년 10월 12일 나고야의정서가 국제적으로 발효되고, 2017년 8월 17일부터 우리나라가 나고야의정서 당사국의 지위를 보유하게 되었다. 그러나 우리나라가 유전자원법을 2017년 1월 17일 제정·공포한 것과 달리 국내 관련 기업들은 아직 소극적으로 대비하여 나고야의정서 대응 준비가 실제로는 미흡한 상황이라, 여러 가지로 우려가 되는 상황이며 적절한 대응책이 필요하다.

1. 관련 산업계적 측면

우리나라는 전체 생물자원의 다수를 수입에 의존하고 있기 때문에 관련 산업분야(제약산업, 화장품산업, 건강기능식품산업 등 바이오산업)가 나고야의정서의 발효로 인하여 향후 큰 손해를 볼 가능성이 있다. 생물자원을 수입하여 이용하는 관련 산업계의 경우 기존에 발생하지 않았던 '추가적'인 경제적, 행정적, 시간적 부담이 발생하게 된다. 결국 장기적으로 해외 생물자원을 이용하는 기업들은 '원료확보'와 '연구개발' 등에 추가적인 비용을 부담하게 되었다.

그런데, 관련 산업계의 기업들이 이용하는 '해외 생물자원'을 '국산 생물자원'으로 대체할 가능성과 유전자원 개발을 위한 '투자'를 통해 아예 '대체 자원'을 이용할 가능성이 더 적다는 데 심각성이 있다. 관련 '국산 생물자원'이 '해외 생물자원'에 비해 수량이 '유한'할 경우에는 '조달 가격'의 상승을 초래하고, 또한 '공급의 안정성'에 문제가 발생할 우려가 있다. 아직은 국내 기업들이 나고야의정서 발효에 따른 영향을 실감하지 못하고 있으나, 생물자원을 가장 많이 이용하는 제약산업의 경우, 현재 천연물의 약품의 개발 및 판매에 사용하는 황련, 견우자, 현호색, 당귀, 방풍, 오가피 등의 '재료 성분'을 대부분 중국에서 조달하여 사용하고 있는 상황이다.

국내에서 생산을 하는 경우 자원 보유국과의 이익 공유(MAT하에서의)로 인한 수익률 저하와 이를 회피하기 위한 원가 상승압력이 발생하는 것 또한 큰 문제다. 나고야의정서에 의해 이익 공유에 대한 계약조항을 포함하게 되면 '원가 상승분'에 따른 '제품 가격 상승'으로 경쟁력 하락은 물론, 가격상승에 의한 소비자 부담 증가로 이어질 수 있다. 이처럼 국내 유전자원이 '한정'되어 있는 상황과 비싼 '인건비' 등을 고려했을 때, 주로 해외자원을 이용하는 국내 관련 기업의 입장에서는 최악의 경우에는 국내에서 기업 활동을 해야 할 지를 고민해야하는 상황이 발생할 수 있다. 나고야의정서에 의해 생물자원 보유국으로부터 유전자원 수입 허가(PIC)를 받아야 하는데, 유전자원의 보유국 제공자가 기술이전을 포함한 공동연구개발을 요구할 경우 이를 거부할 수단이 마땅치 않기 때문에 국내에서 활동하지 않고 현지로 나가 개발 및 생산을 할 유인이 높아질 우려도 있다.

그러나 장래를 대비하여 ⓐ 이익 공유(로열티 지급 등의 금전적 이익 공유 및 비금전적 이익 공유를 포함한) 요구에 대비한 생물유전자원의 연구개발에 대한 '투자'를 통하여 '대체물질'을 마련한다든지 또는 ⓑ 이용해야 할 해외 유전자원을 사실상 국산화하기 어려운 경우에는 MAT의 성공적인 '협상성과'를 도출하기 위하여 적절히 준비한다든지 등의 대책 마련이 필요하다.[27]

2. 국가적 측면

관련 산업계 뿐 아니라 국가 정부적 차원에서도 ⓐ 생물자원의 발굴에 인력을 투입하여 전래 고유종 조사를 하여 종수를 늘려야 하며, ⓑ 이익 공유 성공사례에 대한 벤치마킹을 통하여 보다 까다롭고 엄격하게 적용될 외국의 유전자원 제공 조건에 대비해야 한다.

그리고 나고야의정서 발효로 국가마다 자국의 유전자원 '반출에 관한 절차'를 까다롭고 엄격하게 하기 위하여 법제도적으로 재정비할 가능성이 있어 이에 대비할 필

27 한편, 나고야의정서의 이익 공유로 인한 관련 업계의 피해규모를 두고 다양한 분석들이 나오고 있지만, 통상적으로 업계의 생존을 뒤흔들 정도의 무리한 요구는 없을 것으로 전망된다. 제공국의 요구가 무리할 경우 관련 유전자원의 '제공국을 변경'하는 것도 하나의 방안이 될 수 있다. 그러나 문제는 제약 산업의 경우, 일반 식품과 달리 '의약품'은 특성상 원재료의 생산지를 변경할 경우 '허가' 과정을 다시 거쳐야 하는 등 이로 인한 시간적, 경제적, 행정적 비용 부담도 만만치 않다. 이에 원재료 생산지 변경에 따른 품목 '허가' 변경과정도 완화해야 할 필요가 있다. 그러나 내수시장만 볼 것이 아니라 해외 시장도 고민해야하기 때문에 기본적으로 의약품의 신뢰도에 흠이 될 수 있는 제안을 하기는 쉽지 않아 보인다. 따라서 일단 유전자원 제공국들의 'ABS 법률 제정' 동향 및 유사 '이익 공유 계약' 사례 등의 정보를 지속적으로 모니터링하는 것이 필요하다.

요가 있다. 즉, 이익 공유를 위한 계약 과정에서 '절차의 복잡성'과 '시간'도 큰 문제가 될 수 있다. 바이오산업은 시간과 자본의 싸움인데 '시간적 지연'으로 기업경쟁력이 약화 될 우려가 있고, 중소벤처기업의 경우 신속한 '투자'를 받아 연구개발 사업을 진행해야 하는데 '투자자의 관심'이 떨어지게 되면 투자유치가 어려워지는 문제가 발생할 수 있다.

따라서 이제는 기업이 자금만 지불하면 되는 것이 아닌 만큼, 국가 차원에서, 국제사회에서의 신뢰구축에 신경을 써야한다. 환경부 등을 중심으로 한 바이오산업계 인식제고 및 교육 등이 이루어지고 있는 것을 포함하여, 바이오산업의 육성과 진흥의 주무부처 중의 하나인 산업통상자원부 등 관련 부서도 적극적으로 나서야할 필요가 있다. 특히, 중소벤처기업의 가장 민감한 부분인 '접근 및 이익 공유 문제'와 '계약체결 절차'에 대한 전문가가 부족한 상황이므로 이를 위한 정부의 지원 또는 전문 인력의 양성 및 확보가 필요하다.

이러한 상황에서 국내외 나고야의정서 관련 정보를 지속적으로 제공하는 국가적 시스템을 구축하고 운영하는 것은 상당히 필요하고 유익하다. 현재 정부는 주요 국가의 ABS 관련 규정에 관한 정보를 ABS Help Desk(정보서비스센터)를 통해 업계에 제공하고 있는데, 나고야의정서 당사국 수의 증가와 각국의 관련 법제 마련 동향을 고려하여 지속적인 자료 갱신(update)도 필요해 보인다. 또한 정부는 바이오협회와 협업하여 2013년부터 찾아가는 맞춤형 컨설팅을 실시하고 있다. 나아가 나고야의정서 주요 내용을 이행하기 위한 '유전자원법'의 제정과 아울러 '후속조치'를 마련하고자 노력하고 있다. 그런데 나고야의정서는 일반적인 협약이나 의정서와 달리, 유전자원 '제공국의 국내법'에 '현지외 효력(국내법의 역외 적용)'을 부여하고 있다. 따라서 동 의정서 당사국들 간에는 상호간의 국내법이 매우 강력한 규범력을 갖는다고 할 수 있다. 즉 자원제공국의 국내법에 어떠한 내용이 담겨 있는가가 매우 중요하다. 따라서 유전자원을 제공받고자(수입하고자) 하는 경우 여러 자원제공국의 적용 법령이나 동향을 미리 파악해 두고 자신에게 유리한 거래처를 확보하는 것도 중요한 전략이다. 이와 관련해서 ABS정보공유체계(Access and Benefit-sharing Clearing-house: ABSCH) 유전자원

정보관리센터,[28] ABS 산업지원센터,[29] 한국생물다양성정보공유체계[30] 등을 이용할 수 있다.[31]

Ⅳ. 우리나라 유전자원법의 주요 내용 및 이용자 이행의무준수의 보장

1. 국내적 이행의 본질에 관한 이해

하나의 예로 인접국인 중국은 우리나라의 유전자원 이용에 있어서 수입 규모가 가장 큰 '제공국'이라고 할 수 있는데, 2016년 6월 8일 나고야의정서에 비준한 후 후속 법규를 마련하고 있다. 우리나라는 중국이 ABS의 적용대상에 '파생물(derivatives)'을 포함하는 경우, 유전자원의 '출처공개'를 요건으로 하는 경우, 문헌(문서)화된 유전자원 관련 전통지식(TK)을 적용대상에 포함하는 경우에 중국과의 유전자원 거래(무역)상 많은 갈등을 겪을 수 있고, 이는 이용자의 이행의무준수 사항이 그만큼 많아지고, 그 감시 및 처벌이 더욱 중요해 진다는 것을 의미한다. 따라서 나고야의정서의 이용자 이행의무준수 확보 방식을 포함하는 많은 '전문적·기술적인 문제'를 앞으로 어떻게 해결해 나갈 것인지가 과제이기도 하다. 비단 이 문제는 우리나라와 중국 간의 문

28　ABSCH 유전자원정보관리센터는 우리나라 유전자원법 제17조에 따라 환경부장관이 유전자원등에 관한 접근·이용 및 이익 공유에 관한 업무를 전문적으로 수행하기 위하여 설치·운영된다. 관련 웹사이트는 www.abs.go.kr.

29　ABS 산업지원센터는 바이오산업계의 지속가능한 발전에 대한 기여를 위하여 나고야의정서의 이행을 지원한다. 관련 웹사이트는 www.abs.kr.

30　한국생물다양성정보공유체계(CBD–CHM(Clearing House Mechanism) KOREA)는 생물다양성협약의 이행의 일환으로 구축되어 한 국가의 생물다양성 정보를 자국민이 공유하는 것은 물론이고, 국가 간에 국제적으로 공유하는 것을 목적으로 한다. 즉 동 체계는 생물자원 정보, 생물다양성 현황, 외래생물종 관리 실태 등을 포함한 국가생물다양성 정보공유체계를 구축하는 것이다. 관련 웹사이트는 www.cbd–chm.go.kr.

31　이와 관련해서는 김두수, "나고야의정서의 국내적 이행",「국제법 동향과 실무」제16권 제3호 (2017.9), pp.34~35를 참조.

제일 뿐만 아니라, ABS에 관한 국제적인 '통일적 규제' 측면에서도 중요한 과제이기도 하다. 현재는 개별 국가의 특정한 입장이나 지위의 '다양성'을 보유한 채 '최소한의 공통된 기준'을 마련하는 과정상 나고야의정서 이행입법을 통한 '국제적 일반성'이 마련되는 하나의 과정이라고 볼 수 있다. 그렇기 때문에 현재 우리는 구체적이지는 않지만 '국제적 ABS 체계의 성립 가능성'을 예상할 수 있다.

이에 여기에서는 우리나라의 나고야의정서 국내이행법인 '유전자원법'의 주요 내용, 특히 이용자 '이행의무준수'의 확보의 측면에서 살펴보고자 한다. EU도 ABS에 관한 '규칙 511/2014/EU'를 채택한 이후 이를 보완하기 위하여 집행위원회가 '이행규칙 2015/1866/EU'를 채택한 바가 있듯이, 우리나라 유전자원법을 검토하고 부족한 부분이 있다면 어떻게 보완할 수 있는지에 관하여 살펴볼 필요가 있다.

2. 유전자원법의 주요 내용[32]

1) 목적

우리나라 유전자원법은 나고야의정서의 시행, 즉 '공정하고 공평한 이익 공유'를 위해 필요한 사항을 규정하여 생물다양성의 보전, 지속가능한 이용에 기여하는 것을 목적[33]으로 하고 있다. 여기에서는 '필요한 사항'을 어느 정도 충분하게 규정하고 있는지가 관건이 될 수 있고, 불충분한 부분은 EU와 같은 ABS 법제를 통한 후속조치의 보완적 측면에서 시사점을 도출할 수 있을 것이다. 따라서 이는 동법 제6조를 통하여 '의정서 대응'에 관한 '지원 시책'을 마련함으로서 유전자원을 관리 및 이용하는 자를 '보다 구체적으로' 지원할 수 있을 것이다.[34] 중요한 점은 우리나라가 나고야의정서를 국내적으로 충분히 이행하고 있는가 하는 점인데, 이에 대하여는 특히 이용자의 이행의무준수와 관련하여 후술하고자 한다.

---

32 이와 관련해서는 *Ibid.*, pp.31~33을 참조.

33 유전자원법 제1조.

34 유전자원법 제6조는 '지원시책'으로 첫째, 유전자원등에 대한 접근 및 이용 현황의 조사, 둘째, 유전자원등에 대한 접근 및 이익 공유 절차에 관한 국내외 정보 제공, 셋째, 유전자원등에 대한 접근 및 이용하는 자의 권리 보호, 넷째, 그 밖에 유전자원등에 대하여 접근하거나 이용하는 자를 지원하기 위하여 필요한 사항을 규정하고 있다.

2) 적용 범위

유전자원법 제3조는 '시간적으로' 나고야의정서가 국내에서 '발효된 이후 접근'된 유전자원에 적용되는 것을 기본으로 하여, '장소적으로' 남극 등 국가관할권이원지역의 유전자원은 제외하고 있으며, '물적으로' 인간유전자원 등은 제외하고 있으며, 식량농업식물 유전자원에 관한 국제조약(International Treaty on Plant Genetic Resources for Food and Agriculture: ITPGRFA) 등 '다른 국제조약'에 따라 ABS의 적용을 받는 경우에는 특별법으로 보아 적용대상에서 제외하고 있고,[35] 특허법 제87조 1항에 따른 특허권이 설정·등록된 유전자원 등은 제외하고 있다.[36] 그리고 '파생물(derivative)'이라는 단어가 동법에 등장하지 않고 있어 파생물에 관하여는 ABS의 적용 대상에 포함되고 있지 않음을 알 수 있다.

3) 국가연락기관, 국가책임기관, 점검기관

우리나라는 유전자원법 제7조에서 국가연락기관을 외교부(CBD사무국과의 연락업무 담당), 환경부(유전자원등에 대한 ABS에 관한 정보의 제공)로 지정하고 있으며,[37] 동법 제8조에서 국가책임기관을 과학기술정보통신부(생명연구자원), 환경부(야생생물자원), 농림축산식품부(농업생명자원), 해양수산부(해양수산생명자원), 보건복지부(병원체자원)로 지정하고 있다.[38] 그리고 동법 제13조에서 점검기관을 위 5개 부서 외에 산업통상자원부(생명연구자원)를 추가하여 총 6개 부서로 지정하고 있다.[39]

4) 국내 유전자원 등에 대한 접근 신고 및 처벌

유전자원법 제9조 1항에 따라 이용을 목적으로 국내 유전자원 및 관련 TK에 접

---

35 나고야의정서 제4조 제2항은 "이 의정서의 어떤 규정도 당사국이 접근 및 이익 공유에 관한 기타 특별협정을 포함하여 기타 관련 국제협정을 개발·이행하는 것을 금지하지 아니 한다. 단, 위협정들은 협약과 이 의정서의 목적에 배치되어서는 아니 되며 이를 지지하여야 한다."고 규정하고 있다. 이는 조약상의 상하관계를 설정하는 것이 아니라 상호보완적으로 신의성실하게 '공동의 목적'을 실현하는 것으로 보아야 한다; 그리고 나고야의정서의 ABS는 출처공개 등과 관련하여 WTO 지식재산권협정(Agreement on Trade – Related Aspects of Intellectual Property Rights: TRIPs)과 '잠재적 충돌(potential conflict)' 가능성의 문제가 제기되고 있으나, 나고야의정서 제4조의 규정 자체는 이에 대한 해결책을 제시하기 위한 규정이 아님을 밝히고 있기도 하다. Philippe Sands, Jacqueline Peel, Adriana Fabra and Ruth Mackenzie, *Principles of International Environmental Law* (Cambridge Univ. Press, 2012), p.803.

36 유전자원법 제3조 제1항~제5항.

37 유전자원법 제7조 제1항.

38 유전자원법 제8조 제1항.

39 유전자원법 제13조 제1항.

근하려는 '외국인, 재외국민, 외국기관 및 국제기구'는 우리나라의 소관 국가책임기관에 '신고(수리를 요하는 신고)'해야 한다.[40] 그리고 동법 제9조 3항은 기존에 신고한 내용에 대한 '변경신고'의 의무에 관하여도 규정하고 있다.[41] 이처럼 우리나라 유전자원법은 내국인이 아닌 '외국인, 재외국민, 외국기관 및 국제기구'를 규제하고 있으며, 그것도 '허가'가 아닌 '신고'를 통하여 규제하고 있다. 유전자원에 관한 접근에 있어서 허가가 아닌 신고를 택하였다는 점에서는 역시 유전자원 이용자의 입장을 반영한 것으로 보인다. 허가가 아닌 신고라는 점은 우리나라가 생물다양성의 보전, 지속가능한 이용에 대하여 다소 '소극적'인 태도를 보이고 있다고 할 수 있다. 한편 유전자원법 제11조에 의하면 유전자원등의 제공자 및 이용자는 국내 유전자원등의 이익을 공정하고 공평하게 공유할 수 있도록 '합의'하여야 한다고 규정하여[42] 입법과정에서 보였던 '협력'하여야 한다는 데서 보다 규제를 강화하는 태도를 취하고 있다.

한편 유전자원법 제28조는 이용자가 '신고' 또는 '해외유전자원의 국내 이용을 위한 신고'를 하지 아니한 경우 그리고 '변경신고'를 하지 않은 경우에는 각각 '1천만원'과 '500만원' 이하의 과태료가 부과된다.[43] 그런데 이 규정은 다소 이용자를 고려한 것으로서 다른 당사국들의 벌칙 규정에 비하면 가벼운 처벌이라 평가된다.[44] 이러

---

40 유전자원법 제9조 제1항; 그런데 외국인이 국내 유전자원을 이용하려는 경우, 내국인과의 공동연구를 통해 유전자원에 접근하거나, 국내 협력자, 유통업자 등을 통해 국내 유전자원에 접근하는 경우가 있을 수 있다. 하위법령 제정시 공동연구자 또는 국내 협력자 등이 해당 외국인을 대리하여 신고할 수 있도록 하는 규정과 이에 대한 접근신고 관련 서류의 기재 항목의 추가 필요성에 대해 검토할 필요도 있어 보인다. 이상준, "나고야의정서 국내이행을 위한 국내 유전자원 접근 신고에 대한 소고",「환경법연구」제38권 제3호(2016.11), p.314.

41 유전자원법 제9조 3항.

42 유전자원법 제11조.

43 유전자원법 제28조 제1항~제2항.

44 우리나라와 같은 몇몇 이용국 입장의 국가들의 벌칙 규정을 예를 들면, 독일의 경우에는 독일 연방 ABS법(Gesetz zur Umsetzung der Verpflichtungen nach dem Nagoya－Protokoll, zur Durchführung der Verordnung 511/2014/EU und zur Änderung des Patentgesetzes sowie zur Änderung des Umweltauditgesetzes) 제1－4조(Artikel 1 § 4)에 따라 의무위반시 연방자연보존청(Bundesamt für Naturschutz: BfN)이 최고 5만 유로의 벌금을 부과하도록 하고 있다. 덴마크의 경우에는 덴마크 ABS 법(LOV nr 1375 af 23/12/2012 om udbyttedeling ved anvendelse af genetiske ressourcer) 제11조(section 11)에 따라 다른 법률에 의거 더 높은 벌칙이 부과되지 않는 한, 제3조(유전자원) 및 제4조(유전자원 관련 전통지식)를 위반하는 자에게 벌금이 부과되고, 그 침해가 '고의' 또는 '중과실'로 인해 발생된 경우 형벌은 최고 2년의 징역까지 증가될 수 있다. 영국의 경우에는 영국 ABS 법(The Nagoya Protocol (Compliance) Regulations 2015) 제16조에 따라 처벌과 관련하여 '경범죄'와 '중범죄'를 달리 규율하고 있다. 즉 동법 제13조 (a) 또는 (b)에 의거하여 유죄인 사람은 ① 경범죄에 따라 5,000파운드 이하의 벌금 혹은 3개월 이하의 징역 혹은 두 가지 모두 가능한 (병과)처벌을 받으며, ② 중범죄에 따라 벌금형 혹은 2년 이하의 징역 혹은 두 가지 모두 가능한 (병과)처벌을 받는다. 그리고 동법 제13조 (c)(이용자의 향후 20년 간 정보보관 의무)에 의거하여 유죄인 사람은 5,000파운드 이하의 벌금에 처한다.

할 경우 과연 나고야의정서의 목적을 충분히 달성할 수 있을지 의문이 제기될 수 있으며, 이용자의 이행의무준수를 확보하기가 쉽지 않다고 볼 수 있다. 그리고 이 제28조의 신고 또는 변경시고 위반에 대한 과태료 규정은 '접근 및 이용이 금지되거나 제한된 국내 유전자원'을 이용한 자에 대한 처벌로서 '3년 이하의 징역 또는 3천만원 이하의 벌금'에 처하고 있는 제26조,[45] 해당 유전자원을 몰수하며 몰수할 수 없을 경우에는 그 가액을 추징하도록 하고 있는 제27조[46]와는 별개로서의 처벌 규정이다. 동법 제27조의 처벌규정은 '접근 및 이용이 금지되거나 제한된 국내 유전자원'을 이용한 자에 대한 처벌 규정이므로 이는 '해외' 유전자원을 국내에서 이용하는 자가 이행의무준수를 위반한 경우에 적용되지 않는다. 즉 국내 이용자로서는 접근 및 이용이 금지되거나 제한된 국내 유전자원의 접근과 이용에 대해서만 이를 유념하여 준수하지 아니한 경우 이외에는 처벌될 가능성이 희박하다고 할 수 있다.

5) 이행의무준수

유전자원법 제13조는 앞서 언급한 6개 '점검기관'의 설치에 관하여 규정하고,[47] 동법 제14조는 해외 유전자원에 접근하여 이를 국내에서 이용하는 자가 해외 제공국의 ABS 법제를 '준수'하도록 규정하고 있다.[48] 그리고 동법 제15조는 이를 감시하기 위하여 이러한 이용자는 해외 제공국의 ABS 법제를 준수했음을 '증명'하기 위하여 관련 자료(국제이행의무준수인증서(internationally recognised certificate of compliance: IRCC))[49]를 제시함으로서 우리나라 점검기관에 '신고'하도록 하고 있다.[50] 단, 이는 ABS 법제를 마련하고 있는 해외 제공국인 경우에 한정하고 있기 때문에,[51] 제공자의 이해를 보호하기 위하여 제공국은 자국내 ABS 법제를 마련하는 것이 필수적인 사항임을 알 수 있다.

한편 유전자원법 제16조는 해외 유전자원을 우리나라에서 이용하는 자에 대하

---

45 유전자원법 제26조.
46 유전자원법 제27조.
47 유전자원법 제13조 제1항.
48 유전자원법 제14조 제1항.
49 나고야의정서 제17조.
50 유전자원법 제15조 제1항.
51 유전자원법 제15조 제2항.

여 의문이 있는 경우 점검기관이 '조사'할 수 있는 권한(조사권)을 부여하고 있다.[52] 이
와 관련해서는 '영국의 나고야의정서 이행규칙 2015'상의 '조사권'[53]을 참조할 수 있다.

6) 유전자원정보관리센터

유전자원법 제17조하에 설치·운영되는 '유전자원정보관리센터'는 '수집등록처'로
서의 기능을 단일의 통합기관으로서 수행하는 것이 바람직해 보인다. 이 센터는 CBD
부속 나고야의정서와 가장 관련이 깊은 '환경부 산하기관'으로 두고 관계부처가 협력
을 제공하는 방식으로 운영하도록 하고 있다.[54] 이용되는 유전자원의 샘플 및 관련 정
보를 이 유전자원정보관리센터에서 '수집' 또는 '수령'하여 관리할 필요가 있는데, 이
를 달리 말하면 '유전자원등록처'로서의 역할 수행이라 하겠다. 이처럼 국가가 공식적
인 유전자원의 '수집등록처'를 통해 '데이터베이스'를 운영하게 되면, 국가가 유전자
원의 수집등록 목록을 작성해 엄격하게 운영할 것이기 때문에 유전자원 및 관련 TK
를 보다 강력히 보호할 수 있을 것이다. 이는 특히 유전자원 제공자 입장의 국가에
게는 반드시 필요하다고 여겨진다. 이의 운영을 위해서는 EU 집행위원회 이행규칙
2015/1866/EU의 관련 규정 및 부속서 I[55]을 참조할 수 있다.

3. 이용자 이행의무준수 확보 방안

우리나라가 '이용자 이행의무준수'를 적절히 보장하고 있는지와 관련하여 EU 및

---

52   유전자원법 제16조 제1항.

53   영국의 '나고야의정서 이행규칙 2015(The Nagoya Protocol (Compliance) Regulations 2015 (SI
2015/811))' 제11조는 검사인(inspector)의 조사권에 관하여 규정하고 있다. 동 규칙 제10조상의 접
근권이 인정되는 검사인은, ① 구내 및 생산품, 물건, 유전자원 등을 검사하며, ② 그 구내를 수색
할 수 있다. 그리고 검사인은 ③ 어떤 형식으로 된 것이든, 서류 및 기록, 또는 다른 정보들에 대
하여 검사할 수 있고, 복사할 수 있으며, 복사를 위하여 필요한 것은 제거할 수 있다. 그리고 ④
자료를 검사하고, 특정 컴퓨터를 작동시키거나 관련 전자기기를 조사하기 위하여 운반하기 쉬운
형태로 만들 수 있으며, ⑤ 관련 제품들 또는 생물자원의 샘플을 채취할 수 있다. 또한 ⑥ 실험
및 테스트를 수행할 수 있고, ⑦ 조사를 위하여 사진을 촬영하거나, 측정을 하거나, 기록을 남길
수 있다(제11조 (1)). 한편 검사인은 필요시 ① 지원(assistance)을 요구할 수 있으며, ② 서류, 기록
또는 기타 정보를 요구할 수 있도록 하는 등 구체적으로 규정하고 있다(제11조 (2)). 김두수, "나고
야의정서에 관한 영국 이행입법의 법적 검토", 「법학연구」 제45집(2015.9), p.14.

54   유전자원법 제17조 제1항.

55   EU의 규칙 2015/1866/EU는 유전자원수집등록처로의 관련 정보 제공(제2조), 등재 요청(제3조),
검사 및 시정조치(제4조)를 통하여 규율하고 있다.

회원국들의 '이용자 이행의무준수' 규율 방식을 통하여 우리나라 ABS 법제상의 적절한 '기준'이나 '방향성'에 대한 시사점을 제시(방법론적 측면에서 법정책적 시사점 제시)할 수 있다. 이를 위해서는 ABS에 대한 EU '규칙 511/2014/EU' 및 이를 보완하는 집행위원회 '이행규칙 2015/1866/EU'을 착안하여 유용한 시사점을 도출할 수 있다. 이러한 과정을 통하여 우리나라 ABS 법제가 ⓐ 이용자 및 제공자의 이해를 적절히 '균형(조화)' 있게 반영하고 있는지 검토할 수 있을 것이며, 또한 ⓑ 환경보전의 측면 및 통상법적 측면에서 국가의 이해를 적절히 반영하고 있는지 검토할 수 있을 것이다.

1) 이행의무준수의 불확실성 제거의 필요

이용자의 이행의무준수에 관한 검토와 관련하여, 제공국 입장에서는 타 당사국이 PIC과 관련하여 유전자원에 대한 접근시 '허가'가 아닌 '신고'로 하는 경우, 외관상 내국민대우에 위배되는 규정을 두어 '내국인 이용자' 보다 '외국인 이용자'의 국내 유전자원 이용을 엄격하게 규율하거나 또는 외국인만을 규제하여 처벌하는 규정을 두는 경우, 내국인에 대하여는 어떠한 '적절주의의무' 및 그에 대한 '견본'도 규정(제시)하지 않는 경우, 유전자원 '수집등록처'를 통해 공식적으로 '접근의 공신력'을 인정하는 제도화를 단행하지 않는 경우, '업무처리 모범관행(best practice)'과 같은 이용자의 소위 '면책요건'을 일부라도 인정하여 나고야의정서의 이행의무준수와 관련된 예측가능성을 제공하지 않는 경우, MAT의 체결과 같은 '이익 공유'에 대하여 '명시적인 의무'로서 강력하게 규정하지 않는 경우, 그리고 국가책임기관이나 특히 점검기관을 통한 이용자 '감시' 등의 규제관리가 강력하게 실행되지 않는 경우에 이러한 점들이 지나치게 '이용자 입장'에 편향되어 결국 '이익 공유의 불확실성'이 있다하여 거부감을 가질 수 있다는 점을 유념해야 한다.[56] 따라서 나고야의정서의 이행 체계에 있어서 가장 중요한 점은 이용자의 이행의무준수를 확보하여 이용자의 이행의무준수의 불확실성을 제거하는 것이라고 할 수 있으며, 우리나라도 이에서 예외가 될 수 없다.

2) 이용자 이행의무준수 확보를 위한 규제 강화 필요

우리나라의 경우 위와 같은 점들을 고려하여 나고야의정서를 보다 신중하게 이행하는 유전자원법의 운영체계가 마련되어야 할 것이다. 우리나라가 '이용자의 경제통

---

56 ABS 국내법 체제의 불확실성에 관한 같은 취지의 견해로는 국립생물자원관 역, 토마스 그레이버 외 지음, 「나고야의정서 해설서」(국립생물자원관, 2014), p.13 참조.

상적 측면'을 중심으로 하여 동 의정서를 이행하는 경우 여러 문제점들이 제기될 수 있는 바, 이에 대한 적절한 해결책이 마련되어야 할 것이다,

(1) 첫째, 우리나라가 이용자의 이익 공유에 대한 부담을 지나치게 고려하는 경우 나고야의정서에 대한 ABS의 목적인 생물다양성의 보전, 지속가능한 이용은 물론이거니와 더 나아가서는 공정하고 공평한 이익 공유도 무색하게 할 우려가 있다. 따라서 CBD 제1조와 나고야의정서 제1조상의 3대 주요 목적들을 존중하는 방향으로 국제사회에 대응하고 기여하는 태도가 필요하다. 이를 위하여 나고야의정서상의 국제적 의무에 대하여 최소한의 규율에 의한 소극적 규제태도가 아닌 국제환경보전을 위한 선도적이고도 적극적인 규제태도를 통하여 이용자 이행의무준수에 대하여 규제를 좀 더 강화할 필요도 있다.

그리고 우리나라가 나고야의정서 당사국들의 동 의정서 이행을 위한 ABS 법제 마련의 '의무 또는 중요성'에 대한 국제사회의 대세적 경향에 있어 뒤처지는 경우 '분쟁의 원인을 제공'하게 되거나 그렇기 비춰지는 난관에 봉착할 우려가 있다. 따라서 동 의정서가 국제환경조약으로서 연성법적 성질을 가지고 있음은 부인할 수 없으나, 다수의 당사국들의 이행 상황을 예의주시하여 국제사회에 기여하는 측면에서 국제적 의무이행에 적극적으로 동참할 필요가 있다.[57]

(2) 둘째, 우리나라는 국가책임기관, 국가연락기관, 점검기관, PIC, MAT, 상업적 이용 및 비상업적 이용, 금전적 이익공유 및 비금전적 이익공유 등 거버넌스에 대한 규정을 마련했다는 데에서 한 단계 더 나아가, 결국 국제사회에서 주목하고 있는 이용자의 '이행의무준수'를 법제도적으로 어떻게 확보하고 있느냐에 대하여 매우 탁월하지는 않더라도 명확한 답을 제시해야 할 것이다. 즉 나고야의정서 당사국으로서의 ABS 법제 마련도 중요하지만, 그 중에서도 이용자의 '이행의무준수'를 어떻게 구체적으로 명확하게 규율하고 있느냐가 나고야의정서 이행 체계의 핵심이라고 할 수 있다. 그런데 이는 당사국이 이용자 이행의무준수를 '상당히 진지하게' '규제할 의도'를 가지고 있는 경우에 논할 의미가 있을 것이다. 그렇기 때문에 이용국의 입장이면서도 규칙 2015/1866/EU를 통해 ABS 이행체계를 '보완'하고 명확히 하고 있는 EU의 ABS 법

57 김두수, "네덜란드의 나고야의정서상 접근 및 이익 공유(ABS)에 관한 이행 동향: 자율 규제에서 국내이행법률 채택으로의 전환", 「국제법학회논총」 제61권 제4호(2016.12), p.31 참조.

제 내용이 관심을 받고 있다. EU의 경우 규칙 2015/1866/EU를 통해 유전자원의 수집등록처의 운영, 연구자금지원단계 및 제품의 최종개발단계에서의 적절주의의무(due diligence) 신고, 업무처리 모범관행의 신청 및 승인을 통한 이용자의 이행의무준수에 대한 책임의 명확화 등에 관하여 규율하고 있는데, 이에 대하여 보다 상세하게 살펴보면 아래와 같다.

① 유전자원수집등록처를 통한 유전자원의 등록 및 이용

EU는 나고야의정서 이행입법인 규칙 511/2014/EU 제5조 1항에서 EU 집행위원회가 EU 내에 유전자원수집등록처(register of collections)를 설립 및 운영하도록 하고 있으며, 동 유전자원수집등록처는 이용자가 쉽게 접근할 수 있는 인터넷 방식으로 운영되어 '검증된' 유전자원을 보관하도록 규정하고 있다.[58] 그리고 동 규칙의 보완적 성질을 갖는 집행위원회 이행규칙 2015/1866/EU 제2조에서 제4조까지는 동 등록처가 확보해야 하는 정보들(제2조),[59] 등록처로의 등재 요청(제3조), 등록된 유전자원의 검사 및 시정조치(제4조)에 관하여 규정함으로서 이용자가 이렇게 '등록된 유전자원'에 접근하여 이용하는 경우에는 적어도 '불법적 접근이나 이용'이 아닌 것으로 보아 이 부분에 있어서는 이용자의 이행의무준수를 다 한 것으로 보고 있다. 우리나라도 유전자원정보의 관리에 있어서 이처럼 구체적이고 명확한 절차적 이행이 강구되어야 할 것이다.[60]

② 연구자금지원단계 및 제품의 최종개발단계에서의 적절주의의무(due diligence) 신고

연구자금의 수령인(recipient)은 연구자금수령시 적절주의의무 신고를 이행해야 한다. 유전자원 및 관련 TK의 이용과 관련된 연구자금의 수령인은 EU 규칙 511/2014/EU 제7조 1항에 따라 수령인을 확정하는 회원국의 국가책임기관에 대하여

58 규칙 511/2014/EU 제5조 제1항.
59 규칙 511/2014/EU 제5조와 규칙 2015/1866/EU 제2조에 따라 유전자원의 등록 및 이용을 위하여 집행위원회가 부여한 유전자원 등록번호, 유전자원 분류 항목, 등록된 유전자원의 이름, 등록된 유전자원의 성질 등 간략한 설명, 소유자의 이름과 연락처, 접근이 용이하도록 이용가능한 데이터베이스 웹링크, 해당 유전자원을 관할하는 책임기관 및 세부 부서의 명칭, 접근가능한 날짜 등을 유전자원 등록 신청서 양식에 기재해야 한다. 이러한 유전자원 등록 신청서 양식은 전체적으로 볼 때 업무담당부서 뿐만 아니라 이용자에게도 유용하도록 착안될 필요가 있다.
60 유전자원정보관리센터의 역할과 국가책임기관, 국가연락기관, 점검기관 등과의 연계에 관하여는 오선영, "나고야의정서 국내 이행을 위한 유전자원정보관리센터 운영방안", 「환경법연구」 제39권 제1호(2017.4), pp. 250~258 참조.

이용자로서의 '적절주의의무 신고'를 하여야 한다.[61] EU 규칙 2015/1866 제5조 1항에 따르면, 이러한 적절주의의무 신고는 수령인을 확정한 회원국 국가책임기관에 의해 이루어질 것이지만, 만약 연구자금 수령인이 EU에 의해 확정되지 않았으나 그 연구가 EU에서 수행된 것이라면 적절주의의무 신고는 그 연구가 수행되는 회원국 국가책임기관에 의해 이루어진다.[62]

또한 제품의 최종개발단계시 EU 규칙 2015/1866 제6조 1항에 따라, 유전자원 및 유전자원 관련 TK의 이용에 있어 '이용자'는 EU 규칙 511/2014/EU 제7조 2항에 의거하여 이용자가 확정된 회원국의 국가책임기관에게 '적절주의의무 신고'를 하여야 한다.[63] 여기에서 신고의 대상이 되는 '이용의 결과(result of the utilization)'란 EU 규칙 2015/1866 제6조 3항에 의하면 생산물(products), 생산물의 전신(predecessors) 뿐만 아니라 제조공정(manufacturing)상의 기초가 되는 최종생산물, 청사진(blueprints) 또는 디자인(designs)을 포함한다.[64] 그리고 신고의 시한을 정하는 'EU 시장 판매(placing on the Union market)'란 EU 규칙 2015/1866/EU 제6조 4항에 의하면 EU 시장에 유전자원 및 관련 전통지식을 이용한 '개발상품'이 처음으로 이용가능 하도록 하는 것을 의미한다. 이용가능 하도록 공급하는 수단으로는 유료이든 무료이든 상업활동 중 EU 시장에서 배포(distribution), 소비(consumption) 또는 이용(use)되는 등의 모든 방식을 포함한다. 시장 판매에는 임상실험, 현장조사 또는 해충저항실험을 포함하는 상용화 이전 실험(pre-commercial trials)은 포함되지 않으며, 개별환자나 그룹환자들의 치료를 목적으로 하는 미허가된 의약제품들(unauthorised medicinal products)의 이용은 포함되지 않는다.[65]

우리나라의 경우 이와 같이 EU와 같은 별도의 이용자의 '적절주의의무 신고'를 규정하고 있지는 않으나, 이용자의 이행의무준수를 담보할 수 있는 하나의 방안으로 '연구자금수령단계' 및 '제품의 최종개발단계'에서 이와 같은 적절주의의 신고 제도를 도입할 수 있을 것이다.

---

61 규칙 511/2014/EU 제7조 제1항.

62 규칙 2015/1866/EU 제5조 제1항; 그리고 규칙 2015/1866/EU 제5조 제3항에 따라, 동일연구 프로젝트가 '둘 이상의 재원'에 의해 기금이 조성되거나 또는 둘 이상의 수령인이 관여하는 경우, 수령인 또는 수령인들(recipient(s))은 '오직' 하나의 신고만 이행하며, 이 신고서는 '연구책임자'(project co-ordinator)가 회원국 국가책임기관에 제출한다.

63 규칙 2015/1866/EU 제6조 제1항.

64 규칙 2015/1866/EU 제6조 제3항.

65 규칙 2015/1866/EU 제6조 제4항.

③ 업무처리 모범관행(best practice)의 실행

EU 규칙 2015/1866/EU 제8조에서 제11조까지는 일종의 '면책사유'의 하나인 업무처리 모범관행(best practice)에 관하여 집행위원회로의 신청절차(제8조), 승인 및 철회(제9조), 변경사항 허가 절차(제10조), 결함(제11조) 등을 규정하고 있다. 이에 EU 규칙 2015/1866 제9조 2항에 따라, 집행위원회는 '업무처리 모범관행'을 '승인'하거나 또는 이를 '철회'하는 경우 해당 결정에 대한 '이유(reasons)'를 부기하여야 한다.[66] 그리고 EU 규칙 2015/1866 제10조 1항에 따라, EU규칙 511/2014/EU 제8조 3항에 의거하여 통지를 받는 집행위원회는 '승인된(recognized) 업무처리 모범관행'의 '변경이나 업데이트' 등에 대하여 모든 회원국들의 국가책임기관에 해당 '정보'의 사본을 전달하여야 한다.[67] 그리고 EU 규칙 2015/1866 제11조 5항에 따라, 집행위원회가 '업무처리 모범관행의 불충분의 가능성' 및 EU규칙 511/2014/EU 제4조와 제7조에 규정된 '의무불이행' 사건에 관하여 심사하는 경우, 제8조 4항에 언급된 바와 같이 '검사의 대상'인 이용자 협회 또는 이해관계자들은 집행위원회에 협력해야 하고 그 활동을 지원해야 한다. '검사의 대상'인 이용자 협회 또는 기타 이해관계자들이 이러한 협력 및 지원에 실패하는 경우 집행위원회는 지체 없이 해당 업무처리 모범관행의 승인을 '철회'할 수 있다.[68]

이처럼 EU가 '이용자의 이행의무준수'를 확보하기 위하여 '업무처리 모범관행'에 관하여 보다 구체적으로 규율하게 되었다는 점은 일종의 '면책사유'의 근거를 제공한다는 의미 외에도 향후 국제사회에서 나고야의정서의 이행 활성화 추세에 있어서 중요한 의미가 있다. 우리나라도 '업무처리 모범관행' 시스템을 도입하는 것이 관련 산업계 측면에서는 행정적, 시간적 부담이 될 수 있으나, 나고야의정서의 국내이행의 활성화 및 이용자의 이행의무준수의 강화라는 측면에서 필요해 보인다.

(3) 셋째, 우리나라가 이용자와 제공자의 균형 잡힌 ABS 체계의 이행에 실패하여 이용자의 이해를 지나치게 고려하는 경우 국내 관련 바이오기업들은 다소 느슨한 국내 법제에 익숙하여 당장은 유익해 보이지만 결국 다른 당사국들의 엄격한 ABS 법제에 대한 대응능력에서 뒤쳐질 우려가 있어 장기적으로는 관련 바이오기업의 경쟁력

---

66 규칙 2015/1866/EU 제9조 제2항.
67 규칙 2015/1866/EU 제10조 제1항.
68 규칙 2015/1866/EU 제11조 제5항.

저하의 우려가 있다. 따라서 나고야의정서 이행을 위한 적극적·선도적 자세가 필요해 보인다. 더욱이 이제는 나고야의정서 발효 후 당사국들이 동 의정서에 비준하고 ABS 법제를 마련하는 경우가 더욱 증가하고 있다. 따라서 EU와 같이 규칙 511/2014/EU에서 이용자의 '적절주의의무'를 규정하고, 그 세부 이행규칙인 규칙 2015/1866/EU에서 유전자원의 수집등록, 이용자 적절주의의무의 신고, 업무처리 모범관행을 규정함으로서 이용자 이행의무준수를 보다 구체적으로 명확하게 규율하고 있는 것처럼,[69] 우리나라도 적극적으로 이용자 이행의무준수의 규율방식을 강구할 필요가 있다. 이러한 EU 의 ABS 체계 동향은 이용국 입장이면서도 '이용자의 의무이행준수'의 규율 방식을 보다 구체화하고 있다는 점에서 같은 이용국의 입장에 있는 우리나라에게도 시사하는 바가 크다.[70] 이를 통해 규제의 기준에 있어서 '국제적 통일성 및 일관성'을 어느 정도 제고할 수 있을 것이다. 이는 '규제의 객관성과 투명성'을 담보할 수 있다는 측면에서도 의미가 있다. 따라서 EU가 나고야의정서 이행을 위하여 보충 입법을 수행한 바 있듯이, 2017년 8월 17일 나고야의정서 당사국인 된 우리나라는 유전자원법의 실질적 발효를 위해 동법의 이행을 위해 필요한 사항을 보다 완비해야 할 것이다.

---

69 김두수, "독일의 나고야의정서상 접근 및 이익 공유(ABS) 체계 분석과 시사점", 「국제경제법연구」 제15권 제1호(2017.3), p.133 참조.

70 우리나라도 EU와 같이 이용국의 입장이면서도 나고야의정서에 보다 선도적으로 대응하여 '가난' 이 심한 '생물다양성 부국들'이 ABS상의 '발생 이익'을 통하여 '생물다양성을 보전'하고, '가난을 경감'시키는 것을 돕는 것처럼 나고야의정서의 이행에 우호적으로 대응하는 경우 국제적 입지가 강화되고 제반 국익 도모에 도움이 될 수 있을 것이다. Sebastian Oberthür and Florian Rabitz, "The role of the European Union in the Nagoya Protocol negotiations: Self-interested bridge building", in Sebastian Oberthür and G. Kristin Rosendal (ed.), *Global Governance of Genetic Resources: Access and benefit sharing after the Nagoya Protocol* (Routledge, 2014), p.80 참조; 같은 취지로 김두수, 「EU법」 (한국학술정보, 2014), p.529 참조.

V. 결언

　　유전자원의 이용국 입장인 우리나라는 그동안 나고야의정서에 대응하기 위한 준비를 지속해왔으나, 국제사회에서 충분하다고 여길 만큼 유전자원 제공국들의 법률이 마련되지 않아 적절한 대응책을 제시하기가 어려운 측면이 있는 것도 사실이었다. 제공국에서 자신들이 바라는 이익공유의 원칙을 설정하지 않은 상태에서 우리나라 정부나 관련 바이오협회, 제약협회 등의 차원에서의 대응책 마련은 쉽지 않았다. 따라서 국제적 동향을 관측하며 예의주시할 필요가 있었다. 관련 유전자원과 그 보유국에 따라 금전적인 보상이나 또는 그것이 아닌 비금전적 보상을 바랄 수도 있고, 그 규모도 다를 수 있는 만큼 제공국들의 국내법제 제정 추이에 따라 대응책을 마련해야 한다. 다만 제공자와의 협상과정에서 국내 바이오산업의 부담을 덜 수 있는 정책 대안들(평상시 원만한 대외관계 유지 등)을 발굴해 정부에 제안하는 것도 하나의 방법이 될 수 있고, 정부도 MAT과 관련된 예시계약서를 제공하여 그 부담을 경감시켜 줄 수 있다.

　　이제는 나고야의정서 발효 후 이용국 입장의 선진국을 비롯한 국가들이 동 의정서에 비준하고 ABS 법제를 마련하는 경우가 증가하고 있다. 따라서 EU와 같이 규칙 511/2014/EU에서 이용자의 '적절주의의무'를 규정하고, 그 세부 이행규칙인 규칙 2015/1866/EU에서 유전자원의 수집등록, 이용자 적절주의의무 신고, 업무처리 모범관행을 규정함으로서 이용자 이행의무준수를 보다 구체적으로 규율하고 있는 것처럼, 우리나라도 적극적·선도적으로 이용자 이행의무준수의 규율방식을 마련할 필요가 있다. 비록 우리나라가 이용국의 입장에 있으나, 이를 통해 규제의 기준에 있어서 국제적 '통일성' 및 '일관성'을 어느 정도 제고할 수 있을 것이다. 이는 규제의 객관성과 투명성 및 예측가능성을 담보할 수 있다는 측면에서 의미가 있다. EU가 나고야의정서 이행을 위하여 보충 입법을 수행한 바 있듯이, 2017년 8월 17일 나고야의정서 당사국인 된 우리나라는 유전자원법의 실질적 발효를 위해 향후 동법의 이행을 위해 필요한 사항을 보다 완비해야 할 것이다. 또한 아직은 국내 업체들도 자신들의 품목이 ABS의 적용대상인지 아닌지 모르는 경우가 적지 않아, 그 현황 파악과 함께 관련 협회 회원사에 대한 교육에도 우선 힘을 기울여야 할 것이다.[71]

71　참고로, 우리나라 생물자원에 대한 연구는 2012년 2월 제정된 '생물다양성 보전 및 이용에 관한

법률' 제9조와 제10조에 따라 정부가 생물다양성 현황을 '조사'하고 국가 생물종 '목록'을 구축하도록 규정하고 있다. 이에 따라 생물자원 연구와 체계적인 정보 관리가 추진되고 있다. 2013년 기준으로 국내에 서식하는 것으로 추정되는 10만종의 생물종 가운데 4만 1,483종의 목록을 구축했으며, 2020년까지 6만 종의 생물종을 발굴해 목록을 구축하는 것이 목표이다.

제 2 장
우리나라 접근신고의 예외 및 간소화절차

Ⅰ. 서언

우리나라는 나고야의정서(Nagoya Protocol)[1] 국내이행법률인 "유전자원의 접근·
이용 및 이익 공유에 관한 법률(유전자원법)" 제10조에 따라 국내 유전자원등에 대한
접근신고의 '절차 간소화' 또는 '예외'의 대상(상황)에 대한 검토가 필요하다. 물론 우리
나라는 유전자원에 대한 이용자 입장의 국가이므로 이를 감안하여 이용자에게 큰 부
담을 지우지 않는 방향으로 검토할 필요도 있다. 이는 유전자원 제공국인 개도국들처
럼 접근절차를 강화하자는 의미는 아니며, 우리나라도 해외 유전자원을 수입하는 국
가이므로 제공국과 이용국 간의 적절한 조화를 추구하는 것이 필요하다는 의미이다.
국제사회의 상호주의를 고려하여[2] 외국이 우리나라를 바라보는 관점이나 인식도 중요
하기 때문이다.

이러한 우리나라 유전자원법의 실제 적용일은 2018년 8월 18일이며, 이를 위하
여 유전자원법 시행령 제5조에 따라 국가책임기관인 과학기술정보통신부, 농림축산식

1　2010년 10월 29일 채택되어 2014년 10월 12일 발효된 '생물다양성협약(Convention on Biological
　Diversity: CBD)의 유전자원에 대한 접근 및 그 이용으로부터 발생하는 이익의 공정하고 공평한 공
　유에 관한 나고야의정서(Nagoya Protocol on Access to Genetic Resources and the Fair and Equitable
　Sharing of Benefits arising from their Utilization to the Convention on Biological Diversity)'를 말한다.
2　김두수, "독일의 나고야의정서상 접근 및 이익 공유(ABS) 체계 분석과 시사점", 「국제경제법연구」
　제15권 제1호(2017.3), p.143 참조.

품부, 보건복지부, 환경부, 해양수산부 5개 관계부처가 협의[3]할 사항으로 국내 유전자원 접근신고의 '간소화절차 및 예외'에 관한 사항이 있다. 이는 현재의 상황뿐 아니라 장기적 관점에서 국익에 적합하게 준비할 필요가 있다. 특히 유전자원법(시행령, 시행규칙 포함)의 부존 내용을 보완할 필요가 있는데, 그 보완 형태는 고시, 지침, 가이드라인 등의 형식을 취할 수 있으나, 유전자원법 시행령 제5조 2항은 그 보완 형태를 '고시'라 칭하고 있다.

이와 관련된 구체적인 세목을 보면, 접근신고의 '간소화절차 또는 예외'의 대상으로 ① 인간, 동물 및 식물의 생명이나 건강을 침해할 우려가 있어 치료제개발, 식량안보 등을 위하여 유전자원등의 신속한 접근 또는 이용이 필요하다고 인정하는 경우, ② 순수연구 등 비상업적 목적을 위하여 유전자원등에 접근하는 경우로 크게 구별하고 있다.[4]

그런데 문제는 유전자원법 제10조의 적용을 위하여 ① 치료제개발, 식량안보, 순수연구목적에 대한 상황 설명, 즉 이들 3가지 상황의 기준을 위한 개념 정립이 필요하다는 것이다. 그리고 ② 이 3가지 상황 중에 어떤 경우를 간소화절차로 규율할지 또는 예외로 규율할지를 결정해야 한다는 것이다. 이를 결정함에 있어서는 나고야의정서 상의 관련 규정인 제4조(국제협약 및 문서와의 관계) 및 제8조(특별 고려사항)를 통하여 국제문서나 국제논의동향을 검토할 필요가 있다. 그리고 ③ 예외의 의미를 '엄격한 평가의 배제'를 의미한다고 볼 때, 예외의 경우에도 요식행위로서의 접근신고는 필요하다고 보아 다른 간소화절차 대상과 마찬가지로 일정한 요식행위로서의 접근신고는 필요하므로 이에 필요한 '접근신고의 간소화 방법'을 마련하여 이 경우에도 적용할 것을 고려할 수 있을 것이다.

이에 이 글에서는 나고야의정서상의 사전통보승인(Prior Informed Consent: PIC)을 위한 국내 유전자원 접근신고절차를 기초로 한 국내 유전자원 '접근신고 간소화 및 예외'를 중심으로 검토하고자 한다. 이를 위하여 나고야의정서와 유전자원법상의 관련 규정이 무엇인지, 간소화 및 예외 대상인 치료제개발, 식량안보, 순수연구목적의 비상업적 이용의 3가지 상황을 어떻게 개념 정립할 것인지, 그리고 간소화 및 예외는 방법론적으로 어떻게 마련할 수 있는지에 관하여 살펴보고자 한다.

---

3 유전자원법 시행령 제5조에 의하면 유전자원법 제18조 제1항상의 '협의회'를 통해 '미리' 유전자원등 접근신고의 '예외 대상 및 사유'에 관하여 '심의'를 해야 한다.

4 유전자원법 제10조.

II. 접근신고 예외 또는 간소화절차의 대상 검토

1. 개관

나고야의정서 제8조는 접근 및 이익 공유(Access and Benefit-Sharing: ABS)의 '특정 사례 또는 상황'에 대해 다루고 있다. 첫째, 비상업적 연구에 관한 것이다.[5] 그런데 유전자원의 '제공자' 측면에서는 유전자원의 본래 '목적(의도)'의 변경을 우려할 수 있고, 또한 제3자 이전을 통한 유전물질의 이용도 우려할 수 있으며,[6, 7] 상업적 주체의 연구결과 이용과 관련한 순수연구목적의 비상업적 연구에 대한 우려가 충분히 제기될 수도 있다. 특히 과학계에서는 비상업적 연구가 금전적 이익을 추구하지 않기 때문에, 접근제한은 이러한 순수연구에 즉각적인 장애물이 된다고 우려한다. 둘째, 인간, 동물 또는 식물과 관련된 응급상황인 경우의 병원균에 대한 접근제한에 관한 것이다.[8] 병원균과 관련된 ABS는 인간, 동물 또는 식물의 건강을 위한 대중의 우려를 촉발하게 된다. 특히, 이용국에 해당하는 선진국은 나고야의정서상의 접근제한은 유행병의 위협에 대응할 수 있는 국제사회의 역량을 제한할 가능성이 있다고 우려한다. 셋째, 식량안보와 관련된 농업식량식물유전자원에 관한 것이다.[9] 나고야의정서의 전문에서 인식

---

5 나고야의정서 제8조 (a).

6 유럽연합(European Union: EU)의 경우에는 규칙 511/2014/EU(Regulation 511/2014/EU of the European Parliament and of the Council of 16 April 2014 on compliance measures for users from the Nagoya Protocol on Access to Genetic Resources and the Fair and Equitable Sharing of Benefits Arising from their Utilization in the Union (OJ 2014 L150/59-71)) 제3조 제4항에서 '이용자'란, 유전자원 또는 관련 전통지식을 이용하는 개인 또는 법인'으로 한정하여 정의하고 있다. 따라서 사전통보승인(PIC)이나 상호합의조건(MAT)의 단계에서 분간되겠지만, 단순한 중간 유통관련 매개자는 규율 대상이라 보기 어렵다.

7 인도의 경우에는 유전자원 접근 신청양식 'FORM IV'를 통하여 '접근한 생물자원 및 관련 전통지식의 제3자로의 이전을 위한 국가생물다양성기구(National Biodiversity Authority)의 승인을 위한 신청양식'을 마련함으로서 신청인(원래의 이용자)과 제3자의 관계를 규율하고 있다. 특히 FORM IV의 10호는 제3자로의 이전으로 인하여 발생되는 '이익 공유'를 위해 '제시된 절차체계와 합의(약속)'에 관하여 적시하고 있다. https://s3.amazonaws.com/km.documents.attachments/0c15/a5f2/7a9e3 2c38d62dc57dc36cc0d?AWSAccessKeyId=AKIAI7FAKFTLBEQGAW3Q&Expires=1523247928 &response-content-disposition=inline%3B%20filename%3D%22Biological%20Diversity%20 Rules%2C%202004.pdf%22&response-content-type=application%2Fpdf&Signature=ZN%2 BYfQoZRiljmJgy0R7hWynmUZ0%3D.

8 나고야의정서 제8조 (b).

9 나고야의정서 제8조 (c).

하고 있는 바와 같이, 유전자원은 식량안보 및 농업의 지속가능한 발전에 있어 중요한 역할을 수행한다.

이처럼 나고야의정서 제8조는 당사국들의 ABS 법률 또는 규제요건 제정 및 이행 시에 동 조항을 특별히 고려하도록 요구하여, 법적 강제성에는 의문이 있으나 이러한 '특정 사례나 상황'에 대해 특별 조치를 취하여 이해당사자들의 우려를 해결하고자 하였다.

2. 순수 연구목적: 간소화절차 고려 대상

생물다양성협약(Convention of Biological Diversity: CBD) 제15조 제2항에서는 당사국으로 하여금 협약에 배치되지 않는 환경적으로 안전한 이용을 위한 접근에 대한 조건 개발을 요구하고 있는데, 나고야의정서 제8조 (a)에서는 이를 한층 더 발전시키고 있다. 즉, 나고야의정서 제8조 (a)에서는 당사국이 CBD 제1조상의 첫 번째(개도국에서의 생물다양성보전) 및 두 번째 목적(개도국에서의 지속가능한 이용)[10]에 기여하는 연구를 촉진하고 장려하기 위한 특별 조건을 개발하도록 요구하고 있다.

1) 비상업적 연구의 촉진 및 장려를 위한 여건 마련

먼저 살펴볼 내용은 나고야의정서 제8조 (a)는 '여건(conditions)'의 의미가 무엇인지에 대해 명확하게 정의하고 있지 않다는 점이다. 단지 당사국이 조성하는 여건이 무엇이던지 그 목적은 (a)에 속한 비상업적 연구를 촉진 및 장려해야 한다는 점을 명시하고 있을 뿐이다. 이러한 연구를 촉진 및 개발하는 데 기여하는 여건 중 하나가 조항에 직접적으로 언급되어 있는데, 바로 '비상업적 연구'를 위한 접근에 대한 '간소화 조치'[11]이다.

---

10 생물다양성협약 제1조.

11 해양미생물(미소동식물)에 대한 접근 및 이익공유에 관한 협정(Micro B3 Model Agreement on Access to Marine Microorganisms and Benefit-Sharing) 전문(Preamble)에서도 '비상업적 연구목적(non-commercial research purposes)을 위한 접근'에 관한 조치는 '생물다양성의 보전 및 지속가능한 이용'에 대한 기여를 위하여 '절차가 단순화'될 수 있음을 언급하고 있다. Result of Micro B3 WP8, 17th December 2013, http://www.microb3.eu/; 김두수, "나고야의정서상의 상호합의조건(MAT)과 해양미생물의 접근 및 이익 공유(ABS)에 관한 EU Micro B3 모델협정", 「국제법학회논총」 제61권 제3호(2016.9), p.58.

게다가, CBD 제15조 제2항에 부합하여 CBD의 목적 이행을 지연하는 제한을 방지할 뿐 아니라 환경적으로 안전한 이용을 위한 유전자원의 접근을 용이하게 할 필요성은 또한 나고야의정서 제6조 제3항의 기반이 되고 있다는 점을 주목해야 한다. 나고야의정서 제6조 제3항은 유전자원의 접근을 촉진하기 위해 PIC을 요구하는 당사국이 제정해야 할 조치를 열거하고 있는 바,[12] '비상업적 연구'는 이러한 조치를 통해 동일한 혜택을 받을 수 있어야 한다.

하지만, 나고야의정서 제8조 (a)는 비상업적 목적을 위해 수행되는 연구의 명백한 필요성을 전적으로 언급하기 위한 '독립 조항'을 제공하고 있다는 점을 인식해야 한다. 기타 유효한 조건에 대한 목록은 제공되고 있지 않기 때문에, 각 당사국에게는 연구목적을 위해 취할 수 있는 행동에 대한 폭넓은 '국가재량'이 주어진 것으로 볼 수 있다.[13]

2) 상업적 및 비상업적 연구의 구별

나고야의정서 제8조 (a)의 해석상 살펴볼 또다른 문제는 '비상업적 연구'와 '상업적 연구'의 '구별'인데, 다음과 같은 이유로 인하여 그 구별이 쉽지 않다는 점이다.

- 민간부문 및 연구기관(예를 들면, 대학) 모두 비상업적 연구뿐 아니라 상업적 연구에 참여할 수 있다.
- 유사 연구방법 및 절차가 비상업적 연구뿐 아니라 상업적 연구에도 일반적으로 사용된다.
- 두 가지 종류의 연구 모두 보통 동일한 유전물질 및 유전자원의 접근을 요구한다.
- 두 가지 종류의 연구 모두 생물다양성의 보전 및 지속가능한 이용에 이로울 수 있다.[14, 15]

---

12 나고야의정서 제6조 제3항은 PIC을 요구하는 각 당사국의 동조 각 호의 사항(접근 및 이익 공유에 관한 국내입법 및 규제 요건의 법적 확실성, 명확성 그리고 투명성의 제공 등)에 필요한 입법적, 행정적 또는 정책적 조치 중 적절한 조치를 채택하도록 하고 있는데, '비상업적 연구'를 위한 접근의 '간소화 조치'의 경우에도 이를 보장해야 한다. 나고야의정서 제6조 제3항.
13 토마스 그레이버 외, 「나고야의정서 해설서」 (국립생물자원관, 2014), p.134.
14 *Ibid.*
15 Report of a Workshop on Access and Benefit—Sharing in Non—Commercial Biodiversity Research (Held at the Zoological Research Museum Alexander Koenig, Bonn, Germany on 17—19 November 2008), UNEP/CBD/WG—ABS/7/INF/6 (9 March 2009), pp.4~5.

그런데 상업적 연구와의 연계와 관련된 우려에 대응하여, 비상업적 연구 부문(박물관, 모금기구, 식물원, 식물 표본실, 대학, 유전자은행 및 보전기관 포함)은 2008년 본에서 개최된 "비상업적 연구에서의 접근 및 이익 공유"에 관한 회의에 함께 참석하였고, 이들 참석자는 상업적 연구를 비상업적 연구에서 구분할 수 있는 유형적 지표를 취합하였으며, 여기에는 다음이 포함되었다.

ⓐ 상업적 연구

− 일반적으로 최소한 실질적 또는 잠재적 상업 가치를 지닌 어떤 결과 및 이익을 유발하기 위한 것이다. 그리고,

− 공공 도메인이 아닌 개인 소유의 이익을 발생시키며, 그 이익은 다양한 형식으로 제한되어 있다.

ⓑ 비상업적 연구

− 일반적으로 위의 모든 성격이 부재하다.

− 대부분 공공 도메인에 그 결과를 공개하려는 의지가 있다.

− 종종 공적으로 또는 자선적으로 자금이 지원된다. 그리고,

− 상업적 연구에 대한 특정 규제 조치가 여기에는 적합하지 않으며, 불필요한 시간 및 비용을 초래할 수 있다는 점에서 다르다.[16]

하지만, 비상업적 연구를 위한 특별 조건 개발 시, 해당 연구 또는 그 결과가 손쉽게 '상업적 목적으로 변경(목적변경 가능성)'될 수 있다는 점을 고려해야 하며, 이러한 '연구목적 변경상황'은 ABS 법령 또는 규제요건에서 동시에 언급되도록 당사국에게 요구되고 있다. 이는 '연구목적의 변경에 대한 대처 필요성을 고려하여'[17]라는 문구에 반영되었다. 즉, 연구가 비상업적 의도로 시작 되었지만(처음 접근신청 당시) 연구프로젝트 진행 중(접근신청 후) 상업적인 목적이 발생할 경우, '이용자'는 PIC 및 MAT과 관련하여 해당 국가책임기관과 재협상해야 한다.

---

16 *Ibid.*, p.6; Report of the Eighth Meeting of the Ad Hoc Open−Ended Working Group on Access and Benefit−Sharing (Montreal, 9−15 November 2009), UNEP/CBD/WG−ABS/8/8 (20 November 2009) 참조.

17 나고야의정서 제8조 (a).

결국, 나고야의정서 제8조 (a)의 핵심 내용은 첫째, 순수 과학적 연구 및 비상업적 목적을 위한 기타 연구에 대하여는 '간소화된 접근절차'의 제공이 필요하며, 둘째, PIC 및 MAT 재협상을 통한 접근신청 당시와 상이한 '의도(목적) 변경'이 발생한 경우에 대한 추가적인 언급이 필요하다는 것이다.[18]

3. 치료제개발: 예외 고려 대상

치료제개발의 경우 나고야의정서 제8조 (b)에 의하면 긴급성(emergencies) 요건을 충족해야 한다. 이러한 치료제개발과 관련된 국내법률로는 "병원체자원의 수집·관리 및 활용 촉진에 관한 법률(병원체자원법)"이 있으나, 유전자원법의 적용시 가장 중요한 치료제개발의 개념 정립과 관련된 직접적 조항은 존재하지 않는다는 점이 문제이다. 그런데 분명한 것은 치료제개발과 관련된 국제문서나 국제합의가 명확하게 존재하는 경우, 나고야의정서에 대한 특별국제조약으로 취급되는 성질을 갖는 경우로서[19] 나고야의정서가 적용되지 않을 수 있다는 것이다. 즉, PIC의 규제대상에서 예외가 된다.

1) '고려' 상황에 대한 '적절주의'의 정도 및 법적 구속력 여부

나고야의정서 제8조 (b)는 긴급상황을 '고려'해야 하는 상당한 참작을 의미하는 '적절주의(due regard)'에 대해서는 명시하고 있으나, 특별 조치를 취해야 하는 '법적 의무'는 부여하지 않고 있다. 이러한 해석은 제8조 (b)의 두 번째 문장에서 뒷받침되고 있는데, 여기에서는 당사국이 긴급상황에 대응하기 위한 '특정 조치의 필요성'을 '고려할 수 있다'고 언급하며 첫 번째 문장의 의무에 대한 부연설명을 제공하고 있다.

2) '현존' 또는 '임박'한 긴급사태

나고야의정서 제8조 (b)상의 적절주의 의무는 '현존(present)' 및 '임박(imminent)'한 상황으로 한정하고 있다. 이는 모든 긴급사태가 아닌 '현재 또는 목전'의 비상사태에만 적절주의가 필요하다는 것을 의미한다. '현존'은 이미 기존에 존재하

---

18 이러한 측면에서 우리나라 유전자원법 제10조 두문, 1호 및 2호의 규정은 일단 적절하게 마련되었다고 할 수 있다.
19 나고야의정서 제4조.

거나 발생한 비상사태를 의미하는 반면, '임박'은 아직 발생하진 않았지만 발생할 가
능성이 매우 농후하거나, 조만간 발생할 가능성이 매우 큰 비상사태를 의미한다.[20] 전
자는 즉각적인 조치를 요하는 반면, 후자는 발생 또는 재발 가능성이 있는 건강 위협
에 대한 대비 또는 비상사태로 변경될 수 있는 건강 상황에 대한 완화 또는 방지 조치
를 요하는 경우이다.[21] 그런데 건강상황이 현재 위협적이거나 훼손을 초래하는 경우인
지 또는 즉시 발생할 수 있는 상황인지에 대한 '판단'은 국가적 또는 국제적으로 이루
어진다. 따라서 국가적 그리고 국제적 기준의 조화가 필요하다.

3) '신속한 접근'의 허용을 '고려'

나고야의정서 제8조 (b)의 두 번째 문장은 현재 또는 임박한 치료제개발의 비상
사태에 대응하기 위하여 당사국은 유전자원에 대한 '신속한 접근(expeditious access)'
을 허가할 필요성을 '고려할 수 있다'고 명시하고 있다. 나고야의정서의 최종안에 '신속
한 접근'이라는 용어가 포함되기 이전에는 '즉각적 접근(immediate access)' 및 '접근을
위한 단순한 조치(simplified measures for access)'라는 문구가 초안에서 대안으로 제시
되었다.[22, 23] 특히 '고려할 수 있다'라는 표현은 각 당사국에게 취할 수 있는 행동에 대
해 결정할 수 있는 재량행위가 부여됨을 의미한다.

일반적으로, 나고야의정서 제8조 (b)는 구체적인 결과를 규정하고 있지는 않는
것으로 보인다. 향후 긴급사태에 대한 대응과 관련하여 '신속한 접근을 거부'하는 경
우에 대해서는 고려해 볼 수 있지만, '국내적 또는 국제적'으로 현재 비상사태로 판단
된 경우에 대한 거부를 예단할 수는 없다. 따라서 이 제8조 (b)는 긴급사태시 '신속한
접근을 거부하지 않도록' 하는 이유를 적용하는 동시에 '제공국이 접근에 대한 결정
권을 행사'할 수 있도록 여지를 제공하는 절충적 방법으로 간주되어야 한다.

---

20 The Concept of Imminent Threat of Damage and Its Legal and Technical Implications (Kuala
    Lumpur, 15-19 June 2010), UNEP/CBD/BS/GF-L&R/3/INF/2 (29 April 2010), pp.1~2 참조.
21 토마스 그레이버 외, *supra* note 13, p.137.
22 *Ibid.*, pp.137~138.
23 Report of the First Part of the Ninth Meeting of the Ad Hoc Open-Ended Working Group
    on Access and Benefit-Sharing (Cali, Colombia, 22-28 March 2010), UNEP/CBD/WG-
    ABS/9/3 (26 April 2010), p.21; Report of the Second Part of the Ninth Meeting of the Ad Hoc
    Open-Ended Working Group on Access and Benefit-Sharing (Nagoya, Japan, 18-29 October
    2010), UNEP/CBD/COP/10/5/Add.4 (28 July 2010), p.23; Report of the Third Part of the Ninth
    Meeting of the Ad Hoc Open-Ended Workng Group on Access and Benefit-Sharing (Nagoya,
    Japan, 18-29 October 2010), UNEP/CBD/COP/10/5/Add.5 (17 October 2010), pp.14~15.

4) 신속한 이익 공유

나고야의정서 당사국은 제8조 (b)에 명시된 목적을 위해 신속하게 접근된 유전자원의 이용으로부터 발생한 이익이 공정하고 공평하게 공유될 수 있도록 조속한 처리를 촉진해야 한다. 명시된 이익 중 한 형태는 유전자원의 향후 이용에 비례하며, 특히 개도국에서 도움을 필요로 하는 사람을 위한 '저렴한 의약품' 또는 '치료방법'을 제공하는 것이다. 당사국은 이러한 유전자원의 이용으로부터 발생하는 기타 이익의 공유에 대해 동의할 수 있다.

이러한 문맥 상, 나고야의정서 제4조 제3항에서는 ABS를 규제하기 위하여 교차영역에서 특수 국제문서의 개발 및 이용을 가능하게 하며, 당사국으로 하여금 '그러한 국제문서와 관련 국제기구 하에서 진행되는 유용한 관련 작업이나 관행'에 대하여 '적절한 주의'를 요구하고 있다는 점을 상기해야 한다. 일부의 경우, 여기에는 특수 ABS 문서가 적용되는데, 이는 '특수문서를 통해 그리고 특수문서의 목적에 포함되는 특정 유전자원과 관련하여' 특수문서의 당사국(들)에 대해 나고야의정서의 적용을 면제 또는 유보한다. 세계보건기구(World Health Organization: WHO)는 제공자와 WHO의 글로벌 인플루엔자 감시 및 대응 체계(WHO's Global Influenza Surveillance and Response System: GISRS) 하의 기구 간(SMTA1) 그리고 WHO와 제3자 간 (SMTA2) ABS를 규제하기 위한 두 가지 표준물질이전협정(Standard Material Transfer Agreement: SMTA)과 함께 인플루엔자 대유행 대비체제(Pandemic Influenza Preparedness Framework: PIPF)라는 신규 기본협약을 마련하였다.[24] 아직까지는 이 체제에 나고야의정서 제4조 제4항에 따른 '특수문서의 자격(예외 적용)'이 부여되는지 여부가 명확하지는 않다. 하지만, 나고야의정서 제8조 (b)의 의무이행 시 당사국은 WHO가 2005년 국제보건규칙 하의 위임사항을 준수할 수 있도록 PIPF 하에서 수행되는 ABS 상황의 특별취급에 대한 필요성을 고려할 수 있다.

PIPF 제4조 제1항에서 정의하는 사람에게 대유행을 일으킬 우려가 있는 H5N1형 등의 인플루엔자 바이러스에 관한 PIP생물소재(PIP biological materials)의 이용으로, ① GISRS에 속하는 연구기관 간 PIPF 부속서 I 의 표준물질이전협정(SMTA1)을 이용하여 이전한 유전자원, ② GISRS에 속하는 연구기관으로부터 PIPF 부속서 II 의 표준물질전협정(SMTA2)을 이용하여 취득한 유전자원의 경우에는 접근신고의 예외 대상

---

24 토마스 그레이버 외, *supra* note 13, p.138.

이 될 수 있다.[25]

4. 식량안보: 예외 고려 대상

식량안보와 관련된 국내법률로는 "농업생명자원의 보존·관리 및 이용에 관한 법률(농수산생명자원법)"이 있으나, 유전자원법 적용시 중요한 식량안보의 상황에 대한 개념정립을 위한 직접적인 규정은 존재하지 않는다. 분명한 점은 치료제개발과 마찬가지로 식량안보와 관련된 국제문서나 국제합의가 존재하는 경우 특별국제조약으로 취급되어[26] 나고야의정서가 적용되지 않는다.

1) '고려' 상황에 대한 '법적 구속력' 여부

나고야의정서 제8조 (c)에서는 '식량농업유전자원의 중요성 및 식량안보를 위한 그 특별한 역할'에 대해 언급하고 있다. 이 조항은 당사국에게 해당 자원의 '중요성에 내해 고려하라'고 하고 있지만, 특정 결과 또는 조치를 요구하지 않기 때문에 강력한 법적 의무를 부여하는 것으로 보기는 어렵다.

2) 고려 대상

나고야의정서 제8조 (c)를 이행하기 위한 ABS 법령 및 규제요건 개발 및 이행 시, 당사국은 식량농업 및 이익 공유를 위한 유전자원의 접근을 '고려'하여 다음 두 가지 상황에 대해 생각해 볼 수 있다. 첫째, 식량농업식물유전자원에관한국제조약(International Treaty on Plant Genetic Resources for Food and Agriculture: ITPGRFA)

---

25 PIPF 4.1 Pandemic influenza preparedness biological materials or PIP biological materials
– "PIP biological materials", for the purposes of this Framework (and its annexed Standard Material Transfer Agreements (SMTAs) and terms of reference (TORs)) and the Influenza Virus Tracking Mechanism (IVTM), includes human clinical specimens, virus isolates of wild type human H5N1 and other influenza viruses with human pandemic potential; and modified viruses prepared from H5N1 and/or other influenza viruses with human pandemic potential developed by WHO GISRS laboratories, these being candidate vaccine viruses generated by reverse genetics and/or high growth re–assortment.
– Also included in "PIP biological materials" are RNA extracted from wild–type H5N1 and other human influenza viruses with human pandemic potential and DNA that encompass the entire coding region of one or more viral genes.

26 나고야의정서 제4조.

'부속서 I '에 속하는 식량농업유전자원을 포함하는 것이다. 둘째, 기타 식량농업유전자원 '모두'를 포함하는 것이다.

먼저, ITPGRFA는 식량농업식물유전자원과 관련된 문제를 규제하는 '특수 ABS 국제문서'이다.[27] 64종의 작물로 구성된 부속서 I 의 식량농업유전자원에 대한 ABS를 촉진하기 위하여, 이 조약은 현재 운영 중인 '다자간 ABS 체계'를 설립하였다. 이러한 작물은 '식량안보 및 상호 의존성'의 기준에 따라 파악되었다.[28] 작물에 대한 '접근의 촉진'은 식량농업 연구, 육종 및 훈련을 위한 보전이 그 목적이다. 따라서 ITPGRFA 당사국은 주권적 권리의 행사 시, 수령자에게 통상의 '양자간' '이익 공유의 조건을 적용하지 않으며', 표준물질이전협정(SMTA)에서 설정된 규칙에 따라 '제한 없이' 신속하게 자국의 부속서 I 에 속하는 식량농업식물유전자원을 '모든 이에게 접근 가능'할 수 있도록 합의하였다.[29] ITPGRFA는 '다자간 ABS 체계'의 핵심인 '이익 공유 기금'을 설립하였으며, 기금 분배뿐 아니라 이익 공유의 기준도 제시하였다.[30]

그리고 국제농업연구협의단(Consultative Group on International Agricultural Research: CGIAR)에 속하는 국제농업연구센터 및 기타 국제조직이 보유하는 식량 및 농업을 위한 식물유전자원으로 SMTA 또는 ITPGRFA 제15조 제1항 (b)에서 규정하는 표준물질이전협정을 이용하여 취득하는 유전자원의 경우에는 접근신고의 예외 대상이 된다.[31]

그런데 나고야의정서 제4조 제4항에서는 ITPGRFA가 규제하는 식량농업식물유전자원이 나고야의정서의 규정에서 '면제(예외)'된다는 점을 제시하고 있다. 그러므로 ITPGRFA의 당사국이면서 나고야의정서의 당사국인 국가는 ITPGRFA에 명시된 목적(즉, 식량농업 연구, 육종 및 훈련을 위한 보전)을 위해 이용된 부속서 I 의 식량농업식물유전자원에 대한 면제 조항을 ABS 국내법 또는 규제요건에 삽입하는 것을 '고려'해 볼 수 있다. 하지만, 이러한 문맥에서 ITPGRFA가 화학적, 제약적 그리고/또는 기타 비식

---

27 오선영, "식물유전자원의 ABS체제 – 나고야의정서와 ITPGRFA조약의 관계를 중심으로", 「환경법연구」, 제36권 제2호(2014.8), p.216; 박원석, "나고야의정서와 식량농업용식물유전자원에 관한 국제조약과의 관계 – 농ㆍ식품분야 대응방안을 중심으로", 「중앙법학」, 제19권 제3호(2017.9), p.35; 김홍균, "유전자원에 대한 접근 및 이익 공유체제와 다른 국제 규범의 관계", 「저스티스」, 통권 제160호(2017.6), p.148 참조.

28 ITPGRFA 제11조 제1항.

29 ITPGRFA 제12조 및 제13조.

30 SMTA뿐 아니라 ITPGRFA 제13조 및 제19조 제3항 (f).

31 ITPGRFA 제11조 제5항.

량/사료의 산업적 이용[32]을 위해 접근된 부속서 I 작물에는 적용되지 않는다는 점을 강조해야 한다. '다목적 이용(multiple-use)' 작물이라고 불리는 작물(즉, 식량 및 비식량 목적으로 이용될 수 있는 작물)은 '식량안보에 대한 그 중요성'이 다자간 체계의 포함 여부 및 신속한 접근의 해당 여부, 즉 그 면제(예외)의 고려대상의 해당 여부를 결정한다.

　다음으로, 당사국은 나고야의정서에 따라 ABS 법령 또는 규제요건 개발 및 이행 시 '식량안보에 중요한' 64작물 이외의 기타 식량유전자원에 대해 고려할 수 있다. 현재 UN식량농업기구의 식량농업유전자원 위원회(United Nations Food and Agriculture Organization(UNFAO)'s Commission for Genetic Resources for Food and Agriculture) 하에서는 '식량안보에 있어서의 중요도'가 ITPGRFA의 부속서 I에 속한 64작물과 '동등한' 기타 식량농업유전자원'에 대해 파악하는 작업이 진행 중이다. 현재까지, 동물 유전자원, 산림 유전자원, 수상 유전자원, 미생물 유전자원 및 생화학적 물질이 파악되었다.[33] 이러한 유전자원과 관련하여, 당사국은 CBD의 목적을 지지하고 그에 반하지 않는 한 '관련 국제기구 하에서 진행되는 유용하고 지속적인 작업 또는 관행'에 대한 적절한 주의를 요구하는 나고야의정서 제4조 제3항과 함께 제8조 (c)의 이행을 '고려'힐 수 있다.

5. 국제협약 및 국제문서와의 관계 고려

1) 다양한 국제체제에 대한 포괄적 고려

　원칙적으로 나고야의정서는 모든 종류의 유전자원 및 잠재적인 이용에 적용되기 때문에, 당사국은 관련 ABS 규정이 CBD 이외의 '다수의 국제 문서 및 절차에도 존재한다'는 점을 나고야의정서 제4조에서 명시적으로 인정하고 있다. 나고야의정서 제4조가 말하는 '다른 국제문서 및 절차'와 관련된 운영체제에는 나고야의정서 전문(preamble)을 고려해 볼 때, 식량농업식물유전자원에관한국제조약(International Treaty on Plant Genetic Resources for Food and Agriculture: ITPGRFA), 식물신품종보호에 관한 국제조약(International Convention for the Protection of New Varieties of Plants), UN해양법협약(United Nations Convention on the Law of the Sea: UNCLOS), 세계

32　ITPGRFA 제12조 제3항 (a).
33　토마스 그레이버 외, *supra* note 13, p.140.

무역기구(World Trade Organization: WTO), 세계지적재산권기구(World Intellectual Property Organization: WIPO), 세계보건기구(World Health Organization: WHO), 국제연합식량농업기구 식량농업유전자원위원회(United Nations Food and Agriculture Organization, Commission on Genetic Resources for Food and Agriculture: FAO CGRFA) 등을 들 수 있다. 뿐만 아니라, 나고야의정서 제4조는 나고야의정서를 관련 국제기구의 '작업 및 관행'과도 연계시키고 있어 상당히 '포괄적'으로 다루고 있다. 그러나 '합법적' 경제이익을 보호하기 위한 상업적 기밀 사항 또는 산업정보는 보호해야 한다는 점에는 유의해야 할 것이다.[34]

2) 상하관계 설정과 무관

나고야의정서 제4조 제1항의 첫째 문장은 본질적으로 CBD 제22조 제1항에 포함된 규칙을 반복하고 있다. 즉, 기존 CBD에 따른 당사국의 권리 및 의무는 이러한 규정을 행사하는 것이 생물다양성을 상당히 훼손하거나 위협할 경우를 제외하고는 영향을 받지 않는다는 것이다.[35] 둘째 문장은 CBD 제22조에서 다루고 있진 않지만, 다른 다자간 환경협약(Multilateral Environmental Agreements: MEAs)에 명시되어 있는 부분에 대해 언급하고 있다. 즉, 그 조항이 나고야의정서 및 기타 문서 간의 '상하관계'의 창설을 의도하는 것이 아니라는 점이다.[36]

3) 특정 종류의 부문별 유전자원 ABS 존중

나고야의정서 제4조 제2항에서는 나고야의정서 협상 시, 관련 문제에 대한 숙고 또는 협상이 다양한 포럼 및 기구(UNFAO, WHO, WIPO 및 WTO)에서 진행되었다는 사실을 반영하고 있다. 이 중 일부에 대한 최종 결과는 '특정 종류'의 유전자원을 다루는 부문별 협약과 같은 ABS에 관한 신규 국제협약으로 이어질 수 있다.

---

34 이러한 지식재산권 보호에 관한 동일 취지에 관하여는 Walter H. Lewis and Veena Ramani, "Ethics and Practice in Ethnobiology: Analysis of the International Cooperative Biodiversity Group Project in Peru", in Charles R. McManis (ed.), *Biodiversity and the Law: Intellectual Property, Biotechnology and Traditional Knowledge* (Earthscan, 2007), p.399 참조; 나고야의정서의 ABS는 출처공개 등과 관련하여 WTO 지식재산권협정(Agreement on Trade—Related Aspects of Intellectual Property Rights: TRIPs)과 '잠재적 충돌(potential conflict)' 가능성의 문제가 제기되고 있으나, 나고야의정서 제4조의 규정 자체는 이에 대한 해결책을 제시하기 위한 규정이 아님을 밝히고 있기도 하다. Philippe Sands, Jacqueline Peel, Adriana Fabra and Ruth Mackenzie, *Principles of International Environmental Law* (Cambridge Univ. Press, 2012), p.803.

35 나고야의정서 제4조 제1항,

36 나고야의정서 제4조 제1항.

특수 ABS 협약은 최소한 협정의 '대상이 되는 유전자원'이나 '유전자원의 이용형태'에 따라서 나고야의정서에 우선할 수도 있다. 실제로, 국내 또는 국제 규범을 개발하는데 있어 적용 또는 의도한 용도의 성질(예: 상업적 또는 비상업적 여부, 식량농업목적 또는 제약목적 여부) 또는 유전자원의 물리적 성질 또는 유전자원의 위치(예: 해양, 육상, 고등 식물, 미생물, 현지외 또는 현지내 발견)와 같은 여러 기본적 구분기준이 사용될 수 있다.[37]

나고야의정서 제4조 제2항은 일반적으로 다른 관련 국제협약, 그 중에서도 특히 기타 특수 ABS 협약(기존의 특수 ABS 체계는 제4항에 언급되어 있음)을 개발 및 이행할 당사국의 권리에 대해 재확인하고 있다. 나고야의정서가 이러한 개발 및 이행을 금지하지 아니하기 때문에,[38] 기타 국제문서를 개발 및 이행하는 당사국의 법적 역량은 해당 국제조약에서 직접적으로 발생한다는 점을 주목해야 한다.

4) 상호보완적 관계 속에서의 조화 고려

나고야의정서 제4조 제3항의 첫째 문장은 관련 국제적 문서 및 나고야의정서를 상호보완적인 방식으로 이행해야 하는 당사국의 의무에 대해 언급하고 있다. '상호보완적(mutually supportive)'이라는 용어는 통상(무역) 및 환경적인 문맥에서 특별한 의미를 지니고 있으며, '상호보완성의 원칙'은 실제 활용가능성은 차치하더라도 이론적으로는 이러한 통상(무역) 및 환경 협약에서 잠재적인 갈등을 유발할 수 있는 상황에서 문제해결을 위한 해석상의 원칙으로 사용될 수 있다.

제4조 제3항의 둘째 문장은 국제법에서 흔치 않은 경우로, 국제조약 및 기타 관련 협약 또는 국제기구의 관련된 '유용한 작업 및 관행' 간의 관계를 언급하고 있다. 이런 점에서, 몇몇 측면은 주목해볼 필요가 있다. 첫째, '작업'은 협상, 논의, 결의와 같은 행동을 포함할 수 있는 반면, '관행'은 문서를 이행하기 위해 취해진 구체적인 조치가 될 수 있다. 둘째, 당사국은 상호보완적인 방식으로 나고야의정서를 이행할 법적 의무를 발생시키지 않는 '관련된 유용한 작업 및 관행'에 '적절한 주의'만을 기울이면 된다. 그런데 국제법상 현재 관행은 법적 지위가 없는 '관련된 유용한 관행 또는 작업'이 아닌 구속력 있는 국제협약과 관련한 경우에 한하여 그 의무를 인정하고 있다.[39]

---

37 토마스 그레이버 외, *supra* note 13, p.88.

38 나고야의정서 제4조 제2항.

39 그런데 제4조 제3항은 '어떤 국제문서 및 국제기구의 유용한 작업 및 관행'이 관련되어 있다고 명

5) 특수 국제문서상의 특수 목적의 고려

나고야의정서 제4조 제4항은 국제법에서 나고야의정서의 위치를 이해하는 데 있어 상당한 관련이 있는 조항이다. 협상 과정 중, 일부 협상가는 의정서가 예를 들어 ITPGRFA처럼 협약을 뒤따르는 또 하나의 ABS 관련 협약에 머무를 것이라는 생각을 갖고 있었다. 하지만, 제4조 제4항은 나고야의정서가 CBD의 ABS 규정을 이행하기 위한 문서이며, CBD 및 나고야의정서의 '목적에 부합'하는 특수문서의 대상이며 그 목적을 위한 특정 유전자원과 관련하여 특수문서가 적용되는 경우에는 나고야의정서가 적용되지 않는다는 점에 대해 명확히 밝히고 있다.

나아가, 나고야의정서보다 특수문서가 우선되는 경우는 특수문서에서 '다루고 있는 유전자원' 및 특수문서의 '목적을 위한 유전자원'인 경우에 한한다. 예를 들면, ITPGRFA의 경우 의약품 및 기타 이용이 아닌 '식량 및 농업을 위한 이용'을 말한다. 즉, ITPGRFA의 부속서 I 에 명시된 작물이 화장품 또는 의약품 등 '관련 없는 목적으로 이용'된 경우, 당연히 이러한 이용에 대하여는 나고야의정서가 적용된다고 보아야 한다.

시적으로 언급하지 않는다. 그러나 나고야의정서 전문에 어떤 타 문서 및 절차가 관련 있는지에 대한 암시가 있다. 나고야의정서 전문을 기초로 하여 보면, ITPGRFA 및 WHO 인플루엔자 대유행 대비체제(WHO PIPF)도 나고야의정서 이행시 '적절한 주의'를 기울여야 하는 병원균에 대한 우려를 해소하기 위한 '국제문서 또는 관련 기구의 관행'으로 취급될 수 있다.

III. 접근신고 간소화절차의 방법론적 검토

앞에서 살펴본 바와 같이 '치료제개발'이나 '식량안보'의 상황이 국제적 합의하에 국제문서화되는 경우 이는 나고야의정서의 적용 예외로 인정된다. 따라서 여기에서 살펴보는 접근신고 간소화절차는 주로 '순수 연구목적'의 경우에 해당된다. 그런데 예외를 '엄격심사의 배제'로서 협의로 해석하여 적용하는 경우에는 '치료제개발'이나 '식량안보'의 경우에도 동 간소화절차가 활용될 수 있을 것이다.

1. '일반적인 접근신고 절차'와의 관계

1) 외국인의 경우

외국인의 경우에 유전자원법 제10조 1호와 2호를 이유로 '간소화절차' 또는 '예외'가 인정되나, 제10조 2호상의 순수연구의 비상업적 이용 목적이 아닌 다른 목적으로 변경되는 경우에는 유전자원법 제9조에 따른 일반적인 접근신고를 해야 한다. 그리고 외국의 경우에 유전자원 '이용의 변경'시 우리나라와 같이 변경신고를 행하는 것이 아니라 '새로운 허가 또는 새로운 신고'를 하도록 하는 경우도 있음에 유의할 필요가 있다.[40]

이와 관련하여, 외국인이 유전자원법 제10조 1호의 '치료제개발'시[41] 또는 '식량부족'시[42] 접근신고가 예외로 된다는 것은 쉽게 납득되기는 어려운 점이 있다. 즉, '긴급상황'이기는 하지만, 이것이 '외국의 긴급상황'에 국한되는 것인지 아니면 '국제적 긴

---

40 예를 들면, 프랑스의 경우 프랑스 ABS 법(Projet de Loi relatif a la biodiversite, draft Biodiversity Law(DBL))에 따라 이용의 변경시 '새로운 허가'나 '새로운 신고'를 하도록 하고 있다. DBL, Title IV, Article 412−14 III; 김두수, "프랑스의 나고야의정서상 접근 및 이익 공유(ABS)에 관한 국내 이행 법제 동향", 「국제경제법연구」 제16권 제1호(2018.3), p.97.

41 치료제개발과 관련해서는 나고야의정서 채택 논의시에 유행성인플루엔자가 국제적인 문제가 되었고, 당시 인도네시아가 치료제 관련 유전자원 채취지역이었다.

42 ITPGRFA 64작물 등은 해당 조약상 표준물질이전협정(SMTA)에 의해 종자가 제공되나, 그 이외의 종자는 나고야의정서상 특별조약으로 취급되는 특별법으로서의 특정조약이 없기 때문에 나고야의정서의 적용대상이 된다. 그럼에도 불구하고 ITPGRFA상 ABS 관련 간소화절차나 동향 등은 참조할 수 있다.

급상황'인지에 따라 판단을 달리할 수 있기 때문이다. 물론 이는 우리나라 관련 기관
들의 협의체에서 최종 결정할 사항이다. 즉, 이는 우리나라의 '국익'과도 관련되기 때
문에 예외로 인정하는 데 있어서는 신중과 주의를 기울여야 할 사항이다. 이러한 논
리를 확대적용하면 결국 '내수측면'에서 치료제개발 또는 식량부족을 위해 접근신고
'간소화절차 또는 예외'를 엄격하게 적용할 수도 있다는 의미이다.

　　그리고 외국의 경우 순수 연구목적이나 비상업적 이용의 경우 '접근(PIC)' 관련
허가나 신고를 '별도형식'으로 하는지 또는 '간소화 또는 예외'로 하는지 비교하여 검
토할 필요가 있다. 외국의 경우 제공국의 입장인 경우에는 일단 상업적 또는 비상업
적 연구목적 여부와 관계없이 양식은 구별되나 여하튼 양자 모두 접근허가를 요구하
는 경우도 있다.[43] 반면, 외국의 경우 이용국의 입장인 경우에는 '내외국인을 불문'하
고 PIC시 '허가나 신고를 의무화하지 않는 경우'가 많다.[44] 아예 PIC을 요하지 않기 때
문에 '간소화절차 또는 예외'를 논하지 않을 수도 있다. 즉, MAT의 체결만 보장하는
방식으로 ABS를 규율하기 때문에, 접근신고나 허가를 처음부터 요구하지 않아 예외
를 논할 이유가 없기도 하다. 그러나 우리나라의 경우에는 '엄격한 심사를 배제'한다
는 측면에서 '요식행위로서의 간단한 접근신고'를 요구할 수 있을 것이며, 이는 '허가가
아닌 신고'의 성질을 갖고 또한 '수리를 요하지 않는 신고'로서의 성질을 갖는다고 볼
수 있으므로 이 자체가 일면 '간소화절차'에 해당한다고 볼 수 있을 것이다. 따라서
치료제개발 또는 식량안보를 이유로 한 예외를 '내용'이 아닌 '형식'적 측면에서 이러

43　예를 들면, 말레이시아의 ABS 법(2017 생물자원 접근 및 이익 공유법(Access to Biological Resources
and Benefit Sharing Bill 2017)) 제III부(생물자원접근), 그리고 스페인의 ABS 법(야생분류군에서 파생된
유전자원의 접근 및 이용 통제에 관한 칙령 124/2017(Real Decreto 124/2017, de 24 de febrero, relativo al
acceso a los recursos genéticos procedentes de taxones silvestres y al control de la utilización)) 제2장(야
생분류군에서 파생된 스페인 내 유전자원의 접근 및 이용에서 발생한 이익 공유)이 이에 해당된다. 특히
스페인 ABS 법 제6조는 부록2의 '비영리 연구목적인 야생분류군에서 파생된 스페인 내의 유전자
원의 이용을 위한 접근 허가와 관련하여 기재할 최소내용을 명시하고 있다.

44　예를 들면, 독일의 ABS 법(Gesetz zur Umsetzung der Verpflichtungen nach dem Nagoya−Protokoll,
zur Durchführung der Verordnung 511/2014/EU und zur Änderung des Patentgesetzes sowie zur
Änderung des Umweltauditgesetzes), 네덜란드의 ABS 법(Wet implementatie Nagoya Protocol), 덴마
크 ABS 법(LOV nr 1375 af 23/12/2012 om udbyttedeling ved anvendelse af genetiske ressourcer)을 보
면 유전자원에 대한 접근 제한을 특별히 규정하고 있지 않다. 특히 덴마크 ABS 법의 명칭 및 제1
조(목적)를 보면, 동법이 유전자원의 '접근'에 대해서는 규율하지 않으며, 유전자원의 '이용'에 대
하여만 규율하고 있음을 알 수 있다. 김두수, *supra* note 2, p.124 ; 김두수, "네덜란드의 나고야
의정서상 접근 및 이익 공유(ABS)에 관한 이행 동향: 자율 규제에서 국내이행법률 채택으로의 전
환", 「국제법학회논총」 제61권 제4호(2016.12), pp.14~15; 김두수, "덴마크의 나고야의정서상 유
전자원의 접근 및 이익 공유(ABS) 체계에 관한 분석과 시사점", 「국제경제법연구」 제15권 제2호
(2017.7), p.65 참조.

한 간소화절차의 대상으로 삼을 수 있을 것이다. 물론 순수 연구목적의 비상업적 이용의 경우에는 예외가 아닌 간소화절차의 대상으로 한다.

그러나 외국인도 유전자원법 제10조상 주의해야 할 사항이 있다. 즉, 순수 연구목적의 비상업적 이용의 경우에 접근신고의 간소화절차의 대상이지만, 만약 유전자원법 제10조 2호처럼 '목적변경'의 경우에는 유전자원법 제9조 제1항에 따라 '일반적인 접근신고'를 해야 하며 'MAT체결 의무'도 발생한다. 외국 ABS 법제도 PIC은 규제하지 않아도 '상업적 이용 목적'일 경우에 MAT은 보장하고 있는 경우가 대부분이고 이는 나고야의정서의 취지에도 합치한다.[45]

2) 내국인의 경우

내국인의 경우에는 본래부터 유전자원법 제9조상의 일반적인 접근신고 및 변경신고의 대상이 아니고 또한 당연히 제10조의 규율대상은 아니지만, 내국인일지라도 필요시 '해당 유전자원을 우리나라에서 적법하게 취득하였음을 대한민국이 증명해 줄 것을 필요로 하는 경우'로서의 국제이행의무준수인증서(internationally-recognised certificates of compliance: IRCC)[46] 발급의 요청시 '일반적인 접근신고'를 할 수 있다.[47] 이러한 내국인은 국내법상 일반적 접근신고절차의 의무 대상은 아니지만, 외국에서 이를 요청하는 경우에는 외국법에 의해 의무대상이 될 수 있다. '외국 기관과 공동연구'를 수행하는 국내기관이 외국의 점검기관으로부터 우리나라의 접근신고필증(접근신고증명서)[48]을 요구하는 경우가 이에 해당된다. 이 경우 외국인을 대신하여 내국인이 접근신고를 하도록 유전자원법 하위법령에서 규정해야 한다는 의견도 있으나,[49] 이는 유전자원법 제9조 제4항을 통하여 충분히 해결할 수 있을 것이다.

한편 유전자원법 제10조의 접근신고 예외 규정은 얼핏 보아서는 내외국인의 적용대상 기준이 없어 혼란을 초래할 우려가 있어 보이나, 제10조는 접근신고 의무가 있는 제9조를 전제로 하고 있다고 볼 수 있으므로 '외국인'이 절차간소화 및 예외의 규

---

45 나고야의정서 제1조 참조.

46 나고야의정서 제17조.

47 유전자원법 제9조 제4항.

48 우리나라 유전자원법 시행령 제4조 제3항 후단에 따라 동법 시행규칙 제3조 제2항은 국내 유전자원등의 접근 신고증명서를 [별지 제2호 서식]으로 마련하였다.

49 이상준, "나고야의정서 국내이행을 위한 국내 유전자원 접근 신고에 대한 소고", 「환경법연구」 제38권 제3호(2016.11), p.314.

율 대상에 해당된다. 즉, 내국인은 제9조 제4항의 경우를 제외하고는 아예 처음부터 이러한 일반적인 접근신고 및 변경신고의 의무가 존재하지 않기 때문이다.

2. 접근신고 '간소화절차'의 방법

여기에서는 '수리를 요하지 않는 요식행위'로서의 접근신고의 대상이 될 수 있는 치료제개발 및 식량안보의 경우에 필요한 '간소화절차의 방법'에 관하여 살펴보고자 한다. 물론 순수 연구목적의 경우에는 접근신고의 예외가 아닌 간소화절차의 규율 대상으로 보아야 할 것이다. 따라서 아래에서 살펴볼 접근신고 간소화절차의 방법은 광의로 보면 유전자원법 제10조 1호와 2호 모두에 적용될 수 있을 것이다. 또한 아래에서 살펴보는 접근신고 '간소화절차'의 여러 방법들은 '하나'의 방법을 선택할 수도 있고, 또는 '여러 가지' 방법을 병행하여 진행함으로서 보다 효과적으로 이용자의 부담 경감이나 편의를 고려하여 진행할 수도 있을 것이다.

1) '일반적인 접근신고 절차'의 확인

먼저 우리나라 관련 법령 및 양식('국내 유전자원등의 접근 신고서')에서 정해진 '일반적인 접근신고 절차'를 확인할 필요가 있다. 그리고 이중에 무엇(어떤 내용)을 간소화절차로 진행하여 이용자에 대한 부담경감 또는 규제완화로 삼을지 결정할 수 있을 것이다. 참고로 유전자원법 시행규칙의 [별지 제1호 서식]은 다음과 같다.

■ 유전자원의 접근·이용 및 이익 공유에 관한 법률 시행규칙 [별지 제1호 서식]

국내 유전자원등의 접근 신고서

※ 뒤쪽의 작성방법을 읽고 작성하시고, [ ]에는 해당되는 곳에 √표를 합니다.   (앞쪽)

접수번호	접수일시	처리기간: 30일

신고인	①성명(대표자)		②소속(법인명)
	③생년월일(법인등록번호)		④연락처(전화번호) (전자메일)
	⑤주소(사업장의 소재지)		

유전 자원 제공자	⑥성명(대표자)		⑦소속(법인명)
	⑧생년월일(법인등록번호)		⑨연락처(전화번호) (전자메일)
	⑩주소(사업장의 소재지)		

유진 자원 및 접근· 이용 내용	⑪유전자원의 명칭(해당 생물종의 학명 및 일반명) (/)	⑫수량 또는 농도 ([ ] 전통지식)
	⑬접근 방법 [ ] 구매 [ ] 기증 또는 교환 [ ] 유전자은행, 종자은행 등 [ ]채집 [ ] 계약 등의 방법으로 제3자를 통해 유전자원에 접근 – 제3자 정보: (소속/법인명) (성명/대표자) (연락처) [ ] 기타( )	
	⑭접근 목적 [ ] 상업적 [ ]비상업적	⑮접근 용도 [ ] 의약용 [ ] 화장품용 [ ] 원예용 [ ] 기타( )
	⑯이용하려는 국가	⑰이용방법 ⑱이용기간

상호 합의 조건	⑲체결 유무 [ ] 체결 [ ] 미체결	⑳미체결 사유
	상호합의조건 내용 [ ] 금전적 이익공유 [ ] 비금전적 이익공유 [ ] 제3자 추후 이용에 관한 조건 [ ] 사용목적 변경에 관한 조건 [ ] 이용자와 제공자간 보고 또는 정보 공유 조건 [ ] 분쟁 해결 절차의 귀속 관할, 준거법 및 대안적 분쟁 해결책(조정, 중재 등) [ ] 기타 ( )	

「유전자원의 접근·이용 및 이익 공유에 관한 법률」 제9조제1항, 같은 법 시행령 제4조제1항 및 같은 법 시행규칙 제3조제1항에 따라 위와 같이 국내 유전자원등의 접근 신고서를 제출합니다.

년   월   일

신고인 (서명 또는 인)

(소관 국가책임기관의 장)   귀하

		(뒤쪽)
신고인 제출 서류	1. 상호합의조건 체결서 사본 1부(상호합의조건을 체결한 경우만 해당합니다) 2. 신분 또는 소속을 확인할 수 있는 서류(행정정보 공동이용으로 신분 또는 소속을 확인할 수 없는 경우만 해당합니다)	수수료 1만원
국가책임 기관의 장 확인 사항	1. 법인 등기사항증명서(신고인이 법인인 경우만 해당합니다) 2. 외국인등록 사실증명(신고인이 개인인 경우만 해당합니다)	
	210mm×297mm[백상지(80g/㎡) 또는 중질지(80g/㎡)]	

2) 별표(*) 표식 처리를 통한 최소요건 접근신고 방법

통상의 '국내 유전자원등의 접근 신고서'와 달리 기본적인 필수기재사항만 최소요건으로 하여 별표(*)로 표시하여 '간단신고'하도록 할 수 있다. 예를 들면, '국내 유전자원등의 접근 신고서'상의 기재항목 중 ①부터 ⑭항목까지를 기재하여 신고하도록 할 수 있다. 이 경우 유전자원정보관리센터[50, 51]에서 접근 관련 정보를 확보하고 관리하는 데 유익할 것으로 보인다.

3) 이용자의 부담 경감조치 방법

첫째, 시간적 부담 경감의 방법으로, 유전자원법 제10조 1호의 경우에는 '긴급사안'인 만큼 간소화절차를 위한 접근신고시 시간적 단축을 고려할 필요가 있다. 후술하는 사후신고도 하나의 방법이 될 수 있으며, 또한 '접근허가 또는 신고의 승인 시한'을 단축시키는 방법도 구상할 수 있다. 다만 우리나라의 경우 접근허가 승인 시한을 '30일'로 정하고 있어 현재 정황상 이는 적절하다고 볼 수 있다.[52] 만약 긴급사안임을 고려하여 이를 추가 단축하고자 하는 경우에는 '20일'을 고려할 수 있다.

둘째, 경제적 부담 경감의 방법으로, 유전자원법 제10조 2호의 경우에는 순수 연구목적의 비상업적 이용이므로 경제적 부분에서 부담을 최소화시킬 수 있는 방안의

---

50 유전자원법 제17조.
51 ABS정보공유체계(Access and Benefit－sharing Clearing－house: ABSCH) 유전자원정보관리센터는 우리나라 유전자원법 제17조에 따라 환경부장관이 유전자원등에 관한 접근·이용 및 이익 공유에 관한 업무를 전문적으로 수행하기 위하여 설치·운영된다. 관련 웹사이트는 www.abs.go.kr.
52 유전자원법 시행령 제4조 제3항.

마련이 필요하다. 물론 치료제개발 및 식량안보의 경우에도 '공공(공익)목적'의 특성을 갖고 있으므로 해당 유전자원의 이용에 대한 경제적 부담경감조치는 필요하다고 할 수 있다. 긴급사태의 경우 접근신고시 수수료 면제도 경제적 부담경감의 한 방법이 될 수 있다.

셋째, 행정적 부담 경감의 방법으로, 유전자원법 제9조에 따른 일반적인 접근신고 절차에서 진행되는 여러 단계의 접근신고 관련 '심사단계의 일부 축소' 또는 현장에서의 직접 제출이 아닌 '온라인 접근신고 접수(이메일 접수 등)' 등의 방법을 고려할 수 있다.

넷째, 사후신고의 고려로서, 이는 유전자원법 제10조 1호와 2호에 해당되는 경우, 접근신고의 간소화절차를 위하여 사전신고가 아닌 '사후신고'를 요구하는 방법이다. 이는 아예 접근신고 자체를 면제하지 않는다는 측면에서 의미가 있으며, '사후신고'를 하도록 하여 '외국인에 의한' 국내 유전자원의 '국내외적 유출 흐름도'에 대한 관련 정보의 입수 및 보관을 통하여 국내 유전자원을 우리나라가 적극적, 효과적으로 관리할 가능성을 확보할 수 있다는 점에서 중요하다. 유전자원법 제9조의 일반적 접근신고가 (규제완화적인 측면에서) 허가가 아닌 '신고'로 규정하고는 있지만, 이는 '수리를 요하는 신고'[53, 54]에 해당하기 때문에 일정부분 관련 정보를 우리나라가 제공받아서 유전자원정보관리센터가 '자료보관'해야 할 것으로 판단된다.[55] 그리고 유전자원법상의 접근신고는 본래 '수리를 요하는 신고'이므로 접근신고의 '예외'를 보장하는 측면보다는 접근신고의 '간소화절차' 측면에서 규율하는 것이 바람직해 보인다.

---

53 일반적으로 관련 법령에 수리를 요한다는 표현은 없으며, 행정관청이 업무상 판단하여 결정하는 것을 의미한다.

54 유전자원법 제9조상 우리나라의 접근신고는 '형식적 요건' 외에 '실질적 내용'에 대한 심사가 수반될 수 있어 자기완결적 신고가 아닌 '수리를 요하는 신고'의 성격을 갖는다고 봄이 타당하다. 이상준, *supra* note 49, p.316; 박균성·윤기중, "수리를 요하는 신고의 구별기준에 관한 연구", 「경희법학」 제48권 제4호(2013.12), pp.500~504 참조.

55 바이오해적행위(Biopiracy)가 국제사회에서 문제되고 있으며, 이는 나고야의정서 당사국이 '조금은 더 엄격하게' ABS를 규제하는 경우 해결될 수 있으며, 편차가 큰 당사국들의 ABS 관련 협상력도 극복할 수 있을 것이다. Joseph Henry Vogel, "From the 'Tragedy of the Commons' to the 'Tragedy of the Commonplace': Analysis and Synthesis through the Lens of Economic Theory", in Charles R. McManis (ed.), *Biodiversity and the Law: Intellectual Property, Biotechnology and Traditional Knowledge* (Earthscan, 2007), p.124 참조.

3. 주요 유념해야할 사항

1) 관련 국내 협의체의 조절 필요

유전자원법 제10조 1호의 치료제개발, 식량안보의 경우는 세계무역기구(World Trade Organization: WTO) GATT 제ⅩⅩ조(일반적 예외), 제ⅩⅩⅠ조(안보상의 예외)의 내용과 유사하여 '관련 국내조치'의 소위 '합치성 또는 적법성' 판단에서는 일맥상통하여 법리적 판단에서 문제의 소지가 크게 보이지는 않는다. 설령 논란이 된다하여도 각 사안은 조약상의 조화로운 적용의 문제에 해당하는 것이고 또한 나고야의정서상의 해석 및 적용의 문제라고 여겨진다.

다만, 이것이 '국내적(내국 이용자의) 필요성'이라기 보다는 '국외적(외국 이용자의) 필요성'을 기준으로 하고 있다는 점에서 차이가 있음에 유의해야 한다. 따라서 유전자원법 제10조 두문 규정에 있듯이 해당 유전자원에 대한 'PIC' 관할기관인 '관계 중앙행정기관(국가책임기관)의 장과 협의'한 후 접근신고 절차를 간소화하거나 신고를 하지 아니하도록 '할 수 있기' 때문에, 즉 '반드시 절차를 간소화하거나 신고를 하지 아니하도록 해야하는 것이 아니므로' 그 내용을 우리나라 관계 중앙행정기관(국가책임기관)의 장들이 협의한 후 '조절'할 수 있다고 본다. 그리고 해당 유전자원이나 관련 전통지식(traditional knowledge: TK)[56]에 대한 '관계 중앙행정기관(국가책임기관)의 장'의 의견이 중요하기 때문에, 절차간소화나 신고 예외의 결정은 매우 '협소하게 조절'되어 결정될 수 있을 것이다. 즉, 절차간소화나 신고 예외에 관한 고시를 마련하더라도[57] 유전자원법 제10조 1호와 2호의 경우에 해당되어 '실제로 적용'되는 경우는 많지 않아 소규모에 그칠 수 있다.

---

56 나고야의정서 제7조(유전자원 관련 '전통지식(TK)'에 대한 접근) 참조; '유전자원 관련 전통지식(TK)'은 CBD 부속 나고야의정서에서 명확하게 법적 개념으로 발전시켜 도입한 새로운 용어(new term)이기도 하다. CBD 제15조에 전통지식이 명확하게 포함되지는 않은 것으로서 나고야의정서 이전에 이 개념(유전자원 관련 전통지식)은 어느 조약에서도 언급되지 않았다. Morten Walløe Tvedt and Peter Johan Schei, "The term 'genetic resources': Flexible and dynamic while providing legal certainty?", in Sebastian Oberthür and G. Kristin Rosendal (ed.), *Global Governance of Genetic Resources: Access and benefit sharing after the Nagoya Protocol* (Routledge, 2014), p.24.

57 유전자원법 시행령 제5조 제2항 참조.

2) '인간, 동식물의 생명에 급박한 위험이 있는 경우'에 보건복지부, 농림축산식품부
   외의 타부처의 의견 수렴 또는 검토의 필요 여부

'인간, 동식물의 생명에 급박한 위험이 있는 경우'라는 상황에서는 이 문제를 해결하기 위해 각종 해당 유전자원 및 관련 전통지식을 이용하는 데 있어서 장애가 있으면 아니 되므로 그 접근신고를 하지 않고도 해당 유전자원 및 관련 전통지식을 이용할 수 있다는 의미이다. 즉, 어떤 유전자원 및 관련 전통지식이든 그것이 치료제개발 등을 위해 필요한 용도로 이용될 수 있는 대상이 되는 경우에는 제약이 없어야 한다는 의미라고 여겨진다. 따라서 국가책임기관으로 환경부, 농림축산식품부, 보건복지부, 과학기술정보통신부, 해양수산부가 있으나, 만약 그 감염병치료에 해양생물유전자원이 원료로 이용될 수 있다면 해양수산부도 관련이 있게 된다. 마찬가지로 그 감염병치료에 야생생물유전자원이 원료로 이용될 수 있다면 환경부도 직접적인 관련이 있을 것으로 보인다. 결국 '해당 상황'에 대하여는 관할 국가책임기관은 그 기관이 어떤 기관에 해당하는 '접근신고의 예외'를 인정해야 한다는 의미로 보아야 할 것이다. 만약 생명공학적 합성생물학이 감염병치료에 기여하여 이용된다면 생명유전자원의 이용을 용이하게 하기 위하여 과학기술정보통신부가 관련되게 된다고 보인다. 따라서 병원체자원법, 농수산생명자원법을 주로 관장하는 보건복지부, 농림축산식품부만 접근신고 예외 및 간소화절차의 의견 수렴 또는 검토의 대상 기관으로 한정하는 것은 바람직하지 않다고 보인다.

그리고 '해당 상황에 대한 결정'의 기준이 국제적으로 그리고 국내적으로 가능하기 때문에 그 조화가 필요하며, 따라서 국제사회의 '수시 회의'를 통해 결정되어 예외로 승인하게 될 수도 있을 것이다. 보건복지부, 농림축산식품부는 이에 대한 '상황 결정의 기준'을 보다 전문적으로 제시할 수 있을 것이며, 그렇다고 다른 3개의 부처가 상황을 관망만 하게 된다는 의미는 아니다.

3) 순수 연구목적의 경우의 '접근신고 예외'의 적절성 여부

사실 나고야의정서 국내이행상의 주요 역할을 담당하는 부처로서의 환경부는 부서의 취지를 고려하면 나고야의정서 제8조 (a)와 같이 '생물다양성보전, 지속가능한 이용'이라는 두 가지 목적에 비중을 많이 두며, '유전자원등의 이용을 통한 이익 공유'가 이러한 두 가지 목적을 위해 실현되도록 해야 할 것이다. 환경부는 이익 공유의 전

재가 되는 '상업적 이용' 보다도 사실은 앞의 '두 가지 목적'을 위한 '순수 연구목적의 이용'에 관심을 가져야 할 것이다. 따라서 '순수연구'에 해당되는 경우의 수를 가급적 많이 제시하여 이용자의 혼선을 방지할 필요가 있다. 이용자는 이미 자신이 연구목적 인지 아니면 상업적 목적인지 인식하고 있을 것이며, 자신이 연구목적인 경우에는 '접 근신고의 예외 또는 간소화절차의 대상'임을 알고 처신할 것이다. '치료제개발, 식량안 보의 해결'을 위해서는 접근신고 예외가 적합해보이고, '순수 연구목적'인 경우에는 접 근신고 간소화절차가 적절해 보인다. 순수 연구목적인 경우에도 접근신고 예외의 대상 으로 할 수는 있다. 그러나 '순수 연구목적'의 경우에는 일단 '간소화절차'로 하고 '목 적변경시'에 목적 등의 '변경신고'를 하여 규율을 강화하는 것이 바람직하다고 보인다.

이렇게 하는 것이 아니라 순수 연구목적의 경우에도 간소화절차가 아니라 아예 접근신고 예외를 인정하여 이용자의 부담을 경감시킬 수도 있다. 외국의 경우 기술을 보유한 선진국일수록 접근 자체를 규율하고 있지는 않지만, MAT을 체결하도록 하여 접근에 대하여 이용자에게 관대한 태도를 보이고 있음은 참조할 필요가 있다. 다만, '순수 연구목적'이라는 것을 증명받기 위하여, '연구결과를 공개'하도록 유도하고, 이 용자 개인의 이익이 아닌 '공익(공공)적 측면에서 비상업적 이용'이 되도록 할 필요가 있다. 그러나 순수 연구행위에 상업적 목적이 없다고 하여 이와 같은 사항을 무조건적 으로 강제하는 것도 무리가 있어 보인다.

Ⅳ. 결언

나고야의정서상의 PIC을 위한 유전자원 및 관련 전통지식에 대한 접근절차의 마 련은 이제 당사국들의 필연한 과제가 되었다. 우리나라는 유전자원법 제9조에 따라 국내 유전자원에 대한 외국인의 접근신고와 변경신고를 의무화함과 동시에, 유전자원 법 제10조에 따라 관계 중앙행정기관장들의 협의에 의한 고시로서 접근신고 예외나 간소화절차를 마련할 수 있다.

본문에서 살펴본 바와 같이, 우리나라 유전자원법 제10조는 나고야의정서 제4조 와 제8조를 기초로 볼 때, 치료제개발이나 식량안보의 긴급상황의 경우에 접근신고 예외를 인정하고, 순수 연구목적의 비상업적 이용인 경우로서 그 목적의 변경이 없는 경우에는 접근신고 간소화절차를 적용하는 것이 적절해 보인다. 다만, 예외의 의미를 '엄격한 평가의 배제'를 의미한다고 볼 때, 유전자원정보관리센터의 관리 업무수행을 위해 일정한 요식행위로서의 접근신고는 필요하다고 보아 이에 필요한 '접근신고의 간 소화 방법'을 마련하여 적용할 수도 있을 것이다. 여기에서 접근신고의 간소화절차라 함은 '국내 유전자원등의 접근 신고서'상의 ①부터 ⑭항목까지의 최소내용의 신고, 접 근신고시 수수료 면제, 온라인 접근신고의 접수, 사후신고의 허용 등을 들 수 있다.

그런데 우리나라는 일반 개도국처럼 접근절차를 강화하기보다는 이용국 입장으 로서 유전자원 이용자의 부담을 경감시키는 방향을 설정함과 동시에 국제사회의 상호 주의에 유념하여 유전자원의 제공국과 이용국 간의 적절한 조화를 도모할 필요가 있 다. 또한 긴급사태의 경우일지라도 해당 유전자원에 대한 국내적 필요를 고려해야 하 며, 관계 중앙행정기관들의 협의를 통한 적극적인 협업을 통해 특별고려사항에 대한 국가의 재량행위를 최대한 활용하여야 할 것이다.

제 2 부

EU의 나고야의정서 이행

제 3 장

EU의 ABS

I. 서언

"생물다양성협약 부속의 유전자원에 대한 접근 및 그 이용으로부터 발생하는 이익의 공정하고 공평한 공유에 관한 나고야의정서(Nagoya Protocol on Access to Genetic Resources and the Fair and Equitable Sharing of Benefits Arising from Their Utilization to the Convention on Biological Diversity)"가 2010년 10월 29일 채택되었고, 유럽연합(European Union: EU)에서는 2014년 4월 16일 역내 이행입법인 규칙 511/2014/EU(Regulation 511/2014/EU of the European Parliament and of the Council of 16 April 2014 on compliance measures for users from the Nagoya Protocol on Access to Genetic Resources and the Fair and Equitable Sharing of Benefits Arising from their Utilization in the Union)[1]가 채택되었다. 그 동안의 국제사회에 존재하는 이익의 창출의 측면에서 볼 때 유전자원 이용국이 그 제공국과 유전자원에 대한 이익을 공유한다는 점에서 매우 획기적인 일이라 할 수 있다. 이는 오늘날 그만큼 다수의 개도국으로 포진되어 있는 유전자원 제공국의 이권이 신장되었다는 것을 보여주며,[2] 안보상의 이유나 영업비밀상

---

[1] Regulation 511/2014/EU of the European Parliament and of the Council of 16 April 2014 on compliance measures for users from the Nagoya Protocol on Access to Genetic Resources and the Fair and Equitable Sharing of Benefits Arising from their Utilization in the Union (OJ 2014 L150/59-71); http://ec.europa.eu/environment/nature/biodiversity/international/abs/index_en.htm 참조.

[2] 1992년 생물다양성협약(CBD)이 채택되면서 생물다양성의 보전 및 지속가능한 이용뿐만 아니라

의 기술이전과 관련된 정보공유 등의 제약은 있을 수 있으나, 그래도 형평과 선의 개념에 입각해 볼 때 국내외 전체적인 차원에서 이익(부)의 공정하고 공평한 배분이라는 측면에서 한 단계 발전되었다고 평가할 수 있다.

그런데 나고야의정서는 적용 범위, 효력발생 시기, 이익공유 대상국가, 유전자원 관련 전통지식의 정의, 다자이익공유체제의 설립체계 등에 관하여 법적 확실성과 명확성을 확보하지 못하여 '창의적 모호함 속의 걸작품(masterpiece in creative ambiguity)'으로 평가되기도 하여, 나고야의정서의 이러한 모호함은 한편으로는 나고야의정서 이행범위에 대한 어려움을 유발하고 있지만, 다른 한편으로는 당사국에게 많은 재량권을 부여하고 있다고 할 수 있다.[3] 그런데 유전자원 주요 이용국 중 하나인 EU의 나고야의정서 역내 이행입법은 우리나라를 포함한 유전자원 이용국들에게 많은 영향을 줄 수 있다. 특히 나고야의정서에서 명확하게 규율하지 못한 동 의정서의 구체적 적용대상, 시간적 및 장소적 적용범위, 유전자원 이용자의 구체적 의무내용, 유전자원 이용의 해석, 관련 전통지식의 범위, 불법취득 유전자원의 범위 및 처리 방법, 유전자원 이용자의 이행준수 확보 방안, 외국 유전자원 이용에 관한 국가 점검기관의 역할 및 기능과 관리방안, 관련 법률위반에 대한 처벌 범위 및 성노 등에 있어서 그 방향을 제시할 수 있다.

이 글에서는 나고야의정서에 대한 EU의 역내이행을 위한 입법과정에서 집행위원회(European Commission) 환경담당총국의 법률안에 대한 유럽의회(European Parliament: EP)의 수정안이 제시되었었다는 점을 감안하여 나고야의정서의 EU 역내 이행입법인 '규칙 511/2014/EU'의 여러 가지 쟁점사항에 관하여 검토하고, 나아가 나고야의정서의 모조약인 1992년 UN리우환경개발회의에서 채택된 생물다양성협약

이로부터 도출되는 이익의 공평한 배분에 관한 실제적인 이행 문제, 유전자원에 대한 소유권과 이에 수반되는 권리가 구체적으로 제기되었고, 선진국의 유전자원 이용으로부터 정당한 이익을 분배 받지 못하고 피해를 받았음을 주장하는 개도국의 입장이 반영되어 '유전자원의 이용으로부터 발생되는 이익의 공정하고 공평한 공유'를 위해 나고야의정서가 채택된 것이다. 박용하 · 김준순 · 최현아, "우리나라의 나고야의정서의 가입이 바이오산업에 미치는 경제적 영향 분석", 「환경정책연구」 제11권 제4호(2012.12), p.41; 나고야의정서를 통해 국내의 자생생물 유전자원에 대한 권리를 국제 사회에서 인정받을 수 있으므로 자원의 무형적 가치를 경제적인 가치로 유형화하는 데 기여할 수도 있는 반면, 해외로부터 유전자원을 도입하여 이용하는 국내 관련 기업이나 연구기관에 경제적 부담을 초래할 수도 있다. 박호정, "유전자원 이용에 관한 나고야의정서의 산업계 파급효과 분석", 「한국경제포럼」 제5권 제3호(2012), p.51.

3 나고야의정서의 주요 쟁점 및 체결배경에 대하여는 박원석, "나고야의정서의 국내 이행 필요사항 분석", 「고려법학」 제68호(2013.3), pp.457~488; 박원석, "나고야의정서의 협상과정 및 핵심쟁점 에 관한 연구", 「중앙법학」 제13권 제4호(2011.12), pp.585~640 참조.

(Convention on Biological Diversity: CBD)에 대한 나고야의정서의 의미와 2020년 이후 정립될 신기후변화협약체제 시대에 대한 동 규칙의 평가 및 의미를 살펴보는 가운데 우리나라의 "유전자원의 접근·이용 및 이익 공유에 관한 법률"의 향방을 전망한다.

II. 나고야의정서 이행 입법상의 쟁점 분석

1. 규칙 511/2014/EU의 채택 배경

2010년 10월 29일 체결된 나고야의정서의 역내 이행을 위해 2012년 EU 집행위원회 환경담당총국은 EU 차원의 법률(안)(Proposal for a Regulation of the European Parliament and of the Council on Access to Genetic Resources and the Fair and Equitable Sharing of Benefits Arising from their Utilization in the Union)을 비중 있고 엄격하게 다루고자 '규칙'[4](regulation)의 형태로 채택하였고, 유럽의회(EP)와의 협력을 위하여 이사회와 유럽의회(EP) 동시승인에 앞서 유럽의회(EP)에 제출하였다. 그런데 동 규칙(안)의 특징은 바이오산업계(이용국의 입장)의 이익을 최대한 보호하기 위한 방향으로 제정되었다는 점이다. 특히 유전자원의 적용대상에 파생물(derivatives)을 명시하지 않은 점, 이익공유의 대상에 후속적 적용 및 상업화 누락, 사전통보승인(prior informed consent: PIC)과 상호합의조건(mutually agreed terms: MAT)의 대상이 되는 유전자원을 나고야의정서 발효 후 취득된 것에 한정, 이용자의 준수내용을 적절주의 의무(due diligence)로 약화, 처벌의 범위를 단순 벌금 등에 한정하고 있다는 것이다.[5]

그러나 동 규칙(안)에 대하여 2013년 4월 유럽의회(EP) 환경공중보건식품안전

4　규칙(regulation)은 모든 회원국에 대해 일반적 적용성을 가지며, 이행해야 하는 결과와 방법의 선택에 있어 모두 구속력을 가진다. 따라서 연방적 성격을 갖는 규칙은 EU의 법질서 형성을 위해 매우 중요한 법원이다. EU의 법원(설립조약 및 2차 입법 등)에 관한 상세한 내용은, 김두수, 「EU법」 (한국학술정보, 2014), pp.73~80 참조.

5　박원석, "나고야의정서에 대한 유럽연합 이행법률(안)의 분석 및 시사점", 「서울국제법연구」 제20권 제1호(2013.6), pp.131~132.

위원회(Committee on the Environment, Public Health and Food Safety)는 1차 검토를 통해 수정(안)(DRAFT REPORT on the proposal for a regulation of the European Parliament and of the Council on Access to Genetic Resources and the Fair and Equitable Sharing of Benefits Arising from their Utilization in the Union)을 제출하였다. 동 유럽의회 수정(안)은 사실상 유전자원 제공국의 법률이라고 보일 만큼 개도국의 입장을 적극 반영하고 있어, 이는 유전자원 가공품의 대부분을 수입하고 있는 우리나라 등의 바이오산업에는 막중한 재정적, 행정적, 절차적 부담을 줄 수 있는 내용이었다. 유럽의회 수정(안)이 이사회의 동의를 얻어 큰 수정 없이 채택되는 경우 우리나라 바이오업계에는 상당한 주의가 요구될 사안이었다.[6] 그러나 2014년 4월 16일 채택된 유럽의회 및 이사회 규칙 511/2014/EU의 내용에서는 유럽의회 수정(안) 중 집행위원회 환경담당총국의 입법(안)과 상충되는 상당 부분이 반영되지 않았고, 다만 신설적 성격을 갖는 조문의 내용은 다수 반영된 특징을 보여주고 있다. EU는 나고야의정서에 대한 이행입법인 동 규칙에 관하여 2014년 5월 16일에 승인한 바 있으며, 나고야의정서 제33조 제1항에 따라 50번째 국가 비준 후 90일째인 2014년 10월 12일 발효되어 EU에게도 적용되게 되었다.[7]

아래에서는 이와 같은 나고야의정서에 대한 EU 집행위원회 환경담당총국의 규칙(안)과 유럽의회 수정(안)을 통해 최종 채택된 '규칙 511/2014/EU'의 주요 쟁점 사항에 관하여 분석한다.

2. 규칙 511/2014/EU의 주요 쟁점 사항

1) 이익공유, 적용대상, 시간적 적용범위, 장소적 적용범위

---

6 *Ibid.*, p.132.

7 Notice concerning the entry into force of the Nagoya Protocol on Access to Genetic Resources and the Fair and Equitable Sharing of Benefits Arising from their Utilization to the Convention on Biological Diversity (OJ 2014 L283/1); Notification concerning the entry into force for the Union of the Nagoya Protocol on Access to Genetic Resources and the Fair and Equitable Sharing of Benefits Arising from their Utilization to the Convention on Biological Diversity (OJ 2014 L283/1).

(1) 나고야의정서상의 규정 내용

나고야의정서는 "이 의정서는 (생물다양성)협약 제15조의 적용범위 내의 유전자원과 그 자원의 이용으로부터 발생하는 이익에 적용된다. 이 의정서는 또한 (생물다양성)협약의 적용범위 내의 유전자원과 연관된 전통지식과 그 지식의 이용으로부터 발생하는 이익에 적용된다."[8]라고 규정하여 나고야의정서의 적용범위는 그 모조약이라고 할 수 있는 생물다양성협약(CBD)의 제15조의 해석에 따라 결정되고, 생물다양성협약 제15조에서 인정하는 범위를 벗어날 수 없다는 것을 분명히 하고 있다. 그러나 동 조항은 의정서의 시간적, 장소적, 그리고 적용대상의 범위에 관한 유전자원 제공국과 이용국 간의 첨예한 갈등을 궁극적으로 나고야의정서가 아닌 생물다양성협약 제15조의 해석에 따라 결정되도록 다소 불명확하게 규정되었다.

한편 적용대상과 관련하여 나고야의정서는 '유전자원의 이용(utilization of genetic resources)'이라는 정의조항을 통해 "생물다양성협약 제2조에 정의된 생명공학기술의 적용을 포함하여, 유전자원의 유전적 그리고/또는 생화학적 구성요소에 대한 연구 및 개발을 수행하는 것"을 적용대상으로 한정하고 있다.[9] 따라서 나고야의정서는 유전자원에 포함되어 있는 유전적 구성요소나 생화학적 구성요소를 연구하고 개발하여 여러 다른 용도로 응용하거나 상업화하는 경우에 적용된다. 그런데 적용대상과 관련하여 가장 첨예한 쟁점은 '유전자원'의 개념 정의와 관련하여, 과연 파생물(derivatives)이 나고야의정서의 적용대상인가 하는 것이다. 나고야의정서 제2조(용어 사용)는 '파생물(derivatives)'을 "생물자원 또는 유전자원의 유전적 발현(genetic expression) 또는 대사작용(metabolism)으로부터 자연적으로 발생한 생화학적 합성물을 의미하고, 이러한 합성물은 유전의 기능적 단위를 포함하지 않는 경우에도 포함된다."라고 정의하고 있지만, 나고야의정서 제2조 외에 그 어디에도 '파생물'이라는 용어는 발견되지 않기 때문에, 선진국은 유전자원의 이용으로부터 발생하는 이익만이 공유의 대상이라고 주장하는 반면에 개도국은 파생물도 포함되어야 한다고 주장한다.[10]

시간적 적용범위와 관련하여 나고야의정서는 (생물다양성)협약 제15조에 언급된 유전자원에 대해 적용된다고 하여 시간적 적용범위를 생물다양성협약 제15조의 해석에 따라 결정되도록 규정하고 있고, 장소적 적용범위와 관련해서도 나고야의정서는

---

8 나고야의정서 제3조(적용 범위).
9 나고야의정서 제2조(용어 사용).
10 박원석, *supra* note 5, p.134.

(생물다양성)협약 제15조에 언급된 유전자원에 대해 적용된다고 하여 장소적 적용범위에 대해서 침묵하고 있다.[11] 그러나 모조약인 생물다양성협약은 "국가가 자신의 자연자원에 대한 주권적 권리를 가지고 있음에 비추어 유전자원에 대한 접근을 결정하는 권한은 해당국가의 정부에 있으며 유전자원에 대한 접근은 국가입법에 따른다."[12]라고 규정하여 당사국의 주권적 권리의 대상이 되는 유전자원에 대해서만 나고야의정서의 적용대상임을 보여주고 있다.

(2) EU 규칙 511/2014/EU상의 규정 내용

이익공유의 적용대상과 관련하여 규칙 511/2014/EU은 "동 규칙은 국가의 주권행사의 대상이 되는 유전자원으로서 EU내 나고야의정서 발효 후 접근되는(accessed) 유전자원과 그 유전자원 관련 전통지식, 그리고 그러한 유전자원과 그 유전자원 관련 전통지식의 이용(utilization)으로부터 발생하는 이익에 적용된다."[13]라고 규정하고 있다. 따라서 장소적 적용범위와 관련해서는 일단 국가의 주권행사의 대상이 되는 유전자원에 한정한 것으로 보이며, 남극 등 국가이원지역이나 공해 등 국가의 주권이 미치지 않는 지역에 존재하는 유전자원은 동 규칙의 적용대상에서 제외하였다. 국가 주권행사의 대상이 아닌 지역의 유전자원은 다자이익공유체제상의 이익공유 대상으로 보아야 하고, 이러한 태도는 인류공동유산(common heritage of mankind, patrimoine commun de l'humanité) 개념에도 상응하는 것에 해당한다. 그리고 국가주권이원까지 관할권을 확대하는 것에 대하여는 다른 국제사회의 구성원들과의 충돌 또는 갈등을 우려한 것으로 보인다. 한때 유럽의회 수정(안) 제2조 1항에는 '국가 주권의 대상이 되는 유전자원' 문구가 삭제되어 지구상에 존재하는 모든 유전자원을 동 규칙의 대상으로 하는 듯 보였으나[14] 이에 관하여는 재고된 것으로 보인다. 한편 시간적 적용범위와 관련해서도 나고야의정서가 EU 내에서 발효된 이후에 접근되는 유전자원과 그 관련 전통지식에 대해서만 적용되도록 한정하였다. 한때 유럽의회 수정(안) 제2조 1항은 EU 내 나고야의정서 발효 후 접근 또는 이용되는(accessed or utilized) 유전자원을 포함하고 있어, 발효 전 접근된 유전자원을 종자은행 등에 보관하다 유전자원이 새로이 이용

---

11 나고야의정서 제3조.
12 생물다양성협약 제15조 제1항.
13 규칙 511/2014/EU 제2조 제1항.
14 박원석, *supra* note 5, p.135.

되는 경우, 즉 후속적 응용 및 상업화(subsequent application and commercialization)
에도 적용하는 듯하였으나 재고된 것으로 보인다.

　　그리고 동 규칙은 "동 규칙이 다른 유사 국제법규와 저촉해서는 아니 되며, 생물
다양성협약의 목적과 나고야의정서의 목적에 반해서는 아니 된다."[15]라고 규정하여 다
른 특별 규정의 국제법과 나고야의정서 및 그 모조약인 생물다양성협약 등에 위배될
수 없음을 강조하고 있다. 이는 자연생태계보존과 생물다양성보존 등의 '환경보호'와
'개발이익' 간의 조화에 대한 '지속가능한 발전(sustainable development)'으로의 (환경
법상의) '통합의 원칙'[16]을 준수해야 함을 보여주고 있다.

　　한편 동 규칙은 "생물다양성협약 제15조의 범위 내에서 유전자원에 대한 국가 주
권을 행사하는 회원국 국내법률 및 유전자원 관련 전통지식에 관한 생물다양성협약
제8조 (j)(이익의 공정하고 공평한 공유)항에 관한 회원국의 규정들을 저촉하지 아니 한
다."[17]라고 규정하여, 위에서 설명한 장소적 적용범위와도 연관되는 내용으로 유전자원
의 '국내 입법'에 의한 규율을 강조하고 있다. 즉, 국제사회에서의 환경 분야 관련 규제
에 대한 국가주권의 행사가 갖는 연성법적 성질을 반영하고 있다. 그런데 여기에서 한
가지 유념해야 할 것은 EU가 국제법 주체성을 향유함에 따라 EU 규칙이 갖는 성질
은 EU 모든 회원국들 내에서는 (EU)법의 '통일되고 일관된' 적용에 의한 역내시장의
기능이 중요한 바, 각 회원국은 동 규칙의 수준으로 입법해야 하며, 동 규칙상 위임된
사항에 대하여는 효과적(effective), 비례적(proportionate), 예방적(dissuasive) 차원에서
적법성을 갖춘 입법이 추진되어야 한다. 최고 수준 또는 높은 수준이라는 개념 보다
는 '통일된 적용'이 EU에서는 보다 중요하기 때문이다.[18]

　　그리고 이익공유의 적용대상과 관련되는 유전자원의 '파생물'과 관련하여, 동 규
칙에 의하면 "유전자원은 실제적 또는 잠재적 가치가 있는 유전의 기능적 단위를 포
함하는 식물, 동물, 미생물 또는 기타 기원의 물질"[19]로서 사실상 파생물은 유전자원
의 정의에서 제외하고 있다. 이러한 태도는 생물다양성협약 제2조(용어의 사용)의 유전

15　규칙 511/2014/EU 제2조 제2항.

16　김두수, *supra* note 4, pp.513~517 참조.

17　규칙 511/2014/EU 제2조 제3항.

18　이는 EU 회원국 중 나고야의정서 이행을 위한 "유전자원 이용으로부터 발생한 이익 공유에 관한
　　법안(Bill on Sharing Benefits Arising from the Utilization of Genetic Resources)"을 마련한 덴마크의 경
　　우에도 유념해야 할 내용이다. 오선영, "나고야의정서 국내이행을 위한 덴마크 정부의 정책 및 입
　　법 방안에 대한 소고", 「환경법연구」 제35권 제2호(2013.8), pp.271~297 참조.

19　규칙 511/2014/EU 제3조(용어 정의) 제1항(유전물질)과 제2항(유전자원).

자원에 관한 정의 규정과 일치한다. 한때 유럽의회 수정(안) 제3조에서는 '실제적 또는
잠재적 가치가 있는 유전물질 또는 그 파생물'이라고 하여 유전자원의 정의에 유전자
원 파생물을 포함시키고자 하였으나 재고된 것으로 보인다.

2) 정의

나고야의정서는 제10차 생물다양성협약 총회 종료일인 2010년 10월 29일을 의
정서 협상 종료 시한으로 정하여 다소 급하게 타결되었기 때문에 일부 규정들과 아울
러 여러 정의 관련 규정을 채택하는데도 실패하여 법적 확실성과 명확성을 결여하였
기 때문에 구체적 국내이행입법을 위해서는 보완해야 할 사안이 있는 문서로서 아래
와 같이 검토할 필요가 있다.

(1) 접근(access)

나고야의정서는 "자연자원에 대한 주권적 권리를 행사하는데 있어, 그리고 국
내 접근 및 이익공유 입법 또는 규제요건에 따라, 유전자원의 이용을 위한 유전자원
에 대한 접근은, 당사국이 달리 결정하지 않는 한, 그러한 유전자원의 원산지국인 유
전자원 제공당사국 또는 협약에 따라 유전자원을 취득한 당사국의 사전통보승인(prior
informed consent: PIC)을 받아야 한다."[20]고 규정하고 있다. 따라서 유전자원에 대한
사전통보승인(PIC)을 요구하기 위한 국가는 유전자원에 대한 주권적 권리를 보유하고
있어야 하고, 나아가 국내적으로 접근 및 이익공유에 관한 '입법' 또는 '규제요건'을 마
련하여야 한다. 그 규제 형태는 반드시 '입법'의 형식을 가질 필요는 없고, '요건'의 형
식을 갖추기만 하여도 충족된다. 그러나 나고야의정서는 구체적으로 접근에 대한 정
의를 내리지 않고 있다.

그런데 규칙 511/2014/EU은 "접근이란, 나고야의정서 당사국의 유전자원 또는
관련 전통지식을 해당 당사국의 관련 '유전자원 접근 및 이익공유(정보공유센터)(Access
and Benefit-sharing(Clearing House): ABS(CH))' 법률 또는 규정 요건에 따라 취득
(acquisition)하는 것"[21]이라고 규정하고 있다. 한때 유럽의회 수정(안) 제3조에서는 "접
근이란, 유전자원 또는 관련 전통지식을 유전자원 원산지국의 관련 유전자원 접근 및

---

20 나고야의정서 제6조 제1항.
21 규칙 511/2014/EU 제3조 제3항.

이익 공유(ABS) 법률 또는 규정 요건에 따라 취득하는 것"이라고 규정하여 나고야의 정서에 없는 "유전자원에 대한 접근"의 정의 규정을 두어 명확성을 확보하고, 특히 의 정서 당사국의 유전자원뿐만 아니라 나고야의정서 비당사국이지만 원산지국의 유전자 원도 적용대상으로 하고자 하였으나 재고한 것으로 보인다. 조약의 비당사국에게 의 정서 이행과 관련된 의무를 부담지우기는 어려우며, 이러한 EU의 환경 또는 기후변화 규제는 2020년 이후에 국제사회의 모든 국가들에게 일정한 의무가 적용되는 신기후변 화협약체제를 염두에 둔 것으로 보이기는 하나, 그리고 EU가 이 새로운 협약체제확립 에 대하여 선도적인 역할을 수행하고 있기는 하나, 이러한 환경 또는 기후변화가 초국 경적인 문제로서 국제사회의 협력을 통해 해결되어야 할 문제라 할지라도 조약의 비당 사국을 구속하는 역내 이행입법을 실현하기는 어려워 보인다.

(2) 이용자(user)

나고야의정서는 유전자원의 이용자에 대한 정의를 두지 못하여 의정서의 인적 적 용대상에 대한 범위를 명확히 하지 못하고 있다. 이에 대해 규칙 511/2014/EU은 "이 용자란, 유전자원 또는 관련 전통지식을 사용(utilizes)하는 개인 또는 법인"[22]으로 한 정하고 있다. 한때 유럽의회 수정(안) 제3조는 "이용자란, 유전자원 또는 관련 전통지 식을 이용(utilize)하는 개인 또는 법인 또는 유전자원 또는 유전자원에 근거한 가공 품(products based on genetic resources) 또는 관련 전통지식을 후속적으로 판매하는 (commercialize) 개인 또는 법인"으로 확대하여, 의정서의 인적 적용대상에 대한 범위 를 명확히 함과 동시에, 비가공 상태의 유전자원 이용자뿐만 아니라 현실적으로 많은 거래가 이루어지는 유전자원 가공품도 적용대상에 포함하여 유전자원의 유전적 또는 생화학적 구성분에 대한 연구, 개발을 수행하는 자뿐만 아니라 이러한 유전자원을 상 업적으로 판매(commercialize)하는 개인이나 기업도 적용대상으로 하고자 하였으나[23] 재고한 것으로 보인다.

(3) 유전자원의 이용(utilization of genetic resources)

규칙 511/2014/EU은 "유전자원의 이용이란, 생물다양성협약 제2조에 정의된 생

22　규칙 511/2014/EU 제3조 제4항.
23　박원석, *supra* note 5, pp.137~138.

명공학기술의 적용을 포함하여, 유전자원의 유전적 그리고/또는 생화학적 구성요소에 대한 연구 및 개발을 수행하는 것"[24]으로 정의하여 나고야의정서 제2조(c)의 유전자원의 이용에 관한 정의를 그대로 도입하였다.

(4) 상호합의조건(mutually agreed terms: MAT)

나고야의정서는 "(생물다양성)협약 제15조 제3항과 제7항에 따라, 유전자원의 이용과 후속적인 응용 및 상업화로부터 발생하는 이익은 유전자원의 원산지국인 유전자원의 제공국, 또는 협약에 따라 유전자원을 취득한 당사국과, 공정하고 공평한 방법으로 공유되어야 한다. 그러한 이익공유는 상호합의조건에 따른다."[25]고 규정하고 있다. 그러나 나고야의정서는 '상호합의조건'이 무엇인가에 대한 정의를 두지 않아 구체적으로 이익공유를 위해 어떠한 문서를 작성하여야 하는가에 대한 의문을 해결하지 않고 있다. 따라서 이와 관련해서는 2002년 "유전자원에 대한 접근 및 그 이용으로부터 발생하는 이익의 공정하고 공평한 공유에 관한 본 가이드라인(Bonn Guidelines on Access to Genetic Resources and Fair and Equitable Sharing of the Benefits arising out of their Utilization)"을 참조할 수 있나. 이에 따라 일징한 사적 자치 하에서[26] 상호합의조건(MAT) 계약서(예시계약서 또는 표준계약서, Model contractual clauses)[27]상의 유효기간, 분쟁해결방식 등을 규정할 수 있다. 다만 분쟁해결 방식을 소송이나 중재 중 어느 하나를 선택할 것인지 아니면 선택사항(optional)으로 할 것인지, 각 산업별 특징을 반영한 계약서를 작성할 것인지의 여부에 따른 각각의 '산업별 모델계약서'를 작성할 것인지 아니면 '공통된 모델계약서'를 작성하여 국내외에 제시할 것인지는 국가의 재량이나,[28] 산업계가 예시계약서보다는 별도의 자체 계약서를 작성하는 상황을 배제할 수는 없다. 무엇보다 이용국의 입장에서는 식음료 등에 사용되는 원재료의 공급확보가 중요하고, 또한 안전성에 대한 규제에 관심이 증대되고 있는 입장에서 계약상 '을'의 입장에 놓일 가능성도 배제할 수 없는 상황에서 과연 소비자의 건강 등 공익적 관점에서 계약을 체결할 수 있는지도 관건이다.

---

24 규칙 511/2014/EU 제3조 제5항.

25 나고야의정서 제5조.

26 나고야의정서 제6조(3)(g)는 상호합의조건(MAT)의 서면형식은 강제하지만, 그 내용은 사적 자치의 영역으로서 강제하고 있지 않다.

27 나고야의정서 제14조(3).

28 현실적으로 각 산업별 특징을 반영하여 계약서에 반영하고 이를 제시하기는 불가능해 보이며, 따라서 '일반규정'에 의해 규율할 수밖에 없다고 판단된다.

규칙 511/2014/EU은 "상호합의조건이란, 추가적인 조건(conditions and terms)을 포함하여, 유전자원 또는 관련 전통지식의 제공자(provider)와 그러한 유전자원 또는 전통지식의 이용자(user) 간에 체결되는 계약상의 약정(contractual arrangements)으로서 그 이용으로부터 발생하는 이익의 공정하고 공평한 공유를 위해 구체적인 조건을 정한 것"[29]이라고 정의하고 있다. 이 정의 규정은 나고야의정서에 없는 '상호합의조건'에 대한 정의를 규정함으로써 '제공자'와 '이용자' 간에 체결되는 계약으로서 유전자원과 관련 전통지식의 이용으로부터 발생하는 이익의 공정하고 공평한 공유를 위해 '구체적인 조건'을 포함하도록 요구하고 있다. 이용자 및 제공자 입장에서는 거래될 '로열티(royalty)' 또는 '이익공유 비율' 등에 관심을 가지게 될 것이다. 무엇보다 2014년 10월 13일부터 17일까지 우리나라 평창에서 개최된 나고야의정서 당사국회의에서 모델 계약서에 관한 실질적인 논의가 진행되어 국제적인 차원에서 관련 정보가 인터넷상에서 공유될 것으로 보인다.

(5) 유전자원 관련 전통지식(traditional knowledge associated with genetic resources)

나고야의정서는 "국내법에 따라, 각 당사국은 토착민족 및 지역공동체(indigenous people and local communities: IPLC)가 보유하는 유전자원 관련 전통지식에 대한 접근이 해당 IPLC의 사전통보승인(PIC) 또는 승인과 참여에 따라 접근되고, 상호합의조건(MAT)이 체결되었다는 점을 보장할 목적으로 적절한 조치를 채택하여야 한다."[30]고 규정하고 있으나, 나고야의정서는 '유전자원 관련 전통지식'에 대한 정의를 내리지 않고 있다.

그런데 규칙 511/2014/EU은 "유전자원 관련 전통지식이란, 유전자원 이용과 관련되고 (relevant) 그리고 그 이용에 적용되는 상호합의조건(MAT)에 전통지식으로 기술된 것으로서 IPLC가 보유하는 전통지식"[31]이라고 정의하고 있다. 동 규칙은 나고야의정서에 규정되어 있지 않은 '관련 전통지식'에 대한 정의를 제시하였지만, 관련 전통지식의 범위를 '상호합의조건(MAT)에 관련 전통지식으로 명시적으로 기술된 경우'에만 한정하고자 하는 의도로 보인다. 한때 유럽의회 수정(안) 제3조는 이러한 제한을

---

29 규칙 511/2014/EU 제3조 제6항.
30 나고야의정서 제7조.
31 규칙 511/2014/EU 제3조 제7항.

삭제하고, 즉 상호합의조건에 관련 전통지식이라고 기술된 것과 상관없이 IPLC가 보유하는 전통지식은 모두 사전통보승인(PIC)와 상호합의조건(MAT) 그리고 이익공유의 대상으로 확대하고자 하였으나[32] 재고한 것으로 보인다.

(6) 유전자원에 대한 불법적 접근(illegally accessed genetic resources)

나고야의정서는 "불법적 접근(취득)"에 대한 정의를 두지 않고 있다. 그런데 규칙 511/2014/EU은 "불법적 접근이란, 사전통보승인을 요구하는 나고야의정서 당사국인 원산지국(제공국)의 유전자원 접근 및 이용(ABS) 법률 또는 규제 요건을 위반하여 취득된 유전자원과 관련 전통지식을 의미한다."[33]라고 정의하고 있다. 이는 나고야의정서 이행법률의 금지행위와 대상을 명확히 하고자 마련된 것이다. 한때 유럽의회 수정(안) 제3조는 유전자원 원산지국의 유전자원 접근 및 이용(ABS) 법률 또는 규제 요건뿐만 아니라 '관련 국제법(applicable international)'을 위반한 경우에도 금지의 대상으로 하여 향후 유전자원 접근 및 이용(ABS) 법률이나 규제 요건을 마련하지 못한 국가(원산지국 또는 제공국)의 유전자원이나 관련 전통지식을 무단으로 취득한 경우에도 '불법 취득 유전자원'으로 간수하고자 의도하였으나[34] 재고된 것으로 보인다.

(7) 수집(collection)

나고야의정서는 당사국이 외국의 유전자원이 국내에서 이용되는 상황을 감시하기 위해 하나 이상의 '점검기관(checkpoints)'을 지정하여 사전통보승인(PIC), 유전자원 출처, 상호합의조건(MAT)의 체결, 그리고/또는 유전자원 이용과 관계가 있는 적절한 관련 정보를 적절한 바에 따라 수집 또는 수령하도록 요구하고 있다.[35] 그러나 점검기관의 의무 중 하나인 '수집'에 대한 정의를 규정하고 있지 않다. 이에 규칙 511/2014/EU은 "수집이란, 개인 또는 공공기관의 소유 여부를 불문하고, '유전자원의 수집표본(collected samples) 및 관련 정보'의 집합체(set)로서 축적, 보관 그리고 분류학적으로 확인된(accumulated, stored, and taxonomically identified) 것을 의미한다."[36]라고 규정하고 있다. 이 정의 규정은 EU가 설립하는 유전자원신탁등록처(Trusted Collection)에

---

32 박원석, *supra* note 5, p.140.
33 규칙 511/2014/EU 제3조 제8항.
34 박원석, *supra* note 5, p.141.
35 나고야의정서 제17조(1)(a)(i).
36 규칙 511/2014/EU 제3조 제9항.

보관되는 유전자원과 관련 정보의 수집행위의 '범위'에 대한 정의를 규정할 필요에 따라 마련된 것으로 보인다.[37]

(8) 국제이행의무준수인증서(internationally recognised certificate of compliance: IRCC)

나고야의정서는 사전통보승인(PIC)을 요구하는 당사국에게 '유전자원 접근시 사전통보승인(PIC) 부여 결정과 상호합의조건(MAT) 체결의 증거로서 허가증이나 상응문서의 발급을 위해 필요한 입법적, 행정적, 또는 정책적 조치 중 적절한 조치를 채택'할 것을 요구하고 있다.[38] 규칙 511/2014/EU은 "국제이행의무준수인증서란, 나고야의정서 제6조(3)(e)에 따라 국가관할기관(national competent authority)이 발급하는 접근허가증(access permit) 또는 상응하는 증서(equivalent issued)로서 유전자원 접근 및 이익공유 정보공유센터(ABSCH)에 통보된 것을 의미한다."[39]라고 정의하고 있다. 이러한 정의는 나고야의정서 제6조(3)(e)에서 규정하고 있는 국제이행의무준수인증서에 관한 규정과 거의 일치한다.

3) 이용자 의무

나고야의정서는 외국의 유전자원이 국내에서 이용되는 상황을 감시하고 투명성을 제공하기 위해 하나 이상의 '점검기관(checkpoints)'을 지정할 의무를 부과하고 있다.[40] 그리고 나고야의정서에 의하면 이 점검기관은 사전통보승인(PIC), 유전자원 출처, 상호합의조건(MAT)의 체결, 그리고/또는 유전자원 이용과 관계가 있는 적절한 관련 정보를 적절한 바에 따라 수집 또는 수령할 의무를 부담한다.[41] 그러나 나고야의정서는 '이용자'가 이행준수를 위해 구체적으로 어떠한 의무를 부담하는가에 대하여는 규정하고 있지 않다. 그런데 동 조항은 'shall'이 아닌 'would' 조항으로서 강제성이 약화되어 있어 나고야의정서 당사국의 정책적 의지에 따라 규범강제성이 결정될 수 있다.[42] 이에 대하여 규칙 511/2014/EU는 이용자의 의무 사항에 관하여 'shall' 조항으

37 박원석, *supra* note 5, p.140.
38 나고야의정서 제6조(3)(e)조.
39 규칙 511/2014/EU 제3조 제11항.
40 나고야의정서 제17조 제1항.
41 나고야의정서 제17조(1)(a)(i).
42 박원석, *supra* note 5, p.142.

로 구체적으로 규정하고 있다.[43] 동 규칙 제4조 1항에서는 이용자의 "유전자원 접근 및 이익공유에 관한 법률(ABS 법률)"에 대한 준수의무에 관하여, 2항에서는 상호합의조건(MAT)의 준수 의무를 규정하고 있다. 그리고 동 규칙 제4조 제3항에서는 제1항의 목적을 위하여 이용자는 다음 이용자에게 전달해야 할 내용으로 국제적 재료확인서, 국제적 재료확인서를 이용할 수 있는 정보 및 관련 문서, 유전자원 또는 전통지식의 접근 날짜 그리고 장소, 유전자원 또는 활용된 유전자원 관련 전통지식의 설명, 직접 취득한 유전자원 또는 전통지식의 근원, 접근의 의무와 권리를 포함하는 이익 공유 및 사후활용과 상업화에 관련된 의무의 존재 유무, 해당 기밀사항 접근 허가증, 해당 이익 공유의 합의를 포함하는 상호합의조건 등에 관하여 규정하고 있다. 또한 동 규칙 제4조 제6항에 따라 이용자는 유럽의회 수정안상의 유전자원의 '상업화'기간 종료 후 가 아닌 유전자원 '이용'기간 종료 후 20년 동안 유전자원 접근 및 이익공유(ABS) 관련 정보의 보관의무를 진다. 한편 국제보건법규 차원의 국제적인 전염병의 확인되었거나 확인되지 않은 원인균 및 전염병 발생국가와 미발생국가의 전염병치료 및 예방을 목적으로 채택된 유럽의회/이사회 결정(Decision 1082/2013/EU)[44]에서 정의된 국경을 넘는 전염병 원인균의 유전자원을 습득한 이용자는 동 규칙 제4조 제3항 또는 제5항의 의무를 이행해야 한다.

4) 유전자원 수집 등록처(register of collections) 설립 및 운영

규칙 511/2014/EU은 EU 집행위원회로 하여금 EU 내에 유전자원신탁등록처를 설립 및 운영하고, 동 신탁등록처는 이용자가 쉽게 접근할 수 있는 인터넷 방식으로 운영되고, EU 보관신탁기준을 충족하는 것으로 검증된 유전자원을 보관하도록 규정하고 있다.[45]

5) 국가책임기관(competent authorities) 및 국가연락기관(focal point)의 지정

나고야의정서는 "각 당사국은 접근 및 이익공유에 관한 국가연락기관을 지정하

---

43 규칙 511/2014/EU 제4조.
44 Decision 1082/2013/EU of the European Parliament and of the Council of 22 October 2013 on serious cross-border threats to health and repealing Decision 2119/98/EC (OJ 2013 L 293/1-15).
45 규칙 511/2014/EU 제5조 제1항.

여야 한다."[46]라고 규정하고 있다. 따라서 당사국은 접근 및 이익공유(ABS)에 관한 국가연락기관과 하나 이상의 국가책임기관을 지정하여야 한다. 국가연락기관의 역할은 "유전자원과 전통지식에 대해 접근을 신청하는 자를 위해 사전통보동의를 취득하기 위한 절차와 상호합의조건을 체결하기 위한 절차 등을 제공"하는 것이다. 한편 나고야의정서에 의하면, 국가책임기관은 "자국의 유전자원에 대한 접근 요건이 충족되었다는 문서의 발급, 그리고 사전통보동의(PIC)의 취득과 상호합의조건(MAT)을 체결하기 위한 해당 절차와 요건에 대해 자문"하는 역할을 수행한다.[47] 그런데 나고야의정서에 의하면 국가연락기관과 국가책임기관의 역할을 동시에 수행할 단일 기관의 지정도 가능하다.[48] 이에 대하여 규칙 511/2014/EU는 국가책임기관과 국가연락기관의 지정에 관하여 규정하고 있으며,[49] 무역관련 야생 동식물의 보호와 관련된 기관들[50]이 동 규칙의 목적을 달성하는 데 기여하도록 규정하고 있다.

6) 이용자에 대한 이행준수 감시: 점검기관(checkpoints)의 설치 및 운영

나고야의정서 제17조(1)는 당사국이 외국의 유전자원이 국내에서 이용되는 상황을 감시하고 투명성을 제공하기 위해 하나 이상의 '점검기관'의 지정할 의무를 부과하고 있다. 그러나 나고야의정서는 점검기관의 지정(designation) 의무에 대해서는 강제하고 있으나, 사전통보승인(PIC), 유전자원 출처, 상호합의조건(MAT)의 체결, 그리고/또는 유전자원 이용과 관계가 있는 적절한 관련 정보를 적절한 바에 따라 수집 또는 수령할 의무에 대해서는 'would' 조항으로 강제성을 약화시키고 있다. 이러한 문제를 해결하기 위해 나고야의정서 제17조(1)(a)(iv)는 점검기관의 기능은 효과적이어야 하고 (must), 그리고 출처 등에 관한 정보수집 역할을 하여야 한다(should), 라고 좀 더 강제적인 용어를 채택하고 있다.[51] 이에 대하여 규칙 511/2014/EU 제7조는 유전자원 및 관련 전통지식의 '점검기관'의 기능을 '국가책임기관'에 부여하고 있다. 동조 제1항에 따라 EU회원국 및 집행위원회는 유전자원 및 전통지식의 활용과 관련된 연구비의 모든 수령자에게 동 규칙 제4조에 따른 성실한 준수의무이행의 선언을 요청해야하며,

46 나고야의정서 제13조 제1항.
47 나고야의정서 제13조 제2항.
48 나고야의정서 제13조 제3항.
49 규칙 511/2014/EU 제6조.
50 Regulation 338/97/EC of the Council of 9 December 1996 on the protection of species of wild fauna and flora by regulating trade therein (OJ 1997 L61/1−69).
51 박원석, *supra* note 5, p.152.

동조 제2항에 따라 유전자원 또는 전통지식의 활용을 통한 생산물의 최종개발단계에서 사용자는 제4조에 따른 의무로서 제6조 제1항의 해당관할관청(책임기관 또는 점검기관)에 이를 공표함과 동시에 관련된 국제적인 자료확인서, 상호합의조건(MAT)상의 정보를 포함하여 제4조 제3항 (b)의 (1)~(5) 및 제4조 제5항에서 언급된 관련정보를 제출해야 한다. 이용자는 회원국 관할관청의 요청이 있는 경우에는 더 많은 증거를 제출해야 한다. 한편 동조 제3항과 제4항상 관할관청은 나고야 의정서 제14조 제1항, 제13조, 제17조 제2항에 따라 당사국들과 정보를 공유하나. 동조 제5항에 의거하여 특별히 유전자원의 지정 및 활용과 관련해서 EU 또는 회원국 국내법률이 합법적인 경제이익을 보호하기 위해 제공한 상업상의 기밀 사항 또는 산업정보를 보호해야 한다. 한편 집행위원회는 동조 제1항, 제2항 및 제3항의 시행절차의 확립을 위한 법률을 채택해야 하며, 이 법률에서 집행위원회는 이용의 최종단계를 식별하기 위하여 분야별 생산물의 최종개발단계를 결정해야 한다. 이 법률은 동 규칙 제14조 제2항의 소관 위원회의 심사절차[52]에 따라 채택되어야 한다.

/) 벌칙(penalties)

규칙 511/2014/EU는 동 규칙 제4조(이용자 의무)와 제7조(이용자 이행준수 감시)의 위반에 대한 회원국의 처벌조치 수립과 이행조치 채택 의무를 규정하고 있다.[53] 벌칙은 효과적(effective)이고, 비례적(proportionate)이며, 예방적(dissuasive)일 것으로 요구하고 있다. 이는 유럽의회 수정(안) 제4조의 "유전자원 이용행위에 상응하는 (proportionate) 그리고 위반으로 부터 획득한 경제적 이익에 대한 효과적 박탈에 최소한 상응하는 벌금"을 부과하도록 요구했던 것을 재고한 것을 보이며, 제4조상의 유전자원 및 관련 전통지식의 이용행위의 즉각적 중지뿐만 아니라 유전자원과 관련 전통지식을 이용한 상품의 판매금지까지 포함하고 있었던 것도 재고한 것으로 보인다. 이러한 경향은 형벌의 구체적인 종류와 형량까지는 EU차원에서 규율하는 데 한계가 있는 기존 판례[54]의 영향인 것으로 보인다

---

52 Regulation 182/2011/EU of the European Parliament and of the Council of 16 February 2011 laying down the rules and general principles concerning mechanisms for control by Member States of the Commission's exercise of implementing powers (OJ 2011 L55/13 – 18).

53 규칙 511/2014/EU 제11조.

54 Koen Lenaerts · Piet Van Nuffel, *European Union Law*(London: Sweet & Maxwell, 2011), p.121 참조; 김두수, *supra* note 4, pp.576~580 참조.

Ⅲ. 나고야의정서 이행 입법에 대한 평가 및 시사점

환경문제는 본질적으로 규제가 강화될수록 환경보호에 유리하고 개발측면에서 불리한 입장에 놓인다. 나고야의정서에 대한 EU의 역내 이행이법인 규칙 511/2014/EU도 그 채택과정에서 집행위원회 환경담당총국의 입법안에 대한 유럽의회 수정(안)이 협력절차적 차원에서 제시되었으나, 개도국에 상당히 유리한 유럽의회 수정(안)이 다수 누락되고 이용국에 유리한 집행위원회 환경담당총국의 입법안이 상당히 반영되어 채택되었다고 평가할 수 있다. 집행위원회는 EU 전체의 이익을 반영하는 기관답게 유전자원 이용국인 EU의 입장을 반영한 것이고, 이에 반해 민주질서를 반영하는 유럽의회의 견해는 회원국의 국익을 반영하는 이사회 내 다수의 유전자원 이용국들의 영향으로 약화된 것으로 보인다. 그러나 EU의 이행입법이 EU운영조약(Treaty on the Functioning of the European Union: TFEU) 제191조 제1항상의 EU 환경정책의 목적 중 하나인 '천연자원의 신중하고 합리적인 이용'에 대한 지속가능한 발전에 대한 합치성에 관하여는 주의를 요한다.[55] 유전자원에 대한 접근 및 이익공유(ABS)에 관한 국제규범인 나고야의정서도 결국은 생물다양성협약(CBD)의 부속의정서로서의 지위에 해당되므로 주요 목적이 동 협약 제1조에 따라 '유전자원의 개발과 이익공유' 외에 '생물다양성의 보존과 지속가능한 사용 및 지구생태계의 보존'이라는 점을 간과해서는 아니 된다.[56]

그런데 나고야의정서는 '창의적 모호함 속의 걸작품'으로 평가되고 있으나, 모호

---

[55] *Ibid.*, pp.528~529 참조; Jan H. Jans and Hans H. B. Vedder, *European Environmental Law* (Europa Law Publishing, 2008), p.26.

[56] 생물다양성협약(CBD)은 특정한 종을 보호하기 위한 것이 아닌 생물의 다양성을 보호하기 위해 체결된 조약이다. 동 협약의 제1조상의 목적은 생물다양성의 보존과 지속가능한 사용, 그리고 유전자원의 이용에서 발생하는 이익의 공평한 배분이며, 제6조에 따라 당사국은 생물다양성의 보존과 지속가능한 사용을 위한 국가전략 계획 및 프로그램을 개발하고, 제7조에 따라 당사국은 생물다양성의 요소를 조사하고 생물다양성에 악영향을 미치는 활동과 과정을 조사하여 감시해야 하며, 제8조에 따라 당사국은 자연서식처 내 보존을 위해 '보호구역'을 설치 관리하며 '외래종'의 유입을 방지하여야 하고, 제9조에 따라 당사국은 위협받는 종의 원상회복을 위한 조치를 채택하여야 하며, 제10조에 따라 당사국은 생물다양성에 대한 악영향을 감소시키기 위한 조치를 채택하며, 생물다양성이 감소된 지역에 있어서 구제행위를 개발 수행하도록 지역주민을 지원하여야 하고, 제12조에 따라 당사국은 생물다양성의 보존 및 지속적 이용에 관한 과학기술적 교육 및 훈련 프로그램을 확립 유지하며 관련기술의 연구를 증진하며, 제14조에 따라 당사국은 생물다양성에 악영향을 줄 가능성이 있는 사업에 대한 환경영향평가절차를 수립하여야 하고, 제17조에 따라 당사국은 생물다양성의 보존과 지속적인 사용에 관한 정보의 교환을 원활히 해야 한다.

한 만큼 법적 확실성과 명확성을 결여하고 있다. 법적 불확실성과 불명확성은 또 한편으로 개별 당사국이 이행법률을 마련하는데 그만큼 많은 재량권을 행사할 수 있다는 것을 의미한다.

우리나라는 생물유전자원에 대한 소관부처들간의 갈등으로 인해 소위 "유전자원 접근·이용 및 이익 공유에 대한 법률(유전자원법)"을 마련하는데 어려움을 겪었다. 아직도 생물자원의 종류와 소관부처에 따라 관련 법률에 의한 규율의 통일성에 다소 어려움을 겪고 있다.[57]

나고야의정서의 본질적인 목적은 다른 국가의 유전자원 및 관련 전통지식에 대한 주권적 권리를 인정하여, 이를 활용하여 이익을 창출하는 경우 그 이익을 제공국과 공유하는 것이다. 지금까지는 서구 선진국의 거대 다국적 기업들이 아프리카나 남미 등의 희귀 약초나 미생물, 전통 요법을 이용해 신약이나 제품을 개발한 뒤 특허를 내 막대한 수익을 독점하는 구조였으나, 나고야의정서는 이를 바꿔 수익을 공정하게 나누고 '생물다양성을 보전'하기 위해 '개발도상국에 자금을 지원'하자는 취지를 담고 있다. 따라서 이용자의 이행준수를 담보하기 위한 유전자원 접근 및 이익공유(ABS) 법률의 제정은 가장 기본적이고 필수적인 조치라고 할 수 있다. 그러나 유전자원 접근 및 이익공유(ABS) 국내이행법률은 한편으로는 국내 생물유전자원을 보호하면서, 또 다른 한편으로 국내 관련 제약업계, 화장품업계, (기능성)건강식품업계, 바이오산업 등에 과도한 부담을 주지 않는 방향으로 균형 있게 또는 조화롭게 실행되어야 한다.[58]

---

57 예를 들어, 환경부는 야생 생물유전자원에 대한 주무기관으로 「야생동식물보호법」, 「자연환경보전법」, 「습지보전법」, 그리고 2012년에 공포된 「생물다양성보존 및 이용에 관한 법률」을 통해 야생생물자원에 대한 관할권을 행사하고 있다. 산업통상자원부는 산업용 생물유전자원에 대한 주무기관으로서 「유전자변형생물체의 국가간 이동에 관한 법률」을 통해, 보건복지부는 「천연물신약 연구개발 촉진법」을 통해 보건의료용 생물자원을, 농림축산식품부는 「농업유전자원의 보존, 관리 및 이용에 관한 법률」과 「종자산업법」을 통해 농업, 임업, 수산용 생물자원을, 해양수산부는 「해양생태계의 보전 및 관리에 관한 법률」과 「해양생명자원의 확보, 관리 및 활용에 관한 법률」을 통해 해양 생물자원을, 그리고 교육부는 「생명연구자원의 확보, 관리 및 활용에 관한 법률」을 통해 연구·개발용 생물자원에 대한 관할권을 행사하고 있다.
그러나 위에 열거된 법률들에는 대부분 접근에 대한 제한만 규정하고 있을 뿐 나고야의정서의 핵심이라고 할 수 있는 이익공유에 대한 규정이 없거나 있더라도 선언적 수준에 머물고 있다. 예를 들어, 「야생동식물보호법」은 지정된 생물자원의 국외반출 승인제도 운영(접근), 「자연환경보전법」은 생물다양성이 풍부한 서식지에서의 행위제한(접근), 생명공학의 관리 및 그 이익의 배분에 관하여 국제협력, 그리고 일부 야생동식물의 수출입 제한(접근) 등에 대해서만 규정하고 있을 뿐이다. 「생물다양성보존 및 이용에 관한 법률」은 생물다양성협약에 능동적으로 대처할 목적으로 제정되었지만 구체적인 접근절차 및 이익공유방법에 관한 규정은 마련하지 못하고 있다. 박원석, *supra* note 3, 「고려법학」 제68호(2013.3), p.487.

58 나고야의정서는 생물다양성협약의 주요 목적 중 하나인 유전자원 접근·이용으로부터 발생하는

그런데 바이오산업은 연구개발비중이 크고 원천기술확보가 중요한 기술집약적 고부가가치 산업으로서, 현재 세계 각국이 정책적으로 지원·육성하고 있는 차세대 성장동력산업이며, 또한 고령화·환경·에너지 등 앞으로 인류의 난제를 극복할 수 있는 핵심기술로 그 중요성이 부각되고 있다. 이렇듯 생물 유전자원은 에너지 고갈·환경오염·식량부족 등 인류의 난제를 해결하는 생명공학연구의 필수 자원으로서 중요성이 커지고 있다. 따라서 바이오산업이 선진국들의 핵심 주력산업임을 감안하면, 생물 유전자원의 선점이 미래 '바이오경제' 실현의 핵심과제로 평가된다. 그런데 나고야의정서의 발효로 생물 유전자원 또는 관련 전통지식의 이용시 해당 유전자원 제공국에게 사전통보승인(PIC)을 받아야 하고, 그로부터 발생한 이익에 대해서는 상호합의조건(MAT)에 따라 공유해야 한다.[59] 생물 유전자원에 접근하는 절차가 까다로워지고, 이용으로 발생하는 이익까지 공유해야하는 만큼 주로 유전자원 제공국인 개도국들이 적극적으로 나고야의정서 비준에 참여했고, 반면 자원 이용국인 선진국들은 비준에 신중한 입장을 보여 왔다.

이에 따라 국내 바이오 산업계 부담이 커졌다. 바이오제품 개발의 원천이 되는 다양한 생물자원 확보는 바이오산업 발전을 위해 매우 중요하고 필수적이다. 생물 유전자원이 부족한 우리나라는 외국으로부터 많은 생물 유전자원을 수입한다. 국내에서 이용하는 생물자원의 67%가 수입에 의존한다. 우리나라가 나고야의정서 비준에 신중한 입장을 취한 것도 이 때문이다. 그러나 나고야의정서가 발효된 이상 적극적인 대응책을 수립해야 한다. 특히 화장품의 경우 원료의 80%를 해외에서 수입하는데, 이로 인한 로열티가 1조 5,000억원에 이를 것으로 예상된다. 기업 입장에서는 생물 유전자원을 해외로부터 들여와 이용할 때 관련 외국의 법에 따라 승인받고 이익을 공유해야 하기 때문에 행정적·금전적 부담이 증가한다. 한국바이오협회는 시간과 돈 그리고 자원 싸움인 바이오분야 연구개발에서 해외 생물 유전자원의 접근 및 이용시 어떤 절차에 따라 이익공유를 얼마나 어떻게 해야 하는지 등에 대한 기업 지원이 필요하다고 밝혔다. 이는 외국 ABS 법률에 대한 연구의 필요성을 의미한다. 또한 국내 바이오 연

이익의 공정하고 공평한 공유를 위해 지난 2010년 10월 29일에 채택되어, 2014년 7월 14일 발효 정족수 50개국에 도달되어 90일 후인 2014년 10월 12일 발효되게 되었다.

59 보다 세부적으로 보면 유전자원 접근절차를 마련해야 하고, 유전자원 제공국의 국가책임기관으로부터 자원접근 사전통보승인(PIC)을 취득해야 한다. 자원제공자와 이익공유에 관한 상호합의조건(MAT)의 계약을 체결하고, 금전적(로열티 등) 또는 비금전적(교육 등)으로 이익을 공유해야 한다. 이 같은 절차를 이행하고 점검기관도 설치해야 한다.

구계도 부담이 커졌다. 나고야의정서는 산업계뿐만 아니라 바이오·생명공학 분야 연구계에도 영향을 미친다. 국내 연구자가 국내 유전자원에 접근하고자 하는 경우에도 사전신고(승인)를 해야 한다. 또 자원 소유자와 이익공유 계약을 체결해야 한다. 해외 유전자원을 이용한 연구를 할 때는 문제가 더 복잡하다. 국내 연구자가 자원부국의 자원을 취득하기 위해 받아야하는 국외 허가 절차가 강화될 것으로 예상되기 때문이다. 자원 취득기간이 장기화되면 연구에 뒤처질 수 있고, 취득 비용이 증가하면 연구 경쟁력까지 저하될 수 있다는 우려가 있다. 연구에 미치는 영향으로 인해 나고야의정서에 대비한 국내 제도와 법을 정비하는데 이견도 있다. 과학계는 내국인에게도 자원 신고(승인) 등을 엄격하게 적용하면 연구 지연이 발생할 것이라며 반발하고 있다. 국내 연구에 한해 자유로운 자원 이용을 보장해야 한다는 입장이다. 그러나 이에 대하여 환경부는 세계무역기구(WTO)가 내외국인 차별금지 조항(내국민대우의 원칙)을 규정하고 있다며 부정적인 입장을 보이기도 하였다.[60]

그런데 위에서 언급한 국내 화장품업계 외에 국내 제약업계의 부담도 증가되었다. 타격이 예상되는 산업은 생물자원을 많이 이용하는 제약, 바이오 부문인 바, 제약업계도 이익공유의 추가비용 발생이 불가피한 상황이다. 제약업계에서는 천연물에서 추출한 의약품이 대표적이다. 지난 2009년 전 세계로 급속히 퍼져나간 신종인플루엔자의 유일한 치료약으로서 세계 제약업계의 가장 큰 관심을 받았던 '타미플루'의 원재료는 중국과 베트남 등에서 향신료로 이용되는 스타아니스 추출물인 것으로 알려져 있다. 타미플루의 연간 시장규모는 30억 달러에 이르는 것으로 추정되며, 이 외에도 주목 추출물로 만든 세계적인 항암제인 '텍솔', 브라질 뱀독을 추출하여 만든 고혈압치료제인 'ACE억제제' 등 1980년 이후 개발된 신규 의약품의 상당수가 천연물질에서 원료를 얻은 것으로 보고된다.[61] 그런데 '천연물신약'에만 국한된 얘기라고 보면 오산이다. 합성의약품의 상당수도 천연물 추출 성분을 포함하고 있기 때문이다. 1981년부터 2006년까지 미국 FDA에서 허가된 신약 1184개 중에서 52%가 생물·천연물 유래 의약품이다. 신약들 중에서 상당수가 생물유전자원 성분을 이용한 셈이다. 그나마 제약업계는 생물유전자원을 직접적으로 이용하는 바이오산업계 보다는 덜 하다.[62]

---

60 http://www.etnews.com/20140718000111.

61 장희선 · 박호정, "나고야의정서 하에서의 국내 제약산업의 천연물 신약 R&D 투자옵션 연구", 「보건경제와 정책연구」 제18권 제3호(2012.9), p.122.

62 그러면 외국 생물자원을 이용했을 경우 이익공유의 비용은 얼마나 발생하는가의 문제가 있다. 현

나아가 나고야의정서가 발효되어 각국이 가진 생물학적 자원에 대한 권리가 강화되어 특허 취득이 까다로워지거나 이미 획득한 특허도 취소될 가능성이 있다. 왜냐하면 나고야의정서의 핵심 구성요소에는 사전통보승인(PIC), 상호합의조건(MAT)이 있기 때문이다. 사전통보승인(PIC)에 따라 유전자원 이용국은 보유국(제공국)에게 그 이용에 대한 사전승인을 받아야 하고, 상호합의조건(MAT)에 따라 유전자원의 형태와 양, 이용 활동의 지리적 범위, 이용 물질의 가능한 용도, 자원에 대한 소유, 이익공유 등에 대한 구체적인 조건이 합의되어야 한다. 이 경우 국내 화장품, 제약, (기능성)건강식품 산업 등에 미칠 영향을 명확히 예측하기는 어렵지만, 우리나라는 국제사회에서 상대적으로 천연자원이 부족하여 화장품, 제약, 건강식품 산업의 원료로 다양한 천연물을 해외로부터 수입하거나 수입한 식물들을 국내에서 재배하여 사용하고 있는 상황을 고려할 때, 그 영향이 상당할 것으로 예상된다. '본 가이드라인'에서는 유전자원 외에 유전자원을 이용해서 만들어진 파생물(derivative)까지도 접근 및 이익공유(ABS)의 대상에 포함시킬 것을 권장하고 있어 만일 관련 내용이 도입될 경우 국내 바이오, 생물 산업에 미치는 영향은 지대할 것으로 예상된다.[63]

따라서 국내적으로는 법체계상 생물 유전자원 종류에 따라 소관 부처가 다른 현실을 감안하여 생물유전자원별 복수의 국내책임기관(점검기관 역할 병행)을 지정하되, 각 부처의 역할을 명확히 하고 국가책임기관에게 전체를 총괄할 책임과 권한을 부여하는 것이 바람직할 것으로 판단된다. 현재 국내 유전자원의 접근 신고 등을 수행하는 책임기관은 과학기술정보통신부, 농림축산식품부, 환경부, 해양수산부, 보건복지부 등으로 복수 지정되었다. 한편 대외적으로는 생물유전자원을 둘러싸고 국가들 간에

재 이익공유 비율을 0.1~5%로 가정하고 있으나, 이는 추산치이기 때문에 실제적 이익공유 비용과는 차이가 발생할 수 있고, 국내와 해외 공통 원산 생물자원의 적용 여부 등에 따라 큰 차이가 발생할 수 있다. 현재까지는 사례가 없기 때문에 추산에 한계가 있다. 다만 전문가들은 상당한 추가비용이 발생할 것이라는 데 이견이 없어, 이는 고스란히 연구 및 개발(R&D) 부담요인으로 작용하게 된다.

그런데 나고야의정서가 발효된 2014년 10월 12일을 기점으로 국제분쟁의 가능성이 제기된다. 유전자원 원산지국이 줄줄이 로열티를 요구하거나 국제소송을 제기할 수 있다. 기존 해외 원료공급처와 재계약도 예상된다. 앞선 전문가는 "국가들의 입법과정이 완료되면 분쟁들이 본격적으로 발생할 것"이라며 "예측하고 잘 대비하는 업체가 피해를 줄일 수 있다."라고 지적했다. 문제는 이익공유의 범위와 절차, 로열티의 지급 방법과 규모가 각 국가마다 다르다는 것이다. 나고야의정서는 국제규범으로 원칙사항을 규정할 뿐, 구체적인 협상은 당사자 간에 진행된다. 관련 규정은 각 국가에 위임되어 있어 입법에 어떤 내용이 담기느냐에 따라 당사자 간 협상도 제각각일 우려가 있다. http://www.newsmp.com/news/articleView.html?idxno=123036.

63 박호정, *supra* note 2. pp.52~53.

치열하게 경쟁하는 상황에서 산업계, 연구계 등에 정보제공, 상담안내, 인식 제고 활동 등을 통해 능동적이고 체계적으로 대응할 수 있도록 하여야 한다.[64]

그런데 EU의 규칙 511/2014/EU는 나고야의정서에 대한 국내 이행법률을 제정하는데 중요한 참고자료가 될 것으로 보인다. 동 규칙은 유전자원 '이용자의 이행의무'를 확보하는 것을 목적으로 하면서도 '이용자의 이익'을 최대한 반영하는 입장에서 채택되었다고 볼 수 있다. 유럽의회의 수정(안)이 유전자원 제공국의 입장을 보다 잘 반영하고 있었다는 점과는 차이가 있었다. 결과적으로는 유럽의회 및 이사회에 의한 입법절차에 의해 동 규칙이 채택되어 유전자원 이용국의 입장에 있는 EU의 전체적인 이해관계가 반영되었다고 볼 수 있다. 그리고 회원국들은 동 규칙 제16조 제1항에 따라 2017년 6월 11일까지 동 규칙에 대한 이행보고서를 집행위원회에 제출해야 하며, 그 이후로는 매 5년마다 제출해야 한다. 이에 대하여 집행위원회는 동 규칙 16조 제2항에 따라 회원국들의 이행보고서 제출 1년 이내에 그 이행보고서(동 규칙에 대한 효과에 관한 1차 평가를 포함한)를 유럽의회와 이사회에 제출해야 한다. 그리고 집행위원회는 나고야의정서 이행과 관련하여 EU가 취한 조치에 대하여 나고야의정서 당사국 회의(meeting of the Parties to the Nagoya Protocol)시 생물다양성협약 총회(Conference of the Parties to the Convention on Biological Diversity)에 보고해야 한다. 동 규칙은 제17조 제1항에 의하여 EU 공보(Official Journal: OJ) 게재 20일 이후 발효된다고 규정하고 있으며, 동 규칙은 2014년 5월 20일 공보 게재되었으므로 2014년 6월 10일부터 발효되었다. 특히 동 규칙 제17조 3항에 의하면 (동 규칙이 나고야의정서 발효 결정 전에 채택되기는 하였으나) 이용자의 의무, 이용자 의무이행 감시 및 처벌과 연관되는 동 규칙 제4조, 제7조 및 제9조는 동 규칙 발효 후 1년에 적용하도록 하고 있다. 이는 나고야의정서 비준 50개국이 2014년 7월 14일 충족되어 90일 후인 2014년 10월 12일 발효되었기 때문에 향후 국제적 이행 및 국내 이행("유전자원의 접근·이용 및 이익 공유에 관한 법률"의 제정)과 관련하여 중요한 의미를 가진다고 볼 수 있다. 더욱이 9월 29일부터 10월 17일까지 평창에서 개최된 제12차 생물다양성협약 당사국총회 기간에 '제1차 나고야의정서 당사국회의'가 10월 13일부터 17일까지 같은 장소에서 개최되었기 때문에, 우리나라로서는 나고야의정서 국내이행법률이 국회에서 채택되어 비준 발효되는 것에 큰 관심을 갖게 되는 상황이었다. 우리나라로서는 2011년 9월 20일 동 의정서에 서명

---

64 박원석, *supra* note 5, p.170.

하였으나 비준이 지연된 것은 이용자의 입장이 강하기 때문이었던 것으로 보인다. 당시 국제회의 의장국임에도 불구하고 발언권 없이 참관인(observer) 자격으로 참여하는 점은 의장국으로서 본연의 역할을 수행하는 것과 관련하여 그리 바람직하지 않은 일이었다. 나고야의정서 발효에 따른 의무 이행과 이익공유 방안 등을 의제로 논의가 진행되는 시점에 시의적절한 의제에 대한 협상국으로서의 지위를 온전히 향유하지 못한 점은 국익과도 무관하지 않기 때문이다.

IV. 결언

"생물다양성협약 부속의 유전자원에 대한 접근 및 그 이용으로부터 발생하는 이익의 공정하고 공평한 공유에 관한 나고야의정서"가 2010년 10월 29일 채택되었고, 동 의정서 제33조 제1항에 따라 50번째 국가 비준 후 90일째인 2014년 10월 12일 발효되었다. EU는 2014년 4월 16일 나고야의정서 역내 이행입법인 규칙 511/2014/EU를 채택되었으며, 동년 5월 16일 최종 승인하였다.

동 규칙은 나고야의정서에 따라 유전자원 및 유전자원 관련 전통지식에 관한 접근 및 이익공유에 관하여 규율하고 있으며, 그 목적은 생물다양성협약에 따라 유전자원 및 유전자원 관련 전통지식의 지속가능한 사용과 생물다양성보존에 기여하는 것을 포함하고 있다. 동 규칙은 국가주권 이원 지역에는 적용되지 않으며, 생물다양성협약 범위 내의 유전자원 관련 전통지식에 적용된다. 또한 동 규칙은 사전통보승인(PIC) 및 상호합의조건(MAT)에 따라 규율되고 운영되며 유전자원 및 유전자원 관련 전통지식의 이용자에게 일정한 의무를 부여하고 있다. 한편 회원국들은 관할기관을 통하여 이용자 준수사항을 모니터링하는 등의 책임기관과 점검기관으로서의 역할을 수행하도록 해야 한다. 그리고 집행위원회는 유전자원 관련 정보수집을 위한 유전자원신탁 등록처를 설립하고 운영해야 한다.

동 규칙은 전반적으로 유전자원 이용국의 이익을 최대한 보호하기 위한 방향으로 제정되었으며, 특히 유전자원의 적용대상에 파생물을 명시하지 않고 있으며, 이익공유의 대상에 후속적 적용 및 상업화의 누락, 사전통보승인(PIC)와 상호합의조건(MAT)의 대상이 되는 유전자원을 나고야의정서 발효 후 취득된 것에 한정, 이용자의 준수내용을 적절주의의무로 규정, 처벌의 범위를 단순 벌금 등에 한정하여 규정하고 있다.

나고야의정서가 발효되어 각국이 가진 생물학적 자원에 대한 권리가 강화되어 특허 취득이 까다로워지거나 이미 획득한 특허도 취소될 가능성이 있다. 왜냐하면 나고야의정서의 핵심 구성요소에는 사전통보승인(PIC), 상호합의조건(MAT)이 있기 때문이다. 따라서 우리나라의 유전자원 접근·이용 및 이익공유(ABS)에 관한 법률의 방향은 한편으로는 국내 생물유전자원을 보호하면서, 또 다른 한편으로 국내 관련 제약업계, 화장품업계, (기능성)건강식품업계, 바이오산업 등에 과도한 부담을 주지 않는 방향으로 균형 있고 조화롭게 이행되어야 한다.

제 4 장

영국의 ABS

I. 서언

영국은 2010년 10월 29일 채택되어 2014년 10월 12일 발효된 "생물다양성협약 부속의 유전자원에 대한 접근 및 그 이용으로부터 발생하는 이익의 공정하고 공평한 공유에 관한 나고야의정서[1](Nagoya Protocol on Access to Genetic Resources

---

[1] 나고야의정서의 본질적인 목적은 동 의정서 제1조에 따라 다른 국가의 유전자원 및 관련 전통지식에 대한 '주권적 권리'를 인정하여, 이를 활용해 이익을 창출하는 경우에 그 이익을 제공국과 '공유'하는 것이다. 이러한 움직임은 이미 나고야의정서 채택 이전에도 발견된다. Davis, Kate, "Biodiversity, Botanical Institutions and Benefit sharing: Comments on the Impact of the Convention on Biological Diversity", in McManis, Charles R., *Biodiversity and the Law: Intellectual Property, Biotechnology and Traditional Knowledge* (Earthscan, 2007), pp.71~75; 지금까지는 서구 선진국의 거대 다국적 기업들이 아프리카나 남미 등의 희귀 약초나 미생물, 전통 요법을 이용해 신약이나 제품을 개발한 뒤 특허를 내 막대한 수익을 독점하는 구조였으나, 나고야의정서는 이를 바꿔 수익을 공정하게 나누고 '생물다양성을 보전'하기 위해 '개발도상국에 자금을 지원'하자는 취지를 담고 있다. 이 자금이 생물다양성의 보전은 물론 생태계보전과 환경보호에 사용될 것으로 기대되고 있다. 동 의정서를 계기로 생물자원 부국들의 유전자원 '주권의식'이 크게 높아지고 이들 국가가 보유하는 유전자원의 접근과 이익공유(Access to genetic resources and Benefit-Sharing: ABS)에 대한 '협상력'이 증가할 것으로 예상되며, 유전자원을 국가의 권리(주권 사항)로 인정함에 따라 유전자원의 '외부반출을 규제'하고 '무분별한 남획 및 이용을 방지'하는 등의 자국 유전자원의 보호 및 관리가 강화될 것으로 예상된다. 각 국가들은 자연자원에 대한 '주권적 권리'를 가지나 이는 '신중하고 합리적'인 방식으로 이용해야 한다. Jans, Jan H. and Vedder, Hans H. B., *European Environmental Law* (Europa Law Publishing, 2012), pp.36~37; Krämer, Ludwig, *EU Environmental Law* (Sweet & Maxwell), p.14; 김두수, 「EU환경법」 (한국학술정보, 2012), p.153; 그리고 ABS 법률이 발효되기 이전에는 유전자원을 이용하여 발생된 이익은 '지적재산권'을 포함하여 기업이익이 극대화될 수 있었으나 앞으로 ABS 법률이 발효된 후로는 유전자원을 제공한 국가 및 제공자에게 이익이 공유되어야 하므로 '지적재산권'의 기업이익이 제한적일 수 있다. 다른 한편 다국적기업의 국내진출에 대해서는 '이익공유 요구'가 가능해지기도 한다. 다만 어떠한 방식으로 '공

and the Fair and Equitable Sharing of Benefits Arising from Their Utilization to the Convention on Biological Diversity)"에 대하여 2014년 4월 16일 채택되어 2014년 6월 10일 발효된 유럽연합(European Union: EU) 역내 이행입법인 "규칙 511/2014/EU(Regulation 511/2014/EU of the European Parliament and of the Council of 16 April 2014 on compliance measures for users from the Nagoya Protocol on Access to Genetic Resources and the Fair and Equitable Sharing of Benefits Arising from their Utilization in the Union)"[2]에 따라 영국내 이행입법으로서 "나고야의정서 이행규칙 2015(The Nagoya Protocol (Compliance) Regulations 2015)"[3]을 2015년 3월 17일 채택하였고, 동 영국 이행규칙의 제1부(Part 1)와 제2부(Part 2)는 2015년 7월 9일 발효되도록 그리고 제3부(Part 3)에서 제6부(Part 6)까지와 기타(Schedule) 부분은 2015년 10월 12일 발효되도록 규정하였다.[4] 제1부는 영국 이행규칙의 발효일정 및 이행 관련 주요 개념 정의를 규정하고 있고, 제2부는 영국 이행규칙의 관할기관 및 기능에 관하여, 제3부는 민사 제재에 관하여, 제4부는 이행감시의 집행에 관하여, 제5부는 범죄 및 처벌에 관하여, 그리고 마지막으로 제6부는 기타 사항들에 관하여 규정하고 있다.

현재 국제사회는 지난 2014년 10월 12일 나고야의정서가 발효됨에 따라 유전자원 이용을 목적으로 하는 유전자원에 대한 접근은 유전자원 및 관련 전통지식 제공국 관할기관의 사전통보승인(Prior Informed Consent: PIC)에 따라야 하며, 유전자원 및 관련 전통지식 이용자는 상호합의조건(Mutually Agreed Terms: MAT)에 따라 유전자원으로부터 발생하는 이익을 공정하고 공평하게 유전자원 및 관련 유전자원 제공자와 '공유'해야 한다[나고야의정서 제5조(공정하고 공평한 이익공유) 및 제6조(유전자원에 대한 접근)]. 결국, 유전자원에 대한 접근 및 이익 공유(Access and Benefit-Sharing: ABS)

정하고 공평한'의 의미를 적용할 것인지는 상호합의조건(Mutually Agreed Terms: MAT)에서 구체적으로 결정해야 하는 등의 과제를 남기고 있다. 이 상호합의조건(MAT)의 체결은 당사자 간 교섭으로 이루어지므로, 해외의 유전자원을 이용하고자 하는 경우 유전자원 접근 등과 관련하여 상대국의 국내법이나 행정조치에 대한 사전 정보 및 이해가 필요하다. 물론 나고야의정서는 생물다양성협약 부속의정서로서 분쟁해결방법이 세계무역기구(World Trade Organization: WTO)와 구별된다는 점도 유념해야 한다. Birnie, Patricial·Boyle, Alan·Redgwell, Catherine, *International Law & the Environment* (OUP, 2008), p.802.

2 Regulation 511/2014/EU of the European Parliament and of the Council of 16 April 2014 on compliance measures for users from the Nagoya Protocol on Access to Genetic Resources and the Fair and Equitable Sharing of Benefits Arising from their Utilization in the Union (OJ 2014 L150/59-71).

3 Environmental Protection: The Nagoya Protocol (Compliance) Regulations 2015 (SI 2015/811).

4 영국 나고야의정서 이행규칙 2015, 제1조 (2), (3).

를 이행하기 위해서는 생물다양성협약, 본가이드라인[5], 나고야의정서의 규정에 대한 이해뿐만이 아니라 개별 당사국의 ABS 법령 등에 대한 사전 조사 및 이해도 필요하게 되었다. 이러한 점에 비추어 볼 때 영국의 "나고야의정서 이행규칙 2015"에 대한 법적 검토는 유전자원을 취급하는 나고야의정서의 당사자들에게는 상당한 의미를 가진다고 할 수 있다. 이 글의 법적 검토의 범위와 관련하여 아래에서는 나고야의정서에 대한 영국의 이행규칙에 관하여 먼저 관할기관의 지정 및 기능을 검토한 후, 이행준수의 확보와 처벌에 관하여 살펴본다.

II. 관할기관의 지정 및 기능

1. 개념 정의

　영국내 이행입법인 나고야의정서 이행규칙 2015 제2조는 주요 용어에 대하여 다음과 같이 정의함으로서 동 규칙에 적용하고 있다. 이러한 개념 정의는 동 이행규칙 적용 대상의 범위와도 연결되므로 중요한 의미를 가진다. 먼저 ① '법인(body corporate)'은 유한책임회사를 포함하며, ② '민사 제재(civil sanction)'는 동 규칙 제7조에 규정되어 있는 바와 같이 이용자가 그 의무를 다하지 못하였을 경우에 대한 민사 제재를 의미한다. ③ '이행(준수) 명령(compliance notice)'은 준수사항으로 동 이행규칙에 부속된 '스케줄(Schedule) 1'에 규정된 바와 같이 내무장관이 사람(자연인이나 법인)에게 부과할 수 있는 이행사항 등을 말하며, ④ 동 이행규칙에서의 'EU 규칙

5　나고야의정서 제5조는 적용되어야 할 '상호합의조건'이 무엇인가에 대한 정의를 두지 않아 구체적으로 이익공유를 위해 어떠한 문서를 작성하여야 하는가에 대한 의문을 해결하지 않고 있다. 따라서 이와 관련해서는 2002년 "유전자원에 대한 접근 및 그 이용으로부터 발생하는 이익의 공정하고 공평한 공유에 관한 본 가이드라인(Bonn Guidelines on Access to Genetic Resources and Fair and Equitable Sharing of the Benefits arising out of their Utilization)"을 참조할 수 있다. 이에 따라 일정한 사적 자치(나고야의정서 제6조(3)(g)는 상호합의조건(MAT)의 서면형식은 강제하지만, 그 내용은 사적 자치의 영역으로서 강제하고 있지 않다) 하에서 상호합의조건(MAT) 계약서(예시계약서 또는 표준계약서, Model contractual clauses; 나고야의정서 제14조(3)) 상의 유효기간, 분쟁해결방식 등을 규정할 수 있다.

(EU Regulation)'은 나고야의정서의 EU 역내 이행을 위한 규칙 511/2014/EU를 의미한다. 그리고 ⑤ '검사자(inspector)'는 동 이행규칙 제9조상의 사람으로서 이용자의 의무 준수 및 이행에 대한 조사관 또는 검시관을 의미하며, ⑥ '미이행 처벌(Non-compliance penalty)'은 동 이행규칙에 부속된 '스케줄(Schedule) 23'에 규정된 불이행 벌금을 내포하는 것으로, 이용자가 그 의무를 이행하지 않았을 경우에 발생하는 벌금을 말한다. 또한 ⑦ '임원(officer)'은 법인 등의 '이사'를 의미하며, ⑧ 여기에서 '제휴단체(partnership)'는 유한책임회사를 포함하지는 아니한다. ⑨ '구역(구내, premises)'은 승차기기, 요트, 항공기, 공기부양선, 텐트 등 움직일 수 있는 구조물들을 포함하며, ⑩ '중지명령(stop notice)'은 '스케줄(Schedule) 12'에 규정된 이용자가 다른 이용자에게 구체적인 정보를 제공하는 데 실패하였거나, 동 이행규칙에 따른 유전자원 또는 유전자원 관련 전통지식 등과 관련된 정보를 제공하지 않았을 경우 내무장관이 행사할 수 있는 명령을 의미한다. 그리고 ⑪ '비법인 단체(Unincorporated association)'는 법인격 없는 사단을 의미하며, ⑫ '다양한 금전적 처벌(variable monetary penalty)'은 '스케줄(Schedule) 2'에 규정된 것을 의미한다.[6]

2. EU 유전자원수집등록처에 대한 정보 제공

EU의 나고야의정서 이행입법인 규칙 511/2014/EU은 EU 집행위원회가 EU 내에 유전자원신탁등록처(register of collections)를 설립 및 운영하도록 하고 있으며, 동 유전자원신탁등록처는 이용자가 쉽게 접근할 수 있는 인터넷 방식으로 운영되고, EU 보관신탁기준을 충족하는 것으로서 '검증된' 유전자원을 보관하도록 규정하고 있다.[7] 동 규칙의 보완적 성질을 갖는 집행위원회 이행규칙 2015/1866 제2조에서 제4조까지는 등록처가 확보해야 하는 정보들(제2조), 등록처 등재 요청(제3조), 등록된 유저자원의 검사 및 시정조치(제4조)에 관하여 규정하고 있다. 영국 내에서는 내무장관(Secretary of State, '환경부장관'을 의미)이 이와 관련된 관할기관(국가책임기관)으로서의 직무를 수행하도록 규정하고 있다.[8] EU가 EU차원에서 유전자원신탁등록처를 설치하여 운영

---

6 영국 나고야의정서 이행규칙 2015, 제2조.
7 규칙 511/2014/EU 제5조 제1항.
8 영국 나고야의정서 이행규칙 2015, 제4조.

하듯 국제적 차원에서도 유전자원신탁등록처와 유사한 사무소를 운영하는 것도 생각해 볼 수 있으나, 이는 접근 및 이익공유(ABS) 법률, 제도, 정책, 조치 및 국가 관할기관에 관한 정보를 제공하고 있는 생물다양성협약(CBD)—ABS정보공유센터(ABS Clearing—House)의 운영과는 다른 것으로, ABS에 대한 구체적 규율방식이 국가의 '주권적 사항'일 뿐만이 아니라 그 유전자원 등록 내용이 매우 방대하여 국제적 차원의 유전자원등록처설치의 실현가능성은 적어 보인다.

3. 국가책임기관, 국가연락기관 및 점검기관의 지정(설치)과 운영

나고야의정서는 "각 당사국은 접근 및 이익공유에 관한 국가연락기관을 지정하여야 한다."[9]라고 규정하고 있다. 따라서 당사국은 유전자원 접근 및 이익공유(ABS)에 관한 국가연락기관(focal point)과 하나 이상의 국가책임기관(competent authorities)을 지정하여야 한다. 국가연락기관의 역할은 "유전자원과 전통지식에 대해 접근을 신청하는 자를 위해 사전통보승인(PIC)을 취득하기 위한 절차와 상호합의조건(MAT)을 체결하기 위한 절차 등을 제공"하는 것이다. 한편 나고야의정서에 의하면, 국가책임기관은 "자국의 유전자원에 대한 접근 요건이 충족되었다는 문서[10]의 발급, 그리고 사전통보승인(PIC)의 취득과 상호합의조건(MAT)을 체결하기 위한 해당 절차와 요건에 대해 자문"하는 역할을 수행한다.[11] 그런데 나고야의정서에 의하면 국가연락기관과 국가책임기관의 역할을 동시에 수행할 단일 기관의 지정도 가능하다.[12] 이에 대하여 EU의 나고야의정서 이행입법인 규칙 511/2014/EU는 국가책임기관과 국가연락기관의 지정에

---

9 나고야의정서 제13조 제1항.

10 이러한 '국제이행의무준수인증서(internationally recognised certificate of compliance: IRCC)'와 관련하여 나고야의정서는 사전통보승인(PIC)을 요구하는 당사국에게 '유전자원 접근시 사전통보승인(PIC) 부여 결정과 상호합의조건(MAT) 체결의 증거로서 허가증이나 상응문서의 발급을 위하여 필요한 입법적, 행정적, 또는 정책적 조치 중 적절한 조치를 채택'할 것을 요구하고 있으며, EU 규칙 511/2014/EU 제3조 제11항은 "국제이행의무준수인증서란, 나고야의정서 제6조(3)(e)에 따라 국가관할기관(national competent authority)이 발급하는 접근허가증(access permit) 또는 상응하는 증서(equivalent issued)로서 나고야의정서 제14조(2)(c)에 따라 유전자원 접근 및 이익공유 정보공유센터(Access and Benefit—Sharing Clearing—House: ABSCH)에 통보된 것을 의미한다."라고 정의하고 있다.

11 나고야의정서 제13조 제2항.

12 나고야의정서 제13조 제3항.

관하여 규정하고 있으며,[13] 무역관련 야생 동식물의 보호와 관련된 기관들[14]이 동 규칙의 목적을 달성하는 데 기여하도록 규정하고 있다.

　　한편 나고야의정서 제17조(1)는 당사국이 외국의 유전자원이 국내에서 이용되는 상황을 감시하고 투명성을 제공하기 위해 하나 이상의 '점검기관(감시기관, checkpoints)'의 지정할 의무를 부과하고 있다. 이에 대하여 EU 규칙 511/2014/EU 제7조는 유전자원 및 관련 전통지식의 '점검기관'의 기능을 '국가책임기관'에 부여하고 있다. 이에 따라 물론 영국의 경우에도 국가책임기관인 내무장관이 점검기관의 기능도 수행하는 것으로 볼 수 있다. EU 규칙 511/2014/EU의 제7조 제1항에 따라 EU회원국 및 집행위원회는 유전자원 및 관련 전통지식의 활용과 관련된 연구비의 모든 수령자에게 동 규칙 제4조에 따른 이용자의 '적절주의의무(due diligence obligations)'이행의 선언을 요청해야하며, 동조 제2항에 따라 유전자원 또는 관련 전통지식의 활용을 통한 생산물의 최종개발단계에서 이용자는 제4조에 따른 의무로서 제6조 제1항의 해당 관할기관(국가책임기관 또는 점검기관)에 이를 공표함과 동시에 관련된 국제적 자료확인서, 상호합의조건(MAT)상의 정보를 포함하여 제4조 제3항 (b)의 (1)~(5) 및 제4조 제5항에서 언급된 관련정보를 제출해야 한다. 그런데 이용자의 이행준수외무가 이처럼 적절주의의무로 약하게 규정되어 있다하더라도, 규칙 2015/1866 제5조에서 제6조까지의 조항이 규칙 511/2014 제4조 및 제7조의 이행을 위한 이러한 이용자의 '적절주의의무'의 점검 또는 감시를 위한 '연구자금 제공단계'(제5조)와 '최종 상품 개발 단계'(제6조)에서 '적절주의의무 선서(신고)'에 관하여 이행세칙을 규정하여 규율하고 있다는 점에서는 의미가 있다. 이용자는 회원국 관할기관의 요청이 있는 경우에는 더 많은 증거를 제출해야 한다. 한편 EU 규칙 511/2014/EU 제7조 제3항과 제4항에 따라 관할기관은 나고야의정서 제14조 제1항, 제13조, 제17조 제2항에 따라 당사국들과 정보를 공유하나, 제7조 제5항에 의거하여 특별히 유전자원의 지정 및 활용과 관련해서 EU 또는 회원국 국내법률이 '합법적인' 경제이익을 보호하기 위해 제공한 상업적 기밀 사항 또는 산업정보를 보호해야 한다. 한편 집행위원회는 제7조 제1항, 제2항 및 제3항의 시행절차의 확립을 위한 법률을 채택해야 하며, 이 법률에서 집행위원회는 이용의 최종단계를 식별하기 위하여 분야별 생산물의 최종개발단계를 결정해야 한다.

13　규칙 511/2014/EU 제6조.
14　Regulation 338/97/EC of the Council of 9 December 1996 on the protection of species of wild fauna and flora by regulating trade therein (OJ 1997 L61/1–69).

이 법률은 동 규칙 제14조 제2항의 소관위원회의 심사절차[15]에 따라 채택되어야 한다.

이에 따라 영국은 내무장관을 나고야의정서를 관할하는 관할기관(국가책임이관이 자 국가연락기관)으로 두고 있으며,[16] 또한 내무장관은 '점검기관'[17]으로서의 기능을 수 행함에 있어서 EU 규칙 511/2014/EU 제7조 제1항에 의거하여 이용자의 준수사항을 감시하는 데에 필요한 자료를 요청할 수 있다.[18] 또한 내무장관은 규칙 511/2014/EU 제13조에 따라 회원국으로서의 기능을 수행해야 하는 바, 유전자원 또는 관련 전통지 식이 나고야의정서에 따라 이용되도록 "적절하고, 효과적이며 및 비례적인 '행정적 또 는 정책적인 조치'를 취할 필요"가 있다.[19, 20]

---

15 Regulation 182/2011/EU of the European Parliament and of the Council of 16 February 2011 laying down the rules and general principles concerning mechanisms for control by Member States of the Commission's exercise of implementing powers (OJ 2011 L55/13 – 18).

16 영국 나고야의정서 이행규칙 2015, 제3조.

17 사전통보승인(PIC)과 상호합의조건(MAT)과 더불어 나고야의정서의 주요 의무이자 특징은 바로 동 의정서 제17조에 따른 당사자의 이행의무준수(Compliance)의 강화이다. 특히 유전자원 이용에 대한 점검 및 점검기관 설치는 이행의무준수와 밀접한 관련이 있는데, 동 의정서의 당사국은 유 전자원 이용을 체크하기 위하여 하나 이상의 '점검기관'을 지정해야 한다.

18 영국 나고야의정서 이행규칙 2015, 제5조.

19 영국 나고야의정서 이행규칙 2015, 제6조.

20 나고야의정서의 국내이행과 관련하여, 덴마크는 2009년 1월 29일 채택된 '특허 및 추가적 보호 증명서에 대한 명령 93(Order No. 93 on Patents and Supplementary Protection Certificate)' 등을 통하 여 유전자원 이용국의 입장에서 규율하고 있다. 덴마크 정부는 국내 유전자원에 대한 접근 시, 사 전통보승인(PIC)을 요구하지 않는 대신에 동법 제6조에 따라 보고(reporting)제도를 활용하고 있 다. 이는 유전자원 이용자들에게 사전통보승인(PIC)으로 인한 행정적·경제적 부담을 경감시켜준 다. 또한 동법 제3조, 제4조, 제5조, 제11조를 보면 정부가 모니터링 이상으로 개입하지 않으며, 이러한 태도는 나고야의정서 제15조, 제16조상의 국내이행을 위한 적절하고 효과적이며 비례적 인 입법적, 행정적, 또는 정책적 조치라고 볼 수 있으며, 이는 EU가 나고야의정서를 역내 이행하 기 위해 이용자에게 요구하고 있는 '적절 주의의무(due diligence obligation)'와 맥을 같이 한다. 한 편 덴마크의 경우 동법 제7조 등에 따라 환경부는 국가책임기관으로서, 특허청은 점검기관으로서 역할을 수행하게 된다. 오선영, "나고야의정서 국내이행을 위한 덴마크 정부의 정책 및 입법 방안 에 대한 소고",「환경법연구」제35권 제2호(2013.8), pp.274~275, 281~284.

III. 민사 제재의 권한 및 요건

1. 민사 제재의 권한

나고야의정서는 실제적으로는 유전자원 및 유전자원 관련 전통지식을 직접적으로 다루는 제공자와 이용자 간의 법률관계를 규율하는 것으로 사전통보승인(PIC)과 상호합의조건(MAT)이 핵심적인 규율대상이 되고 있다. 이는 결국 유전자원 및 유전자원 관련 전통지식을 거래하는 자연인이나 법인 간의 사적 법역을 규율하는 것으로서의 민사 제재의 성격을 가지고 있다. 이에 내무장관은 사람(자연인이나 법인)에게 동 이행규칙에 부속된 스케줄(Schedule)에서 규정한 바와 같은 이행준수명령(compliance notice), 중지명령(stop notice), 또는 다양한 금전적 또는 불순응 벌금 등의 '민사 제재(civil sanction)'를 부과할 수 있다. 그리고 물론 동 이행규칙의 후미에 부속되어 규정하고 있는 이러한 '민사 제재'를 규정하고 있는 스케줄(Schedule)은 법적 효력을 가진다.[21]

2. 민사 제재를 위한 EU 규칙 511/2014/EU상의 '적절주의의무'

1) 민사 제재의 부과

영국의 나고야의정서 이행규칙 2015 제8조 제2항과 제3항에 따라 '적절주의의무(due diligence obligations)'에 대한 '과실이 인정되지 않는' '예외'의 경우(제8조 제2항과 제3항에 따르는 경우는 과실이 없는 것으로서 면책사유가 된다)를 제외하고는, 다음과 같이 관련 규정을 이행하지 않은 경우에는 위법행위로서 민사 제재가 부과될 수 있다.

첫째, EU 규칙 511/2014/EU 제4조 제1항(적절주의의무의 이행)에 따라 유전자원 접근 및 이익 공유에 관한 법률(ABS 법률)에 대한 준수의무를 위반한 경우에 민사 제재가 부과될 수 있다(이는 PIC나 MAT 등에 관하여 규율하는 당사국의 ABS 체계의 기본적 위반행위를 의미한다).

둘째, EU 규칙 511/2014/EU 제4조 제3항(다음 이용자에게 관련 정보와 문서를 전

---

21 영국 나고야의정서 이행규칙 2015, 제7조.

달해야 할 의무)에 따라 동 규칙 511/2014/EU 제4조 제1항의 목적을 위하여 이용자가
다음 이용자에게 전달해야 할 내용으로 국제적 재료확인서, 국제적 재료확인서를 이
용할 수 있는 정보 및 관련 문서, 유전자원 또는 전통지식의 접근 날짜 그리고 장소,
유전자원 또는 활용된 유전자원 관련 전통지식의 설명, 직접 취득한 유전자원 또는
유전자원 관련 전통지식의 근원, 접근의 의무와 권리를 포함하는 이익 공유 및 사후
활용과 상업화에 관련된 의무의 존재 유무, 해당 기밀사항 접근 허가증, 해당 이익 공
유의 합의를 포함하는 상호합의조건(MAT) 등에 관하여 규정하고 있으나 이를 이행하
지 않는 경우에 위법행위로서 민사 제재가 부과될 수 있다.

　　셋째, EU 규칙 511/2014/EU 제7조 제1항, 제2항(이용자의 적절주의의무 이행 선언)
의 적용과 관련하여, 동 규칙 511/2014/EU 제7조는 유전자원 및 유전자원 관련 전통
지식의 '점검기관'의 기능을 '국가책임기관'에 부여하고 있으며, 동조 제1항에 따라 EU
회원국 및 집행위원회는 유전자원 및 유전자원 관련 전통지식의 활용과 관련된 연구
비의 모든 수령자에게 동 규칙 제4조에 따른 '성실한 준수의무(적절주의의무)'이행의 '선
언'을 요청해야하며, 동조 제2항에 따라 유전자원 또는 유전자원 관련 전통지식의 활
용을 통한 생산물의 최종개발단계에서 이용자는 제4조에 따른 의무로서 제6조 제1항
의 해당관할기관(책임기관 또는 점검기관)에 이를 공표함과 동시에 관련된 국제적인 자
료확인서, 상호합의조건(MAT)상의 정보를 포함하여 제4조 제3항 (b)의 (1)~(5) 및 제4
조 제5항에서 언급된 관련정보를 제출해야 하나, 이를 이행하지 않은 경우 위법행위로
민사 제재가 부과될 수 있다. 더욱이 유전자원 및 관련 전통지식의 이용자는 회원국
관할기관의 요청이 있는 경우에는 더 많은 추가 증거를 제출해야 한다.[22]

2) 민사 제재의 면제: '적절주의의무'의 '예외' 인정 – '면책사유'를 의미

　　영국의 이행규칙의 이행에 있어서 다음과 같은 경우에는 민사 제재가 면제되는
데, 이는 ① '이용자의 의무'를 강조하면서도 이용자의 '면책사유'를 일부 명확하게 규
정하고 있다는 점에서 의미가 있다. 또한 ② 이렇게 함으로서 이용자의 의무에 대한
부담을 완화시키는 효과를 가져 올 수 있다.

22　영국 나고야의정서 이행규칙 2015, 제8조 제1항 (a),(b),(c).

첫째, 이용자[23]들이 EU 규칙 511/2014/EU 제8조(업무처리 모범관행, Best Practice) 제2항의 내용(이용자가 제4조, 제7조상의 의무이행을 위하여 '업무처리 모범관행'을 이행하였다고 보는 경우: 이는 재판관의 판단 사항으로 case by case를 의미한다고 봄)을 인지하고 가장 최상의 행동을 효과적으로 취했다는 점을 국가책임기관인 내무장관이 인정하는 경우에는 민사 제재가 면제된다.[24] 이러한 측면에서 2015년 10월 13일 EU 집행위원회 이행규칙 2015/1866/EU의 채택은 매우 중요한 의미가 있으며, 동 이행규칙 2015/1866/EU 제8조에서 제11조까지는 업무처리 모범관행(best practice)에 관하여 신청절차(제8조), 승인 및 철회(제9조), 변경사항 허가 절차(제10조), 결함(제11조) 등에 관하여 규율하고 있다. 이처럼 '이용자 의무' 이행을 확보하기 위하여 '업무처리 모범관행'에 관하여 보다 구체적으로 규율하게 되었다는 점은 일종의 '면책사유'의 근거를 제공한다는 의미 외에도 향후 국제사회에서의 나고야의정서의 이행 활성화 추세에 있어서 중요한 의미가 있다.

둘째, 국가책임기관인 내무장관이 다음과 같은 사항을 인정하는 경우에는 EU 규칙 511/2014/EU 제4조 제3항상의 의무(이용자의 다음 이용자에 대한 의무)가 면제된다. 즉, ① 이용자가 EU 규칙 511/2014/EU 세4조 세4항의 상당한 주의(석설주의의무)를 이행하였다고 간주되는 경우,[25] ② 이용자가 EU 규칙 511/2014/EU 제4조 제7항의 상

---

23 규칙 511/2014/EU 제3조 제4항은 '이용자'란, 유전자원 또는 관련 전통지식을 사용하는 개인 또는 법인'으로 한정하여 정의하고 있다. 따라서 사전통보승인(PIC)이나 상호합의조건(MAT)의 단계에서 분간되겠지만, 단순한 중간 유통관련 매개자는 규율 대상이라 보기 어렵다.

24 영국 나고야의정서 이행규칙 2015, 제8조 제2항.

25 식량 35작물 및 사료 29작물 등 총 64작물은 UN식량농업기구(Food and Agriculture Organization of the United Nations: UN FAO)가 2001년 채택한 식량농업식물유전자원에관한국제조약(International Treaty on Plant Genetic Resources for Food and Agriculture: ITPGRFA)에 의해 관리 된다. 동 조약은 제1조에 따라 생물다양성협약(Convention on Biological Diversity: CBD)와 조화를 이루며 '지속가능한 농업'과 '식량안보'의 기초로서 식량농업식물유전자원의 보존과 지속가능한 이용, 그리고 그 이용으로부터 발생하는 이익의 공정하고 공평한 공유를 주요 목적으로 하고 있고, 2004년에 발효되었으며 우리나라는 2009년에 가입하였다; 유전자원의 접근과 이익공유 방법에 대해서는 크게 양자체제(Bilateral System)와 다자체제(Multilateral System)로 나눠 볼 수 있다. 양자체제는 자원 제공국과 자원 이용국 간의 양자합의에 의한 접근과 이익공유가 이루어지며, 생물다양성협약(CBD) 및 나고야의정서는 이러한 양자체제를 근간으로 하고 있다. 한편 ITPGRFA는 유전자원에 대한 접근과 유전자원을 이용한 후 발생하는 이익에 대해서는 제공자와 이용자 간의 공정하고 공평한 이익 분배가 아닌 상업적 이익의 일정부분을 UN FAO 운영기구에 납부해야 하는 다자체제로 운영되고 있다. 따라서 나고야의정서의 적용대상이 되는 식물유전자원은 양자체제에 따라 접근 및 이익공유가 이루어져야 하고, ITPGRFA의 적용대상이 되는 식물유전자원은 다자체제에 따라야 하는 것이다. 나고야의정서 제4조 제2항은 "이 의정서의 어떤 규정도 당사국이 접근 및 이익공유에 관한 기타 특별협정을 포함하여 기타 관련 국제협정을 개발·이행하는 것을 금지하지 아니 한다. 단, 위 협정들은 협약과 이 의정서의 목적에 배치되어서는 아니 되며 이를 지지하여야 한다."

당한 주의(적절주의의무)를 이행하였다고 간주되는 경우(유전자원수집등록처로부터 자료를 얻는 이용자), ③ 이용이 EU 규칙 511/2014/EU 제4조 제8항상의 이용에 해당하는 경우(공중보건 등 비상사태를 대비하기 위한 병원균(pathogen)의 사용)[26]에는 면책된다.

3) 이용자 규제상의 의미

'EU 규칙 511/2014'나 이에 대한 '영국 나고야의정서 이행규칙 2015'가 이용자의 '적절주의의무'를 규정하고 있더라도 적절주의의무의 내용이 무엇인지가 불명확한 경우에는 처벌규정도 무용지물이 될 수 있다. 그러나 EU가 '집행위원회 이행규칙 2015/1866'를 규정하여 유전자원 등록처의 구체적 운영방식, 연구자금 제공 및 최종제품 개발 단계상의 적절주의의무 선서(신고), 업무처리 모범관행 운영방식을 규율하거나 영국이 면책사유에 관한 규정을 두어 규율하는 방식은 적절주의의무의 내용이 무엇인지 판단하는 기준 또는 척도를 제시하고 있다는 점에서 시사하는 바가 크다.

고 규정하고 있다. 이는 곧 CBD협약과 동 의정서의 목적인 생물다양성보존과 생물유전자원의 지속가능한 이용, 그리고 그러한 유전자원에 대한 적절한 접근 및 이용으로부터 발생하는 공정하고 공평한 이익공유를 지지하고 이에 배치되지 아니한다는 조건으로 얼마든지 ABS관련 기타 국제협정을 개발하고 이행하는 것이 가능함을 명시하는 것이다. 그러나 이는 조약상의 상하관계를 설정하는 것이 아니라 상호보완적으로 신의성실하게 공동의 목적을 실현하는 것으로 보아야 한다. 우리나라의 유전자원법 제7조에 의하면 ITPGRFA의 대상이 되는 농업생명자원은 농림축산식품부 장관이, 나고야의정서의 대상이 되는 유전자원은 환경부 장관이 각각 국가책임기관으로서 국제조약의 이행업무를 담당하도록 하고 있다. 오선영, "식물유전자원의 ABS체제-나고야의정서와 ITPGRFA조약의 관계를 중심으로", 「환경법연구」 제36권 제2호(2014.8), pp.215, 223, 225.

26 영국 나고야의정서 이행규칙 2015, 제8조 제3항 (a),(b),(c); 그러나 EU 규칙 511/2014/EU 제4조 제8항에 의하면 국제보건법규 차원의 국제적인 전염병이 확인되었거나 확인되지 않은 원인균 및 전염병 발생국가와 미발생국가의 전염병치료 및 예방을 목적으로 채택된 유럽의회/이사회 결정 (Decision 1082/2013/EU of the European Parliament and of the Council of 22 October 2013 on serious cross-border threats to health and repealing Decision 2119/98/EC (OJ 2013 L 293/1-15))에서 정의된 국경을 넘는 전염병 원인균의 유전자원을 습득한 사용자는 동 규칙 제4조 제3항 또는 제5항의 의무를 이행하여야 한다.

IV. 의무이행의 감시

1. 검사인

영국 내무장관은 나고야의정서의 EU 역내 이행입법인 규칙 511/2014/EU의 목적의 달성을 위하여 '서면'의 형식으로 한 사람을 검사인(inspector)으로 지명하여 검사(inspections)의 업무를 수행할 권한을 부여할 수 있다.[27] 이를 다소 부드러운 표현으로는 '이행준수의 확인'이라고 할 수 있으나, 엄격히 말하자면 이는 '이행감시'에 해당하는 것으로 결과에 따라서는 책임과 처벌로 이어지게 된다. 아래에서는 검사인의 '접근권한'인 출입권과 '검사 권한'인 조사권에 관하여 살펴보고자 한다.

2. 접근 권한(출입권)

1) 고지

먼저 고지의 요건과 관련하여, 검사인은 이행준수 감시를 위한 '이유 있는 고지(reasonable notice)'를 위하여 EU 규칙 511/2014/EU의 집행을 목적으로 '적절한 때'에 구내에 접근할 수 있다. 단, 전적으로 또는 주로 '사적인 주택'으로 사용되는 장소는 제외된다.[28]

그러나 고지의 불요에 관하여도 규정하고 있는데, 검사인은 다음의 요건이 충족되는 경우에는 '고지'하지 않을 수 있다. 즉, ① 동의에 대한 '정당한 노력'이 좌절될 경우, ② 고지가 '접근의 목적 달성'을 곤란하게 한다는 정당한 믿음이 있는 경우, ③ 제13조(이행준수명령, 중지명령)에 따라 정당한 의심이 있는 경우, 또는 ④ '긴급한 필요'가 있는 경우[29]에는 고지를 하지 않고 구내에 접근하여 조사할 수 있다.

---

27 영국 나고야의정서 이행규칙 2015, 제9조.
28 영국 나고야의정서 이행규칙 2015, 제10조 (1).
29 영국 나고야의정서 이행규칙 2015, 제10조 (2).

2) 허가 및 영장 관련

검사인은 요청이 있는 경우에는 적법한 절차에 따라 '허가서'를 제출하여야 하며,[30] 영국의 나고야의정서 이행규칙 2015 제10조 제1항의 내용은 제5항에 따라 발부된 '영장'에 대하여는 어떠한 접근 권한에 대하여도 영향을 미치지 아니한다.[31] 그리고 치안판사(justice of the peace)는 서명한 영장으로 검사인의 구내 '접근'을 허용할 수 있으며, 정당한 무력이 필요할 경우에는 선서소장(sworn information in writing)에 따라 ① EU 규칙을 집행하는 목적으로 구내에 접근하기 위한 정당한 근거(reasonable grounds)가 존재하고, ② 제10조 6항에 제시된 '조건' 중 하나를 충족해야 한다.[32] 상기의 제10조 5항 (b)가 말하는 '조건'은 ① 영장을 소지하고 구내에 접근하여 영장의 의도를 이용자에게 고지한 경우, ② 구내 접근의 요청 또는 고지가 접근의 목적 달성을 곤란하게 할 경우, ③ 긴급한 접근이 요구되는 상황인 경우, ④ 구내가 비어 있거나 이용자가 일시적으로 부재할 경우로서,[33] 이러한 경우에는 무력의 사용이 허용된다. 그러나 제5항의 효력은 전적으로 또는 주로 '사적인 주택'으로 사용되는 장소에는 적용되지 아니한다.[34] 그리고 이 영장은 3개월 간 유효하다.[35]

3) 기타 사항

영국의 나고야의정서 이행규칙 2015 제10조에 따라 구내에 접근하는 검사인은 ① 검사인이 필요하다고 판단한 사람과 '동행'하여 구내에 접근할 수 있고, ② 검사인이 필요한 것으로 판단한 '도구'를 휴대하여 구내에 접근할 수 있다.[36] 그리고 검사인은, 이용자가 일시적으로 부재하는 곳 또는 무주지에 접근하였을 경우, 사후에 그 장소에 권한 없는 자가 접근하는 일이 없도록 그 장소를 효과적으로 '보호'하여야 한다.[37] 그리고 검사인은 본 규칙에 따른 권한을 행사함에 있어 '교통수단'의 필요가 상

---

30 영국 나고야의정서 이행규칙 2015, 제10조 (3).
31 영국 나고야의정서 이행규칙 2015, 제10조 (4).
32 영국 나고야의정서 이행규칙 2015, 제10조 (5).
33 영국 나고야의정서 이행규칙 2015, 제10조 (6).
34 영국 나고야의정서 이행규칙 2015, 제10조 (7).
35 영국 나고야의정서 이행규칙 2015, 제10조 (8).
36 영국 나고야의정서 이행규칙 2015, 제10조 (9).
37 영국 나고야의정서 이행규칙 2015, 제10조 (10).

당한 경우 자동차, 선박, 비행기, 또는 공기부양선을 요구할 수 있도록 하는 등[38] 세세하게 규정하고 있다.

3. 검사 권한(조사권)

영국의 나고야의정서 이행규칙 제10조에 따른 권한의 행사로 구내에 접근한 검사인은, ① 구내 및 생산품, 물건, 유전자원 등을 검사하며, ② 그러한 구내를 수색할 수 있다. 그리고 검사인은 ③ 어떤 형식으로 된 것이든, 서류 및 기록, 또는 다른 정보들에 대하여 검사할 수 있고, 복사할 수 있으며, 복사를 위하여 필요한 것은 제거할 수 있다. 그리고 ④ 자료를 검사하고, 특정 컴퓨터를 작동시키거나 관련 전자기기를 조사하기 위하여 운반하기 쉬운 형태로 만들 수 있으며, ⑤ 관련 제품들 또는 생물자원의 샘플을 채취할 수 있다. 또한 ⑥ 실험과 테스트를 수행할 수 있고, ⑦ 조사를 위하여 사진을 찍거나, 측정을 하거나, 기록을 남길 수 있다.[39]

한편 검사인은 필요한 경우 ① 지원(assistance)을 요구할 수 있으며, ② 서류, 기록 또는 기타 정보를 요구할 수 있도록 하는 등[40] 구체적으로 규정하고 있다.

4. 집행권한의 제한

본 영국 이행규칙은 ① 상대방이 일련의 법정 및 소송 단계에서 거절할 권리가 있는 서류(영업비밀 서류 등)를 제출하도록 요구할 수 없으며, ② 이미 권한 있는 자 소유의 자료에 대하여 권한을 부여하는 것은 허용되지 않는다.[41]

---

38 영국 나고야의정서 이행규칙 2015, 제10조 (11); 한편 동 이행규칙 제10조 제12항은 제5항에 설시된 '치안판사(justice of the peace)'와 '선서소장(sworn information in writing)'을 스코틀랜드 및 북아일랜드의 실무적인 법률용어와 연결 짓고 있다.

39 영국 나고야의정서 이행규칙 2015, 제11조 (1).

40 영국 나고야의정서 이행규칙 2015, 제11조 (2).

41 영국 나고야의정서 이행규칙 2015, 제12조.

V. 범죄의 처벌

1. 위법행위의 처벌

본 영국 이행규칙에 부속된 스케줄에 따라 ① 이행(준수) 명령(compliance notice) 에 따르지 아니하거나,[42] ② 통지에 명시된 기한 내에 중지명령(stop notice)에 따르지 아니하거나,[43] ③ EU 규칙 511/2014/EU 제4조 제6항(이용 후 20년 동안 정보를 유지해 야 할 의무)에 따르지 아니하는 경우에는 위법행위로 처벌된다.[44]

2. 검사(조사)의 '방해'자에 대한 처벌

본 영국 이행규칙은 이용자의 의무이행감시를 위한 조사권 행사의 방해 및 처벌 과 관련하여도 구체적으로 규정하고 있다. 즉, 검사자가 본 이행규칙상의 검사 권한 을 행사함에 있어서 ① 의도적으로 검사자를 방해하려는 사람, ② 합리적인 이유 없 이 검사자에게 검사자가 합리적으로 필요로 하는 어떤 정보나 도움을 제공하지 아니 한 사람, ③ 고의로 검사자에게 허위 또는 오해의 소지가 있는 정보를 제공한 사람, ④ 합리적인 이유 없이 검사자가 기록 또는 문서를 합리적으로 요구했음에도 불구하 고 이를 미이행한 사람[45]은 범죄자로 처벌될 수 있다.

---

42 영국 나고야의정서 이행규칙 2015, 스케줄(Schedule) 1(1):
   (1) 내무장관은 조례 8(1)의 조항에 불응한 사람에게 불복종이 지속, 되풀이되지 않게 하기 위하 여 특정 기한 내에 '순응 명령'에 해당하는 절차를 따를 것을 강제한다.
   (2) 그 이전에 내무장관은 어떤 사람이 조항에 불응하였다는 의심에 합리적으로 확신이 있어야 한다.
   (3) '순응 명령'은 같은 행동이나 같은 태만행위의 경우에 한 번만 적용된다(중복 적용 불허).

43 영국 나고야의정서 이행규칙 2015, 스케줄(Schedule) 2(12):
   (1) 내무장관은 규칙 제8조 (1)의 조항에 불응한 자, EU 규칙 511/2014/EU에 위반하여 유전학적 인 물질을 사용하여 물품을 제작하는 사람에 대하여 명령('중지명령')을 발한다.
   (2) 중지명령은 직접적으로 행위를 하고 있는 사람에 대하여서나 규칙 제8조 (1)과 EU 규칙 511/2014/EU에 위반하여 이행되는 행위나 사람에 대해 내무장관의 판단 하에 발한다.

44 영국 나고야의정서 이행규칙 2015, 제13조.

45 영국 나고야의정서 이행규칙 2015, 제14조.

3. 법인, 제휴단체 및 비법인 단체에 의한 위법행위

본 이행규칙은 일반적인 '법인(Bodies corporate)' 이외의 단체에 대하여 규정하여 책임을 부과하고 있다. 즉, '제휴단체(partnerships)' 또는 '비법인 단체(협회, unincorporated associations)'에 의해 자행된 것으로 추정된 이 규정들에 따른 위반에 대한 소송은 제휴단체 또는 비법인단체(협회)의 이름으로 제휴단체 또는 비법인 단체(협회)에 제기할 수 있다.[46] 그리고 본 이행규칙에 따라 위반의 유죄판결에 대해 부과된 벌금(fine)은 해당 제휴단체 또는 비법인 단체의 기금에서 지불(집행)된다.[47] 물론 본 이행규칙 제15조의 (4), (5), (6)에서의 임원, 제휴자(partner), 이사회 구성원은 법정 자격요건을 갖춘 사람인 경우를 의미한다.[48] 이에 관하여 세분하여 살펴보면 다음과 같다.

1) 법인에 대한 제소

'법인'에 의해 본 이행규칙상의 위반이 발생한 경우, ① 임원의 동의(consent) 또는 묵인(connivance)으로 행해진 것으로 간주되며, ② 임원의 과실에 기인한 것으로 간주된다. 이 경우에 법인뿐만 아니라 그 임원은 위반행위에 대하여 소송상 책임이 있으며 처벌될 수 있다.[49]

2) 제휴단체에 대한 제소

'제휴단체'에 의해 규칙상 위반이 발생한 경우, ① 제휴자(partner, 조합원)의 동의 또는 묵인으로 행해진 것으로 간주되며, ② 제휴자의 과실에 기인한 것으로 간주된다. 이 경우에 제휴단체뿐만 아니라 그 제휴자는 위반행위에 대하여 소송상 책임이 있으며 처벌될 수 있다.[50]

3) 비법인 단체에 대한 제소

'비법인 단체(법인격 없는 사단)'에 의해 규칙상 위반이 발생한 경우, ① 비법인 단

---

46 영국 나고야의정서 이행규칙 2015, 제15조 (1).
47 영국 나고야의정서 이행규칙 2015, 제15조 (3).
48 영국 나고야의정서 이행규칙 2015, 제15조 (7).
49 영국 나고야의정서 이행규칙 2015, 제15조 (4).
50 영국 나고야의정서 이행규칙 2015, 제15조 (5).

체의 임원 또는 이사회(governing body) 구성원의 동의 또는 묵인으로 행해진 것으로 간주되며, ② 임원 혹은 이사회 구성원의 과실에 기인한 것으로 간주된다. 이 경우 비법인 단체뿐만 아니라 그 임원 혹은 이사회의 구성원은 위반행위에 대하여 소송상 책임이 있으며 처벌될 수 있다.[51]

4. 처벌

처벌과 관련하여 영국은 '경범죄'와 '중범죄'를 달리하여 규율하고 있다. 즉, 본 이행규칙 제13조 (a) 또는 (b)에 의거하여 유죄인 사람은 ① 즉결심판(경범죄)에 따르면, 5,000파운드 이하의 벌금 혹은 3개월 이하의 징역 혹은 두 가지 모두 가능한 (병과)처벌을 받으며, ② 기소심판(중범죄)에 따르면, 벌금형 혹은 2년 이하의 징역 혹은 두 가지 모두 가능한 (병과)처벌을 받는다.[52] 그리고 본 이행규칙 제13조 (c)(이용자의 향후 20년 간 정보보관 의무)에 의거하여 유죄인 사람은 5,000파운드 이하의 벌금이 즉결심판된다.[53] 한편 본 이행규칙 제13조의 범죄가 처벌되기 위해서 검사(prosecutor)는 범죄로부터 3년 이내에 또는 범죄사실의 발견으로부터 1년 이내에 제소해야 한다.[54]

5. 집행 비용의 회수

본 이행규칙은 유전자원 및 유전자원 관련 전통지식의 이용자를 규제하는 것이 주요 목적으로 법원이 본 이행규칙 제13조의 범죄를 행한 사람의 유죄를 입증하기 위하여 적용된다. 이에 본 이행규칙은 제10조(출입권) 및 제11조(조사권)에 따른 권한의 행사에 의하여 발생한 손해 비용을 포함하여 범죄를 조사하면서 발생한 검사인과 국무장관의 손해 비용 등을 합리적으로 계산하여 유죄가 입증된 사람에게 법원이 그 배상을 명령할 수 있도록 규정하고 있다.[55]

---

51 영국 나고야의정서 이행규칙 2015, 제15조 (6).
52 영국 나고야의정서 이행규칙 2015, 제16조 (1).
53 영국 나고야의정서 이행규칙 2015, 제16조 (2).
54 영국 나고야의정서 이행규칙 2015, 제16조 (6).
55 영국 나고야의정서 이행규칙 2015, 제17조.

VI. 고지의 송달, 검토 및 평가 절차

1. 고지의 송달

영국의 경우 나고야의정서 이행규칙과 관련된 모든 고지는 서면으로 이행되어야 하며, 고지의 대상과 적절한 주소지와 관련해서도 해당 기관별로 상세하게 규정하고 있는데, 이를 자세히 살펴보면 다음과 같다.

1) 서면 고지

본 이행규칙하의 모든 '고지(notice)'는 '서면으로' 송달되어야 하며, 수정·유보·철회는 항상 서면으로 이루어져야 한다.[56] 그리고 해당자에 대한 '고지'의 방법으로는 개인적인 전달, 개인의 '적절한 주소지'로의 배송, 또는 우편 또는 전자적인 수단으로 개인의 '적절한 주소지'로의 송부로[57] 고지될 수 있도록 다양한 방법을 인정하고 있다.

2) 고지의 상대방

'법인'의 경우 고지는 그 법인의 '임원'에 대하여 송달될 수 있으며,[58] '제휴단체'의 경우 고지는 제휴단체의 '대표' 또는 그 '경영자'에 대하여 송달될 수 있고,[59] '비법인단체(법인격 없는 사단)'의 경우 고지는 그 단체의 '임원'이나 '이사회 구성원'에게 송달될 수 있다.[60]

3) 적절한 주소지

본 이행규칙 제18조 및 우편을 통한 문서 서비스와 관련된 법률인 "Interpretation Act 1978(a)" 제7조의 목적을 위하여 다음의 사항은 본 이행규칙 제18조에 적용된다. 따라서 '적절한 주소지(proper address)'란 다음을 의미한다. ① 법인 또는 그 법인의 임원의 경우에는 (i) 등록된 사무소 또는 주된 사무소, 또는 (ii) 그 임원의 이메일 주소,

---

56   영국 나고야의정서 이행규칙 2015, 제18조 (1).
57   영국 나고야의정서 이행규칙 2015, 제18조 (2).
58   영국 나고야의정서 이행규칙 2015, 제18조 (3).
59   영국 나고야의정서 이행규칙 2015, 제18조 (4).
60   영국 나고야의정서 이행규칙 2015, 제18조 (5).

② 제휴단체 또는 그 제휴단체의 대표 및 운영자의 경우에는 (i) 제휴단체의 주된 사무소, 또는 (ii) 그 대표 및 운영자의 이메일 주소, ③ 비법인 단체(법인격 없는 사단) 또는 그 단체의 임원 및 이사회 구성원의 경우에는 (i) 주된 사무소, 또는 (ii) 그 임원 및 구성원의 이메일 주소를 말하며, ④ 그 이외의 경우에는 해당자의 이메일 주소 및 최종 주소지[61]를 말한다.

4) 기타 사항

본 이행규칙 제18조 제6항의 목적상, 등록된 사무소가 영국 역외에 소재하거나 영국 역외에서 사업하는 제휴단체 및 비법인 단체(법인격 없는 사단)는 그 주된 사무소를 영국 내에 두며,[62] 본 규칙에 따른 고지를 송달 받을 이용자의 이름 또는 주소가 상당한 조사 이후에도 확정되지 않을 경우, 해당 장소(구역)의 건물이나 물건 등 눈에 띄는 곳에 고지서를 부착함으로서 고지가 송달될 수 있다.[63]

2. 검토 및 평가

영국의 나고야의정서 이행규칙 2015는 그 이행과 관련하여 수시적으로 영국내 이행상황을 검토하고, 영국외 EU 회원국들의 이행상황을 고려하도록 하고 있다.

이와 관련하여 구체적으로 살펴보면, 내무장관은 수시로 ① 본 이행규칙에 대한 '검토(review)'의 업무를 수행해야 하며, ② 검토의 결론과 관련한 '보고서(report)'를 작성하고 이를 공표해야 한다.[64] 또한 내무장관은 '검토'를 수행함에 있어 상당한 경우 EU 규칙 511/2014/EU이 다른 회원국에서 어떻게 집행되고 있는지 고려하여야 하며,[65] 보고서에는 특히 ① 본 이행규칙에 의해 달성하고자 하는 '목적'을 명시하여야 하고, ② '목적 달성' 정도를 '평가'하여야 하고, ③ '목적의 적합성'을 '평가'하여 목적

---

61 영국 나고야의정서 이행규칙 2015, 제18조 (6).

62 영국 나고야의정서 이행규칙 2015, 제18조 (7).

63 영국 나고야의정서 이행규칙 2015, 제18조 (8).

64 영국 나고야의정서 이행규칙 2015, 제19조 (1); 나고야의정서 제29조에 따라 당사국은 동의정서 의무이행을 점검하고, 동의정서의 당사국회의 역할을 하는 생물다양성협약(CBD) 당사국총회에 보고해야 한다.

65 영국 나고야의정서 이행규칙 2015, 제19조 (2).

달성에 '보다 덜 부담스러운 방식'이 있지는 않은지 살펴보아야 한다.[66]

그리고 본 이행규칙에 관한 첫 보고서는 본 규칙의 효력 발생 시점으로부터 5년이 경과하기 전에 공표되도록 하고 있으며,[67] 본 이행규칙에 관한 보고서는 5년을 초과하지 않는 주기마다 공표되도록 하고 있다.[68]

VII. 결언

영국은 국제조약인 "생물다양성협약" 부속의 "나고야의정서"의 EU 역내 이행입법인 "규칙 511/2014/EU"에 대한 이행입법으로서 EU규칙에서 다루지 않은 내용을 다소 포함하는 "나고야의정서 이행규칙 2015"을 제정하였다.

영국의 나고야의정서 이행규칙 2015의 제2부(Part 2), 제3부(Part 3)의 내용에서 알 수 있듯이 영국은 유전자원 및 유전자원 관련 전통지식의 '이용자'에게 많은 의무를 부담시키고 있고, 영국 이행규칙 제6조와 같이 이를 제재(감시 및 처벌)하기 위한 영국 관할기관으로서 점검기관의 임무와 국가책임기관 및 연락기관의 기능을 수행할 내무장관을 지정하여 민간을 감시하여 제재하고 있다. 이는 EU 규칙 511/2014/EU의 제17조 제3항에 따라 이용자의 의무(제4조), 이용자의 의무이행 감시(제7조) 및 이용자의 의무이행 여부의 점검 확인(제9조)과 관련해서는 EU 규칙 발효 후 1년 이내에 적용하도록 규정하고 있는 데서 기인한다.[69] 그리고 영국 이행규칙 제3부의 관련 조문들을 통하여, 이용자가 적절주의의무를 위반하는 경우에 내무장관은 영국의 점검기관이자 국가책임이관으로서 그 위반에 대하여 다양한 금전적 처벌을 부과할 수 있다.

그리고 영국의 나고야의정서 이행규칙 2015의 제4부(Part 4)의 내용에 해당하는

---

66 영국 나고야의정서 이행규칙 2015, 제19조 (3).
67 영국 나고야의정서 이행규칙 2015, 제19조 (4).
68 영국 나고야의정서 이행규칙 2015, 제19조 (5).
69 한편 EU 규칙 511/2014/EU 제16조 제1항은 회원국들이 동 규칙의 이행보고서를 2017년 6월 11일까지 제출하도록 규정하고 있었다. 김두수, "EU법상 나고야의정서 이행에 있어서의 쟁점 분석 및 시사점", 「국제경제법연구」 제12권 제3호(2014.11), pp.128~131 참조.

검사인의 '출입권'과 '조사권' 등은 유전자원의 '이용자의 의무 감시와 보고' 등을 규정하고 있는 나고야의정서 제17조 및 제29조와 EU 규칙 511/2014/EU 제4조, 제7조, 제9조 등에 근거를 두고 있는 것으로 보인다. 특히 EU 규칙 511/2014/EU는 제4조에서 유전자원 '이용자의 의무'를 규정하고 있고, 제7조에서 '이용자의 의무 이행 준수 감시'를 규정하고 있으며, 제9조에서 회원국의 이용자 이행준수 여부의 점검을 보완하도록 규정하고 있는데, 이들 규정은 영국 이행규칙의 접근 권한 및 검사 권한 등의 직접적인 '법적 근거'가 된다. 따라서 국가는 이용자에 대하여 객관적으로 투명하게 관련 내용을 적용하여 나고야의정서나 EU 규칙 511/2014/EU의 목적을 달성해야 할 것이다. 그 적용에 있어서 이용자나 제공자 중 어느 한쪽에 불균형을 초래하는 차별이 존재하는 경우에는 문제의 소지가 발생할 수 있기 때문이다. 나아가 영국 이행규칙은 나고야의정서 및 EU 규칙 511/2014/EU의 적용에 대한 안내, 나고야의정서의 이행준수 및 민·형사법적 제재나 처벌 조항을 규정하고 있다. 그 중에서도 제5부(Part 5), 특히 제13조와 제14조는 정보보관의무, 중지명령 및 검사자방해행위 등 범죄의 처벌에 관한 것으로 특히 본 영국 이행규칙은 웨일즈, 북아일랜드, 스코틀랜드, 잉글랜드 4 권역을 고려하여 규정하고 있다. 왜냐하면 처벌의 경우 동일 범죄에 대해서도 4 권역에 따라 형별의 종류와 형량에 차이가 있기 때문이다.

마지막으로 영국의 나고야의정서 이행규칙 2015 제6부(Part 6)의 '검토 및 평가' 부분은 나고야의정서 제31조(평가 및 검토) 및 EU 규칙 511/2014/EU 제16조(검토 및 보고)에 근거를 두고 있는 것으로 보인다. 5년마다 작성되는 이 평가 및 검토에 관한 보고서를 통하여 영국 이행규칙의 '목적 달성'의 정도를 평가하고, '목적의 적합성'을 평가하여 목적 달성에 '보다 덜 부담스러운 방식'이 있는지를 고려하도록 하고 있다. 그런데 본 영국 이행규칙의 이행 및 목적 달성에 대한 적합성 평가, 검토 및 평가 보고서의 작성 및 공표 절차에 대한 규정은 더욱 구체적인 형식을 갖추어 객관적으로 투명하게 진행될 필요가 있다. 예를 들면 평가 항목이나 평가방식이 보다 구체적일 필요가 있고, 평가 결과 적합하지 않은 것으로 판단된 부분은 어떻게 시정될 것인지 등 보다 세부적인 규율이 필요해 보인다. 이러한 측면에서 이용자 이행의무준수에 관한 사항을 보완하고 있는 집행위원회 이행규칙 2015/1866의 발효는 의미가 크다. 한편 '고지의 송달'과 관련해서는, 송달 대상이 유전자원을 이용하는 개인 또는 법인에 따라 다양하게 규정되어 있는 것이 특징이다. 어찌 보면 '이익집단'이라는 하나의 범주에 속할 수 있는 '법인'이나 '제휴단체', '비법인 단체'가 상호 구별되는 개념들로 설정되어 각각의 송달 대상이 달리 규정되어 있는 것은 독특한 측면이 있다.

제 5 장

네덜란드의 ABS

I. 서언

2010년 10월 29일 채택된 후 2014년 10월 12일 발효된 생물다양성협약 (Convention on Biological Diversity: CBD) 부속 나고야의정서(Nagoya Protocol)는 '창 의적 모호함 속의 걸작품(masterpiece in creative ambiguity)'[1]으로 표현되기도 하나, 실제로는 적용 범위, 효력발생 시기, 전통지식의 정의 등에 관한 법적 명확성의 결여로 인하여[2] 당사국들이 국내이행상 재량을 갖고 있기도 하다. 그런데 네덜란드 정부는 실 현가능성과 적절성을 고려하여 사회 전반에 걸쳐서 '자율 규제(self-regulation)'를 촉 진하는 기본 정책을 실행해 왔는데,[3] 나고야의정서의 국내이행과 관련하여 네덜란드 정부는 처음에는 '자율 규제' 정책(policy of self-regulation)을 취하고자 했으나, 결국 2015년 9월 30일 '나고야의정서 이행법률(Wet implementatie Nagoya Protocol)'의 전면 적 도입을 결정하였고, 2016년 8월 19일 나고야의정서를 비준하여 2016년 11월 17일

---

1 ENB, Monday, 1 November, Vol. 9 No. 544 (2010), p.26. http://www.iisd.ca/biodiv/cop10/.
2 Linda Wallbott, Franziska Wolff and Justyna Pozarowska, "The negotiations of the Nagoya Protocol", in Sebastian Oberthür and G. Kristin Rosendal (ed.), *Global Governance of Genetic Resources: Access and benefit sharing after the Nagoya Protocol* (Routledge, 2014), pp.37~40 참조.
3 Zayènne D. Van Heesen-Lacleé and Anne C.M. Meuwese, "The Legal Framework for Self-regulation in the Netherlands", *Utrecht Law Review* 3(2007), pp.116~139.

당사국이 되었다.[4, 5] 그런데 이런 '자율 규제' 방식은 '건재한 산업 부문'에 비해 상대적으로 '열세인 정부 부문'의 '행정적 부담'을 제거하기 위한 취지에서 비롯되어, '유전자원에 대한 접근(access) 및 이용(use)의 책임'을 관련 '이해관계자들'에게 위임한다는 특징이 있다.

이러한 '자율 규제' 방식은 나고야의정서에 관한 '접근 및 이익 공유(Access and Benefit-Sharing: ABS)' 법제를 마련하고 있는 여타 당사국들과는 다른 방식이다. 이는 국제법과 국내법의 관계에 있어서 네덜란드가 국제법 우위의 일원론의 태도를 취하고 있기 때문이기도 하다. 네덜란드는 국내법률보다 우월한 조약의 지위를 인정할 뿐 아니라, 헌법에 모순되는 조약도 의회에서 개헌 정족수를 넘는 승인을 받은 경우 조약의 우위를 인정하고 있다. 이는 네덜란드가 인구 및 영토 규모에서 소규모 국가이고, 지정학적으로 주위에 강대국이 포진하고 있으며, 자체 자원보다는 대외무역을 통하여 국가경제를 발전시켜 왔기 때문이다. 네덜란드는 이러한 형편상 원활한 국제관계를 중요시하게 되었고, 국가의 대외적 약속은 반드시 준수하는 것이 국익에 중요하였다. 따라서 어떤 국가보다도 국제법을 중요시하는 독특한 법전통을 발전시켜 왔다.[6]

그러나 네덜란드가 내표적인 국제법 우위의 일원론 국가이기는 하나, 이러한 네덜란드 정부의 국내이행 방식에 비해 보다 구체적이고 체계적인 접근 및 이익 공유(ABS) 법제를 마련하는 것이 바람직하다. 이는 통상적으로 조약의 당사국이 비준 후 국내이행법률을 채택하고 있기 때문이다. 이 글에서는 이러한 관점에서, 먼저 동식물 육종

---

4 이는 1992년 네덜란드 총리(Prime Minister)의 '입법 및 규제(legislation and regulation)'를 위한 안내 지침자료("Aanwijzingen voor de regelgeving, Circulaire van de Minister–President van 18 November 1992")를 보면 잘 알 수 있다. 제2.1섹션(Section 2.1)에서 규제의 사용(use of regulation)을 언급하고 있다. 제6(1)조에서는 '새로운 규칙'은 오직 조치가 '필요'한 경우에만 가능하다고 언급하고 있다. 제7조에서는 '새로운 규칙'을 결정하기 전에 일정한 단계를 거치도록 하고 있는데, 이 단계들 중에 제7(c)조에 의하면 그 '목적이 자율 규제에 의하여 달성될 수 있는지'의 여부 또는 '정부의 개입이 정말로 실제 필요한지'의 여부를 검토해야 한다. Bert Visser, Bernd van der Meulen and Hanna Schebesta, "An Analysis of the ABS Regime in the Netherlands", in Brendan Coolsaet, Fulya Batur, Arianna Broggiato, John Pitseys and Tom Dedeurwaerdere (ed.), *Implementing the Nagoya Protocol: Comparing Access and Benefit–Sharing Regimes in Europe* (Brill Nijhoff, 2015), p.162.

5 네덜란드는 2011년 6월 23일 나고야의정서에 서명한 후, 2016년 8월 19일 수락하여 2016년 11월 17일부터 당사국이다(https://www.cbd.int/information/parties.shtml#tab=2); 1994년 7월 12일에는 생물다양성협약(CBD)에 비준하였다(https://www.cbd.int/information/parties.shtml#tab=0); 한편 EU는 나고야의정서에 2014년 5월 16일 비준하였으며, 1993년 12월 21일 생물다양성협약(CBD)에 비준하였다. *Ibid.*

6 정인섭, 「신국제법강의」 (박영사, 2015), pp.108~109 참조.

부문에서 강한 면모를 보이고 있는 네덜란드의 유전자원에 대한 국내 '접근 및 이익 공유(ABS)'에 관한 '자율 규제' 방식에 관하여 관련 국내법률을 통하여 살펴보고, 유럽 연합(European Union: EU) 및 국제사회에서의 나고야의정서의 이행에 대한 네덜란드의 자율 규제에서 국내이행법률 채택으로의 전환이 주는 의미에 관하여 살펴본다.

II. 접근 및 이익 공유(ABS)에 관한 네덜란드의 '정부 정책'

1. 주요 산업정책상 '지속적인 접근 및 이용 가능성' 보장의 필요

네덜란드는 '지리적 및 경제적' 측면에서 상대적으로 소규모 국가인 것으로 자체 판단하여 동식물 육종, 식품 및 음료 산업, 그리고 제약 산업에서의 주요 활동에 있어서 유전물질의 지속적인 '이용가능' 및 '접근가능(continued availability and accessibility)'을 보장하는 데에 경제적 초점을 두고 있다. 이는 유전자원 관련 생산·공정·수출 활동에 있어서 필요한 역량을 장기적으로 유지하기 위한 것이다.[7]

2. 국가책임기관이자 국가연락기관인 '경제부'

네덜란드의 생물다양성협약(CBD), 나고야의정서, 그리고 특별법적 지위를 갖는 식량농업식물유전자원국제조약(International Treaty on Plant Genetic Resources for Food and Agriculture: ITPGRFA)[8]의 국내이행상 체제화의 '책임'을 지는 부서는 경제

---

7 Niels Louwaars *et al.*, "Breeding Business, the Future of Plant Breeding in the Light of Developments in Patent Rights and Plant Breeders Rights", *CGN Report* 14(2009). Wageningen, the Netherlands.

8 식량 35작물 및 사료 29작물 등 총 64작물은 UN식량농업기구(Food and Agriculture Organization of the United Nations: UN FAO)가 2001년 채택한 식량농업식물유전자원에관한국제조약(ITPGRFA)에 의해 관리 된다. 동 조약은 제1조에 따라 생물다양성협약(CBD)과 조화를 이루며 '지속가능한

부(Ministry of Economic Affairs)이며, 이 경제부는 '농업' 관련 책무 또한 담당하고 있어 환경(environment), 국제협력(international cooperation) 그리고 과학(science)을 담당하는 '관계부처들'과 긴밀한 협력을 유지한다. 이들 관련 사안들은 경제부가 '주관부서(leading ministry)'이기는 하나, 관련 '정책개발' 과정에는 이들 관계부처들을 모두 포함시킨다.[9] 그런데 이러한 경제부는 '내부 부서들 중 하나(유전자원정보센터(National Information Centre on Genetic Resources: NICGR))'[10]를 '접근 및 이익 공유(ABS)'상의 '국가책임기관(Competent Authority)'을 대표하도록 지명하며, 이를 생물다양성협약(CBD) 사무국에 통지한 바 있다. 동 부서는 네덜란드 유전자원센터(Centre for Genetic Resources, the Netherlands: CGN)의 책임자와 함께 공동으로 국가연락기관(Focal Point)으로서의 역할 또한 담당하게 된다.[11]

3. '존재의 근원(Sources of Existence)'상의 '자유로운 접근' 정책

네덜란드 정부는 2002년에 유전자원의 '보존 및 지속가능한 이용'에 관한 '정책문서'인 '존재의 근원(Sources of Existence)'[12]을 채택하여 '농업', '해양', '삼림' 유전자원을 막론하고 네덜란드 영토 내에서 유래하는 '모든 유전자원'에 대한 '자유로운 접근' 정책(policy of free access)을 표명한 바 있다.[13]

네덜란드에서 일부 유전자원은 보호 지역(protected areas)을 포함한 '현지 내(in situ, 원지(原地))'에서 발견되나, 이러한 유전자원에 대한 정보는 희박하다. 왜냐하면 이러한 유전자원들의 근원지에서 이들 유전자원들은 특별한 관리를 받지 않으며, 이러

농업'과 '식량안보'의 기초로서 식량농업식물유전자원의 보존과 지속가능한 이용, 그리고 그 이용으로부터 발생하는 이익의 공정하고 공평한 공유를 주요 목적으로 하고 있다. Susette Biber–Klemm, Kate Davis, Laurent Gautier and Sylvia I. Martinez, "Governance options for *ex–situ* collections in academic research", in Sebastian Oberthür and G. Kristin Rosendal (ed.), *supra* note 2, pp.219~220; 동 조약은 2004년에 발효되었으며 우리나라는 2009년에 가입하였다.

9 Bert Visser, Bernd van der Meulen and Hanna Schebesta, *supra* note 4, p.163.
10 본문에서 후술되는 바와 같이, 네덜란드는 국가 정책적으로 ABS에 관한 국가연락기관 및 국가책임기관의 역할을 포함하는 일종의 유전자원정보센터(a National Information Centre on Genetic Resources: NICGR)를 설립하였다.
11 네덜란드 나고야의정서 이행법률 제4조 제1항, 제2항.
12 "Sources of Existence: Conservation and the Sustainable Use of Genetic Diversity", http://edepot.wur.nl/313680.
13 Bert Visser, Bernd van der Meulen and Hanna Schebesta, *supra* note 4, p.163.

한 유전자원들의 보존 여부도 '토지소유자(land holder)의 일반적 관리 정책'에 따라 좌우되기 때문이다. 예를 들어, 당근(carrot), 상추(lettuce), 캐러웨이(caraway), 서양 우엉(black salsify), 목초(grasses) 및 사료 작물(fodder crops)의 '야생 연관 식물들(wild relatives)'은 자연보호구역을 포함한 자연환경에서 유래한다고 알려져 있으나, 이 '야생 연관 물질'의 일부는 수집되어 '현지 외(*ex situ*)'의 환경에서 이용되고 있다.[14] 이러한 현상은 유전자원에 대한 '수집등록의 운영상의 문제'가 있다기보다는 유전자원에 대한 '자유로운 접근' 정책을 추진하고 있는 데서 비롯된다고 볼 수 있다.

이러한 '자유로운 접근' 정책을 추구하게 된 이유는, 네덜란드가 그들의 생활 영역과 관련하여 '극히 제한된 종류의 생물들을 기원으로' 하는 국가로 인식되기 때문에(즉, 네덜란드는 유전자원 제공국이 아닌 이용국으로서의 성향이 강함을 의미), 지금까지 자국의 '입법권한(jurisdiction through legislation)'을 통해 유전자원에 대한 접근 및 이용에 관한 자국의 '국가주권(national sovereignty)'을 강화하는 것을 중요하게 여기지 않았다. ① 국가책임기관은 유전자원에 대한 '접근 허가(사전통보승인(Prior Informed Consent: PIC))'에 관여하고 있지도 않았으며, ② 또한 네덜란드의 유전자원 접근을 위한 엄격한 의미에 있어서의 '이익 공유 합의(상호하의조건(Mutually Agreed Terms: MAT))를 위한 계약 체결'도 요구되고 있지 않았다. 네덜란드 유전자원센터(CGN)는 토지소유자들과 체결하는 '계약상' 수집된 유전자원에 관한 모든 가능한 접근을 토지소유자들에게 보장하고 있었다.[15]

한편, 지역 공동체(local communities) 및 특히 비정부단체(NGOs), 가축 혈통 기록 단체(herd book organizations), 그리고 취미 사육자들(hobby breeders)은 '전통작물' 및 '농장가축다양성'을 보존하고 있으며, 정부당국과 일반대중은 대체로 이러한 '생물문화유산(bio-cultural heritage)' 자원을 유지하려는 노력을 점점 더 인정하고 있는 추세이다.[16]

그리고 기존의 '전통지식(traditional knowledge: TK)'을 특별히 명시하여 고려하지 않는다.[17] 개도국들의 경우 '출간된 전통지식(published Traditional Knowledge)'이

---

14 R. van Treuren *et al.*, "Genetic Diversity in Perennial Ryegrass and White Clover among Old Dutch Grasslands as Compared to Cultivars and Nature Reserves", *Molecular Ecology* 14(2005), pp.39~52.

15 Bert Visser, Bernd van der Meulen and Hanna Schebesta, *supra* note 4, pp.163~164.

16 *Ibid.*, p.164.

17 The fourth national country report CBD, p.37. Http://www.cbd.int/doc/world/nl/nl-nr-04-en.pdf.

토착민족 및 지역공동체(indigenous people and local communities: IPLC)로부터 직접적으로 획득되지 않더라도 접근 및 이익 공유(ABS)의 의무가 적용되어야 한다고 주장할 수 있고,[18] '원시 품종들'과 같은 자원의 소유주가 누구인지 불분명한 일부 '전통 유전자원 자산'이나 그것들의 처리와 관련된 지식이 '재산'으로서의 '전통지식(TK)'으로 간주되어야 한다고 주장할 수도 있으나,[19] 이러한 지식은 이미 기존의 '기록' 체계(existing documentation system)에서 대대적으로 수용되어(largely incorporated) 이용되었으므로, 현재는 전통지식(TK)의 '초창기 보유자들(original holders)'을 이제 더이상 찾아낼 수 없을 것이며, 따라서 상기 '전통지식'의 이용은 어떤 '접근 및 이익 공유(ABS) 합의'도 요구되지 않을 것이다.[20] 이는 일면 한의학과도 관련된 것으로 우리나라와 중국과의 향후 나고야의정서 이행에 있어서 중요한 내용을 이룰 수도 있다.

네덜란드 정부는 '접근 및 이익 공유(ABS)에 관한 조약의 이행'과 관련하여 '자율 규제' 방식을 취하면서도 '존재의 근원'에 따라 국제적으로 도입되거나 또는 다른 국가들에서 도입된 해당 '규제(regulations), 법률(legislation) 및 정책(policy)'에 대하여 기업, 연구기관, 그리고 개인이 신중하게 대응하도록 촉구하기도 하였다.[21] 그리고 네덜란드 정부는 '자율 규제' 정책을 고려했을 당시에 ① 네덜란드 내 유전자원의 '이용 및 관리'는 가능한 한 '공개적'으로 이루어 질 것, ② 유전자원의 거래 및 무역은 세심히 '주의하여(적절주의의무)' 이루어 질 것, ③ 각 개인은 유전자원을 관리하는 데 '책임(처벌 가능)'을 질 것[22] 등을 접근 및 이익 공유(ABS)의 기본 원칙으로 하였다.

---

18 Susette Biber—Klemm, Kate Davis, Laurent Gautier and Sylvia I. Martinez, *supra* note 8, p.217.
19 나고야의정서 제7조(유전자원 관련 '전통지식(TK)'에 대한 접근) 참조; 유전자원 관련 '전통지식(TK)'은 생물다양성협약(CBD) 부속 나고야의정서에서 명확하게 법적 개념으로 발전시켜 도입한 새로운 용어(new term)이기도 하다. 생물다양성협약(CBD) 제15조에 전통지식이 명확하게 포함되지는 않은 것으로서 나고야의정서 이전에 이 개념(유전자원 관련 '전통지식')은 어느 조약에서도 언급되지 않았었다. Morten Walløe Tvedt and Peter Johan Schei, "The term 'genetic resources': Flexible and dynamic while providing legal certainty?", in Sebastian Oberthür and G. Kristin Rosendal, *supra* note 4, p.24.
20 Bert Visser, Bernd van der Meulen and Hanna Schebesta, *supra* note 4, p.164.
21 *Ibid.*
22 *Ibid.*

III. '유전자원 관련' 네덜란드 국내 법률과 재산권

1. 유전자원 '관리'에 관한 국내 법률

1) CITES, 동식물보호법, 자연보호법, 산림법

네덜란드에서는 자원에 대한 '자유로운 접근'은 공법 체계(public legislation) 내에서 공표되어 왔으며, 특히 자연의 보존, 동식물의 건강, 자연경관의 보호 등의 측면에서 이처럼 규율되어 왔다.[23]

먼저 네덜란드는 국제자연보전연맹(International Union for Conservation of Nature: IUCN)의 회원국으로서 '멸종 위기에 처한 야생 동식물의 국제거래에 관한 협약(Convention on International Trade in Endangered Species of wild Fauna and Flora: CITES)에 따라 멸종위기 생물 목록(IUCN Red List of Threatened Species)에 등재된 생물종들을 보호할 의무가 있다. 상기 목록에 기재된 생물종들은 자동적으로 보호되지는 않으나, 관계부처들은 이러한 보호 정책을 이행하기 위해 노력하고 헌신해 왔다. 네덜란드에서 이런 보호 행위는 1317종의 생물들이 보호대상으로 규정된 바 있는 '동식물보호법(*Flora en Fauna Wet*, Flora and Fauna Act)', '자연보호법(*Natuurbeschermingswet*, Nature Conservation Act)', 그리고 '산림법(*Boswet*, Forest Act)'에 따라 효력이 발생된다. 경제부 내 국가책임기관으로 지정된 '책임 부서'가 면제(예외 인정)해줄 수는 있으나,[24] 채집 형태의 활동을 포함하여 '보호 생물들'에 '손상을 가져오는 모든 활동은 '금지'된다.[25]

그리고 자연보호법 개정안(*WetsvoorstelNatuurbescherming*, proposal for a Nature Conservation Act)은 최근 입법 단계에 있는데, 동 개정안은 '멸종위기에 처한 야생 동식물의 국제거래에 관한 협약(CITES)' 및 그에 상응하는 EU 규칙 338/97/EC[26] 및 EU

---

23 Bert Visser, Bernd van der Meulen and Hanna Schebesta, *supra* note 4, p.165.

24 네덜란드 나고야의정서 이행법률 제3조.

25 Bert Visser, Bernd van der Meulen and Hanna Schebesta, *supra* note 4, p.165.

26 Council Regulation 338/97/EC of 9 December 1996 on the protection of species of wild fauna and flora by regulating trade therein (OJ 1997 L61/1-69); 규칙 338/97/EC는 집행위원회(European Commission) 법안에서는 공공안보(public safety)와 동물복지(animal welfare) 사안을 다루고자 하였으나, 이사회(Council)가 채택한 최종안에서는 삭제되었다. 그리고 법적 근거도 TFEU 제114조와 제207조가 아닌 제192조로 하였다. Ludwig Krämer, *EU Environmental Law* (Sweet & Maxwell, 2012), p.199.

목재 규칙 995/2010/EU[27] 하의 의무를 이행하는 것뿐만 아니라, 현행 1998년 '자연보호법', '동식물보호법', 그리고 '산림법'을 강화하려는 취지를 갖고 있다.[28]

2) 유전자원센터(CGN)와 토지소유자 간의 계약

네덜란드 정부 정책에 따라 네덜란드 유전자원센터(CGN)는 토지소유자들과의 '간단한 계약(simple contract)'을 필요로 한다. 동 계약에는 다음 사항들을 명시하는데, 즉 유전자원센터(CGN)가 특정 장소에서 특정 기간에 특정 종을 수집하는 데 대한 '허가권'을 보유한다는 것, 토지소유자가 수집된 자원에 대한 '접근 권리'를 보유한다는 것, 유전자원센터(CGN)는 자연지역의 '지역적 조건(local conditions)'을 존중하며, 어떤 수집 활동에 대해서도 그 유형(성질), 규모, 그리고 시기에 대하여 토지소유자에게 통지할 것 등이다. 그런데 이 계약에서는 접근 및 이익 공유(ABS)와 관련된 '국제적 의무사항'에 대해서는 다루어지지 않는다.[29] 그러나 EU의 나고야의정서 이행입법인 규칙 511/2014/EU[30]은 EU 집행위원회가 EU 내에 유전자원수집등록처(register of collections)를 설립·운영하도록 하고 있으며, 동 유전자원수집등록처는 이용자가 쉽게 접근할 수 있는 인터넷 방식으로 운영되고, EU 수집등록기준을 충족하는 것으로서 '검증된' 유전자원을 보관하도록 규정하고 있다.[31] 그리고 동 규칙의 보완적 성질을 갖는 집행위원회 이행규칙 2015/1866[32] 제2조에서 제4조까지는 등록처가 확보해야 하

---

27 Regulation 995/2010/EU of the European Parliament and of the Council of 20 October 2010 laying down the obligations of operators who place timber and timber products on the market (OJ 2010 L295/23-34).

28 Bert Visser, Bernd van der Meulen and Hanna Schebesta, *supra* note 4, p.165.

29 *Ibid.*, pp.165~166.

30 Regulation 511/2014/EU of the European Parliament and of the Council of 16 April 2014 on compliance measures for users from the Nagoya Protocol on Access to Genetic Resources and the Fair and Equitable Sharing of Benefits Arising from their Utilization in the Union (OJ 2014 L150/59-71); 나고야의정서에 관한 EU의 유전자원의 접근 및 이익 공유(ABS)에 관한 상세한 내용은 김두수, "EU법상 나고야의정서 이행에 있어서의 쟁점 분석 및 시사점", 「국제경제법연구」 제12권 제3호(2014.11), pp.115~144 참조.

31 규칙 511/2014/EU 제5조 제1항.

32 Commission Implementing Regulation 2015/1866/EU of 13 October 2015 laying down detailed rules for the implementation of Regulation 511/2014/EU of the European Parliament and of the Council as regards the register of collections, monitoring user compliance and best practices (OJ 2015 L275/4-19); 이행규칙 2015/1866/EU는 규칙 511/2014/EU의 보완입법으로 유전자원 수집등록처, 이용자 주의의무, 업무처리 모범규준에 관하여 규정하고 있으며, 집행위원회는 추가 분야별 지침 문서들을 계속 개발 중에 있다. 국립생물자원관, 「나고야의정서 국제동향 2011-2015」(국립생물자원관, 2016), p.60.

는 정보들,[33] 등록처 등재 요청,[34] 등록된 유전자원의 검사 및 시정조치[35]에 관하여 규정하고 있다. 따라서 네덜란드도 향후에는 EU의 동 규칙들을 공식적 국내법제로 이행함으로서 유전자원센터(CGN)를 통하여 국제적 이행의무 사항인 사전통보승인(PIC)이나 상호합의조건(MAT)에 관하여 보다 체계적, 구체적으로 유전자원수집등록처로서의 역할을 수행해야 할 것이다.

2. 유전자원에의 '접근'과 관련한 재산법(Property Law)

1) 토지소유자의 포괄적 소유권(재산권)

네덜란드의 유전자원에 대한 '자유로운 접근' 정책은 유전자원의 '소유권'에 대한 특정 법안의 부재 때문이다. 따라서 일반법 내의 '표준적 재산법(regular property law)'을 적용하게 된다. 네덜란드 민법(Dutch Civil Code: DCC)[36] 체계 하에서, 물품의 '소유자(owner of a good)'는 부속된 모든 요소를 포함하여 해당 물품의 모든 측면에서 소유주의 권리를 가진다.[37] 토지의 경우에, 소유자의 소유권은 '대지(land)'에서 자라는 모든 식물들 및 식물들의 모든 열매를 포함한다. 따라서 '소유권'은 일반적으로 '토지 혹은 동물의 유전자원에 대한 소유권을 포함'한다.[38] 이러한 소유권에 대한 어떠한 '간섭(interference)'도 오직 소유자가 일반적 '계약(contract)'을 통하여 허용해야만 가능하다. 이 때문에 앞에서 언급한 바와 같이 유전자원센터(CGN)가 유전자원 수집에 관한 허가권을 보유하기 위하여 유전자원센터(CGN)와 토지소유자 간에 일정한 계약이 필요하다.

① 동물 유전자원(animal genetic resources)과 관련하여, 이는 종종 '살아있는 생물거래' 또는 '정액'의 형태로 거래된다. 적절한 입법의 부재로 인하여, 이 거래의 권리와 범위는 대개 일반 계약법(general contract law) 하에서 유전자원(육종 동물 혹은 육종 재료 등)의 '제공자'와 '이용자' 간의 합의(agreement)에 의해 정해진다. 예를 들어 해

---

33 이행규칙 2015/1866/EU 제2조.

34 이행규칙 2015/1866/EU 제3조.

35 이행규칙 2015/1866/EU 제4조.

36 Burgerlijk Wetboek.(BW).

37 Burgerlijk Wetboek.(BW), Article 5:3.

38 Burgerlijk Wetboek.(BW), Articles 5:20(1)(f), 5:1(3).

당 동물의 자손에 대한 권리는 '판매자(seller)'가 보유할 수 있다. 그러나 구체적인 조항이 부재한 경우에는, 판매 행위(sale)가 상업적 또는 개인적 목적으로 자손(progeny)을 얻는 행위를 포함하여 '육종 목적'의 유전자원으로서의 동물을 이용하는 데 대한 모든 권리를 포함한다고 추정된다(assumed).[39]

② 식물 유전자원(plant genetic resources)과 관련하여, 이는 농지, 일반 가정집 정원(예를 들어 과일 나무 등) 또는 자연보호구역 등 현지 내(*in situ*, 原地)에서 생산될 수 있다. 해당 토지의 소유주(owner of land)는 토지 내에서 발생하는 식물 유전자원에 대한 잠재적 이용자(prospected user)의 '접근'에 대한 권리를 보유한다. 보통, 자원 채집은 오로지 '생산'을 목적으로 한 직접적 사용보다는 해당 '종 표본(specimen)에 존재'하는 '유전자원의 사용'을 목적으로 한다. '산림 유전자원(forest genetic resources)' 또한 마찬가지다. 식물 '전체(whole plant)'의 형태이든 '종자(seeds)' 혹은 '싹(buds)'의 형태이든 간에, 이러한 자원 채집(collecting resources)에 대한 '접근' 여부는 해당 '토지소유자'와 함께 '합의(agree)'되어야 한다.[40]

곤충(insects) 및 미생물(micro-organisms)을 포함하는 생물학적 방제(防除)자(live bio-control agents)는 번식 체세(production systems)에 이용하기 위한 목적으로 구매할 수 있다. 이러한 거래는 재배(cultivation), 후속적 재생산(further reproduction) 그리고 관련 생물체들의 선택까지도 고려하지만, 이것은 일반 이용자가 보유하지 못할 만큼의 '특별한 전문적 지식 및 기술(specialized expertise)'이 요구되며, 극소수의 이용자만이 이러한 특별한 전문적 지식 및 기술을 보유하고 있다.[41]

3. '지적 재산권(intellectual property rights)'과 유전 물질의 사용

'식물육종'과 '동물육종' 분야뿐만 아니라, '식품 및 음료' 분야, 그리고 살아있는 생물체를 사용하는 '제약 산업'의 대기업들은 (예를 들어 Dove 등 세재 브랜드를 갖고 있는 유니레버(Unilever)나 맥주 제조사인 하이네켄(Heineken)) '지적 재산권(intellectual property rights)'을 통해 주기적으로 자신들의 제품을 보호하고 있다. 이러한 권리들은

---

39 Bert Visser, Bernd van der Meulen and Hanna Schebesta, *supra* note 4, p.166.

40 *Ibid.*, p.167.

41 *Ibid.*

유전자원에의 '접근'과 관련이 있기 마련이다.[42]

1) 일반적 연구시 특허 비보호: '자유로운 접근 및 이용'의 기조

EU 생명공학 지침(Biotech Directive) 98/44/EC[43]은 생명공학적 '발명들', 유전 물질을 포함하거나 유전물질로 구성된 '제품들' 혹은 어떤 유전 물질의 생성, 가공, 사용에 관한 '절차'를 포함하거나 그로 구성된 '제품들'에 관한 '특허(patents)'의 부여에 관하여 규율하고 있다. 이에 따라 '특허권'에 의해 보호받는 모든 생물체에 대해서는, '일반적인 연구'에 대해서는 면제되는 것을 조건으로 하되, '추가적인 연구 (further research)'에서 그러한 생물체를 자유롭게 이용(free use)하거나 또는 연구 결과(research products)를 상업화(commercialization)하는 것이 금지된다.[44]

동 지침의 내용은 네덜란드에서 1995년 특허법(*The Rijksoctrooiwet 1995*, Patents Act of 1995)에 의해 이미 도입되었다. 그리고 2009년에 농림식품부(Ministry of Agriculture, Nature and Food Quality)의 요청에 의해 이루어진 '특허권(patent rights)' 과 '식물 육종자의 권리(plant breeder's rights)'의 관계에 관한 연구[45]가 발표되었다. 동 연구는 식물 육종에서 혁신을 위한 장을 확대하기 위하여, 식물 육종에서 '특허의 범위를 제한'하도록 규제를 수정하는 것이 필요하다고 결론 내렸다. 이와 같은 취지의 새로운 법안이 도입되었고, 제한된 '육종자의 면제권'이 시행되었다.[46] 이로서 새로운 연구를 위해 특허에 의해 보호받던 식물들을 이용하는 것에 (긍정적) 영향을 미칠 것이고, 다른 식물 종을 육종, 발견, 개발하는 것을 목적으로 하는 유전물질에 관한 모든 행위에 있어서 '특허 제외(patent exemption)로서의 육종'이 가능하게 되었다.[47] 이는 유전자원에 대한 접근 및 이용을 통한 연구의 활성화 및 연구의 혁신이라는 효과를 가져 올 것이다.

---

42 *Ibid.*

43 Directive 98/44/EC of the European Parliament and of the Council of 6 July 1998 on the legal protection of biotechnological inventions (OJ 1998 L213/13-21).

44 Bert Visser, Bernd van der Meulen and Hanna Schebesta, *supra* note 4, pp.167~168.

45 Niels Louwaars *et al.*, "Breeding Business, the Future of Plant Breeding in the Light of Developments in Patent Rights and Plant Breeders Rights", *CGN report* 14(2009). Wageningen, the Netherlands.

46 '1995년 특허법(*The Rijksoctrooiwet 1995*, Patents Act of 1995)'의 제53b조를 개정하였고, 이는 2014년 7월 1일부터 발효되었다.

47 Bert Visser, Bernd van der Meulen and Hanna Schebesta, *supra* note 4, p.168.

2) 식물 육종자 권리 입법: '육종자의 면제'와 '농부의 특권'

'2005년 씨앗 및 식물 원료법(The Seed and Planting Materials Act of 2005)[48]은 '식물다양성 보호'에 관한 네덜란드의 법률이다. 동법은 '1991년 국제식물신품종보호 연맹(International Union for the Protection of New Varieties of Plants: UPOV)법(The UPOV Act of 1991)'과 'EU 식물다양성 권리 규칙 2100/94[49]와 함께 '식물 육종자 의 권리'를 규정하고 있다. 네덜란드에서 '식물 육종 산업'은 식물 육종자 권리 입법에 따라 식물다양성 보호를 광범위하게 활용한다. 식물 육종자 권리입법의 2 가지 중요한 특징은 소위 말하는 '육종자의 면제(breeder's exemption)'와 '농부의 특권(farmer's privilege)'이다. ① '육종자의 면제'는 '보호받는 식물 종들(protected plant varieties)'을 '후속 연구(further research)'와 '새로운 다양성을 위한 종의 육성(breeding of new varieties)'을 위해 '이용'하는 것을 '허용'하는 것이다. 한편 ② '농부의 특권'은 일정한 조건 하(under certain conditions)에 농부 자신이 보유한 토지에서 수확한 '보호받는 식물 종(protected plant variety)'의 씨앗을 '이용'하도록 '허용'해 주는 것을 말한다.[50]

4. 접근 및 이익 공유(ABS)에 관한 '개별 산업'의 상황

네덜란드 '식물육종 부문'의 많은 기업들은 식물 유전자원에의 '접근'에 크게 의존하고 있는 것이 현실이다. 따라서 이 식물육종 부문은 '접근 및 이익 공유(ABS)' 측면에서 도입된 '자유로운 접근' 정책에 순응하려는 전체적인 의도를 갖고 국제적인 정책발전을 긴밀하게 추구하였다. 그만큼 '접근' 자체가 중요한 이용자로서의 기업들은 국내외적인 접근 및 이익 공유(ABS) 동향에 매우 민감하다고 볼 수 있다. 더욱이 '해외 유래(foreign origin) 식물 유전자원'에 대한 접근과 관련하여, 관련 기업들은 '수집사업(collecting missions)'을 통하거나 또는 '해외 현지 외 수집(foreign *ex situ* collections)'을 통하여 형식적 조건(formal requirements)을 충족하는 유전자원을 획득

---

48 Wet van 19 februari 2005, houdende een nieuwe regeling voor het toelaten van rassen, het in de handel brengen van teeltmaterialen en het verlenen van kwekersrecht, Zaaizaad— en plantgoedwet 2005.

49 Council Regulation 2100/94/EC of 27 July 1994 on Community plant variety rights (OJ 1994 L227/1-30).

50 Bert Visser, Bernd van der Meulen and Hanna Schebesta, *supra* note 4, p.168.

하기 위해 공공유전자은행 '유전자원센터(public genebank CGN)'와 협력하는 것에 점점 더 의존하고 있는 것이 현실이다.[51]

그런데 지난 수 십 년 동안 대기업들은 공공수집(public collections)에의 '지속적 접근의 보장'[52]에 대한 '불확실성' 때문에 '자체적인 수집체계'를 확립해 왔다. 그런데 이제는 유전자원을 일상적으로 이용하는 네덜란드의 다양한 산업분야들은 특히 나고야의정서와 같은 '유전자원의 국제거래'를 조율하기 위한 새로운 규제들로부터 발생되는 '업무량의 증가'와 '관청을 통한 번거로운 절차(bureaucracy)'(즉, 행정적 부담)에 관하여 우려하고 있다.[53]

---

51 *Ibid.*, p.169.

52 유전자원에 관한 '지속적 이용가능성'의 확보와 관련해서 해양미생물의 접근 및 이익 공유(ABS)에 관한 Micro B3 모델협정(Micro B3 Model Agreement on Access to Marine Microorganisms and Benefit-Sharing)을 참고할 수 있는데, 동 'Micro B3 모델협정' 제4조 제4항은 유전자원의 '지속적 이용'에 있어서 '수령인'이 '동 협정 종료 후' '계속해서' 접근된 유전자원을 '이용'하려는 경우 그리고/또는 소유목적으로 관련 유전지식을 '이용'하려는 경우에 '제공자의 동의'가 필요하며, 필요한 경우 이를 위한 동의절차의 세부사항을 명시하도록 하고 있다. 아울러 이 같은 경우에 '제공자'는 동 협정의 종료 또는 변경에 관한 '수령인과의 우호적인 협상(amicable negotiations)'에 임하도록 규정하고 있다(제4조 제5항). 나고야의정서 상호합의조건(MAT)상 유전자원의 이용에 있어서도 이와 같이 이용자가 제공자로부터 유전자원 또는 관련 전통지식(TK)을 '지속적으로' 접근 및 이용할 수 있도록 보장하는 장치가 필요해 보인다. 특히 이용국은 '유전자원의 확보' 차원에서 지속적 접근 및 이용의 보장이 어느 정도 확보될 수 있는 상호합의조건(MAT)을 체결하도록 관련 산업계 등의 이용자에게 홍보 및 교육할 필요도 있다. Micro B3 Model Agreement on Access to Marine Microorganisms and Benefit-Sharing. Result of Micro B3 WP8, 17th December 2013, http://www.microb3.eu/ (2016.10.3 최종 접속); 김두수, "나고야의정서상의 상호합의조건(MAT)과 해양미생물의 접근 및 이익 공유(ABS)에 관한 EU Micro B3 모델협정", 「국제법학회논총」 제61권 제3호(2016.9), p.60.

53 Bert Visser, Bernd van der Meulen and Hanna Schebesta, *supra* note 4, p.169.

IV. EU 및 국제사회의 나고야의정서 이행과 네덜란드의 국내이행 법률

1. 나고야의정서 이행에 관한 EU ABS 규칙 511/2014/EU와 네덜란드 국내 이행법률

EU 규칙 511/2014/EU는 회원국의 나고야의정서 '국내이행법제'의 마련을 통한 '공식적인 감시'를 요구하고 있고, 네덜란드는 나고야의정서 이행 및 EU 규칙 511/2014/EU) 제4조(이용자 이행의무), 제7조(이행의무 감시), 제9조(이행의무 감시 확인)의 이행을 위한 법규 마련의 필요성을 정부차원에서 심의하여 결국 국내이행법률(Wet implementatie Nagoya Protocol)을 채택하였다.

1) 점검기관을 통한 이용 감시

나고야의정서 제17조(1)는 당사국이 '외국'의 유전자원이 '국내에서 이용'되는 상황을 감시하고 투명성을 제공하기 위해 하나 이상의 '점검기관(checkpoints)'을 지정하도록 하고 있다. 이에 대하여 EU 규칙 511/2014/EU 제7조는 유전자원 및 관련 전통지식에 대한 '점검기관'의 기능을 '국가책임기관'에 부여하고 있다. 네덜란드의 국가책임기관이자 국가연락기관인 경제부 내 지정될 한 부서가 이 역할을 수행해야 한다. EU 규칙 511/2014/EU의 제7조 제1항에 따라 회원국 및 집행위원회는 유전자원 및 관련 전통지식의 이용과 관련된 연구비의 모든 수령자에게 동 규칙 제4조에 따른 이용자의 '적절주의의무(due diligence)' 신고를 요청해야하며, 동조 2항에 따라 유전자원 또는 관련 전통지식의 활용을 통한 생산물의 최종개발단계에서 이용자는 제4조에 따른 의무로서 제6조 제1항의 해당 관할기관(국가책임기관)에 이를 공표함과 동시에 관련 국제자료확인서, 상호합의조건(MAT)상의 정보를 포함하여 제4조 제3항 (b)의 (1)~(5) 및 제4조 제5항에서 언급된 관련정보를 제출해야 한다. 그런데 이용자의 이행준수의무가 이처럼 적절주의의무로 약하게 규정되어 있다하더라도, 규칙 2015/1866 제5조에서 제6조까지의 조항이 규칙 511/2014 제4조 및 제7조의 이행을 위한 이러한 이용자

의 '적절주의의무'의 점검 또는 감시를 위한 '연구자금 제공단계'[54]와 '최종 상품 개발
단계'[55]에서 '적절주의의무 신고'에 관하여 이행세칙을 규정하여 규율하고 있다는 점에
서는 의미가 있다. 이용자는 회원국 관할기관의 요청이 있는 경우에는 더 많은 증거를
제출해야 한다. 한편 EU 규칙 511/2014/EU 제7조 제3항과 제4항에 따라 관할기관은
나고야의정서 제14조 제1항, 제13조, 제17조 제2항에 따라 당사국들과 정보를 공유하
나, 제7조 제5항에 의거하여 특별히 유전자원의 지정 및 활용과 관련해서 EU 또는 회
원국 국내법이 '합법적' 경제이익을 보호하기 위해 제공한 상업적 기밀 사항 또는 산
업정보는 보호해야 한다.[56] 그런데 네덜란드는 '자율 규제' 방식에서 국내이행법률의
채택으로 전환하였기 때문에, 네덜란드 나고야의정서 이행법률 제2조[57]와 제3조[58]에
의거하여 네덜란드 국가책임기관인 경제부가 '이용자의 이행의무준수'를 감시하는 역
할을 수행해야 한다.

2) 업무처리 모범관행과 책임소지의 명확성 제고

EU 규칙 511/2014 제8조는 '업무처리 모범관행(Best Practice)'을 통하여 이용자의
이행의무준수를 규율함으로서 사실상 '면책사유'를 두고 있다. 영국의 경우 '나고야의
정서 이행규칙 2015'[59] 제8조에서 면책사유를 규정하고 있는데, 이는 ① '이용자의 의

---

54 이행규칙 2015/1866/EU 제5조.
55 이행규칙 2015/1866/EU 제6조.
56 이와 같은 지식재산권 보호에 관한 같은 취지에 관하여는 Walter H. Lewis and Veena Ramani, "Ethics and Practice in Ethnobiology: Analysis of the International Cooperative Biodiversity Group Project in Peru", in Charles R. McManis (ed.), *Biodiversity and the Law: Intellectual Property, Biotechnology and Traditional Knowledge* (London: Earthscan, 2007), p.399 참조; 나고야의정서의 ABS는 WTO TRIPs 협정과 '잠재적 충돌(potential conflict)' 가능성의 문제가 제기되고 있으며, 나고야의정서 제4조의 규정 자체는 이에 대한 해결책을 제시하기 위한 규정이 아님을 밝히고 있기도 하다. Philippe Sands, Jacqueline Peel, Adriana Fabra and Ruth Mackenzie, *Principles of International Environmental Law* (Cambridge Univ. Press, 2012), p.803; 김두수, *supra* note 30, p.130.
57 네덜란드 나고야의정서 이행법률 제2조(이행의무)는 "1. 유전자원 관련 EU 규칙의 요건을 규정한 경제부령(경제부장관의 권한으로 규정한 부령, ministerial regulation)을 위반하는 행위는 금지된다(경제부장관의 권한으로서의 부령의 중요성). 2. 경제부규칙은 유전자원 관련 EU 규칙의 이행 부문에 관하여 적용 방식에 관한 규칙들을 규정하며 여타 다른 재량을 허용하지 아니한다. 3. 상기 1항 및 2항에도 불구하고 네덜란드나고야의정서이행법률 및 생물다양성협약(CBD)이행EU규칙 하에서 유전자원 접근 및 공정하고 공평한 이익 공유에 관한 다른 내용들은 유지된다."라고 규정하고 있다.
58 네덜란드 나고야의정서 이행법률 제3조(이행의무의 면제)는 "경제부장관은 나고야의정서 또는 유전자원에 관한 EU 규칙에 따른 일정한 조건이나 제한 하에 제2조의 규정으로부터의 '특별허가(dispensation)' 또는 '면제(exemption)'를 부여할 수 있다."라고 규정하고 있다.
59 The Nagoya Protocol (Compliance) Regulations 2015 (SI 2015/811); 영국의 나고야의정서 국내

무'를 강조하면서도 이용자의 '면책사유'를 일부 명확하게 규정하고 있다는 점에서 의미가 있다. 또한 ② 이렇게 함으로서 이용자의 의무에 대한 부담을 완화시키는 효과를 줄 수 있다. 즉, 이용자[60]가 EU 규칙 511/2014/EU 제8조(업무처리 모범관행) 제2항의 내용(이용자가 제4조, 제7조상의 의무이행을 위하여 '업무처리 모범관행'을 이행하였다고 보는 경우: 이는 재판관의 판단 사항으로 case by case를 의미한다고 봄)을 인지하고 가장 최상의 행동을 효과적으로 취했다는 점을 국가책임기관인 내무장관이 인정하는 경우에는 처벌되지 아니한다.[61] 이러한 측면에서 EU 이행규칙 2015/1866/EU의 채택은 매우 중요한 의미가 있으며, 동 이행규칙 2015/1866/EU 제8조에서 제11조까지는 업무처리 모범관행(best practice)에 관하여 신청절차[62], 승인 및 철회[63], 변경사항 허가 절차[64], 결함[65] 등에 관하여 규율하고 있다. 이처럼 동 규칙은 '이용자의 의무이행'을 확보하기 위하여 '업무처리 모범관행'에 관하여 보다 구체적으로 규율하고 있다는 측면에서 일종의 '면책사유'의 근거를 제공한다는 데에 의미가 있다.

3) 수집등록처 운영을 통한 접근허가와 증명책임의 전환

EU 규칙의 범위 내에서 '수집등록'의 개념 도입이 '수집물 보유자들'에게는 추가적인 '별도의 업무 부담(extra work load)'을 가져오는 결과를 초래할 것은 분명하다. 그 결과 반대로 이용자격인 '수령자들'은 '적절주의의무' 규정상의 자신의 의무에 대한 부담을 덜게 된다. 즉, 등록된 '수집물 보유자들'은 ① 적절한 접근 및 이익 공유 조건들이 충족되었는지, ② 적절한 접근 및 이익 공유 조건들이 이용자들에게 잘 전달되었는지, 그리고 ③ 등록된 수집물의 보유자들과 수령자들 간의 '재료 이전 합의(Material Transfer Agreements: MTAs)'가 이행의무준수의 증명서로서 기능할 수 있는지 등에 관하여 증명(확인) 및 보장할 책임을 져야 한다.[66]

이행에 관한 상세한 내용은 김두수, "나고야의정서에 관한 영국 이행입법의 법적 검토", 「법학연구」 제45집(2015.9), pp.1~25 참조.

60 규칙 511/2014/EU 제3조 제4항은 '이용자'란, 유전자원 또는 관련 전통지식을 이용하는 개인 또는 법인'으로 한정하여 정의하고 있다. 따라서 사전통보승인(PIC)이나 상호합의조건(MAT)의 단계에서 분간되겠지만, 단순한 중간 유통관련 매개자는 규율 대상이라 보기 어렵다.

61 영국 나고야의정서 이행규칙 2015, 제8조 제2항; 김두수, *supra* note 59, pp.10~11 참조.

62 이행규칙 2015/1866/EU 제8조.

63 이행규칙 2015/1866/EU 제9조.

64 이행규칙 2015/1866/EU 제10조.

65 이행규칙 2015/1866/EU 제11조.

66 Bert Visser, Bernd van der Meulen and Hanna Schebesta, *supra* note 4, p.170.

그런데 정부 내에 사전통보승인(PIC) 및 상호합의조건(MAT)에 관한 '해외 제공자들'과 합의된 규정의 '네덜란드 이용자들'의 준수 여부에 대한 모니터링(감시)을 도입하는데 필요한 '조치 및 기관들'에 관한 새로운 국내법률을 제정하기 위한 움직임이 전혀 없었던 것은 아니다. 네덜란드 식품 및 소비자 제품 안전청(The Netherlands Food and Consumer Product Safety Authority: NVWA)이 '정부의 감시의무'를 수행할 것으로 예상되며, 이러한 감시의무의 이행은 'CITES'와 'EU 목재 규칙'을 유추 적용하여 '형사 제재(criminal sanctions)'와 '행정 제재(administrative fines)'를 포함하게 된다.[67]

---

67 제재 및 기타 조치들과 관련하여, 네덜란드 나고야의정서 이행법률
  ① 제5조는 "경제부장관은 이 법 하의 규정들을 강제하기 위하여 행정벌을 부과할 권한을 가진다."라고 규정하고 있다.
  ② 이 법 제6조는 "1. 형사소송법(Wetboek van Strafvordering) 제5조 및 제117조에 저촉되지 않는 한, 경제부총리는 유전자원에 관한 EU 규칙의 적용에 있어서 '이 법'의 규정에 위반하는 행위를 하는 '이용자'에 대한 '임시조치'를 즉시 취한다. 이 임시조치는 '유전자원이나 최종개발상품'의 구류(보존조치) 또는 다음과 같은 부과조치의 결정들(besluit)을 포함한다:
    a. 유전자원(genetische rijkdommen)이나 개발된 파생물(daaruit ontwikkelde producten)의 운송, 소지, 공급의 금지;
    b. 유전자원이나 개발된 파생물의 '계속적 이용(verdere gebruik)'의 금지;
    c. 유전자원이나 개발된 파생물의 임시보관저장(tijdelijke opslag)의 요청;
    d. 유전자원 또는 그 개발상품의 소유자(제공자)에게 특정 유전자원이 '이 법'에 따라 취득될 수 없다는 사실을 '즉시' 그리고 '효과적으로' 통지할 의무;
    e. 유전자원을 공급한 제공국에 '반환'할 의무;
    f. 공급된 유전자원이나 최종개발상품의 '회수 또는 저장보관'의 의무;
    g. 해당 유전자원을 '확인(규명)하고 기록'할 의무.
  2. 위 제1항에 언급된 임시조치의 비용은 유전자원의 접근 및 이용에 있어서 개인책임을 지는 '이용자, 소유자(제공자) 및 이용자와 제공자의 권한을 위임받은 대표'가 부담한다. 최종기한 내에 전액지불이 이루어지지 않은 경우, 경제부장관은 '강제집행'을 통하여 부족분을 징수할 수 있다.
  3. 위 제1항의 임시조치의 결정은 조건이나 제한을 붙일 수 있다. 어떤 결정(besluit)에 의하여 의무가 더 추가될 수 있다.
  4. 위 제1항에 언급된 결정에 반하는 행위는 금지된다."라고 규정하고 있다.
  ③ 이 법 제7조는 "1. 이 조에서 '범죄(overtreding)'란, 제2조의 여러 관련 법률 규정에 부합하지 않는 행동을 의미한다.
  2. 경제부장관은 범죄 행위를 한 위반자에게 '과징금(bestuurlijke boete, 과료)'을 부과할 수 있다.
  3. 행정벌형량결정위원회는 범죄의 종류 또는 최고형량의 부과에 관하여 규칙을 제정한다(형벌의 종류와 형량은 EU법에서 규정할 수 없으며 회원국의 관할사항이기 때문).
  4. 3항에 따라 과징금(과료)을 결정함에 있어서, '자연인'이 범한 범죄의 경우에 형법(Wetboek van Strafrecht) 제23조 제4항의 첫째 카테고리에서 정한 것(즉, 335유로, 약 50만원)을 초과할 수 없다. 그리고 '법인'이 범한 범죄의 경우에 형법 제23조 제4항의 둘째 카테고리에서 정한 것(3,350유로, 약 500만원)을 초과할 수 없다.
  5. 중대 범죄의 경우이거나 중대한 상황의 경우, 이는 형사 기소된다(형사처벌 가능).
  6. 제1항에 언급된 위반의 경우, 형사소송법 제257ba조에 따른 행정벌이 부과되지 않는다."라고 규정하고 있다.
  ④ 이 법 제8조는 "경제사범에관한규제법률(Wet op de economische delicten) 제1a조 1°에는 나고야의정서 이행법률인 '이 법' 제2조 제1항이 첨가된다(즉, 유전자원 관련 EU규칙을 위반하는 경우 경제사범으로 처벌될 수 있음을 의미함)."라고 규정하고 있다.

4) 접근 및 이익 공유(ABS) 관련 국제조약들에 대한 네덜란드의 입장

네덜란드 정부의 해석에 따르면 나고야의정서는 '보편적'인 '접근 및 이익 공유 (ABS) 체제(general ABS regime)'를 포함하는 것으로 이해된다. 따라서 UN 식량농업 기구(FAO)의 '식량농업식물유전자원국제조약(ITPGRFA)'이나 또는 '국제식물신품종보 호연맹(UPOV)'과 같은 다른 법적 수단에 포함된 '특정' '접근 및 이익 공유(ABS) 규정 들'은 '특별법 우선의 원칙(lex specialis)'으로 효과를 가진다.[68]

2. 유전자원의 '보존과 접근 및 이익 공유(ABS)'에 관한 네덜란드의 국제적 역할

1) 소극적 점검 태도의 탈피

네덜란드 정책문서인 '존재의 근원(Sources of Existence)'은 네덜란드가 유전자원 에 관한 자신의 '국제적 의무'에 지금까지 어떻게 접근해왔는지를 보여준다. 네덜란드 정부는 국내적 차원에서 관련 당사자들 간의 협력을 촉진하고, 전문성과 정보를 국제 적으로 교환하기 위한 기반 시설을 설립하고자 하는 의지를 표명하였다.[69] 그리고 네 덜란드 내의 해외 유전자원을 이용하는 이용자들에게 적용되는 '외국의 사전통보승인 (PIC)과 상호합의조건(MAT)'이 제시한 기준을 감시 및 집행할 기관이 이전에는 존재 하지 않았으나, 이제 네덜란드가 '자율 규제' 정책에서 벗어나 국내이행법률을 마련함 으로서 네덜란드 국가책임기관이자 국가연락기관인 경제부 내 한 부서가 점검의 역 할을 수행하게 되었다.[70] 그런데 네덜란드 정부는 접근 및 이익 공유(ABS)의 이행준수 의무를 당사자들의 '책임'으로 엄격하게 간주하고 있다. 한 유명한 테프(Tef) 사례[71]에

---

68 Bert Visser, Bernd van der Meulen and Hanna Schebesta, *supra* note 4, p.171.

69 *Ibid.*

70 바이오해적행위(Biopiracy)가 국제사회에서 문제되고 있으며, 이는 나고야의정서 당사국이 엄격하 게 접근 및 이익 공유(ABS)를 규제하는 경우 해결될 수 있으며, 편차가 큰 당사국들의 접근 및 이 익 공유(ABS) 관련 협상력도 극복할 수 있을 것이다. Joseph Henry Vogel, "From the 'Tragedy of the Commons' to the 'Tragedy of the Commonplace': Analysis and Synthesis through the Lens of Economic Theory", in Charles R. McManis, *supra* note 56, p.124 참조.

71 Tef(*Eragrostis Tef*, 북아프리카의 볏과의 곡초) 사례와 관련하여, 2004년 에티오피아 생물다양성보 전연구소(Ethiopian Institute of Biodiversity Conservation: IBC), 에티오피아 농업연구기구(Ethiopian Agricultural Research Organisation: EARO), 그리고 네덜란드 헬스앤퍼포먼스푸드인터네셔널(Health and Performance Food International: HPFI)이 향후 10년간 효력을 발생하는 테프(*Eragrostis Tef*) 재배 와 개발에 관한 접근 및 이익 공유(ABS) 협정을 체결하였다. 에티오피아와 에리트리아에서 가장 중요한 곡물 자원에 속하는 테프는 수천 년 전부터 재배되어 왔다. 테프는 인제라(ingera)의 주 재

서, '네덜란드 회사'는 볏과 작물인 '테프' 씨앗의 이용에 관해 '에티오피아 당국'과 '접근 및 이익 공유 계약(ABS contract)'을 체결하였다. 그런데 계약의 당사자 사이에 분쟁이 발생하자, 네덜란드 정부는 스스로를 비당사자(non-party)로 간주하였고 – 비록 분쟁해결절차에 적극 가담했지만 – 분쟁에 '직접적으로' 개입하는 것을 부적절한 것으로 간주한 바 있다.[72]

한편 네덜란드는 생물다양성협약(CBD), 식량농업식물유전자원국제조약(ITPGRFA), 나고야의정서의 협상과 이행에 있어서 적극적이었다. 네덜란드가 2010년 10월 29일에 채택된 나고야의정서를 이미 '자율 규제'적 성격으로 이행하고 있는 것을 보면, 이미 생물다양성협약(CBD)상의 접근 및 이익 공유(ABS)를 국내적으로 이행하려는 의지가 강하게 반영되었음을 알 수 있다. 그리고 네덜란드 정부는 EU 내에서 유전자원의 국제적 거래의 활성화 및 강화에 있어서 EU의 지위를 지속적으로 지지 및 촉진해 왔으며, 나아가 네덜란드 정부는 전략적 목표로 삼은 '몇몇 국가들' 및 '지역들'과 유전자원의 국제적 교환을 위한 투명한 조건(transparent conditions)에 합의하고 이를 촉진시키기 위한 양자 협력(bilateral collaboration)을 제안하여 추진하였다.[73] 그만큼 '이용자 입장'인 네덜란드는 '유전자원의 확보'에 대하여 정부 차원에서 적극적으로 대응해 왔다.[74]

료이기도 하다. 인제라는 얇고 푹신푹신하며 약간 신 맛이 감도는 빵으로 포리지(우유나 물을 부어 걸쭉하게 죽처럼 끓인 음식)로 만들어 먹거나 알코올 음료의 재료로 사용되기도 한다. 테프는 또한 가축 사료로 재배되며, 건축물에 사용되는 진흙 또는 회반죽을 강화시키기 위한 목적으로 사용되기도 한다. 테프는 글루텐(gluten)을 함유하고 있지 않아서 서구에서도 점점 소비가 증가하고 있으며, 식품업계에서 관심을 가질 만한 다양한 특징이 많다. 바로 이러한 특징에 헬스앤퍼포먼스푸드인터네셔널이 관심을 갖고 있으며, 헬스앤퍼포먼스푸드인터네셔널은 서구 시장을 겨냥해 빵, 에너지 바 그리고 맥주와 같은 다양한 형태의 테프로 만든 제품을 개발하고 있다. 국립생물자원관 역, 사라 레더, 레이첼 윈버그 지음, 「유전자원 접근과 이익공유 사례 연구」(국립생물자원관, 2012), pp.207~223 참조.

72 Regine Andersen and Tone Winge, "The Access and Benefit-sharing Agreement on Teff Genetic Resources, Facts and Lessons", *FNI report* 6 (2012), Oslo, Norway.

73 Bert Visser, Bernd van der Meulen and Hanna Schebesta, *supra* note 4, p.171.

74 또한 주요 생명산업(life industry)에 터전을 제공한다는 측면에서, 앞에서 언급한 '존재의 근원(Sources of Existence)'에는 다음과 같은 문구가 있다: "적절한 협력(proper cooperation)은 필수적이다. 물질의 원산지국들에게 그리고 자신들의 유전자원을 적절하게 관리할 능력이 없거나 국제조약을 준수할 능력이 없는 국가들에게 모두 적절한 협력이 필요하다."; "Sources of Existence: Conservation and the Sustainable Use of Genetic Diversity", p.10. http://edepot.wur.nl/313680.

2) 유전자원정보센터(NICGR)의 국가연락기관 및 국가책임기관으로서의 역할 기대

네덜란드는 국가 정책적으로 접근 및 이익 공유(ABS)에 관한 국가연락기관의 역할을 포함하는 일종의 유전자원정보센터(a National Information Centre on Genetic Resources: NICGR)를 설립했다.[75] 이것이 앞에서 설명한 경제부 내의 부서들 중 한 부서에 해당된다. 유전자원정보센터와 함께 국가연락기관의 책무를 수행하는 유전자원센터(CGN)는 국가정보센터로서 기능하도록 책무를 부여 받았고, 이에 사전에 네덜란드의 유전자원 수집 및 수집물에 있는 유전물질뿐만 아니라 국가적 혹은 국제적으로 관계있는 현지 내(*in situ*) 자원들에 관한 방대한 양의 정보를 제공하는 웹사이트[76]를 제공하였다. 또한 이 국가연락기관은 네덜란드의 유전물질 '이용자들'에게 다른 국가들에서 시행 중인 '접근 및 이익 공유 체제(ABS regimes)'에 관하여 양자 상담 등의 방법으로 조언해 주고 있다.

3. '현지 외(ex Situ)' 수집에 관한 정책

1) 공공 수집, 사적 수집, 비정부기구의 수집

네덜란드의 현지 외(ex Situ) 유전자원의 수집은 '공공 수집', '사적 수집' 그리고 '비정부기구의 수집'으로 구별할 수 있는데, 먼저 ① '공공 유전자원 수집'과 관련하여, 네덜란드의 어떠한 단일 유전자원 수집도 '정부의 소유'가 아님에도 불구

---

75 네덜란드 나고야의정서 이행법률 제4조(책임기관의 지정(선정))는 "1. 경제부장관은 나고야의정서 제13조 1항에 언급된 접근 및 이익 공유(ABS)를 위한 국가연락기관(nationaal contactpunt, national focal point)을 지정한다.
  2. 경제부장관은 나고야의정서 제13조 제2항에 따라 접근 및 이익 공유(ABS)를 위한 국가책임기관(bevoegde nationale instantie, competent national authority)이다.
  3. 경제부장관은 본 장관이 다른 국가책임기관을 지정하지 않는 한, 국가책임기관의 지정을 요구하고 있는 유전자원에 관한 EU 규칙의 이행을 위한 책임을 지는 국가책임기관이 된다.
  4. '이 법'에 따른 규정들에 대한 '이행의무준수 감시'는 다음의 임무 수행을 포함한다:
    a. 경제부장관에 의한 해당 공무원들의 지명;
    b. '이 법'하에 지명된 공무원들을 저해하거나 경제사범에관한규제법률(Wet op de economische delicten) 제17조에 따라 법무부장관(Minister van Veiligheid en Justitie)이 위반행위를 적발(발견).
  5. 위 제4항 a에 언급된 결정(이행의무준수 감시를 위한 공무원들의 지명)의 경우 이를 정부관보(Staatscourant)에 공표한다."라고 규정하고 있다.

76 ABS Focal Point, Wageningen UR,
  http://www.wageningenur.nl/en/Expertise−Services/Statutory−research−tasks/Centre−for−Genetic−Resources−the−Netherlands−1/Centre−for−Genetic−Resources−the−Netherlands−1/ABS−Focal−Point.htm.

하고 상당수의 중요한 의미를 갖는 '공공 유전자원 수집물(public genetic resources collections)'이 네덜란드 정부에 보관되어 있다. 이 수집물들은 공식적으로는 '법적으로 자율적인(자치권이 있는) 공공 기관(legally autonomous public entity)'이 소유하고, 그 관리 유지는 정부의 재원에 의한다. 이 공공 수집물에는 식물원들(botanical gardens)의 수집, 그 중 상당수는 모두 연구기관에 의해 운영되는 '대학들', 'CBS-KNAW 균류 생물다양성 센터(CBS-KNAW Fungal Biodiversity Centre)', 유전자원센터(CGN)의 식량 및 농업 수집, 그리고 자연주의 식물다양성 센터(Naturalis Biodiversity Centre)의 국립 식물표본실(national herbarium)의 수집들이 포함된다.[77]

그리고 ② '사적 유전자원 수집'과 관련하여, 유전자원의 실질적인 수집은 '사적 수집의 영역'에서 보관 중이지만, 아직까지 이 수집에 어떤 물질들이 포함되어 있는지에 대한 세부적인 정보는 존재하지 않는다.

끝으로, 대부분이 전통적인 품종인 수많은 식물 및 동물 유전자원들은 ③ 비정부 기구(non-governmental organizations)에서 보관중이다. 그 외에 고유 도래 원산의 (indigenous) 나무들과 관목들을 위한 일종의 유전자은행(genebank)이 공공기관인 국가산림서비스산림청(state forestry service Staatsbosbeheer)에서 운영 중이다.[78]

2) '자유로운 접근' 정책의 기조 유지

현지 내(in situ)에서 유래되는 유전자원들의 경우, 네덜란드는 예컨대 유전자원센터(CGN) 또는 CBS-KNAW에서의 수집활동과 같이, 공공 유전자원 수집(public genetic resources collections)에의 '자유로운 접근' 정책을 선택하였다. 네덜란드는 유전자원센터(CGN)가 관리하는 모든 관련된 식물 유전자원을 해당 식량농업식물유전자원국제조약(ITPGRFA) 사무국에 통지한 바와 같이, 식량농업식물유전자원국제조약(ITPGRFA)의 다자간 체제(Multilateral System) 하에 두었다. 네덜란드 정부는 생물다양성협약(CBD)의 접근 및 이익 공유(ABS) 조항이 '동 협약이 발효하기 이전'에 네덜란드 당사자들이 '습득한 유전자원'에 대해서는 적용되지 않는다는 태도를 보이고 있다.[79] 유전자원 수입에 대한 '자유로운 접근' 정책, 그리고 CBD 발효 이전에 습득한 유전자

77　Bert Visser, Bernd van der Meulen and Hanna Schebesta, *supra* note 4, p.173.
78　네덜란드에서의 '수집'에 관한 상세한 정보는 'ABS에 관한 국가연락기관'의 웹사이트를 통해 이용할 수 있다. ABS Focal Point, Wageningen UR, *supra* note 76.
79　Bert Visser, Bernd van der Meulen and Hanna Schebesta, *supra* note 4, p.173.

원은 적용대상에서 배제하는 태도를 통해 알 수 있는 것은, 네덜란드가 접근 및 이익
공유(ABS)와 관련하여 '이용자'의 측면이 강하다는 점이다.

또한 네덜란드는 잔존하는 모든 식물 유전자원들을, 심지어 그것들이 식량농
업식물유전자원국제조약(ITPGRFA)의 '다자간 체제'의 적용을 받지 않는다고 해도,
식량농업식물유전자원국제조약(ITPGRFA) 제12조상의 표준물질전송협정(Standard
Material Transfer Agreement: SMTA)의 조건과 기준에 따라 분배할 것이라고 밝혔다.[80]
그리고 네덜란드는 식물 유전자원 수집의 '유럽 유전자은행 통합 시스템(A European
Genebank Integrated System: AEGIS)'[81]과 그러한 취지의 양해 각서(Memorandum of
Understanding: MOU)에 서명하였다. 네덜란드에 있는 대부분의 식물원은 국제식물
교환네트워크(International Plant Exchange Network: IPEN)의 당사자이고, 식물 물
질의 교환에 관한 국제식물교환네트워크(IPEN)의 물질전송협정(Material Transfer
Agreement: MTA)을 채택하였다. 그렇게 함으로써 비상업적인 연구(non-commercial
research)로 이용을 제한하였다.[82]

유전자원센터(CGN)와 CBS-KNAW는 매년 세계 전역의 많은 국가들에 있는
이용자들에게, 각각 식량농업식물유전자원국제조약(ITPGRFA)의 표준물질전송협정
(SMTA) 요건에 따라, 그리고 기타 기구들의 제도적 물질전송협정(MTA)에 따라 수천
개의 샘플을 배포한다.[83]

그런데 현재 국제적인 논의는 유전자원 관련 '전통지식(traditional knowledge)'에
집중하는 경향을 보이고 있는 데 비하여, 네덜란드의 많은 지식은 '현지 외(ex situ)'
수집에 의한 유전자원에 관한 '과학적 연구(scientific research)'로부터 얻고 있다. 이는
유전자원의 '발굴'뿐만 아니라 유전자원의 '개발'도 중요하고, 따라서 유전자원의 개
발에 대한 '투자'가 중요함을 의미한다.

---

80 Susette Biber-Klemm, Kate Davis, Laurent Gautier and Sylvia I. Martinez, *supra* note 8, p.220
    참조.
81 유럽 유전자은행 통합시스템(AEGIS)에 관하여는 웹사이트 http://aegis.cgiar.org/about_aegis.
    html.을 참조할 수 있다.
82 Susette Biber-Klemm, Kate Davis, Laurent Gautier and Sylvia I. Martinez, *supra* note 8,
    pp.220~221; Bert Visser, Bernd van der Meulen and Hanna Schebesta, *supra* note 4, p.173.
83 또한 네덜란드는 글로벌생물다양성정보기구(Global Biodiversity Information Facility: GBIF)에 적
    극적으로 공헌한다. 동 기구는 데이터베이스를 연결함으로서 생물다양성에 관한 '자료의 교환
    (exchange of data)'을 가능하게 하고, 관심 있는 '이용자들'이 쉽게 접근할 수 있도록 하고 있다.
    Ibid.

V. '자율 규제'에서 '국내이행법률 채택'으로의 전환이 주는 의미

1. 국내이행법률 채택이 유전자원 관련 국내산업계에 주는 의미

네덜란드 정부는 조약의 국내이행시 실현가능성 및 적절성을 고려하여 사회 전반에 '자율 규제' 방식의 기본정책을 실행하는 데, 이는 정부의 '행정적 부담'을 제거하기 위한 취지에서 비롯된다. 이는 얼핏 보면 산업계에도 행정적 부담을 경감시켜 주는 것으로 보일 수 있으나, 산업계 내부적으로는 그렇지 않다. 나고야의정서의 '유전자원에 대한 접근 및 이용상의 책임'을 주로 산업계에 해당되는 관련 '이해관계자들'에게 위임하고 있는 것이다. 네덜란드의 이러한 방식은 국제법 우위의 일원론적 태도를 취하고 있기 때문이고, 이는 근본적으로 네덜란드의 인구 및 영토의 소규모 국가, 지정학적인 주위의 강대국들 포진, 자체 자원보다는 대외무역을 통한 국가경제의 발전 추구에서 비롯된다. 그러나 결국 나고야의정서 이행에 있어서 네덜란드가 국내이행법률을 채택하였다는 점을 볼 때, 네덜란드가 대표적인 국제법 우위의 일원론 국가이지만, 이는 보다 구체적이고 체계적이며 명확한 접근 및 이익 공유(ABS) 법제를 구비하는 것이 바람직하다는 것을 인정한 것이다. 그리고 네덜란드의 주력 산업 분야인 동식물 육종, 식품 및 음료 산업, 그리고 제약 산업의 활동을 고려할 때, 네덜란드가 유전물질의 지속적인 '접근 및 이용' 가능성을 안정적으로 그리고 확실하게 보장하는 데에 경제적 초점을 두기 때문에 입법 주권을 활용한 것으로 보인다. 유전자원의 이용자 입장인 우리나라도 유전자원에 대한 지속적인 접근 및 이용 가능성을 확보하기 위한 안정성을 제공하기 위하여 나고야의정서에 비준하였고, 유전자원법을 발효시켰다.

2. 국내이행법률 채택을 통한 나고야의정서 이행 관리의 '체계화' 가능

네덜란드의 생물다양성협약(CBD), 나고야의정서, 식량농업식물유전자원국제조약(ITPGRFA)의 국내이행상의 체제화의 '책임'부서인 경제부는 나고야의정서 이행상의 네덜란드 정부 내 주관부처로서 내부 부서들 중 하나'[84]를 '접근 및 이익 공유(ABS)'상의 '국가책임기관(Competent Authority)'으로 지정하고, 네덜란드 유전자원센터(CGN)의 책임자와 함께 공동으로 국가연락기관(Focal Point)으로서의 역할 또한 담당하도록 함으로서 나고야의정서 이행 관리의 체계화가 가능하게 되었다.[85] 우리나라도 현재 '유전자원의 접근·이용 및 이익 공유에 관한 법률'에 의하면 복수의 국가책임기관으로 환경부, 과학기술정보통신부, 농림축산식품부, 해양수산부, 보건복지부를 지정하고 있으며,[86] 점검기관으로는 이들 기관 외에 산업통상자원부가 추가되었다.[87] 점검기관의 역할이 통합형으로 이루어질지 아니면 분산형으로 이루어질지 불분명한 상황인데, 가급적 주관부처를 지정하고 이를 중심으로 협업이 이루어지는 방향으로 나아가는 것이 바람직하다고 본다.

3. 국내이행법률 채택을 통한 나고야의정서이행상의 '법적 명확성' 제공

네덜란드 정부는 '접근 및 이이 공유(ABS)의 이행'과 관련하여 '자율 규제' 방식을 취하면서도 정책문서인 '존재의 근원(Sources of Existence)'에 따라 국제적으로 도입되거나 또는 다른 국가들에서 도입된 해당 '법률 및 정책'에 대하여 기업, 연구기관, 그리고 개인이 신중하게 대응하도록 촉구한 바 있다.[88] 네덜란드도 2014년 10월 12일 나고야의정서가 발효된 후, 나고야의정서이행에 관한 EU 규칙 511/2014/EU와 이행규칙 2015/1866/EU가 순차적으로 채택된 이래로 국제적 동향에 예의 주시하며 대응하고 있는 것이다. 그러나 결국 국제법 우위의 일원론인 네덜란드도 국내외적 차원에서 유전자원의 접근 및 이익 공유(ABS)의 절차상의 구체적이고 투명한 이행을 보장하기 위하여 '자율 규제' 보다는 국내이행법률의 채택을 통하여 법제도적으로 보다 '명확하게' 규제하게 됨으로서 향후 국제적 대응에도 유익하게 되었다.

---

84 네덜란드는 국가 정책적으로 접근 및 이익 공유(ABS)에 관한 국가연락기관 및 국가책임기관의 역할을 포함하는 일종의 유전자원정보센터(a National Information Centre on Genetic Resources: NICGR)를 설립하였다.

85 네덜란드 나고야의정서 이행법률 제4조(책임기관의 지정(선정)).

86 유전자원법 제8조.

87 유전자원법 제13조.

88 Bert Visser, Bernd van der Meulen and Hanna Schebesta, *supra* note 4, p.164.

네덜란드 '식물육종 부문'의 많은 기업들은 식물 유전자원에의 '접근'에 크게 의존하고 있는 만큼, 국제적 추이에 민감할 수밖에 없는 이용자이다. 더욱이 '해외 유래(foreign origin) 식물 유전자원'에 대한 접근과 관련하여, 관련 기업들은 '수집사업(collecting missions)'을 통하거나 또는 '해외 현지 외 수집(foreign *ex situ* collections)'을 통하여 형식적 조건(formal requirements)을 충족하는 유전자원을 획득하기 위해 공공유전자은행 '유전자원센터(public genebank CGN)'와 협력하고 있는 상황이다.[89] 즉, 기업들은 유전자원에는 '접근'해야겠고, 따라서 법제도적 '형식 요건'의 충족에 유의하면서 '접근 및 이용'하고 있는 것이다. 따라서 국내외적 '법적 명확성', '투명성' 및 '예측가능성'을 제공하기 위하여 접근 및 이익 공유(ABS)에 관한 국내이행법률을 마련하는 것이 적절했다고 할 수 있다. 비록 향후 새로운 규제들로부터 발생되는 '업무량 증가'와 '관청을 통한 번거로운 절차(즉, 행정적 부담)'에 관하여 우려하게 되었다고 비판할 수 있으나, 이로서 유전자원 이용자들에게 '법적 명확성'이 제공되었다는 점에서는 환영받을 것이다. 따라서 현재 우리나라 정부도 현재 나고야의정서에 관한 기업들의 인식제고를 위하여 홍보활동을 하고 있으나, 이에서 더 나아가 국내이행법률을 채택함과 동시에 동 법률에 관한 설명회 등을 통하여 나고야의정서의 이행과 관련된 법적 명확성을 전달하여 나고야의정서이행에 대응하도록 해야 할 것이다.

4. 국제환경법의 발전적 차원에 있어서의 '국제적 기여'를 통한 국제적 입지의 강화

우선 '나고야의정서 이행' 측면에서, EU 규칙 511/2014/EU는 네덜란드의 '국내 이행법제의 마련'을 통한 '공식적인 감시'를 요구하고 있었다. 이에 네덜란드 정부는 나고야의정서 이행 및 EU 규칙 511/2014/EU의 일정한 규정들(제4조: 이용자 이행의무, 제7조: 이행의무 감시, 제9조: 이행의무 감시 확인)의 이행을 위하여 법규(legal rules) 제공의 필요성을 심의하여 국내이행법률(Wet implementatie Nagoya Protocol)을 채택하였다. 네덜란드 나고야의정서 이행법률 제2조와 제3조에 의거하여 국가책임기관이자 국가연락기관인 경제부가 '이용자 이행의무준수'를 감시하는 역할을 수행하게 되었다. 이 EU

---

89 *Ibid.*, p.169.

규칙 511/2014에 따른 국내이행법률 채택을 통한 나고야의정서의 전면적인 도입으로 가장 효과적이고 효율적인 정책 및 절차가 추구될 것이고, 이로서 '외국의 사전통보승인(PIC)과 상호합의조건(MAT)'과 관련하여 '외국의 제공국'에게 네덜란드 이용자들의 이행의무준수 여부를 보장하게 되었다.

외국인의 네덜란드 내 유전자원 접근에 대한 동태와 관련하여, 이러한 채집 활동의 수행 요건들에 관한 면밀한 조사가 이미 이루어졌음에도 불구하고, 아직까지 어떤 외국의 당사자가 국가연락기관이나 국가책임기관인 경제부를 통해 네덜란드 정부에게 '현지 내(*in situ*, 원지(原地))'에서의 유전자원 채집의 의향(의도)을 밝힌 바는 없지만,[90, 91] 향후 나고야의정서 이행체제가 성숙기에 접어들면 그동안 나고야의정서 국내이행에 있어서 선도적 행보를 보인 당사국으로서 국제적 기여 및 영향력을 발휘할 수 있을 것이며 나고야의정서에 관한 국제적 입지는 일정부분 확보할 수 있을 것이다. 궁극적으로 '환경보호'의 측면에서, 접근 및 이익 공유(ABS) 법제가 '이익 공유' 외에 '생물다양성의 보존', '지속가능한 이용'도 기본적인 3대 목적으로 하고 있다는 점을 고려하여 '자율 규제' 방식보다 적극적인 '법제 노력'을 통해 국내이행법률을 채택하였다는 점은 국제환경법의 발전적 차원에서 의미가 있다. 우리나라도 나고야의정서를 비준하고 국내이행법률인 유전자원법을 채택한 만큼 국제환경법의 발전적 측면에서 기여함과 동시에 날로 관심이 증대되고 있는 국제환경규제질서에서의 선도적 입지 강화에 힘을 기울여야 할 것이다.

---

90 *Ibid.*, p.167.
91 한편, 구매자(buyer)에게 위에 언급된 자원들 중 계약상 명시적으로 어떤 것도 '번식시키지 못하게 하는 계약'의 이용(미국의 배양 회사들(breeding companies)이 그들의 일부 작물 다양성을 보호하기 위해 한 것과 같은)은 네덜란드 내에서 보고된 바가 없다. *Ibid.*

VI. 결언

유전자원의 접근 및 이익 공유(ABS)에 관한 네덜란드 정부의 정책은 처음에는 '자율 규제' 방식에 따라 관련 산업계 이해관계자들에게 이행의무준수에 대하여 자체적으로 신중을 기할 것을 요구하고 있었으나, 이제는 국내이행법률을 채택함으로서 이해관계자들에게 법적 명확성, 투명성, 예측가능성을 제공하게 되었다. 그리고 네덜란드는 적은 유전자원이 네덜란드 현지 내(*in situ*)에서 발견된다는 점에서 유전자원 이용국으로서의 성질이 강하고, 접근 및 이익 공유(ABS)에 관한 '국제적인 견지'와 관련해서 주요 식물 및 동물 육종산업의 이해를 반영하는 측면에서 유전자원에 대한 '자유로운 접근' 정책을 추구하여 왔다.[92]

이제 네덜란드는 EU의 접근 및 이익 공유(ABS)에 관한 규칙을 중심으로 국내규율체제를 확립해 나가야 한다. 무엇보다도 EU의 접근 및 이익 공유(ABS) 규칙의 핵심 내용인 규칙 511/2014/EU의 이용자의 '적절주의의무'(제4조)와 이용자의 이행의무준수 감시(제7조)의 위반에 대한 회원국의 '처벌' 규정의 도입과 이행(제11조)을 보장해야 한다. 이와 관련하여 특히 '이용자 이행의무준수' 규율 방식을 보완하고 구체화하기 위하여 채택된 집행위원회 이행 규칙 2015/1866/EU상의 수집등록처로의 관련 정보 제공(제2조), 등재 요청(제3조), 검사 및 시정조치(제4조), 연구자금 제공 단계에서의 주의의무 선서(제5조), 최종 상품 개발단계에서의 적절주의의무 신고(제6조), 업무처리 모범관행의 신청(제8조), 승인 및 승인의 철회(제9조), 변경 시 평가(제10조), 결함의 심사(제11조) 등의 이행을 보장해야 한다. 이와 같은 EU 및 네덜란드의 접근 및 이익 공유(ABS) 규율 체계 동향은 유전자원의 이용국 입장이면서도 '이용자의 이행의무준수'의 규율 방식을 보다 구체화 또는 명확화 하고 있다는 점에서 유전자원의 이용국 입장에 있는 우리나라의 나고야의정서에 대한 비준 및 유전자원법의 이행과 맥을 같이한다.

---

92 *Ibid.*, p.173.

제 6 장

독일의 ABS

I. 서언

유전자원에 관한 접근 및 이익 공유(Access and Benefit-sharing: ABS) 체계가 국제적 추세인 현재, 독일은 초기부터 '적극적으로' 관여해 왔다. 일반적으로 이용국 입장의 국가일수록 소극적임에 비해 이용국 입장인 독일은 적극적으로 대응하여 왔다. 먼저, 독일은 1992년 6월 12일 생물다양성협약(Convention on Biological Diversity: CBD)에 서명하였고, 이것이 발효되기 수일 직전인 1993년 12월 21일에 비준하였다. 2001년 10월에 독일은 본(Bonn)에서 생물다양성협약(CBD) 제6차 당사국총회(Conference of the Parties: COP6) 준비회의를 주최하였는데, 이곳에서 '유전자원 접근 및 이익 공유에 관한 임시 실무진(Ad Hoc Open-Ended Working Group on Access and Benefit-sharing)'이 설치되었고, 2002년 4월 네덜란드 헤이그 생물다양성협약(CBD) 제6차 당사국총회(COP6)에서 본 가이드라인(Bonn Guidelines) 초안이 채택된 바 있다. 그리고 독일은 2008년 5월 19일에 생물다양성협약(CBD) 제9차 당사국총회(COP9)를 본(Bonn)에서 개최하기도 하였다. 그 이후, 독일은 접근 및 이익 공유(ABS)의 이행을 촉진하기 위해 나고야에서 개최된 생물다양성협약(CBD) 제10차 당사국총회(COP10)에서 '법적 구속력을 갖는 체제'로 2010년 10월 29일 채택된 나고야의정서(Nagoya Protocol)에 대하여 2011년 6월 23일 서명한 후 2016년 4월 21일 비준하

여 2016년 7월 20일부터 당사국이 되었다.[1]

적은 천연자원을 갖는 독일은 유전자원의 '제공자'의 지위가 아닌 '이용자(user)'
의 지위에 있다. 독일의 공기업과 사기업은 '기초 및 응용 연구(basic and applied
research)'와 '실험 개발(experimental development)' 두 부문에 '투자'하고 있다. 독일은
유전자원이 부족하기 때문에 유전자원의 연구와 개발(R&D)에 상당한 투자를 하고 있
는 것으로 보이는데, 이는 우리나라도 지향해야 할 점이다. 독일은 특히 '특허(patents)'
에 대한 '지식재산권(intellectual property rights)'을 법적으로 보호하는 대표적인 국가
이며, 독일의 '연구관련 산업'은 경쟁력이 있다. 이러한 '연구관련 산업들' 중 일부는
'유전자원'의 이용과 관련되어 있다.[2] 그러한 '유전자원' 관련 산업들은 천연화합물을
사용하거나 천연자원을 합성하는 분야들인 약학(pharmacy), 원예학(horticulture), 식
물 육종학(plant breeding: 식품, 농업, 장식용), 기능성 식품(nutraceuticals, 즉 약효식품),
화장품(cosmetics), 생명공학(biotechnology) 등의 산업부문들을 포함한다.

이 글에서는 먼저, 생물학적 원료들에 관한 '접근'을 어떻게 규제하는지를 알아
보기 위하여 Ⅱ장에서는 유럽연합(European Union: EU)과 독일의 접근 및 이익 공유
(ABS)에 관한 법 규정을 살펴본다. 그리고 Ⅲ장에서는 제공국 측면의 독일에 관하여,
Ⅳ장에서는 이용국 측면의 독일에 관하여 살펴본다. Ⅴ장에서는 이용국 입장인 독일
의 접근 및 이익 공유(ABS) 체계가 유사 입장인 우리나라에 주는 시사점을 제시한다.

---

1 독일은 2011년 6월 23일 나고야의정서에 서명한 후, 2016년 4월 21일 비준하여 2016년 7월 20
일부터 당사국이 되었다. https://www.cbd.int/information/parties.shtml#tab=2; 1993년 12월
21일에 독일은 생물다양성협약(CBD)에 비준하였다. https://www.cbd.int/information/parties.
shtml#tab=0; 한편 EU는 나고야의정서에 2014년 5월 16일 비준하였으며, 생물다양성협약(CBD)
에 1993년 12월 21일 비준하였다. *Ibid.*; 생물다양성협약(CBD)은 30번째 비준일 90일 후인 1993
년 12월 29일 발효되었고, 독일은 30번째 비준국 이후에 비준한 셈이다. 생물다양성협약(CBD) 제
36조에 따라 생물다양성협약(CBD)은 독일에 대하여 1994년 3월 21일 발효되었다; 독일은 이미
2004년에 발효된 생물다양성협약(CBD) '식량농업식물유전자원에관한국제조약(International Treaty
on Plant Genetic Resources for Food and Agriculture: ITPGRFA)'의 서명국이었으며, 동 조약은 나고
야의정서 제4.2조에 따라 '접근 및 이익 공유(ABS)의 특별법(specialised ABS instrument)'으로 다루
어진다; 이용국 입장으로서 '자율규제(self-regulation)' 정책을 추구하던 네덜란드도 2016년 나
고야의정서 당사국이 되면서 국내이행법률(Wet implementatie Nagoya Protocol)을 채택한 바 있다.
Bert Visser, Bernd van der Meulen and Hanna Schebesta, "An Analysis of the ABS Regime in
the Netherlands", in Brendan Coolsaet, Fulya Batur, Arianna Broggiato, John Pitseys and Tom
Dedeurwaerdere (ed.), *Implementing the Nagoya Protocol: Comparing Access and Benefit-
Sharing Regimes in Europe* (Brill Nijhoff, 2015), p.173.

2 Lily O. Rodríguez, Miriam Dross and Karin Holm-Müller, "Access and Benefit-Sharing
in Germany" in Brendan Coolsaet, Fulya Batur, Arianna Broggiato, John Pitseys and Tom
Dedeurwaerdere, *supra* note 1, pp.115~116.

II. 독일에서의 접근 및 이익 공유(ABS)에 관한 법 규정들

1. EU의 접근 및 이익 공유(ABS) 체계의 핵심 내용

　　EU는 나고야의정서의 이행을 위해 '유전자원에 대한 접근 및 그 이용으로부터 발생하는 이익의 공정하고 공평한 공유'에 관한 EU 규칙 511/2014[3]를 채택하였다. 동 EU 규칙 511/2014는 2014년 6월 9일에 발효되었고, 나고야의정서가 국제적으로 발효된 2014년 10월 12일 이후에는 더욱 중요하게 되었다. 특히 EU 규칙 511/2014의 제4조, 제7조, 제9조는 우선 1년 뒤에 먼저 회원국들이 적용하게 하였다.[4] 이 EU 규칙 511/2014는 특히 유전자원의 이용에 관한 나고야의정서 제15조, 제16조, 제17조에 관한 EU차원의 통일된 국제적 의무이행을 규정하고 있으며, 유전자원의 '접근(access)'에 관한 규제는 EU 회원국들에게 위임된다.[5]

　　규칙 511/2014/EU는 제4조(이용자 '주의의무')와 제7조(이용자 이행준수 감시)의 위반에 대한 회원국의 '처벌'조치 수립과 이행조치 채택 의무(제11조)를 규정하고 있다. 특히 '이용자 이행의무준수' 규율 방식을 구체화하기 위하여 위원회 규칙 2015/1866/EU[6]로서 ① 수집등록처로의 관련 정보 제공(제2조), 등재 요청(제3조), 검사 및 시정조치(제4조), ② 연구자금 제공 단계에서의 적절주의의무 신고(제5조), 최종 상품 개발 단계에서의 적절주의의무 신고(제6조), ③ 업무처리 모범관행(Best Practice)의 신청(제8조), 승인 및 승인의 철회(제9조), 변경 시 평가(제10조), 결함의 심사(제11조) 등에 관하여 규정하고 있다. 이 EU의 접근 및 이익 공유(ABS) 체계 동향은 이용자 입장이면서도 '이용자의 의무이행준수'의 규율 방식을 보다 구체화하고 있다는 점에서 같은 이용국의 입장에 있는 우리나라에게도 중요한 의미가 있다.

3　Regulation 511/2014/EU of the European Parliament and of the Council of 16 April 2014 on compliance measures for users from the Nagoya Protocol on Access to Genetic Resources and the Fair and Equitable Sharing of Benefits Arising from Utilization in the Union (OJ 2014 L150/59).

4　EU 규칙 511/2014 제17조 제3항.

5　Bundestags−Drucksache 17/14245, 27.06.2013, p.2.

6　Implementing Regulation 2015/1866/EU of 13 October 2015 laying down detailed rules for the implementation of Regulation 511/2014/EU of the European Parliament and of the Council as regards the register of collections, monitoring user compliance and best practices (OJ 2015 L275/4−19); 국립생물자원관, 「나고야의정서 국제동향 2011−2015」 (국립생물자원관, 2016), p.60.

2. 독일의 접근 및 이익 공유(ABS) 체계

독일은 나고야의정서 및 EU 규칙 511/2014에 대한 접근 및 이익 공유(ABS) 연방법(Gesetz zur Umsetzung der Verpflichtungen nach dem Nagoya—Protokoll, zur Durchführung der Verordnung 511/2014/EU und zur Änderung des Patentgesetzes sowie zur Änderung des Umweltauditgesetzes)을 마련하였다.[7]

1) 연방 ABS법의 주요 내용

(1) 연방 ABS법 제1-2조(Artikel 1 § 2)는 당시의 관행을 확인하면서 '법적 예외를 제외'하고는 이용자 입장을 견지하여 독일에서 '유전자원에 대한 접근'을 '제한'하지 않는다.[8]

나고야의정서 제17조 제1항 (a)는 접근 및 이익 공유(ABS)에 관한 정보를 수집하거나 수령할 '점검기관(checkpoints)'을 고안함으로서 나고야의정서의 이행준수를 지원할 것을 당사국들에게 요청하고 있으나, 이 용이는 EU 규칙 511/2014 및 독일 연방 ABS법에 언급되지 않는다. 접근 및 이익 공유(ABS)에 관한 EU 규칙 511/2014 제7조에 의하면 '점검방법'과 관련된 이용자 부문에서 2가지를 예견할 수 있다. ① 첫째는 이용자들이 '연구자금'을 수령할 때,[9] ② 둘째는 유전자원의 이용을 통한 '제품의 최종 개발단계에서'[10] '적절주의의무(due diligence) 신고'를 한다는 점이다. 이는 규칙 2015/1866 제5조와 제6조에서 구체화되었다.

---

7 독일의 접근 및 이익 공유(ABS) 법은 관련 부처들 간의 합의에 어려움을 겪게 되었고 상당부분 조율을 거쳐 마련되게 되었다. 그리고 독일은 법률 제정권이 주제(subject matter, 내용의 중대성)에 따라 주와 연방(state and federal *Länder*)으로 나누어져있는 연방 국가이다. 독일기본법(Grundgesetz) 제74조 제1항 29단은 '자연보전 주제' 및 '접근 및 이익 공유(ABS)에 관한 연방법안'에 관한 규제에 있어 '주와 연방정부'의 '공존하는 권한(concurrent competence, 경합적 권한)'을 규정하고 있다. Lily O. Rodríguez, Miriam Dross and Karin Holm—Müller, *supra* note 2, pp.116~117 참조; 국내이행법률의 채택을 통해 나고야의정서 이행관리의 체계화가 가능하며, 나고야의정서이행상의 법적 명확성, 투명성 및 예측가능성을 제공할 수 있으며, 국제환경법의 발전적 차원에서 국제적 입지를 강화할 수 있을 것이다. 김두수, "네덜란드의 나고야의정서상 접근 및 이익 공유(ABS)에 관한 이행 동향: 자율 규제에서 국내이행법률 채택으로의 전환", 「국제법학회논총」 제61권 제4호(2016.12), pp.28~31 참조; 이글 II장은 김두수, "EU회원국으로서 독일의 나고야의정서 이행법제", 「국제법 동향과 실무」 제16권 제1호(2017.3) 참조.

8 독일 연방 ABS법, 제1-2조(Artikel 1 § 2).

9 EU 규칙 511/2014 제7조 제1항.

10 EU 규칙 511/2014 제7조 제2항.

즉, 나고야의정서 제17조 제1항은 당사국이 외국의 유전자원의 국내 이용 상황을 감시하고 투명성을 제공하기 위해 '제공국 접근 및 이익 공유(ABS)' 법제 이행[11]을 위한 하나 이상의 '점검기관'의 지정 의무를 부과하고 있다. 이에 대하여 EU 규칙 511/2014 제7조는 유전자원 및 관련 전통지식의 '점검기관'의 기능을 '국가책임기관'에 부여하고 있다. EU 규칙 511/2014의 제7조 제1항에 따라 EU회원국 및 집행위원회는 유전자원 및 관련 전통지식의 활용과 관련된 연구비의 모든 수령자에게 동 규칙 제4조상의 이용자의 '적절주의의무' 이행 신고를 요청해야하며, 동조 제2항에 따라 유전자원 또는 관련 전통지식의 활용을 통한 생산물의 최종개발단계에서 이용자는 제4조상의 의무로서 제6조 제1항의 해당 관할기관(국가책임기관)에 이를 공표함과 동시에 관련된 국제이행의무준수인증서, 상호합의조건(Mutually Agreed Terms: MAT)상의 정보를 포함하여 제4조 제3항 (b)의 (1)~(5) 및 제4조 제5항에서 언급된 관련정보를 제출해야 한다. 그런데 이용자 이행의무준수가 이처럼 적절주의의무로 약하게 규정되었다하더라도, 규칙 2015/1866 제5조에서 제6조까지의 조항이 규칙 511/2014 제4조 및 제7조의 이행을 위한 이러한 이용자의 '적절주의의무'의 점검 또는 감시를 위한 '연구자금 제공단계'(제5조)와 '최종상품 개발단계'(제6조)에서 '적절주의의무 신고'에 관하여 이행세칙을 규정하고 있다는 점에서 의미가 있다. 이용자는 회원국 국가책임기관의 요청이 있는 경우에는 더 많은 증거를 제출해야 한다. 한편 EU 규칙 511/2014 제7조 제3항과 제4항에 따라 관할기관은 나고야의정서 제14조 제1항, 제13조, 제17조 제2항에 따라 당사국들과 정보를 공유하나, 제7조 제5항에 의거하여 특별히 유전자원의 지정 및 활용과 관련해서 EU 또는 회원국 국내법률이 '합법적' 경제이익을 보호하기 위해 제공한 상업적 기밀 사항 또는 산업정보를 보호해야 한다.[12]

---

11 Linda Wallbott, Franziska Wolff and Justyna Pozarowska, "The negotiations of the Nagoya Protocol: Issues, coalitions and process", in Sebastian Oberthür and G. Kristin Rosendal (ed.), *Global Governance of Genetic Resources: Access and benefit sharing after the Nagoya Protocol* (Routledge, 2014), p.39 참조; 국립생물자원관 역, 토머스 그레이버 외 지음, 「나고야의정서 해설서」(국립생물자원관, 2014), p.187 참조.

12 나고야의정서의 접근 및 이익 공유(ABS)는 WTO 지식재산권협정(TRIPs)과 '잠재적 충돌(potential conflict)' 가능성의 문제가 제기되었으며, 나고야의정서 제4조의 규정 자체는 이에 대한 해결책을 제시하기 위한 규정이 아님을 밝히고 있기도 하다. Philippe Sands, Jacqueline Peel, Adriana Fabra and Ruth Mackenzie, *Principles of International Environmental Law* (Cambridge Univ. Press, 2012), p.803; 나고야의정서의 이익공유제도와 WTO협정간의 조화에 관하여는 최원목, "유전자원 접근 및 이익 공유를 위한 나고야의정서와 국제통상법간의 충돌과 조화", 「법학논집」 제19권 제2호(2014.12), p.477.

(2) 연방 ABS법 제1−3조(Artikel 1 § 3)에 따라, '유전자원의 이용' 및 '유전자원 관련 전통지식'과 관련된 연구자금의 수령자들은 EU 규칙 511/2014 제4조상의 요건으로의 '적절주의의무'에 따라 신중하게 절차를 진행하여 연구자금의 사용에 적용해야 할 의무가 있다. 연방 ABS법에 관한 해설서(explanatory memorandum)에 의하면 동 규정은 EU 규칙 511/2014 제7조 제6항에 따라 EU 집행위원회가 해당 이행법률을 채택할 때 까지만 적용되며, 그 이후에는 해당 이행법률이 동 국내법률 보다 우선 적용될 것으로 하고 있는 바,[13] 2015년 10월 13일 이행규칙 2015/1866가 채택되어 동년 11월 발효되었기에 현재로서는 큰 의미는 없게 되었다.

그런데 독일 특허법(Patentgesetz)은 이미 유전자원에 대해 다루어 왔다. 특허법 제34a조 1단[14]에 의하면, 식물이나 동물을 원천으로 하는 생물학적 물질에 근거하거나 또는 그러한 물질의 이용에 근거하는 '발명(invention)'인 경우, 특허 신청은 알고 있는 경우 그러한 물질의 출처공개를 포함해야 한다. 그런데 동 규정은 '특허신청의 심사' 또는 '승인된 특허로부터 발생하는 유효한 권리'를 침해하지는 않을 것이다.[15] EU 특허 규정(EU patent regulation)과도 동일한 동 규정은 '출처정보의 누락(ommission)이 특허 승인설차에 내해 영향을 미치지 않는다'는 내용을 함축하고 있다.[16] 따라서 이러한 '출처공개절차'는 출처정보를 공개하지 않아도 '제재'가 없기 때문에 명백하게 '자발적으로(voluntarily)' 공개하는 조치에 해당된다.[17] 따라서 규칙 2015/1866 제5조(연구기금의 수령시) 및 제6조(최종 상품 개발단계시)상의 '적절주의의무 신고'에 있어서 그 부속

---

13 Lily O. Rodríguez, Miriam Dross and Karin Holm−Müller, *supra* note 2, p.117.

14 Section 34a:
    Should an invention be based on biological material of plant or animal origin or if such material is used therefor, the patent application is to include information on the geographical origin of such material, if known. This shall not prejudice the examination of applications or the validity of rights arising from granted patents.

15 독일 특허법(Germany Patent Act as amended by the Act on Improvement of Enforcement of Intellectual Property Rights of 31 July 2009)에 관한 영문버전은 WIPO가 번역한 http://www.wipo.int/ wipolex/en/text.jsp?file_id=238776을 참조.

16 IEEP, Ecologic and GHK, *Study to analyze legal and economic aspects of implementing the Nagoya Protocol on ABS in the European Union* (Brussels/London, 2012), annexes, 39; Thomas Henninger, "Disclosure Requirements in Patent Law and Related Measures: A Comparative Overview of Existing National and Regional Legislation on IP and Biodiversity", in *Triggering the Snergies between Intellectual property Rights and Biodiversity* (Eschborn, Germany: Deutsche Gesellschaft für Technische Zusammenarbeit (GTZ), 2010); WIPO Doc. WIPO/GRTKF/IC/16/ INF/15.

17 Lily O. Rodríguez, Miriam Dross and Karin Holm−Müller, *supra* note 2, p.118.

서 II 및 IV에 기밀사항을 체크함으로서 보호받을 수 있다. 나고야의정서 이행을 위한 연방 ABS법에서는 연방 ABS법 제2조(Artikel 2)에 따라 독일 특허법 제34a조에 한 문단을 추가할 것이 예상되었는데, 이에 의하면 '국가책임기관(competent authority)' 인 연방자연보존청(Bundesamt für Naturschutz: BfN)에 통지(notice)하도록 하고 있다. 즉, 독일 특허청(German patent office)은 이미 물질의 출처 정보를 요청하고 있기 때 문에, 특허법은 '이익 공유 협정(benefit-sharing agreement)'을 요구하지 않으며, 물질 의 '출처의 비공개'가 '특허 거부'로 이어지지 않는다. 같은 맥락에서 미생물(micro-organisms)은 특허법에서 단지 특허를 받을 수 있는(patentable) 사항이라고만 명시하 고 있고 별도의 규정이 없기 때문에 출처공개 요건은 암묵적으로 제외된다.[18]

　　(3) 연방 ABS법 제1-6조(Artikel 1 § 6)는 규칙 511/2014 제7조와 제9조에 규정 된 모든 '감시 임무(monitoring tasks)'의 수행을 위한 '국가책임기관'의 직무 및 권한에 관하여 상세하게 규정하고 있다. 나고야의정서에 의하면 "각 당사국은 접근 및 이익 공유(ABS)에 관한 국가연락기관(focal point)을 지정하여야 한다."[19]라고 규정하고 있 다. 따라서 당사국은 유전자원 접근 및 이익 공유(ABS)에 관한 '국가연락기관'과 하나 이상의 '국가책임기관'을 지정해야 한다. 국가연락기관의 역할은 "유전자원과 관련 전 통지식에 대해 접근을 신청하는 자를 위해 사전통보승인(Prior Informed Consent: PIC) 을 취득하기 위한 절차와 상호합의조건(MAT)을 체결하기 위한 절차 등을 제공"하는 것이다. 한편 나고야의정서 제13조에 의하면, 국가책임기관은 "자국의 유전자원에 대 한 접근 요건이 충족되었다는 문서[20]의 발급, 그리고 사전통보승인(PIC)의 취득과 상호 합의조건(MAT)을 체결하기 위한 해당 절차와 요건에 대해 자문"하는 역할을 수행한 다.[21] 그런데 나고야의정서에 의하면 '국가연락기관'과 '국가책임기관'의 역할을 동시에

18　*Ibid.*

19　나고야의정서 제13조 제1항.

20　이러한 '국제이행의무준수인증서(internationally recognised certificate of compliance)'와 관련하여 나 고야의정서는 사전통보승인(PIC)을 요구하는 당사국에게 '유전자원 접근시 사전통보승인(PIC) 부여 결정과 상호합의조건(MAT) 체결의 증거로서 허가증이나 상응문서의 발급을 위하여 필요 한 입법적, 행정적, 또는 정책적 조치 중 적절한 조치를 채택'할 것을 요구하고 있으며, EU 규칙 511/2014/EU 제3조 11항은 "국제이행의무준수인증서란, 나고야의정서 제6조(3)(e)에 따라 국가 관할기관이 발급하는 접근허가증 또는 상응하는 증서로서 나고야의정서 제14조(2)(c)에 따라 유 전자원 접근 및 이익 공유 정보공유센터(Access and Benefit-Sharing Clearing-House: ABSCH)에 통보된 것을 의미한다."라고 정의하고 있다.

21　나고야의정서 제13조 제2항.

수행할 단일 기관의 지정도 가능하다.[22] 이에 EU 규칙 511/2014/EU는 국가책임기관
과 국가연락기관의 지정에 관하여 제6조에서 규정하고 있으며,[23] 무역관련 야생 동식
물의 보호와 관련된 기관들[24]이 동 규칙의 목적을 달성하는 데 기여하도록 규정하고
있다.

그리고 연방 ABS법 제1-4조(Artikel 1 § 4)는 법적 의무의 위반 시 최고 5만 유
로(50,000€)의 벌금을 부과하고 있다. 그리고 연방 ABS법 제1-4조(Artikel 1 § 4)
상의 범죄(offence)란, ① EU 규칙 511/2014 제7조 2항(최종 상품 개발단계)상의 적절
주의의무 신고 보고의무, ② EU 규칙 511/2014 제4조 3항상의 ABS 법률준수에 관
한 국제이행의무준수증명서(certificate of compliance)에 관한 의무를 위반하는 경우
를 말한다. 그리고 연방자연보존청(BfN)인 '국가책임기관'이 이 역할을 수행한다. 연방
의 환경자연보호건설핵안전부(Bundesministerium für Umwelt, Naturschutz, Bau und
Reaktorsicherheit: BMUB)'는 나고야의정서 제13조 1항에 따라 '국가연락기관'으로 지
정된다. 연방 ABS법 제1-3조(Artikel 1 § 3) 에 따라, EU 규칙 511/2014에 따른 '감시
(monitoring)'를 위한 추가 규제의 법령(조례)은 환경자연보호건설핵안전부(BMUB)가
담당하게 된다. 이에는 표본 수집, 분석 방식, 그와 관련된 세부사항들을 포함한 조사
를 수반한다. 또한 이에는 EU 규칙 511/2014 제7조 제1항 및 제7조 제2항상의 적절주
의의무 신고도 포함된다.

2) 적절주의의무(due diligence)

나고야의정서에 따라 생물다양성협약(CBD) 하의 유전자원 이용에 관한 '투명한
공개'는 유전자원 '접근'과 '이익 공유'의 양 측면에 관한 정보를 다루는 '정보교환(처
리)기관(clearinghouse mechanism for information)'을 통해 이루어진다. EU에 따르면
'국가책임기관'은 EU 규칙 511/2014 제7조 제3항에 따른 '감시의무'를 수행할 것이라
는 사실과 함께 외국의 유전자원이 국내에서 이용되는 상황을 감시할 의무로서 해당
사안을 보고해야 한다.

---

22 나고야의정서 제13조 제3항.
23 EU 규칙 511/2014 제6조.
24 Regulation 338/97/EC of the Council of 9 December 1996 on the protection of species of wild fauna and flora by regulating trade therein (OJ 1997 L61/1-69).

연방환경보존청(BfN)의 한 연구에 의하면,[25] '출처공개요구'와 '독일법제'의 양립 가능성에 관하여 연구한 결과, '출처공개'요구 조항은 ① 유전자원의 법적 접근에 따라 야기된 제한조치들이 '환경 보호'의 목적을 위해 정당화될 수 있기 때문에 독일 기본법(헌법) 제5조가 보장하는 '과학 및 연구의 자유'를 침해하지 않는다고 결론을 내렸다. ② 이 연구에 따르면 독일 기본법(헌법) 제12조가 보장하는 '직업 선택의 자유'에 있어서도 이와 유사한 논쟁들이 발생한다. 이 조사 사례들을 보면 제한조치의 대상인 '수입업자들과 상인들'의 경우 (환경보존 이라는) '공익적 측면'에서 간주될 수 있다는 것을 의미한다. 즉, 출처공개의무는 '공익적 측면'을 고려할 때 직업선택의 자유를 위협하지 않는다는 것을 의미한다. 게다가 덜 제한적인 대체 입법조치들(less-restrictive alternative)도 이용 가능할 것으로 보이지 않는다는 점이다. ③ 또한 이 연구에서는 '사유재산'을 보호하는 독일 기본법(헌법) 제14조와의 어떠한 충돌도 발생하지 않는다고 보았다. ④ 또한 추가적으로 동일한 행위자(equal actors)에 대한 '불평등한 대우'를 금지하는 독일 기본법(헌법) 제3조의 저촉 가능성 여부와 관련하여, 앞서 언급한 요구 사항에 관한 증명서소지 요건(certificate requirements)이 유전자원의 '연구', '수출', '상업화'에 관여하는 '모든 사람들에게 동등하게 적용'되기 때문에 이러한 충돌 가능성의 문제를 제기하지 않아도 된다고 결론 내렸다. 이 연구결과를 요약하자면 '증명서를 갖춰야한다'는 법적 의무와 독일 기본법(헌법)과의 충돌 가능성의 문제를 전혀 발견할 수 없었다는 것이다.[26] 이는 국제사회에서 일반적으로 적용되고 있는 내국민대우의 원칙 (National Treatment: NT)과도 밀접한 관련이 있다.

한편, 독일 정부는 일반적으로 계약자유의 원칙(principle of freedom of contract)에 따라 계약(MAT)의 내용에 대해 '강요'하거나 '평가'를 할 수는 없고, 단지 계약 (MAT)의 존재 유무에 대해 보장할 의무만 있다는 견해를 표명했다.[27] 독일은 EU 규칙 511/2014에 포함된 것과 같이 이행의무준수의 원칙(principle for compliance)인 '적절주의의무'를 도입하고 있다. 이 '적절주의의무' 시스템은 3가지 요소가 필요한데, 이는 '목공제품'에 대한 EU 규칙 995/2010/EU[28]을 보면 '정보(information)', '위험평가

25 Miriam Dross and Franziska Wolff, *New Elements of the International Regime on Access and Benefit Sharing of Genetic Resources - The Role of Certificates of Origin* (Bonn: BfN Skripten, 2005).

26 Lily O. Rodríguez, Miriam Dross and Karin Holm-Müller, *supra* note 2, p.119.

27 Bundestags-Drucksache 17/14245, 27.06.2013, p.8.

28 Regulation 995/2010/EU of the European Parliament and of the Council of 20 October 2010

(risk assessment)', '위험완화(risk mitigation)' 요소를 의미한다. 여기에서 '정보'는 이용된 자원의 추적 가능성(traceability)을 허용하는 것을 의미하며, 이는 주로 위험(risks)에 대한 '의심'이 있는 경우, 유전자원의 법적 접근에 관한 더 많은 '정보'를 검사해야 한다는 것을 의미한다. 예를 들면, 유전자원 제공자 소속 국가들(provider countries)이 불이행(non−compliance)의 가능성을 지적하며 문제로 제기하는 경우가 있을 수 있다.[29] 그러나 EU 규칙 511/2014의 '적절주의의무'는 ① 적극적인 사전대책(proactive approach)을 강구하는 것 보다는 반작용(reactive)의 성향을 띠는 것으로 보이며, ② 자체적인 감시 직무를 효과적으로 수행하는 '제공자 국가들의 능력'에 달려 있는 것으로 보인다.[30]

3) 나고야의정서의 '시간적 범위'와 '적용 가능성'

나고야의정서의 시간적 범위에 대해서, 독일 연방정부는 EU 규칙 511/2014 제2조에 따라, 오직 '나고야의정서 발효 후'에 접근된 유전자원들만 적용대상이 된다는 이용자 입장의 견해를 유지하고 있다. 여기에서 우리가 기억해야 할 것은, 나고야의정서의 채택을 위한 국제협상 기간 동안 이러한 논란의 대상이 되는 시간적 적용 범위와 같은 사안에 대한 '합의'가 이루어지지 못했다는 점이다. 생물다양성이 풍부하여 제공국의 위치에 있는 여러 국가들은 나고야의정서에 명시된 법적 의무가 1993년 12월에 '생물다양성협약(CBD)'이 발효된 이래로' 적용되어야 한다는 의견을 피력하고 있는데 비하여, EU는 '나고야의정서가 발효된 이후부터' 접근된 유전자원에 적용되는 것으로 본다.[31]

4) 유전자원의 이용(utilisation)

유전자원의 '이용'에 대한 개념 '정의(definitions)'가 중요하나, EU 규칙 511/2014는 그 해석의 여지를 남기면서 다소 불분명한 부분으로 남아 있다. 예를 들어 '현지외 수집들(*ex situ* collections)'을 언급할 때, 독일 정부는 유전 정보의 '단순한(simply)

---

laying down the obligations of operators who place timber and timber products on the market (OJ 2010 L295/23).

29 Bundestags−Drucksache 17/14245, 27.06.2013, p.7.

30 Lily O. Rodríguez, Miriam Dross and Karin Holm−Müller, *supra* note 2, p.120.

31 Linda Wallbott, Franziska Wolff and Justyna Pozarowska, *supra* note 11, p.37 참조.

수집과 저장'은 '이용'의 개념에 포함되지 않는다고 밝혔다. 이로 인하여 '연구 및 개발 (research and development)'이란 용어에도 이를 동일하게 적용할 수 있는지의 문제가 제기되었다.[32] EU 규칙 511/2014 초안 마련 당시, 라이프니츠 협회(Leibniz Association) 는 동 EU 규칙상 '연구 및 개발'에 대한 명확한 개념 정의가 규명되었어야 했고, "실제 로 상업적 적용(commercial applications) 또는 시장판매를 위한 제품(market-based products)으로 염두에 두고 있는 생물학적 또는 유전적 물질에 관한 구체적인 어떤 연 구"를 의미하도록 '연구 및 개발'에 관하여 명백한 정의가 있어야 한다는 것을 제안하 는 문서를 발표했다.[33]

그러나 EU 규칙 511/2014는 유전자원의 '이용'에 관하여 나고야의정서에서 규정 했던 것보다 더 구체적인 정의를 제시하지 않았다. 나고야의정서 제8조(a)는 당사국들 에게 '비상업적 연구'를 위하여 '간소한 접근 절차'를 포함하여 연구를 촉진 및 장려 하는 환경을 창출할 것을 요청하고 있다. 따라서 나고야의정서가 이 조항을 포함시킴 으로서, '상업적 및 비상업적으로 의도된 연구(commercially and non-commercially intended research)'가 나고야의정서의 적용 범위에 해당되어야 한다고 볼 수 있다. EU 규칙 511/2014가 '비상업적 연구'의 법률 준수에 대한 책임을 부여하지 않기 때문에, 나고야의정서에서 또는 EU 규칙 511/2014에서 '기초 연구(basic research)'를 적용 대 상에서 제외했다는 일체의 해석은 국제사회에서 '정확한 해석'으로 비춰지지도 않을 것이며 또한 '호의적'인 것으로 여겨지지 않을 것이다.[34]

---

32 Bundestags-Drucksache 17/14245, 27.06.2013.

33 Leibniz Association, Position paper by the Section C Life Science of the Leibniz Association as well as the Leibniz Research Network on Biodiversity (LVB) on the "Proposal for a Regulation of the European Parliament and of the Council on Access to Genetic Resources and the Fair and Equitable Sharing of Benefits Arising from their Utilization in the Union" 2012/0278 (COD), http://www.leibniz-verbund-biodiversitaet.de/fileadmin/user_upload/downloads/ Biodiversitaet/2012_0278_COD_position_Leibniz.pdf.

34 Lily O. Rodríguez, Miriam Dross and Karin Holm-Müller, *supra* note 2, p.121.

III. 유전자원 제공국 측면에서의 독일

독일도 대부분의 EU 국가들과 마찬가지로 '자국 유전자원의 이용'에 대한 '이익 공유'를 요구하고 있지 않다. 국가가 이익 공유에 대하여 당사자들 간의 문제에 간섭하지 않는 것으로 볼 수 있다. 따라서 독일은 독일 내 유전자원의 '접근(access)'을 위한 사전통보승인(PIC)이나 상호합의조건(MAT)에 관한 절차를 적극 시행할 의도를 갖고 있지 않다. 이는 나고야의정서가 '이용자'에 관한 조치를 취하고는 있으나, 유전자원의 '접근에 관한 구체적인 규제'가 개별 국가의 '재량'으로 위임되어 있기 때문이다.

생물다양성협약(CBD)이 유전자원의 '소유권(ownership)'에 관한 사항을 각 국가들에게 부여해 왔지만, 독일은 생물학적 또는 유전적 자원의 소유권을 규정하는 어떠한 법률도 갖고 있지 않다.

따라서 현지 내 자원(*in situ* resources)과 관련하여, 처음으로 발견된 자원에 대해서는 일반적으로 '토지의 소유자'가 재산권, 상속권을 보장하는 독일 기본법(헌법) 제14조에 따라 그 사유지(private lands or waters)에서 발생한 생물학적 및 유전적 자원의 소유자이며, 독일 민법(Bürgerliches Gesetzbuch: BGB)에 의해 규율된다.[35] 만일 육지의 종들(species)이 예를 들면, ① 위험한 상황에 처해 있기 때문에,[36] 또는 ② 보호구역에 소재하고 있기 때문에[37] 연방자연보존법(Bundesnaturschutzgesetz: BNatSchG)에 의해 보호받아야 하지만 그렇지 못하게 된다면, 토지의 소유자는 소유지에서 발견되는 유전자원을 발견 즉시 폐기할 수 있다. 예컨대, 만일 유전자원이 '매매계약(purchase contract)'을 통해 거래된다면 '민법'의 규율 대상이다. 반면에 '공유지(public lands)'나 '보호지역(protected areas)'에서의 천연 자원을 관리하거나 결정할 권한은 '정부(federal or the *Länder*)'에게 있으며, 이는 연방자연보존법(BNatSchG)이나 개별 법률에 의해 규제된다.[38]

---

35 *Ibid.*
36 BNatSchG § 13 and § 14.
37 BNatSchG § 44.
38 Lily O. Rodríguez, Miriam Dross and Karin Holm—Müller, *supra* note 2, p.122.

비록 유전자원의 '접근'이 일반적으로는 제한되지 않지만, 연방자연보존법
(BNatSchG)[39] 제4조 제1항 4에 따라 특별히 보호되는 야생식물 종의 채취는 금지되
며, 또한 육종단계에서의 채취도 금지되며, 그 장소를 파괴하거나 손상을 가하는 행위
또한 금지된다. 또한 (시장판매가 금지되는) 이런 동물 및 식물 종들은 '상업적 목적'을
위하여 획득하거나 대중에게 진열되거나 여러 다른 방식으로 이용되는 것이 금지된다.
자연 보호 및 경관 관리를 담당하는 주무부처들은 연방법에 따라 시행한다. 그렇지
만 타국으로부터의 도입의 경우에, 연방자연보존청(BfN)은 연구, 교육, 재도입의 목적
을 위한, 또는 육종활동(breeding operations)이나 인공증식조치(artificial propagation
measures)를 위한 개별 사건에 있어서는 연방자연보존법(BNatSchG) 제44조에 따라 금
지에 대한 '예외'가 허용된다.[40]

또한 그러한 '접근'에 대한 '제한(금지)'조치는 유전자원이 연방자연보존법
(BNatSchG) 제4장(일정한 자연 및 경관의 보호)상의 '보호대상 영토'의 일부분에 소재하
는 경우에도 적용된다. 연방자연보존법(BNatSchG) 제22조에 따르면 일정한 자연 및
경관은 '선언(declaration)'의 방식으로 보호를 받아 '접근을 제한'한다. 이러한 선언은
특히 보호될 '지역', 보호의 '목적', 목적 달성을 위해 필요한 '금지나 명령의 내용'에 관
하여 확정해야 한다.

'현지 외(ex situ) 수집'의 경우, 소유권은 대학이나 공공재단이나 자치사회 등에
의한 다양한 형태의 공공수집으로 나타난다. 접근 및 이익 공유(ABS) 규정들에 대한
어떠한 위반도 발생하지 않는 한, 공공수집된 유전자원의 '이용'에 대한 '제한'은 없다.
그러나 유전자원 접근승인의 결정권은 유전자원의 '수집에 대하여 책임을 지는 자(수
집가)'에게 있다.[41]

독일의 국가생물다양성전략(German National Biodiversity Strategy)은 식물, 동
물, 곰팡이류, 미생물을 포함하여 '야생 및 재배된 유전자원'에 대해 다룬다. 동 전략
은 '유전자원의 보호' 및 '유전자원에 관한 국가정보체계의 개발'을 위해서 '일정목록
분류방식(specific inventory measures)'을 위한 몇 가지 기준을 제시한다. 현재 동 품목
리스트는 체계가 잡혀 실행단계에 있고, 이것이 소위 '유전자원정보시스템(Information

39 독일 연방자연보존법(BNatSchG)의 비공식 영어버전은 www.bmu.de; http://www.bmub.bund.
   de/fileadmin/Daten_BMU/Download_PDF/Naturschutz/bnatschg_en_bf.pdf.
40 Lily O. Rodríguez, Miriam Dross and Karin Holm−Müller, *supra* note 2, p.122.
41 *Ibid.*, p.123.

System of Genetic Resources: GENRES)[42]이다. 식품농업부(Bundesministerium für Ernährung und Landwirtschaft, BMEL) 산하 연방농업식품국(Bundesanstalt für Landwirtschaft und Ernährung, BLE)이 동 시스템을 관리한다. 이 시스템을 통해 독일 현지 내(*in situ*) 및 현지 외(*ex situ*)의 식물, 동물, 삼림, 수산, 미생물과 같은 유전자원의 저장 목록(stocks list)을 담은 국가목록전문데이터베이스(XGRDEU-Online-Datenbanken)가 구성된다. 현재 여기에는 삼림, 수산, 재배 또는 야생 식물들이 포함되어 있다. 미생물(microorganisms), 무척추동물(invertebrates)에 관한 부분도 보존프로그램의 정의를 내리는 것과 아울러 작업 중에 있다.[43]

그런데 EU 규칙 511/2014/EU은 집행위원회가 EU 내에 유전자원신탁등록처(register of collections)를 설립 및 운영하도록 하고 있으며, 동 유전자원신탁등록처는 이용자가 쉽게 접근할 수 있는 인터넷 방식으로 운영되고, EU 보관신탁기준을 충족하는 것으로서 '검증된' 유전자원을 보관하도록 규정하고 있다.[44] 동 규칙을 보완하는 규칙 2015/1866 제2조에서 제4조까지는 등록처가 확보해야 하는 정보들(제2조), 등록처 등재 요청(제3조), 등록된 유전자원의 검사 및 시정조치(제4조)에 관하여 규정하고 있다. 따라서 독일의 유선사원등록센터는 EU 유전자원신딕등록처와 유기적인 협력체제를 갖추고 운영되어야 할 것이다.

---

42 GENRES - Informationssystem Genetische Ressourcen, http://www.genres.de/. 이 웹사이트는 영어버전을 제공하고 있다.

43 Lily O. Rodríguez, Miriam Dross and Karin Holm-Müller, *supra* note 2, p.123.

44 EU 규칙 511/2014 제5조 제1항.

Ⅳ. 유전자원 이용국 측면에서의 독일

1. 행위 주체들

독일의 행위 주체들은 정부 당국들(government authorities), 연구자금 지원기관들 (funding agencies), 현지 외 수집(*ex situ* collections), 이용자(users) 등 4개 그룹으로 검토할 수 있다. 마지막 그룹인 '이용자'에 관한 검토는 산업계를 위시하여 '상업적 의도를 가진 연구자들'뿐만 아니라 '비상업적으로 관심을 가진 연구자들'을 포함한다. 이는 앞에서도 살펴보았듯이 접근 및 이익 공유(ABS) 법제는 이용 및 접근에 대한 개념에 있어서 '상업적' 및 '비상업적' 이용 양자 모두를 포함하는 것으로 보기 때문이다.[45]

1) 정부당국

(1) 연방의 환경자연보호건설핵안전부(BMUB)와 연방자연보존청(BfN)

연방의 환경자연보호건설핵안전부(BMUB)는 '국가연락기관'이며, 독일에서의 나고야의정서 접근 및 이익 공유(ABS)이행을 위한 국가정책수립을 담당하는 부처이다. 국가책임기관인 연방자연보존청(BfN)은 BMUB의 부속기관으로 국가생물다양성전략(National Biodiversity Strategy)의 실행을 조율할 책임이 있다. 또한 연방자연보존청 (BfN)은 독일 ABS 정보기반(German ABS Information Platform)을 주관 관리한다.[46]

2007년 11월, 연방정부 부처(BMUB)는 국가생물다양성전략을 채택하였는데,[47] 동 국가생물다양성전략은 비록 비구속적 문서이지만, 생물다양성협약(CBD)과 식량농

---

45 식량·농업에 관한 식물 유전자원의 경우에는 '식량농업식물유전자원에관한국제조약(International Treaty on Plant Genetic Resources for Food and Agriculture: ITPGRFA)'에 의해 특별히 규율되기 때문에 이 글에서는 다루지 않는다. 나고야의정서 제4조; 오선영, "식물유전자원의 ABS체제-나고야의정서와 ITPGRFA조약의 관계를 중심으로", 「환경법연구」 제36권 제2호(2014.8), pp.215, 223, 225 참조; Susette Biber-Klemm, Kate Davis, Laurent Gautier and Sylvia I. Martinez, "Governance options for *ex-situ* collections in academic research", in Sebastian Oberthür and G. Kristin Rosendal (ed.), *supra* note 11, p.219.

46 http://www.bfn.de/0101_aufgaben+M52087573ab0.html.

47 BfN, German National Strategy on Biodiversity, 2007, http://www.bfn.de/0304_biodivstrategie-nationale+M52087573ab0.html.

업식물유전자원에대한 국제조약(ITPGRFA)을 포함하는 국제의무의 준수와 공정하고 공평한 이익 공유를 보장하려는 독일정부의 의지를 표현하고 있으며, 또한 이는 다른 국가로부터의 유전자원 및 전통지식과 관련된 국가 ABS 규정들을 보장하려는 의지를 표방하고 있다. 또한 이는 독일에서의 유전자원의 수집, 산업, 과학연구, 무역거래, 재배자, 사인과 같은 유전자원의 이용자들과 제공자들이 생물다양성협약(CBD)의 접근 및 이익 공유(ABS) 규정 및 기타 관련 규정들을 숙지하고 이행해야 할 것을 요구하고 있다.

(2) 식품농업부(BMEL)

또 다른 중요한 행위자는 유전자원과 관련된 유럽적 지위를 적극적으로 형성할 것을 업무내용으로 하는 연방 식품농업부(BMEL)이다. 국제적 차원에서 이는 식량농업식물유전자원에대한 국제조약(ITPGRFA)을 위한 독일의 '국가연락기관'이다. 국내적 차원에서 식품농업부(BMEL)는 농작물과 축산업을 포함하여 식량, 농업, 산림, 수산 관련 자원에 관한 유전자원 보호의 책임이 있다. 이와 같이 식품, 농업, 산림, 어업에 관련된 독일에서의 '생물다양성의 이용과 보호'[48]를 통해 국가생물다양성전략을 보완하여 발전시켜왔다. 게다가 식품농업부(BMEL)가 어업 부문에 관해서도 책임이 있기 때문에, 이를 통해 '바다, 호수, 강에서의 어업' 및 '수산양식'을 포함하여 독일 '수산유전자원의 보호를 위한 전문성을 갖춘 계획'을 개발해 왔다.[49] 산림 유전자원과 관련해서, 연방 정부는 산림 번식 물질을 다루는 실무진을 통해 산림 유전자원의 법률을 제정해왔고, '산림 유전자원의 보호와 지속가능한 이용을 위한 계획'을 개발해 왔다.[50]

(3) 경제협력개발부(BMZ)

지난 10여년 간, 연방 경제협력개발부(Bundesministerium für wirtschaftliche

---

48 Federal Conservation Strategy for food, agriculture, forestry and Fisheries.
   http://www.bmelv.de/SharedDocs/Downloads/EN/Publications/AgriculturalBiodiversity.
   pdf?__blob=publicationFile.

49 German Ministry of Food, Agriculture and Consumer Protection, *Aquatic Genetic Resources.
   German National Technical Programme on the Conservation and Sustainable Use of Aquatic
   Genetic Resources*, 2010,
   http://www.bmelv.de/SharedDocs/Downloads/EN/Publications/AquaticGeneticResources.
   pdf?__blob=publicationFile.

50 http://www.genres.de/en/forest-plants/regulatory-framework/.

Zusammenarbeit und Entwicklung: BMZ)는 바이오무역을 지원함으로서, 그리고 다른 유럽 국가들과 연계하여 ABS능력형성계획(ABS capacity−building initiative)[51]을 지원함으로서, '가난'에 허덕이는 '생물다양성 부국들'이 ABS상의 '발생 이익'을 통하여 '생물다양성을 보다 풍부'하게 하고, '가난을 경감'시키는 것을 돕는 데에 초점을 두어 왔다. 즉, 이를 통해 'ABS 법률의 실행 능력'과 '유전자원의 접근을 규제'하는 지침을 개발하는 것을 돕는 활동을 계속 진행하고, 아프리카, 카리브해, 태평양 지역 및 이해당사자들이 '생물다양성을 보호'하고 '가난을 완화시켜주는' 차원에서 유전자원의 이용으로 발생된 이익을 향유하는 것을 가능케 하고 있다.[52]

(4) 독일 특허상표청(DPMA)

독일 연방법무부(Bundesministerium der Justiz: BMJ)에 부속된 독일 특허상표청(Deutsches Patent− und Markenamt: DPMA)은 '특허 승인'과 '지식재산권 등록'을 관장하는 중앙당국이다. 또한 동 부서는 앞서 언급한 재산권과 관련된 '정보'를 관리한다. 23개의 정보 센터[53]는 전국의 혁신가들에게 도움을 제공한다.

(5) 연방관세청

연방관세청(Bundeszollverwaltung)은 현재 연방자연보존법(BNatShG) 제48조 제1항 4단에 따라 '멸종위기에 처한 야생 동식물의 국제거래에 관한 협약(Convention on International Trade in Endangered Species of wild Fauna and Flora: CITES) 하의 '종들의 보호'에 관련된 범죄행위의 근절을 목표로 하는 '관련정보의 교환'에 대한 '관할기관'이다. 향후 동 부서는 '점검기관'의 역할수행 권한이 추가로 부여될 것으로 보인다. 그리고 연방자연보존법(BNatShG) 제49조는 연방 재무부(Bundesministerium für Finanzen: BMF)와 세관당국들에게 제3국과의 상품교역(goods' traffic)시 동물 및 식물의 수입, 수출에 관해서 EU법상 이행의무준수를 감시할 권한을 부여하고 있다.[54]

---

51 "ABS Capacity Development Initiative," http://www.abs−initiative.info/about−us/.
52 Lily O. Rodríguez, Miriam Dross and Karin Holm−Müller, *supra* note 2, p.126.
53 "Arbeitsgemeinschaft Deutscher Patentinformationszentren e.V.," www.piznet.de.
54 Lily O. Rodríguez, Miriam Dross and Karin Holm−Müller, *supra* note 2, p.126.

2) 연구자금 지원기관들

(1) 연방연구교육부(BMBF)

독일의 주된 '공적 연구자금'의 지원 담당기관은 '연방연구교육부(Bundesministerium für Bildung und Forschung: BMBF)'다. 동 연방연구교육부(BMBF)는 주로 '과학연구 및 기술개발'에 대한 자금을 지원한다. 또한 '생물다양성이 풍부한 국가들'에서의 생물학 연구를 지원하는데, 이에는 아프리카에서의 BIOTA 프로젝트(BIOTA projects),[55] 그리고 국제식량공급을 위한 연구수행의 일환인 GlobE-프로젝트(GlobE-Proect)[56] 등을 통해 자금지원이 지속되고 있다.

(2) 독일연구재단(DFG)

독일의 다른 중요 자금지원 기관은 독일 연구재단(Deutsche Forschungsgemeinschaft: DFG)이다. 동 기관은 '기초 학술연구(basic academic research)'의 지원에 전념한다. 동 기관은 사법상 협회로 등록되어 자체 관리되는 독일과학연구재단이나, 연방정부 및 주로부터 자금을 지원받는다. 동 기관은 자금지원의 연구가 '유전자원과 관련된 연구'일 경우에 자금수혜자들인 연구자들에게 접근 및 이익 공유(ABS) 법상의 의무의 내용과 중요성에 관하여 교육한다. 2008년 동 기관은 본 가이드라인(Bonn Guidelines)에 의거하여 각 국가들의 규정을 적용하기 위한 기본적인 규정들을 개발하고 설파하였다.[57] 모든 수혜자들은 '생물학적 물질'로 연구를 수행하는 경우에 그 여부를 '공개(declare)' 해야 하고, 해당 프로젝트가 진행될 국가의 접근 및 이익 공유(ABS) 법 규정을 어떻게 준수해야 하는지 '숙지(know)'해야 하며, 접근 및 이익 공유(ABS)에 관한 각 국가의 연락기관과의 접촉방법을 숙지해야 한다. 그런데 독일이 이용국 입장에 있다 보니 독일의 어떤 '공적 연구자금 지원기관'도 이용자들이 접근 및 이익 공유(ABS) 법상의 의무를 충실히 이행하고 있는지에 관해서는 많은 비중을 두지 않을 수도 있으나,[58] 이는 향후 수정되어야 할 것이다.

---

55   "BIOdiversity Monitoring Transect Analysis in Africa," http://www.biota-africa.org/.

56   "GlobE - Research for the global food supply," http://www.bmbf.de/en/16742.php.

57   Deutsche Forschungsgemeinschaft, *Supplementary Instructions for Funding Proposals Concerning Research Projects within the Scope of the Convention on Biological Diversity (CBD)*, http://www.dfg.de/formulare/1_021e/1_021e.pdf.

58   Lily O. Rodríguez, Miriam Dross and Karin Holm-Müller, *supra* note 2, p.127.

(3) 독일학술교류재단(DAAD)

독일학술교류재단(Deutsche Akademische Austauschdienst: DAAD)은 학술교류협력의 발전을 위한 자금지원기관으로서 중요한 역할을 한다. 그런데 대부분의 자금지원기관과 마찬가지로, 동 재단 역시 자금지원관리지침에서 '접근 및 이익 공유(ABS) 규정'을 명시적으로(explicitly) 고려하지는 않는다. 그러나 독일이 나고야의정서 당사국인 이상 이제는 연구자금의 수령자는 EU 규칙 511/2014 제7조, 이행규칙 2015/1866 제5조에 따라 '적절주의의무 신고'를 행해야 할 것이다.

3) '현지 외' 수집

3번째 행위주체로는 '보존된 생물들(preserved and living materials)'의 '수집'을 포함하는 '현지 외 수집(ex situ collections)' 또는 '소유자(holders)'가 있다. 이와 관련된 기관들은 생물의 '분류'에 관한 연구를 수행한다. 보존된 수집물들의 그룹으로는 젠켄베르크 자연사 박물관(Naturmuseum Senckenberg), 베를린 식물박물관(Botanisches Museum), 뮌헨 대학의 식물표본관(Botanischer Garten), 본의 자연사 박물관(Museum Koenig)과 같은 '자연사 박물관'과 '식물표본관'이 있다. 동 기관들은 '종들의 증명확인(분류학)'을 위한 매우 가치 있는 '보존된 수집물들'을 소유하고 있기 때문에 국제적으로도 중요한 기관들이다.[59]

또한 생물의 '현지 외 수집'으로 식물원 및 독일미생물수집기관(Deutsche Sammlung von Mikroorganismen und Zellkulturen: DSMZ)과 같은 미생물수집활동이 있다. 예를 들어, 독일 식물원의 '물질 획득 방법'의 비율을 살펴보면, 교환(exchange)으로 58%, 야생(wild)에서 12%, 구매(purchases)로 18%, 사적 개인에게서 5%, 그 밖의 다른 원인으로 1%의 비율로, 다른 요인보다 '교환'을 통한 물질 획득이 주를 이루고 있음을 알 수 있다.[60]

4) 미생물의 지속가능한 이용 및 접근 규제에 대한 국제적 행동강령(MOSAICC)

독일의 '미생물 수집과 세포배양'에 관한 독일미생물수집기관(DSMZ)은 '미생물의 지속가능한 이용 및 접근 규제에 대한 국제적 행동강령(Micro-organisms

---

59 "ZEFOD - Zentralregister biologischer Forschungssammlungen in Deutschland," http://zefod.genres.de/index.php?.

60 Lily O. Rodríguez, Miriam Dross and Karin Holm-Müller, *supra* note 2, p.128.

Sustainable Use and Access Regulation International Code of Conduct: MOSAICC)에 참여하는 14개 참여기관들 중의 하나이며, 동 행동강령(MOSAICC)은 EU로부터 재정지원을 받는 프로젝트이다. 동 행동강령(MOSAICC)은 '미생물 자원'에의 '접근'을 용이하게 하고, 미생물자원 교환 시의 '이행협정' 개발을 보조하는 것을 목표로 한다. 따라서 동 행동강령(MOSAICC)은 제공자와 이용자에 의해 정의된 물질이전계약(Material Transfer Agreement: MTA)을 통한 '자원 교환' 감시를 보조하기 위해 사전통보승인(PIC)와 상호합의조건(MAT)을 통해 '미생물자원의 기원출처(provenance)'를 확인하는 시스템을 확립했다.[61]

또한 독일미생물수집기관(DSMZ)은 공개 수집에 있어서 이용자(users)와 예치자(depositors)가 생물다양성협약(CBD) 체계 준수에 대한 의무가 있음을 통지하고 있다. 동 기관은 오직 제공국의 사전통보승인(PIC)과 상호합의조건(MAT)에 따라 이익 공유의 권리와 의무에 관한 출처 및 정보 공개를 한 경우에만 예치(deposits)를 수용하고 있다.[62] 동시에 동 기관은 그 수령인에게 '최종 이용자의 의무', 특히 그 샘플 추적가능성과 관련하여 통지하고, 제3자에게로의 배양의 이전을 배척하고 있다.[63]

5) 이용자

4번째 행위주체는 이용자(users)이다. 2005년 연방자연보존청(BfN)은 독일 유전자원 이용자의 지위, 실험 그리고 정보의 수준, 이용자의 관점에서의 EU 및 독일에서의 접근 및 이익 공유(ABS)를 위한 권고사항을 담은 한 연구 프로젝트의 결과를 발표한 바 있다. 동 연구는 주로 '생명공학(biotechnology)', '식물 육종(plant breeding)' 분야에 대해 다루었다. 동 연구는 여러 유형의 '이용자'를 식별해 냈다. ① 생명공학(식품, 에너지, 물질 생체촉매(material biocatalysis)), ② 농업(식물육종, 방제(pest control), 가축육종), ③ 원예(장식물), ④ 연구기관들(대학들: 생물, 화학, 의학 등) 그리고 ⑤ 현지 외 수집(유전자은행, 자연사박물관, 식물표본관, 식물원, 미생물수집실)이 그것이다. 2005년 당

---

61 "MOSAICC Micro−Organisms Sustainable use and Access regulation International Code of Conduct," BCCM, http://bccm.belspo.be/projects/mosaicc/. (2017.2.7. 최종접속); 이 물질이전계약(MTA)은 추적가능성, 이익 공유 그리고 지식재산권(IPR)을 다룬다. Lily O. Rodríguez, Miriam Dross and Karin Holm−Müller, *supra* note 2, p.129.

62 "Convention on Biological Diversity, Its implications for culture collection users and depositors," DSMZ,
http://www.dsmz.de/bacterial−diversity/convention−on−biological−diversity.html.

63 Lily O. Rodríguez, Miriam Dross and Karin Holm−Müller, *supra* note 2, p.129.

시에는 단지 소수의 국가들만이 접근 및 이익 공유(ABS) 절차를 구비하였기 때문에, 극소수의 사전통보승인(PIC) 또는 상호합의조건(MAT) 사례만 보고되었다. 또한 동 연구에서는 많은 이용자그룹들의 '접근 및 이익 공유(ABS)에 관한 이해부족'과 '장래 이행해야 할 의무'에 관하여 지적하였다.[64]

나고야의정서 제8조(a)에서 언급은 하고 있으나, '비상업적인 연구'에 대한 정의가 존재하지 않는다. 그러므로 프라스카티 매뉴얼(Frascati Manual)[65]에서 주어진 '기초 연구(basic research)'의 개념 즉, '실험적'이고 '관찰적' 혹은 '이론적'인 작업으로서 '과학 저널'에 게재되는 결과를 발생시키거나 고등교육 분야에서 주로 사용되는 '가설'이나 '이론' 또는 '법'을 위해 착수되는 작업이라는 개념을 인용한다. 프라스카티 매뉴얼에서는 '실험적 개발(experimental development)'에 관하여 새로운 물질, 제품, 장치에 대한 직접적이고 실제적인 실험 및 연구를 통해 지식을 얻는 체계적인 작업이라고 정의한다. '비상업적인 연구'는 '응용 연구들'을 수반하는데 이때의 '응용 연구'들은 (예를 들면, 환경관리나 자연보존에 적용되는 경우) 연구자들의 '지식재산권이나 상업적 가치' 보다는 '사회이익이나 공공이익'을 수반할 수 있다. 그러나 이러한 '실험적 개발'은 일반적으로 더 자주 '사적 이익'과 '지식재산권'에 민감한 발명을 창출해 낸다.[66]

개념을 보다 명확하게 설명하기 위해서, '비상업적'인 목적으로 이용하는 '유전자원의 연구'는 몇몇의 경우 '상업적인 연구'를 이끌어내는 연구개발(R&D)에 기여할 수 있다. 이는 특정한 유전자원이 '원래' 비상업적 연구 목적으로 수집되었다 하더라도 '실험적 개발'을 통해 상업적 개발을 위한 신청으로 '전환'될 수 있다는 것을 의미한다. 대학에서의 이러한 두 이용자 그룹(상업적 연구자/비상업적 연구자)의 차이는 임의적인(arbitrary) 것으로 보일 수 있다. 연구자(더 나아가 그들의 기관)는 상업적이거나 비상업적인 연구에 '동시'에 연루될 수 있다. 따라서 연구자들이 속한 기관을 따르게 되기 쉽다. 그러므로 그 실제적인 목적과 이유에 의해 학문적 그리고 비학문적 이용자(academic and non-academic users) 그룹으로 나눌 수 있다.[67]

---

64 *Ibid.*

65 OECD, *Frascati Manual 2002: Proposed Standard Practice for Surveys on Research and Experimental Development, The Measurement of Scientific and Technological Activities* (Paris: OECD Publishing, 2002).

66 Lily O. Rodríguez, Miriam Dross and Karin Holm−Müller, *supra* note 2, p.131.

67 *Ibid.*

전통적으로 독일의 대학들은 기초적이고 비상업적인 연구를 수행해 왔다. 그러나 최근 수십 년 동안(다른 나라들이 그러하듯) 그들은 '재산권' 획득이 장려되었고, 그들의 연구자는 '지식재산권(IPR)'과 '특허발명(patent inventions)'의 개발과 산업 부문에서의 작업이 장려되었다. 그럼에도 불구하고 2012년 독일특허상표청(DPMA)은 46,586개의 모든 종류의 발명품의 특허권 중 대학으로부터의 신청은 단지 640건(1.5%에도 미치지 않는)만 접수하였다. 이는 '지식재산권'이 여전히 '개인 사업' 부분에서 주를 이루고 있음을 보여준다.[68]

같은 맥락에서, 대학은 국제적 연구와 생물다양성 부국들과의 장기간의 협력을 통해 몇몇 분야를 특화하고 있다. 그런데 이러한 연구자들의 상당수는 접근 및 이익 공유(ABS)상의 원칙들과 규제에 관하여 비교적 인지하고 있지 않다. 게다가 대학교의 법무팀도 유전물질이나 생물학적 물질들의 '획득' 절차에 관여하지 않기 때문에 접근 및 이익 공유(ABS)상의 원칙들 및 규제에 관하여 거의 인지하지 못하는 것으로 추정된다.[69]

그런데 이용자의 이행의무준수와 관련하여, 영국의 경우 '나고야의정서 이행규칙 2015(The Nagoya Protocol (Compliance) Regulations 2015)'[70] 제8조에서 면책사유를 규정하고 있는데, 이는 ① '이용자 의무'를 강조하면서도 이용자의 '면책사유'를 일부 명확하게 규정하고 있다는 점에서 의미가 있다. 또한 ② 이렇게 함으로서 이용자의 의무 부담을 완화시키는 효과를 가져 올 수 있다. 즉, 이용자[71]가 EU 규칙 511/2014 제8조(업무처리 모범관행) 제2항의 내용(이용자가 제4조, 제7조상의 의무이행을 위하여 '업무처리 모범관행'을 이행하였다고 보는 경우: 이는 재판관의 판단 사항으로 case by case를 의미함)을 인지하고 가장 최상의 행동을 효과적으로 취했다는 점을 국가책임기관인 내무장관이 인정하는 경우에는 제재가 면제된다.[72] 이러한 측면에서 2015년 10월 13일 EU 규칙 2015/1866의 채택은 중요한 의미가 있으며, 동 규칙 2015/1866 제8조에서 제11

68 Ibid., p.132.
69 Ibid.
70 Environmental Protection: The Nagoya Protocol (Compliance) Regulations 2015 (SI 2015/811); 영국의 나고야의정서 국내이행에 관한 내용은 김두수, "나고야의정서에 관한 영국 이행입법의 법적 검토", 「법학연구」 제45집(2015.9), pp.1~25 참조.
71 EU 규칙 511/2014 제3조 제4항은 '이용자'란, 유전자원 또는 관련 전통지식을 사용하는 개인 또는 법인'으로 한정하여 정의하고 있다. 따라서 사전통보승인(PIC)이나 상호합의조건(MAT)의 단계에서 분간되겠지만, 단순한 중간 유통관련 매개자는 규율 대상이라 보기 어렵다.
72 영국 나고야의정서 이행규칙 2015, 제8조 제2항.

조까지는 업무처리 모범관행에 관하여 신청절차(제8조), 승인 및 철회(제9조), 변경사항 허가 절차(제10조), 결함(제11조) 등에 관하여 규율하고 있다. 이처럼 '이용자 의무' 이행을 확보하기 위하여 '업무처리 모범관행'에 관하여 구체적으로 규율하게 되었다는 점은 일종의 '면책사유'의 근거를 제공한다는 의미 외에도 향후 국제사회에서의 나고야의정서 이행 활성화 추세에 있어서 중요한 의미가 있다.

2. 독일인 이용자에 의한 유전자원으로의 '접근'

이용자는 유전자원에 '직접 접근'하는 방법과 '중간 매개 제공자를 통해 접근'하는 2가지 방법을 통해 유전자원에 '접근'할 수 있다.

1) 현장에서의 '직접 접근'

유전자원에 접근하는 통상적 방법은 아니나, 첫 번째 방법은 '기초 연구 프로젝트'를 통해 주로 '비상업적인 목적'으로 현장에서 샘플을 수집하는 방법이다. 이것은 '대학의 연구자들'에게서 그리고 '현지 외 수집기관들의 연구자들'에게서 대개 '제공국의 연구자들과의 공동연구'로서 유전자원을 획득하는 일반적인 방법이다. '기초 연구 활동 및 수집'에 관한 하나의 예로 1997년부터 남부 에콰도르에서 실행하고 있는 프로젝트가 있다.[73] 동 프로젝트는 다음과 같이 '제공국의 이익을 상당히 증진'시켰다. 즉, 동 프로젝트는 ① 역량강화(독일 및 에콰도르에서 에콰도르인 12명의 박사, 최소 26명의 석사 배출)를 시켰으며, ② 연구 설비(새로운 연구시설, 수집기관, 협동대학원프로그램 설치)를 강화하였고, ③ 인근 도시의 도로 및 전기 시스템의 개량과 같은 '사회적 이익'을 창출하였으며, ④ 게다가 동 연구의 결과는 에콰도르 남부 도시인 로하(Loja) 지역의 토양 및 산림의 복구에 적용되었고, ⑤ 결과적으로 이 지역의 생태계 서비스를 개선하는데 도움이 되었으며, ⑥ 생물다양성보존에 관한 국가적 목적을 달성케 하였다.[74]

---

73 개인 연구자들(individual researchers)로 시작하여 2001년부터 2012년까지 그룹(groups)이나 연구단(Research Units)을 통해 지속되다가 2012년부터는 생물다양성 감시 플랫폼(platform on biodiversity monitoring)에 의해 운영되고 있다. http://www.tropicalmountainforest.org/.

74 Jorg Bendix, Bruno Paladines, Monica Ribadeneira-Sarmiento, Luis Miguel Romero, Carlos Antonio Valarezo and Erwin Beck, "Benefit Sharing by Research, Education and Knowledge Transfer - A Success Story of Biodiversity Research in Southern Ecuador," in *Tracking Key*

현장에서 유전자원에 접근하는 또 다른 방법은 '상업적인 목적'으로 접근하는 것이다. 이는 '생물학적 탐구 활동'을 통해 접근하는 것인데, 즉, 생물학적 물질을 개인의 고려에 따라 '시장성 있는 새로운 복합물(new marketable compounds)'(치료, 제약, 기능성 식품과 같은)을 발명할 목적으로 접근하는 것이다. 또한 에콰도르에서는 모든 접근 및 이익 공유(ABS) 요건을 이행함으로서 생물학적 탐구를 적절하게 이행한 사례가 있다. 동 프로젝트는 연방연구교육부(BMBF)로부터 2003년부터 2008년까지 자금을 지원받았고, 이는 주로 사전통보승인(PIC) 및 협정(agreements)을 위한 자료와 같은 체계 개발활동에 '투자'되었다. 그럼에도 불구하고 에콰도르에서 이러한 다양한 유형의 활동들에 대한 '절차들을 다룰 완전한 세트(complete set of procedures)'의 부재로 인하여, 아쉽게도 결국 기대됐던 활동을 발전시키는 어떠한 협정도 이루어지지는 않았다.[75]

2) '중간 매개 제공자'를 통한 접근

독일에서 '생명공학 분야'의 유전자원 접근의 '가장 일반적 방법'은 중간 매개 제공자 '무역 파트너'로부터 획득하는 것이다. 생명공학 분야의 주된 제공자는 원산지국 또는 독일 외부 국가들로서 이들은 EU 내외의 국가들이기도 한다. ① 당연한 것이지만, 대개 생명공학기업들은 '쉬운 접근'과 '양질의 물질'과 '제한받지 않는 이용'을 선호한다. 게다가 ② 비상업적 연구목적에는 현지 외 보존된 생물수집에 높은 비율의 물질교환 비용이 발생하고, 상당수가 '자발적 행동강령'에 의해 이미 규제되고 있다. '식물육종가, 동물육종가 또는 미생물연구자'와 같은 기타 이용자들은 식량농업식물유전자원에 관한 국제조약(ITPGRFA)에 의해 규제되는 국제농업연구협의그룹(Consultative Group for International Agricultural Research: CGIAR)의 센터들(CGIAR centres)로부터 물질 또는 미생물배양균주수집물(material or culture collections)을 이용한다. 또한 일부 연구자들은 '장식용 원예품' 또는 생물유기체를 수입하는 '애완동물 가게'로부터

Trends in Biodiversity Science and Policy, eds. L. Anathea Brooks and Salvatore Arico. The proceedings of a UNESCO International Conference on Biodiversity Science and Policy (Paris: UNESCO, 2013).

75 Christiane Ploetz, "ProBenefit: Process−Oriented Development for a Fair−Benefit Sharing Model for the Use of Biological Resources in the Amazon Lowland of Ecuador," in *Access and Benefit−Sharing of Genetic Resources. Ways and Means for Facilitating Biodiversity Research and Conservation While Safeguarding ABS Provisions*, eds. Ute Feit, Marliese von den Driesch, and Wolfram Lobin (Bonn: BfN Skript, 2005); Lily O. Rodríguez, Miriam Dross and Karin Holm−Müller, *supra* note 2, p.133.

의 물질 획득을 통해 이용한다. 이는 '유전자원(genetic resources)'과 '생물학적 수출 (exporting biological)' 간의 구별의 어려움이 있음을 보여주기도 한다.[76]

3. 독일인 이용자들에 의한 '이익 공유'

독일의 산업분야에 있어서 분명한 점은 '금전적 이익 공유' 보다는 '기술이전 또는 노하우 공유'에 더욱 개방적이고, 이로서 생산성을 강화시켰다는 점이다. 그러나 이러한 개방적 태도는 기업 및 해당 분야의 규모에 따라 다르며, 매우 일반적인 형태의 '노하우 교환'은 해당 '프로젝트에 참여하는 지역 고용자를 고용'하는 것이다.[77]

그런데 기술이전, 협동, 협력에 관하여 나고야의정서가 언급한 바는 있지만, EU 규칙 511/2014와 독일 연방 ABS법에는 '이익 공유' 부분에 관하여 침묵하고 있다. 그럼에도 불구하고, '학술부분'에서 '비금전적 이익 공유'가 최근에 제기되었으며, 독일 연구재단(DFG)과 같은 자금지원기관들에 의해 독일도 이익공유 방법에 대하여 활발하게 본격적인 논의 및 연구가 진행 중인 것으로 보인다. 그런데 '학술연구자들'은 일반적으로 비금전적인 이익 공유를 원하는 것처럼 보이지만, 그들의 연구 예산이 제한적이라는 문제가 있다.

V. 독일의 접근 및 이익 공유(ABS) 체계가 주는 시사점

독일의 접근 및 이익 공유(ABS)에 기초하여 우리나라의 '유전자원의 접근·이용 및 이익 공유에 관한 법률(유전자원법)'의 이행과 관련된 시사점을 제시하면 다음과 같다.

---

76 *Ibid.*, p.134.

77 *Ibid.*

1. 나고야의정서에 대한 적극적 대응의 의미

보통 이용국의 입장인 경우 나고야의정서에 대한 대응이 미온적이나, 독일은 적은 천연자원 보유의 이용국 입장이면서도 적극적으로 대응하여 왔고, 2008년 5월 19일에 생물다양성협약(CBD) 제9차 당사국총회(COP9)를 본(Bonn)에서 개최한 바 있다. 이용국의 입장인 우리나라도 2014년 생물다양성협약(CBD) 제12차 당사국총회(COP12)를 평창에서 개최하였고, 2017년 1월 17일 '유전자원의 접근·이용 및 이익 공유에 관한 법률(유전자원법)'을 제정·공포하였다. 이로서 우리나라도 실질적으로 1년 뒤 적용될 동법에 대한 후속조치를 마련하게 되었다.

2. 후속조치의 구체적 보완 필요

EU와 회원국인 독일의 접근 및 이익 공유(ABS) 체계는 이용자 입장이면서도 '이용자 의무이행준수' 규율 방식을 보완해 보다 구체화하고 있다는 점에서 같은 이용국의 입장인 우리나라에게도 의미가 있다. 즉, 우리나라도 소위 유전자원법 제정 후 후속조치를 마련해야 하는 상황에서 EU와 독일의 접근 및 이익 공유(ABS)와 관련된 수집등록, 적절주의의무 신고, 업무처리 모범관행 관련 '접근' 및 '이용' 규율 방식 등의 구체화 노력이 필요하다. 다만, 독일의 경우 이용자 규율이 완화되어 있으나, 국제사회의 상호주의에 입각하여 개선할 필요성도 있어 보인다. 이에 관해서는 생물다양성협약(CBD)과 나고야의정서의 본질적 목적과 취지인 생물다양성의 보전과 지속가능한 이용을 위하여[78] 우리나라도 국내 유전자원 이용의 내국인도 접근신고의 대상으로 하는 등 이용자에 대한 규제 강화의 필요성이 있다.

3. 특허신청시 출처공개와 적절주의의무

독일 연방 ABS법 제1-3조(Artikel 1 § 3)에 따라, 연구자금의 수령자들은 EU 규

---

[78] 같은 취지로는 김윤정, "나고야의정서 이행에 있어 금전적 이익공유에 대한 고찰 – 브라질, 인도의 입법적 조치를 중심으로", 「국제경제법연구」 제14권 제3호(2016.11), p.42.

칙 511/2014 제4조의 '적절주의의무'에 따라 이용자로서 신중하게 연구자금을 사용해야 한다. 그런데 독일 특허법 제34a조 1단에 따라 특허 신청은 출처정보를 포함해야 하나, 이는 '특허신청의 심사' 또는 '승인된 특허로부터 발생하는 유효한 권리'를 침해하지는 않는다. 따라서 이 '출처공개절차'는 출처정보를 공개하지 않아도 '제재'가 없기 때문에 분명 '자발적인' 조치에 해당된다. 따라서 규칙 2015/1866 제5조(연구기금의 수령시) 및 제6조(최종 상품 개발단계시)상의 '적절주의의무 신고'에 있어서 그 부속서Ⅱ 및 Ⅳ에 기밀사항을 체크함으로서 보호받을 수 있다. 이용국 입장인 우리나라도 유전자원 연구자금수령인의 특허신청시 출처정보공개를 기밀상 영업비밀로 표기하는 경우 적절주의의무 이행 판단에서 고려할 수 있을 것이다.

4. 사전통보승인(PIC) 등의 의무위반시 처벌의 적절성

독일 연방 ABS법 제1-4조(Artikel 1 § 4)는 의무위반시 연방자연보존청(BfN)이 최고 5만 유로의 벌금을 부과하도록 하고 있다. 그리고 연방 ABS법 제1-4조상의 범죄란, ① 규칙 511/2014 제7조 2항(최종 상품 개발단계)상의 적절주의의무 신고, ② 규칙 511/2014 제4조 3항상의 ABS 법률준수에 관한 국제이행의무준수증명서에 관한 의무를 위반하는 경우를 말한다. 우리나라 유전자원법도 의무위반시 처벌에 관하여 규정하고 있으나, 이는 동법 제9조와 제28조에 의하면 '외국인 중심으로' 사전통보승인(PIC)과 관련된 '접근 신고' 위반시의 벌칙을 규정하여 내외국에 대한 차별적 소지가 있으며, 이용자의 이해를 지나치게 고려하여 환경보호의 측면이 미약할 수 있어 개선이 필요하다고 볼 수 있다.

5. 상호합의조건(MAT)의 보장 강화 필요

독일 정부는 사전통보승인(PIC)에 관하여 소극적 규제 태도를 취하는 것과 마찬가지로, 계약자유의 원칙에 따라 상호합의조건(MAT)의 내용에 대해서도 '강요'하거나 '평가'를 할 수는 없고, 단지 계약(즉, MAT)의 존재 유무에 대해 보장할 의무만 있다는 견해를 표명했다. 우리나라 유전자원법 제11조에 의하면 상호합의조건(MAT)이 당사자 상호간의 '합의해야 할 사항'인 바, 제공자의 이해를 도모하고 나고야의정서 본래의 목적 및 취지인 생물다양성의 보전과 지속가능한 이용을 충분히 살릴 수 있도록 할 필요가 있다.

6. 유전자원정보관리센터의 체계적·효율적 운영

독일의 유전자원 관련 국가목록전문데이터베이스(XGRDEU-Online-Datenbanken)의 구축과 같은 시스템은 우리나라도 필요한 바, 유전자원법 제17조에 따라 체계적·효율적으로 마련할 필요가 있다. 거버넌스상으로 분산형 보다는 통합형이 관리운영상 바람직해 보이며, 따라서 기존의 기관을 활용할 수도 있겠으나 효율적이고 체계적인 운영을 완비한다는 측면에서는 유전자원정보관리센터를 별도로 설치하여 운영하는 것도 적절하다고 할 수 있다.

7. 국제적 입지 강화와 국익 도모

EU와 독일과 같이 이용국의 입장이면서도 나고야의정서에 보다 선도적으로 대응하고,[79] '가난'이 심한 '생물다양성 부국들'이 접근 및 이익 공유(ABS)상의 '발생 이익'을 통하여 '생물다양성을 보다 풍부'하게 하고, '가난을 경감'시키는 것을 돕는 것처럼 우리나라도 유전자원 이용국의 입장에 있으나 나고야의정서에 적극적으로 대응하는 경우 국제적 입지가 강화되어 제반 국익 도모에 도움이 될 수 있을 것이다.

---

[79] Sebastian Oberthür and Florian Rabitz, "The role of the European Union in the Nagoya Protocol negotiations: Self-interested bridge building", in Sebastian Oberthür and G. Kristin Rosendal (ed.), *supra* note 11, p.80.

VI. 결언

독일은 2016년 4월 21일 나고야의정서에 비준하여 동년 7월 20일부터 당사국의 지위를 향유하기 때문에 EU 규칙 511/2014와 규칙 2015/1866의 이행을 위한 독일 연방 ABS법은 중요한 내용이 되었다. 동 연방 ABS법에 따라 연방자연보존청(BfN)이 국가책임기관으로 역할을 수행하며, 연방의 환경자연보호건설핵안전부(BMUB)는 소관부처로서 EU의 접근 및 이익 공유(ABS)와 관련된 감시업무를 '추가적으로' 규제할 수 있다. 또한 동 연방 ABS법에 따라 연구자금의 수령인은 '적절주의의무'로 연구를 수행할 것을 국가책임기관에게 신고할 의무가 있다. 그리고 독일은 특허출원 절차상 '발명'과 '기술혁신'에 이용된 유전자원 출처정보에 대하여 '정보공개'를 요구하고 있고, 동 연방법은 '발명'의 경우, 발명이 생물학적 유전물질에 기초하고 있는 경우에 독일특허법 제34a조를 보완해 독일특허상표청(DPMA)이 이를 국가책임기관에 통보할 의무를 규정하고 있으나, 이는 '미생물'에는 적용되지 않으며, 정보 미공개가 곧바로 특허거부로 이어지지는 아니한다.[80]

현재 비록 몇몇 '자금지원기관들', '현지 외 수집기관들'이 '이익 공유'를 도입하고 있고, 일반적으로 '이익 공유'에 대해 기업들이 개방적이라 할지라도, 이익 공유는 독일에서 아직 '표준적 관행'인 것으로 보이지는 않는다. 독일 연방 ABS법은 EU 규칙 511/2014의 이행을 위한 '다소 최소주의적인 방법'으로 진행하며, 나고야의정서를 그 '정신'에 따라 계승하는 것이 아니라, '문자' 그대로 계승하며 스스로 '제한'하고 있다고 볼 수 있다. 따라서 이제는 EU 규칙 511/2014 제7조 제6항에 따른 집행위원회의 후속 법률규정에 주목해야 할 필요가 있다. 그리고 동 규칙을 보완한 EU 규칙 2015/1866이 채택·발효되었으므로 독일내 적용을 가시화해야 할 것이다. 물론 이는 EU 모든 회원국들에게도 마찬가지로 적용되어야 할 것이며, 나고야의정서의 구체적 이행을 계획하는 다른 당사국들에게도 참고가 될 수 있다.

---

80 Lily O. Rodríguez, Miriam Dross and Karin Holm-Müller, *supra* note 2, p.136.

제 7 장

덴마크의 ABS

I. 서언

나고야의정서(Nagoya Protocol)[1]의 당사국은 105개국을 넘어가고 있다. 외국인이 우리나라의 유전자원 및 관련 전통지식에 접근·이용하여 이익 공유를 하기 위해서는 이를 구체적으로 규율하고 있는 우리나라의 '접근 및 이익 공유(Access and Benefit-Sharing: ABS)' 이행체계를 숙지해야 하듯이, 이제 국제적으로 '개별 당사국'의 ABS 법제에 대한 분석 및 이해가 보다 절실하게 되었으며, 이 글도 이런 의미에서 그리고 우리나라와 같은 이용국의 입장이라는 점에서 접근할 수 있다.

덴마크왕국(Kingdom of Denmark)은 덴마크(Denmark), 페로 제도(Faroe Islands), 그린란드(Greenland)로 구성되어 있다.[2] 그런데 페로 제도와 그린란드는 공법 및 사법상의 모든 부분에 대한 입법적, 행정적 권한을 소유하고 있고,[3] 유럽연합(European Union: EU)의 '회원국으로서의 덴마크왕국(Danish membership)'의 영역에

---

1   2010년 10월 29일 채택되어 2014년 10월 12일 발효된 '생물다양성협약 부속 유전자원에 대한 접근 및 그 이용으로부터 발생하는 이익의 공정하고 공평한 공유에 관한 나고야의정서(Nagoya Protocol on Access to Genetic Resources and the Fair and Equitable Sharing of Benefits arising from their Utilization to the Convention on Biological Diversity)'를 말한다.
2   덴마크 헌법은 제1조(Section 1)에 따라 덴마크왕국 전체의 영역에 적용된다.
3   이와 관련된 법령은 "lov nr. 137 af 23. Marts 1948 om Faroernes hjemmestyre (Act on Home Rule of the Faroe Islands)", "lov nr. 473 af 12. juni 2009 om Gronlands Selvstyre (Act on Greenland Self-Government)"이 있다.

는 포함되지 않는다. 따라서 1992년 덴마크가 비준[4]한 생물다양성협약(Convention on Biological Diversity: CBD)의 적용 범위에는 덴마크령 전부가 속하더라도, 나고야 의정서상의 ABS 체제에 관해서는 덴마크의 체제와 페로 제도의 체제, 그린란드의 체제를 구별해야 할 필요가 있다. 덴마크는 나고야의정서에 2011년 6월 23일 서명한 후 2014년 5월 1일에 비준하였으며 2014년 10월 12일에 당사국이 되었다.[5] 한편 덴마크는 2012년 12월 23일에 덴마크 의회(Folketinget)에서 국내이행 법률인 "유전자원의 이용으로부터 발생하는 이익의 공유에 관한 법(LOV nr 1375 af 23/12/2012 om udbyttedeling ved anvendelse af genetiske ressourcer, Act on sharing benefits arising from the utilisation of genetic resources, Denmark: 덴마크 ABS 법률)"을 채택하였고, 이는 "유전자원의 이용으로부터 발생하는 이익의 공유에 관한 법률의 발효에 관한 행정명령(Bekendtgørelse nr 1101 af 06/10/2014 om ikrafttræden af lov om udbyttedeling ved anvendelse af genetiske ressourcer, Executive order on the entry into force of the Act on sharing benefits arising from the utilisation of genetic resources, Denmark)" 제3조(§ 3)에 따라 2014년 10월 12일에 발효하였다.

　이에 덴마크의 ABS 체계를 중심으로 하는 이 글에서는 먼저 II장에서 덴마크왕국의 모든 영역들에 관한 일반 체계에 관하여 그리고 덴마크의 재산법(property law)과 지적재산권법(intellectual property law)에 관하여 살펴보고, III장에서는 덴마크의 제공국(provider country)으로서의 입장과 이용국(user country)으로서의 입장을 살펴본다. IV장에서는 우리나라의 '유전자원의 접근·이용 및 이익 공유에 관한 법률(유전자원법)'과 비교하여 평가하고 관련 시사점을 도출한 후 V장에서는 결론으로 맺는다.

---

4 덴마크는 1993년 12월 31일 생물다양성협약(CBD)에 비준하였다. 그리고 CBD는 페로 제도와 그린란드에 마찬가지로 적용되기 때문에 환경부(Ministry of Environment) 산하 덴마크 자연청(Danish Nature Agency: DNA)은 이들이 ABS 협상과 같은 협약체제상 중요한 협상을 이행할 수 있다는 점을 통지하였다. 즉, 이들이 원하는 경우 덴마크에 위임하여 관련 코멘트(comments)나 의견(observations)을 회의 자료에 첨부하기 위하여 제공할 수 있다. 또한 관련 있는 경우 이들은 덴마크법(Danish bills) 초안 마련이나 준비에 참여할 수 있다. 그러나 이 글의 II장에서와 같이 덴마크 ABS 법률의 측면에서는 ABS가 각자의 영역에서 입법적 및 행정적 권한을 소유하기 때문에, 덴마크 ABS 법률의 영토적 적용 범위에서 페로 제도와 그린란드는 제외된다(덴마크 ABS 법률 제13조(Section 13)). 덴마크왕국 의회(Folketinget, Danish Parliament)의 183명의 의원 중 페로 제도에서 2명, 그린란드에서 2명이 선출된다. Veit Koester, "The ABS Framework in Denmark" in Brendan Coolsaet, Fulya Batur, Arianna Broggiato, John Pitseys and Tom Dedeurwaerdere, *Implementing the Nagoya Protocol: Comparing Access and Benefit—Sharing Regimes in Europe*(Brill Nijhoff, 2015), p.54.

5 https://www.cbd.int/information/parties.shtml#tab=2.

II. ABS 관련 적용 영역적 특징 및 관련 제반 법률

1. 덴마크왕국 세 영역에서의 ABS 체제의 주요 특징

　여기에서는 현재 시점에서 덴마크왕국의 여러 영역에서의 ABS 체계들의 주요 특징에 관하여 개략적으로 살펴보고, 보다 상세한 내용에 관하여는 장을 달리하여 후술하고자 한다.

1) 세 영역에서의 PIC과 관련하여
　첫째, 덴마크의 접근 및 이익 공유(ABS) 체제는 주로 2012년 12월 23일 제정되어 2014년 10월 12일 발효된 "유전자원의 이용으로부터 발생하는 이익의 공유에 관한 법(덴마크 ABS 법률)"[6]에 따라 규율된다. 동법은 나고야의정서 제6조(유전자원)[7] 및 제7조(유전자원 관련 전통지식)[8]에 따른 각각의 기본적인 '이용자 규제' 요건에 관하여 규정하고 있으며, 덴마크가 유전자원의 '접근'에 대한 사전통보승인(prior informed consent: PIC)을 요구하지 않는다는 것을 확인시켜 주고 있다. 동법의 명칭 및 제1조(목적)에서도 알 수 있듯이, 동법은 유전자원의 '접근'에 대해서는 규율하지 않으며, 유전자원의 '이용'에 대하여만 규율하고 있어, 덴마크가 이용국에 가까운 입장을 보이고 있음을 알 수 있다.[9]

　둘째, 페로 제도 의회는 ABS에 대한 특별 입법을 채택하고 있지 않으며, 페로 제도의 유전자원에 '접근'하기 위한 PIC 요구에 대한 승인여부에 관한 특별한 입장을 취하고 있지도 않다.

　셋째, 그린란드 의회는 2006년 11월 20일 "생물자원의 상업 및 연구 관련 이용에

6　LOV nr 1375 af 23/12/2012 om udbyttedeling ved anvendelse af genetiske ressourcer(Act No.1375 of 23 December 2012 on Sharing of Benefits Arising from the Utilization of Genetic Resources, Danish ABS Act). 이 덴마크 ABS 법률은 2014년 10월 12일 발효되었다.

7　덴마크 ABS 법률 제3조(Section 3).

8　덴마크 ABS 법률 제4조(Section 4).

9　덴마크 ABS 법률 제4조(Section 1); 오선영, "나고야의정서 국내이행을 위한 덴마크 정부의 정책 및 입법 방안에 대한 소고", 「환경법연구」 제35권 제2호(2013.8), p.273 참조.

관한 법"[10]을 공표하였다. '조사허가증(survey licenses)'에 관한 제6조(Under Section 6, subsection 1 of Part 3 on survey licenses)에 따라 "연구 또는 후속적인 상업적 이용을 위한 생물자원의 획득, 수집 또는 조사는 그린란드 정부로부터 조사허가증을 '사전에 발급'받아야 한다."[11] 이런 이유로 그린란드에서 유전자원의 '접근'은 PIC의 규율을 받는다. 그린란드는 '사회의 성질'이 본질적으로 '토착민족 및 지역공동체(Indigenous Peoples and Local Communities: IPLC)'에 해당되기 때문에 IPLC가 보유한 '유전자원 관련 전통지식(traditional knowledge: TK)'에 대한 '접근'에 관한 법률은 존재하지 않고, 또한 이용자 규제 요건에 관한 법률도 존재하지 않는다.[12]

2) 세 영역에서의 부동산 및 재산권과 관련하여

한편 '부동산' 및 '재산권'의 기본적인 법적 성질은 덴마크왕국의 모든 영역에서 거의 동일하다.[13] 그러나 '지적재산권'에 관한 것은 조금 다르다. 먼저, '생물학적 물질(biological material)'에 관한 법률을 포함하여 거의 모든 덴마크의 특허법은 '특별 법령[14]의 채택을 통하여' 그린란드에 적용할 수 있다. 반면 페로 제도는 1967년부터 시작된 특허 법률을 갖고 있는데, 이는 '생물학직 물질'에 관한 규정을 포함하고 있지 않다.[15] 덴마크의 식물다양성에 관한 법률(Danish Act on Plant Varieties)은 다른 영역에는 적용될 수 없고, 이들 다른 영역은 이와 관련된 어떠한 법안도 채택하지 않았다.

3) 세 영역에서의 PIC, 부동산 및 재산권에 관한 요약

따라서 위와 같은 점들을 고려할 때, 덴마크왕국의 세 영역과 관련된 현재의 상

---

10 Landstingslov nr. 20 af 20. November 2006 om kommerciel og forskningsmassig anvendelse af biologiske ressourcer(Act No. 20 of 20 November 2006 on Commercial and Research−Related Use of Biological Resources).

11 Part 4에서는 조사결과에 관한 공개에 관하여, Part 5에서는 특허결과에 관하여, Part 6에서는 상업적 이용에 관하여, Part 8에서는 조사면허증, 상업적 인가(면허)의 취소에 관하여, Part 10에서는 벌금에 관한 행위에 대하여 규율하고 있다.

12 Koester, *supra* note 4, p.55.

13 그러나 실제 부동산(real property)의 경우에는 상황이 매우 다르다. 예를 들면, 그린란드의 거의 모든 영토(land)는 그린란드 사회의 재산이고, 누구나 '접근'할 수 있다. 특별 보호대상이 아닌 한 '생물체 표본(specimens of organisms)'과 '과실류(fruits)'는 누구든지 필요하면 충당할 수 있기 때문에 이는 무주물(*res nullius*)로 간주된다.

14 Anordning (Decree) nr. 658 af 11. juni 2010 om ikrafttraden for Gronland af en rakke love om andring af patentloven.

15 Lov (Act) nr. 479 of 20 December 1967 with subsequent amendments, the latest dating from 1989.

황은 전반적으로 다음과 같이 정리될 수 있다. 첫째, 덴마크는 유전자원의 접근을 위한 PIC을 요구하지 않으나, 이용자 규제 법률이 존재한다. 둘째, 페로 제도는 유전자원의 접근을 위한 PIC 또는 이용자 규제 요건에 관한 법률이 없다. 셋째, 그린란드는 유전자원의 접근을 위한 PIC 제도는 존재하나, 이용자 규제 법률은 없다. 넷째, 덴마크 왕국 모든 영역과 관련하여 재산권 및 부동산에 관한 법은 거의 동일하게 적용되나, 지적재산권법에 있어서는 조금 다르게 적용된다.[16]

4) 세 영역에서의 비준 및 국내이행법률 현황

한편 덴마크왕국의 나고야의정서에 대한 비준 및 국내입법과 관련하여, 첫째, 그린란드에서는 나고야의정서에 따른 '이용자 규정'에 대한 입법을 계획하고 있지 않고, 둘째, 페로 제도는 '사전통보승인' 또는 '이용자 규정'에 대한 검토를 계획하고 있지 않기 때문에, 나고야의정서에 대한 덴마크의 비준은 이들 지역을 '제외'하고 비준한 것이며, 이에 덴마크 ABS 법률 제13조도 이 두 지역의 적용 배제를 규정하고 있다. 그럼에도 나고야의정서를 덴마크가 비준할 수 있었던 이유는 덴마크 ABS 법률[17]의 '주석서(Explanatory Notes)'[18]에 따르면 덴마크는 나고야의정서에 비준하지만 이는 페로 제도와 그린란드에 적용되지 않는다는 점을 '보장'하고 있기 때문이다. 따라서 위에서 지적한 바와 같이 오직 덴마크만이 'EU ABS 법률'에 영향을 받는다.

이에 이제부터의 분석은 아래에서와 같이 덴마크에 관하여 초점을 두고 살펴보고자 한다.

2. 유전자원에 관한 덴마크의 재산법(Property Law) 및 지적재산권법 (Intellectual Property Law)

1) 사유재산 및 부동산 법의 대상이 되는 유전자원

재산권(property rights)에 관한 일반법은 없으나, 특히 덴마크왕국 헌법 제73조

---

16 Koester, *supra* note 4, p.56.

17 Lovforslag nr. L 70, Folketinget 2012-13.

18 이 주석서는 '법령의 취지' 또는 '법령의 용어'를 해석하는 데 중요한 기능을 하며, 특히 법령의 용어가 일반적 의미로서 불분명한 경우 특정한 의미를 부여하는 보조적 기능을 한다; Koester, *supra* note 4, p.56.

(Section 73) 제1항(subpara. 1)에 따르면 재산권은 법률이 (공익적 차원에서) 제한하지 않는 한 모든 측면에서 재산을 사용할 권리를 말한다.[19] 따라서 유전자원의 '법적 소유자'는 '생물체 전체'에 대한 소유자에 해당한다. 그러나 소유자는 그것을 '이용'하는 것에 대한 '배타성'을 형성하지 아니하며, 이는 유전자원의 '정보' 요소(information components)에도 동일하게 적용된다. 따라서 이러한 '정보' 요소의 이용은 타인의 지적재산권에 의해 제한받지 않는다.[20]

2) 지적재산권의 대상이 되는 유전자원

ABS 법률을 제외하면, 덴마크의 지적재산권법은 다른 EU 회원국의 지적재산권법과 별반 차이가 없다. 각각의 법률은 관련 EU 법에 따라야 하고, 나아가 법률의 일부는 EU 규칙의 형식에 따라 회원국들 내에서 직접 적용되고 강제될 수 있다.[21] 게다가, 덴마크는 다른 EU회원국과 마찬가지로 관련 있는 몇몇 국제기구, 예를 들면, 1973년 유럽특허협약(1973 Convention for the European Patent and a number of other patent-related conventions: EPC 1973), 1991년 국제식물신품종보호협약(1991 International Convention for the Protection of New Varieties of Plants: UPOV Convention), 그리고 2001년 식량농업식물유전자원에관한국제조약(2001 International Treaty on Plant Genetic Resources for Food and Agriculture: ITPGRFA)[22]의 당사국이다.

3) 사유재산권 및 부동산권의 한계

유전자원에 관한 '재산권' 행사의 일반적인 한계는 ① '보호지역(protected areas)'

---

19 덴마크헌법 제73조 제1항 : "재산권은 불가침의 권리이다. 공공의 이익을 위해 필요한 경우를 제외하고는 그 재산의 포기를 명할 수 없다. 그 재산의 포기는 오직 법의 규정에 의해 그리고 완전한 보상에 의해서만 수행되어야 한다."

20 Koester, *supra* note 4, p.58.

21 EU회원국 국내법에 대한 EU법의 '직접효력(direct effect)' 및 '우위(supremacy)'에 관하여는 김두수, 「EU법」(한국학술정보, 2014), pp.81~89 참조; 덴마크 ABS 법률 제10조(Section 10)는 동법의 목적을 준수하기 위하여 덴마크 환경부장관에게 관련 국제협정의 국내준수를 위하여, 그리고 관련 EU 규칙이나 지침 등의 국내준수를 위하여 필요한 규정을 제정할 권한을 부여(위임)하고 있다.

22 나고야의정서 제4조 제2항은 "이 의정서의 어떤 규정도 당사국이 접근 및 이익 공유에 관한 기타 특별협정을 포함하여 기타 관련 국제협정을 개발·이행하는 것을 금지하지 아니 한다. 단, 위 협정들은 협약과 이 의정서의 목적에 배치되어서는 아니 되며 이를 지지하여야 한다."고 규정하고 있다. 이는 조약상의 상하관계를 설정하는 것이 아니라 상호보완적으로 신의성실하게 공동의 목적을 실현하는 것으로 보아야 한다. 오선영, "식물유전자원의 ABS체제-나고야의정서와 ITPGRFA조약의 관계를 중심으로", 「환경법연구」 제36권 제2호(2014.8), p.225.

과 ② '보호종(protected species)' 양자 모두에 대한 법률을 포함한다. 그러나 '보호지역'과 '보호종'에 관한 덴마크의 법률은 '관련 EU 지침'[23]의 요구사항에 국한되지 않는다. 따라서 관련 지침들의 이행을 통해 보호되는 것보다 덴마크의 법률이 '보호하는 범위'가 더 넓다.

덴마크 자연보호법(Danish Nature Protection Act)[24]에 따라, '보호지역'은 ① 개별적 보존명령(individual conservation orders)에 따라 지정되고, 관련 EU 법에 따라 대부분의 보호지역이 추가된다. 그러나 ② 특별보존명령(specific conservation order)의 내용은 (특정) 유전자원 수집의 금지 대상에 달려있다. 이는 덴마크의 배타적 경제수역을 포함한 해양에서의 '보호지역'에도 동일하게 적용된다. 그리고 야생동식물종(species of wild fauna and flora)으로부터의 유전자원의 수집은 덴마크 자연보호법의 규정에 따른 시행령(ministerial order)에 의해 규율된다.[25] 그리고 사냥관리법(Game management Act)[26]은 명시적으로 사냥철을 규정하고 있지 않아 사실상 모든 종류의 야생 조류 및 포유류의 '보호'를 규정하고 있다. 그런데 위의 법은 '길들여지거나 또는 경작되는 종들(domesticated or cultivated species)'에 관해서는 제한하지 않지만, 각 종들의 '유전자원의 이용', 예를 들어 '번식 또는 증식(breeding or propagation)'은 지적재산권의 대상이 될 수 있다.

4) 유전자원에 대한 공개된 일반 대중의 접근(public access)

재산 소유권자의 생물자원에 대한 사실상의 통제는 덴마크법 *"Danske Lov"* (즉, The Danish Law of King Christian V)의 제6−17−31조[27]에 의해 규율된다. 본 규정은 '모든 사람'에게 '한 번에 소비할 수 있을 만큼의 견과류'를 수집(collect as many nuts

---

23 이와 관련해서는 특히 조류보전 지침 2009/147/EC(Directive 2009/147/EC of the European Parliament and of the Council of 30 November 2009 on the conservation of wild birds (codified version), (OJ 2009 L20/07)(Bird Conservation Directive), 서식지 지침 92/43/EEC(Council Directive 92/43/EEC of 21 May 1992 on the conservation of natural habitats and of wild fauna and flora, (OJ 1992 L206/07) (Habitat Directive)이 있다.

24 Section 30, subpara. 1 of Consolidated Act No. 951 of 3 July 2013.

25 Ministerial Order No. 330 of 19 March 2013 providing a prohibition of collecting some species of wild fauna (not birds and mammals) which are not protected by the Habitat Directive.

26 Consolidated Act No. 735 of 14 June 2013 on Hunting and Game Management the scope of which in some respect exceeds the scope of relevant EU legislation.

27 "Danske Lov"는 1683년 덴마크왕(Danish King Christian V)이 처음 제정하였고, 몇몇 규정들은 아직까지 유효하게 적용되고 있다. 예를 들면, "Danske Lov" 6−17−31(Book 6, Chapter 17, Article 31)이 있다.

as he can consume at once)할 수 있는 권리를 부여한다. 여기서의 '견과류'라 함은 꽃, 잎, 베리류, 과일류, 버섯류 등을 모두 포함하는 것으로 해석하고, '소비'는 문자 그대로 즉각적 소비로 이해할 것은 아니다. 본 규정은 그 자체로서 사유재산에 접근할 권리를 부여하는 것은 아니며, 덴마크 자연보호법이 시골에서의 자연에 대한 '공개'된 '접근'을 부여하는 것이다. 다시 말해서 '공유지'뿐만 아니라, 개인소유의 숲, 경작되지 않은 들판, 해변, 도로 등에 대하여 일반인이 접근(public access)할 수 있는 권리도 부여한다.[28]

그런데 누군가는 생물자원의 '이용'이 재산에 손해를 입히지도 않고 또는 자원을 고갈시키지도 않기 때문에 일반적으로 무해하다고 주장할 수 있다. 그러나 만일 유전자원이 나고야의정서상의 의미에 따라 '이용'되어 이것이 '특허발명'으로 이어진다면 토지소유자의 '재산'은 그와 '유사한 이용'을 할 수 없게 되어 손해를 입게 된다. 그러나 덴마크에서 이러한 주장은 거의 지지받지 못하고 있다고 할 수 있다.

III. ABS에 대한 입장 분석

1. '제공국' 측면에서의 덴마크

1) 덴마크산 유전자원에 관한 'PIC의 불요'

CBD 제15조는 관련 당사국이 달리 결정하지 않는 한 다른 당사국에 있는 유전자원의 접근을 위하여 PIC을 요건으로 하고 있다. 그런데 덴마크 ABS 법률의 주석서(Explanatory Notes)는 다음과 같이 확인하여 진술하고 있다:

"CBD에 대한 비준에 있어서, [덴마크는] '자국 내'에서 유전자원의 수집(collecting)을 위하여 덴마크는 '사전승인(prior consent)'을 요구하지 않는다고 선언하

28　Koester, *supra* note 4, p.60.

였다.[29] 그리고 이를 변경하기 위한 아무런 계획도 없고, 따라서 '사전승인' 요건을 목적으로 하는 나고야의정서 규정을 이행해야 할 이유가 없다. 이는 기타 제6조에서 제8조까지의 규정에도 관련된다."[30]

그러나 이러한 주석서의 진술이 덴마크 ABS 법률 규정에 '직접적으로' 바로 반영되지는 않았다. 그럼에도 불구하고 'PIC의 불요'에 관한 규정을 포함하고자 하는데 있어서는 유전자원에의 '접근'에 대한 법적 명확성(legal clarity), 예측가능성(predictability) 그리고 투명성(transparency)을 제공하고 있다. 이로서 덴마크가 유전자원의 접근에 대하여는 PIC을 요구하지 않는다는 점을 주석서를 통하여 확인할 수 있는 것이다. 그러나 이로서 법적 지위가 변경되는 것은 아니며, 덴마크 의회에서 채택된 상기 주석서의 진술에 따라야 하기 때문에 PIC은 효과를 발생시키는 특별한 법률 규정이 없이는 장차 미래에 도입될 수 없다. 결국, 원래는 CBD 제15조 제5항에 따라 당사국에 별도의 규정이 없는 한 PIC을 요건으로 하는데 반하여, 동 주석서의 진술에 따라 덴마크에서는 PIC을 '요구하는' 법률 규정을 채택하지 않는 한 PIC은 요구되지 않는다. 이로서 덴마크 내의 유전자원에 접근하는 자는 별도의 PIC을 요하지는 않으나, '유전자원의 이용으로부터 발생하는 이익을 공유하는 것'[31]을 목적으로 하고 있는 덴마크 ABS 법률 제1조를 기초해 볼 때 '상호합의조건(mutually agreed terms: MAT)'에 따라 이익 공유의 의무는 별도로 다루어진다고 할 수 있다.[32]

2) '덴마크산 유전자원' 수집 관련 정보 보고 요건

덴마크 ABS 법률 제6조는 "덴마크 환경부장관은 덴마크에서 야생유기체(wild organisms)로부터 유전자원을 수집하는 경우, 그 '이용 목적'에 관한 정보를 포함한 보고(reporting)를 규율하기 위한 규정을 채택할 수 있다. 덴마크 환경부장관은 이를 '전

---

29 그러나 이러한 선언이 실제로는 채택되지 않았기 때문에 동 주석서의 진술은 정확하지 않은 것이라는 의견이 제기되기도 하였다. *Ibid.*, p.61.
30 Part 2, Lovforslag nr. L 70, Folketinget 2012-13.
31 덴마크 ABS 법률 제1조(Section 1).
32 그런데 덴마크 ABS 법률 채택에 대한 공청회 과정에서 관련 부처들, 대학들, 산업계 및 비정부간 기구(Nongovernmental Organization: NGO)는 이러한 진술 내용에 대하여 의문을 제기하지 않았다. 동 법안에 대한 덴마크 의회(Folketing) 내의 토론과정에서도 마찬가지로 의문을 제기하지 않았다. 동 법안은 의회 내의 모든 정당들에 의하여 긍정적으로 수용되었고, 어떠한 주된 쟁점사항들도 토론으로 제기되지 않았으며, 어떤 개정도 이루어지지 않고 2012년 12월 덴마크 의회에서 최종 채택되었다. Koester, *supra* note 4, p.62.

자적으로' 이행되도록 특별히 규정할 수 있다."[33]라고 규정하고 있다.

주석서에 따르면, 덴마크 ABS 법률은 환경부장관에게 '동 법률의 발효'에 대한 권한을 부여하고 있으며, 이는 환경부장관의 결정(decision)과 동시에 '나고야의정서가 발효'되도록 의도된 것이다. 이에 나고야의정서가 2014년 10월 12일 발효됨과 동시에 동 의정서가 덴마크에서 발효되는 것을 결정(decision)하는 2014년 10월 6일자 규정(Regulation No. 1101 of 6 October 2014)[34]이 채택되었다. 동 규정 제3조(§ 3)는 덴마크 ABS 법률 규정에 대한 이행준수감시(monitoring compliance)의 책임을 지는 책임기관(competent authority)으로 덴마크 자연청(Nature Agency)을 지정하고 있다.[35] 아직은 '보고'에 관한 규정이 제정된 바는 없다. 환경부장관은 '보고'와 관련된 규정을 제정할 '권한'은 가지나 규정을 제시할 '의무'는 없지만, 주석서는 그 권한이 실제로 행사될 것으로 보고 있다.

주석서에 따르면 '보고 요건(rationale of reporting requirements)'의 이유는 다음과 같다:

"이는 ① 후속단계에서 그 '식별(identify)'을 가능하게 하는 유전자원에 관한 정보(종류, 성질, 출처, 수집 기한, 수집 양 등)를 제공할 것이며, ② '사전동의'를 요건으로 하는 다른 국가에서 기인하는 유전자원과 같은 동일한 방법으로 유전자원이 '추적(tracked)'되도록 할 것이며, ③ 나고야의정서 하에서 설정된 국제 유전자원 '정보공유체계(clearing house)'로 보고되도록 법적 지위가 부여될 것이다."[36]

그런데 현행 덴마크 입법상 '야생동식물'[37](wild animals and plants)의 종은 다소잘 정의된 개념이나, 다만 '야생유기체(wild organisms)'는 새로운 개념으로 보인다. 덴마크 ABS 법률은 이에 대해 어떤 정의를 내리고 있지 않으나, 주석서가 이용자의 접근 시 '보고 요건'은 오직 '야생유기체'에서 기인하는 유전자원에 적용된다고 하고 있

---

33 덴마크 ABS 법률 제6조(Section 6).

34 "유전자원의 이용으로부터 발생하는 이익의 공유에 관한 법률의 발효에 관한 행정명령(Bekendtgørelse nr 1101 af 06/10/2014 om ikrafttræden af lov om udbyttedeling ved anvendelse af genetiske ressourcer, Executive order on the entry into force of the Act on sharing benefits arising from the utilisation of genetic resources, Denmark)"을 말한다.

35 덴마크 ABS 법률의 발효에 관한 행정명령 제2조(§ 2).

36 그러나 PIC을 요구할 권리를 포기하는 것이 '접근 및 이익 공유 체계(Access and Benefit-sharing House)'에 통지해야 할 나고야의정서 제14조상의 의무를 포함하는지는 다소 의문이 든다. 그러나 이는 정보공유체계(Clearing-House)에 통지할 의무를 보증하는 나고야의정서 제14조 제2항 a호의 의미에서의 '접근에 관한 조치(a measure on access)'로서 보아야 할 것이다.

37 야생동식물의 개념에는 일반적으로 버섯류(fungi)를 포함하는 것으로 이해되고 있다.

기 때문에, 그러한 '보고 요건'은 유전자원을 이용한 상업적 번식과 재배(commercial breeding and cultivation)에는 적용되지 않게 된다. 생각건대, '야생유기체'의 개념은 야생동식물 외에, 그동안 덴마크 입법상의 야생동식물의 종의 개념에 포함되지 않던 '미생물(microorganisms)'도 포함하는 것으로 보인다.[38]

유전자원 수집 관련 '정보 보고'에 관하여 제정되는 '규정(regulation)'에는 다수의 증빙자료를 포함해야 하는데, 예를 들면 정보제공의 '시기(when)'와 정보의 '종류(kind)', 예상되는 비상업적 연구를 위한 '수집 한도(extent of collection)', '지리적 범위(geographical coverage)', '정보수령확인(acknowledgement of receipt of information)', 정보요구에 관한 '비이행준수(non-compliance)에 대한 법적 효과(legal effect)' 등이다. 덴마크 ABS 법률이 환경부장관에게 해당 규정 조항을 위반하는 경우 벌금(fine)으로서 제재를 가하도록 권한을 부여하고 있기는 하나,[39] 기술된 정보가 없다고 하여 '수집된 유전자원'이 몰수될 것으로 보이지 않으며, '취득된 이익'이 몰수될 것으로 보이지는 않는다. 또한 불이행(non-compliance)이 나중에 '정보제공'의 이행을 이유로 하여 구제(remedied)될 수 있는지의 여부도 명시되어야 할 것으로 보인다.[40]

2. '이용국' 측면에서의 덴마크

1) 특허 출원

덴마크는 2000년에 '출처공개(disclosure of origin)'를 시행한 극소수의 산업국가

---

38 Koester, *supra* note 4, pp.63~64.
39 덴마크 ABS 법률 제11조(section 11):
   다른 법률에 따라 더 높은 벌칙이 부과되지 않는 한, 제3조 및 제4조를 위반하는 자에게는 벌금이 부과된다.
   (2) 침해가 '고의적으로' 또는 '중대한 과실로' 인해 발생되고, 위반의 결과로 경제적 이익이 획득되거나 관계 당사자 또는 다른 당사자에게 그 혜택이 의도된 경우 형벌은 최고 2년의 징역까지 증가할 수 있다.
   (3) 이 법에 의거하여 제정된 규정은 이 규정의 조항을 위반하는 자에게 벌금을 부과할 수 있다고 명시할 수 있다.
   (4) 회사 등 (법인)은 형법 제5장의 규칙에 따라 처벌될 수 있다.
   (5) 위반행위로 획득한 이익을 '몰수(압수)'할 수 없는 경우, '벌금을 결정할 때' 제2항에 따른 추가 벌금(supplementary fine)을 포함하여 '달성된 재정적 이익'이나 '달성될 가능성이 있는 재정적 이익'의 규모(size of the financial benefit)를 고려해야 한다.
   (6) 형사 책임(criminal liability)에 대한 공소시효는 5년이다.
40 Koester, *supra* note 4, p.64.

중 하나이다. 따라서 첫째, 동식물로부터 유래되는 생물자원에 '근거'하거나 이를 '이용'한 '발명에 의한 특허 출원'은 생물자원의 '출처 정보'를 포함해야 하며, 둘째, 만약 특허 신청자가 '출처'를 알 수 없는 경우에는 이를 신청서에 '명시'하여야 한다. 그런데 '출처' 또는 '생물자원에 관한 정보'가 부족하다고 하여 특허신청 진행에 영향을 주거나 특허권의 승인 및 시행에 영향을 미치는 것은 아니다.[41] 한편 유의해야 할 사항은, 특허신청과 관련하여 TK에 관한 출처공개는 규제대상에 포함되지 않는다는 점이다.[42]

2) 점검기관의 지정

덴마크는 명시적인 점검기관(checkpoints)의 지정이 필요하고, 주석서는 나고야의정서 제17조상의 요건인 '점검기관'의 지정을 이행하는 방향으로 나아갈 것으로 예상하고 있다. 이는 '국가책임기관'이 국내 유전자원에 대한 주권을 수호하는 측면에서 중요하다면, 마찬가지로 해외 유전자원에 대한 국내 이용자의 이행의무준수를 보장한다는 측면에서 '점검기관'의 지정과 운영 또한 중요하기 때문에 덴마크뿐만 아니라 우리나라를 포함한 당사국들은 대등한 차원에서 강구해야 할 것으로 보인다. 물론 국가책임기관이 점검기관의 역할을 동시에 수행할 수도 있다. 그런데 덴마크 의회(Folketing)에서 ABS 법안이 제출되고 채택되는 과정에서는 이에 관하여 심도 있게 다루지 못하였다. 환경부장관은 '유전자원의 이용을 감시하고 처벌하는 수단'[43]으로서 특허출원에 관한 덴마크의 규정을 활용하는 것은 적절하지 않다고 판단하였고, EU 접근 및 이익공유(ABS) 규칙 511/2014/EU[44]을 고려하여 일단 '점검기관'의 선택 여부에 관해 덴마크 의회(Folketing)에 통보할 예정이라고만 의회 소관 환경위원회에 통지하였다. 이런 이유로 인해 나고야의정서 제17조의 시행을 위한 덴마크 규정 또는 '점검기관' 및 '감시체제(monitoring)'는 현재로서는 존재하지 않는다.

---

41 이러한 원칙은 현재 환경부장관 관련 명령 제3조 제4항(Section 3, subpara. 4 of ministerial order No. 93 of 29 January 2009 on patents and supplementing protection certificates is based on recital 27 of European Parliament and Council Directive 98/44 on Legal Protection of Biotechnological Inventions)에 근거한다.

42 Koester, *supra* note 4, p.65.

43 나고야의정서 제17조 참조.

44 Regulation 511/2014/EU of the European Parliament and of the Council of 16 April 2014 on compliance measures for users from the Nagoya Protocol on Access to Genetic Resources and the Fair and Equitable Sharing of Benefits Arising from Utilization in the Union (OJ 2014 L150/59).

그러나 나고야의정서 제17조(1)는 당사국이 '외국의 유전자원'이 국내에서 이용되는 상황을 감시하고 투명성을 제공하기 위해 하나 이상의 '점검기관'의 지정 의무를 부여하고 있다. 이에 대하여 EU ABS 규칙 511/2014/EU 제7조는 유전자원 및 관련 전통지식의 '점검기관'의 기능을 '국가책임기관'에 부여하고 있다. 따라서 '국가책임기관'인 덴마크 '환경청'이 '점검기관'의 역할을 수행할 것으로 보인다. EU 규칙 511/2014/EU의 제7조 제1항에 따라 EU회원국 및 집행위원회는 유전자원 및 관련 전통지식의 활용과 관련된 연구비의 모든 수령자에게 동 규칙 제4조에 따른 이용자의 '적절주의의무(due diligence obligations)'의 신고를 요청해야하며, 동조 제2항에 따라 유전자원 또는 관련 전통지식의 활용을 통한 생산물의 최종개발단계에서 이용자는 제4조에 따른 의무로서 제6조 제1항의 해당 관할기관(국가책임기관 또는 점검기관)에 이를 신고함과 동시에 관련된 국제이행의무준수인증서(internationally recognised certificate of compliance: IRCC), MAT상의 정보를 포함하여 제4조 제3항 (b)의 (1)~(5) 및 제4조 제5항에서 언급된 관련정보를 제출해야 한다. 그런데 이용자의 이행의무준수가 이처럼 적절주의의무로 다소 약하게 규정되어 있다하더라도, 규칙 2015/1866/EU[45] 제5조에서 제6조까지의 조항이 규칙 511/2014/EU 제4조 및 제7조의 이행을 위한 이러한 이용자의 '적절주의의무'의 점검 또는 감시를 위한 '연구자금 제공단계'(제5조)와 '최종상품 개발단계'(제6조)에서 '적절주의의무의 신고'에 관하여 이행세칙을 규정하여 규율하고 있다는 점에서는 의미가 있다. 이용자는 회원국 관할기관의 요청이 있는 경우에는 더 많은 증거를 제출해야 한다. 한편 EU 규칙 511/2014/EU 제7조 제3항과 제4항에 따라 관할기관은 나고야의정서 제14조 제1항, 제13조, 제17조 제2항에 따라 당사국들과 정보를 공유하나, 제7조 제5항에 의거하여 특별히 유전자원의 지정 및 이용과 관련해서 EU 또는 회원국 국내법률상의 '합법적인' 경제이익의 보호를 위해서는 상업적 기밀 사항 또는 산업정보를 보호해야 한다.

또한 규칙 511/2014/EU 제8조는 '업무처리 모범규준(모범관행, Best Practice)'을 규정함으로서 '적절주의의무'의 '예외'를 인정하여 '면책사유'를 사실상 인정하고 있다. 영국의 경우 '나고야의정서 이행규칙 2015(The Nagoya Protocol (Compliance)

---

45 Implementing Regulation 2015/1866/EU of 13 October 2015 laying down detailed rules for the implementation of Regulation 511/2014/EU of the European Parliament and of the Council as regards the register of collections, monitoring user compliance and best practices (OJ 2015 L275/4–19).

Regulations 2015 (SI 2015/811))' 제8조에서 면책사유를 규정하고 있는데, 이는 첫째, '이용자의 의무'를 강조하면서도 이용자의 '면책사유'를 일부 명확하게 규정하고 있다는 점에서 의미가 있다. 둘째, 이렇게 함으로서 이용자의 의무에 대한 부담을 완화시키는 효과를 가져 올 수 있다. 즉, 이용자[46]들이 EU 규칙 511/2014/EU 제8조(모범관행) 2항의 내용(이용자가 제4조, 제7조상의 의무이행을 위하여 '모범관행'을 이행하였다고 보는 경우: 이는 재판관의 판단 사항으로 case by case를 의미한다고 봄)을 인지하고 가장 최상의 행동을 효과적으로 취했다는 점을 국가책임기관인 영국 내무장관이 인정하는 경우에는 제재가 면제된다.[47] 이러한 측면에서 2015년 10월 13일 EU 집행위원회 규칙 2015/1866/EU의 채택은 매우 중요한 의미가 있으며, 동 규칙 2015/1866/EU 제8조에서 제11조까지는 '모범관행'에 관하여 신청절차(제8조), 승인 및 철회(제9조), 변경사항 허가 절차(제10조), 결함(제11조) 등에 관하여 규율하고 있다. 이처럼 '이용자 의무' 이행을 확보하기 위하여 '모범관행'에 관하여 보다 구체적으로 규율하게 되었다는 점은 일종의 '면책사유'의 근거를 제공한다는 의미 외에도 향후 국제사회에서의 나고야의정서의 이행 활성화 추세에 있어서 중요한 의미가 있다.

3) '덴마크 ABS 법률'의 핵심 조항

'유전자원의 이용으로부터 발생하는 이익의 공유에 관한 법(Act on Sharing of Benefits arising from the Utilization of Genetic Resources)'이라는 제목의 덴마크 ABS 법률은 기본적으로 덴마크에서의 '비덴마크산 유전자원' 및 이들 유전자원 관련 전통지식(TK)의 '이용'에 관한 법이다. 다음에 기술되는 '덴마크 ABS 법률'에 관한 의견 또는 해석은 특별히 적시하지 않는 이상 주석서(Explanatory Notes)에 근거한다.

첫째, 동법 제3조 제1항에 따라 유전자원의 획득이 유전자원이 유래되는 다른 국가의 유전자원 '접근'에 관한 법률을 위반하여 획득된 경우 해당 유전자원의 '이용'은 덴마크에서 '금지'된다.[48]

둘째, 동법 제4조 제1항에 따라 유전자원 관련 TK기 TK를 기원으로 하고 있는

---

46 규칙 511/2014/EU 제3조 제4항은 '이용자'란, 유전자원 또는 관련 전통지식을 사용하는 개인 또는 법인'으로 한정하여 정의하고 있다. 따라서 PIC이나 MAT의 단계에서 분간되겠지만, 단순한 중간 유통관련 매개자는 규율 대상이라 보기 어렵다.
47 영국 나고야의정서 이행규칙 2015, 제8조 제2항.
48 덴마크 ABS 법률 제3조(section 3) 제1항.

다른 국가의 법률을 위반하여 획득된 경우에도 TK의 '이용'은 덴마크에서 '동일하게 금지'된다.[49]

그런데 '유전자원 관련 TK'의 이용으로부터 발생하는 '이익의 공유'는 형식상으로 동 법률의 목적에 반한다. 왜냐하면 동 법률이 '이용(utilization)' 및 '유전자원(genetic resources)'에 관한 개념 정의에 있어서 TK에 관하여 어떠한 언급도 하고 있지 않기 때문이다. 만약 동 법률의 목적에 'TK'를 포함시킨다면 이는 또다른 문제를 야기할 수 있다. 따라서 이러한 맥락에서 '지식재산권과 관련된 덴마크 법' 어디에도 'TK'의 개념이 존재하지 않는다는 것은 그대로 준수되어야 할 것이다.[50] 덴마크에서 TK의 보호가 덴마크 ABS 법률의 채택 이전에 덴마크 내부 법률문제로 발생된 적은 없지만, 덴마크 정부는 TK의 보호(특히 세계지적재산권기구(World Intellectual Property Organization: WIPO) 보호체계에서)에 관한 국제적 논의 및 협상을 따르고 있으며, 앞으로도 동일하게 진행될 것으로 보인다.[51]

그리고 위의 덴마크 ABS 법률 제3조 제1항 및 제4조 제1항은 나고야의정서의 당사국으로서 '각각' 나고야의정서 제6조 및 제7조에 기초한 '확립된 법안'을 갖고 있는 당사국들의 유전자원과 TK에 한정되어 적용된다.[52] 따라서 나고야의정서 비당사국들에 대한 '이용자 (규율)조치'는 존재하지 않는다. 또한 덴마크 ABS 법률은 제12조에 따라 나고야의정서 발효 이전에 취득한 유전자원 또는 TK에도 적용되지 않는다.[53]

4) '핵심 조항'에 관한 일부 해석 문제

(1) 덴마크 ABS 법률 제3조 및 제4조는 일부 해석 문제를 가지고 있다. 제3조 및 제4조에는 "~에서 오는(coming from)"이라고 번역할 수 있는 "~부터(*kommer fra*)"라는 덴마크어가 있는데, 이는 또한 "~에서 발생(기원)(originating from)"으로 해석할 수

---

49 덴마크 ABS 법률 제4조(section 4) 제1항.

50 덴마크 ABS 법률은 TK를 정의내리고 있지 않으며, CBD 제8조 (j)상의 내용으로 언급되고 있으며, 주석서도 이러한 방식으로 언급하고 있다.

51 Koester, *supra* note 4, p.66.

52 덴마크 ABS 법률 제3조(section 3) 제2항 및 제4조(sections 4) 제2항에서는 명시적으로 각각에 해당하는 나고야의정서 제6조 및 제7조상의 규정들을 언급하고 있다. 그러나 나고야의정서 제15조 및 제16조에 따른 각각의 PIC 및 TK에 관한 국내입법의 이행준수를 감시하기 위해 이용국이 취하는 조치에 관한 이러한 나고야의정서상의 관련 규정들은 '주석서'에서 포함되어 다루고 있다. *Ibid.*, pp.66~67.

53 덴마크 ABS 법률 제12조(section 12) 제2항.

도 있다. 주석서는 "~부터(*kommer fra*)"에 대한 정확한 의미에 대한 어떠한 설명도 하고 있지 않다. 그러나 원칙적으로 TK의 고정적 성질(immovable nature) 때문에, 제4조가 "~에서 발생(기원)"이란 뜻의 "~에서 오는"인 TK를 가리킨다는 것은 의심할 여지가 없다. 또한 동법 제4조는 TK에 대하여 당사자가 취해야 할 조치를 처리하는 나고야의정서 제7조에 대한 이행규정임은 분명하다.

그리고 유전자원에 관한 제3조에 있어서 "~에서 오는"은 동일한 방식으로 이해되어야 한다. 그렇지 않으면 두 규정의 "~에서 오는"은 두 가지 의미를 가지게 될 것이다. 그러나 유전자원에 관한 동법 제3조는 나고야의정서 제6조상의 '유전자원을 제공하는 당사국'뿐만 아니라, '유전자원을 획득한' 당사국도 포함하고 있다. 따라서 동법 제3조에 "~에서 오는"의 개념은 나고야의정서 제6조에서 설명한 두 가지 상황을 모두 포함하는 것으로 해석될 수 있다.[54]

(2) 또 다른 문제는 동법 제3조에 언급된 불법행위(delict)는 ① '불법적인 접근(illegal access)'이 아니라, 불법적으로 접근한(획득한) 유전자원의 '이용'이라는 것이다. 그리고 ② '그 이용'이 '불법'이 되기 위해서는 그러한 '이용'이 '덴마크 내'에서 발생해야 한다.[55] 따라서 덴마크 회사가 다른 국가에 자회사를 두는 경우 그 회사가 부적절하게 소유하게 된 특정 유전자원을 이용하는 것은 동법 제3조에 대한 위반행위가 아니다. 물론 이러한 상황에서는 다른 국가가 나고야의정서의 당사국인지 여부를 먼저 확인해야 할 것이다. 심지어 페로 제도나 그린란드에서 '이용'이 발생하는 경우에도 이는 동법 제3조에 대한 위반행위가 아니다.

(3) 위의 해석문제는 제쳐두고라도, 덴마크 ABS 법률은 나고야의정서의 주요 규정의 반영에 있어서 문제를 '회피'하거나 또는 자국의 입장에 대한 '자신만의 기준'을 제시하고 있다.

'비계약적 ABS 의무(non-contractual ABS obligations)'는 'PIC을 얻고' 'MAT을 성립'시키기 위하여 유전자원 및 관련 TK의 '이용자'에게 요구하는 의무를 포함한다. 그런데 덴마크의 ABS 법률에는 'MAT을 성립시키는 의무'에 관한 명시적인 규정이

---

54 Koester, *supra* note 4, p.67.

55 *Ibid.*

없다.[56] 그러나 주석서는 'MAT 성립'에 관한 '불이행(failure)'은 동법 제3조의 불이행(non-compliance)을 구성할 수 있다고 한다.[57] 그런데 MAT이 성립되지 않은 경우, 주석서의 이러한 기술만으로 처벌을 동반하기에 충분한지 아닌지는 문제가 될 수 있다. 주석서가 보다 구체적인 가이드라인을 제시하고 있지 않아, 검사(public prosecutor)가 참고할 만한 내용이 없는 가운데 '확고한 케이스(solid case)'를 준비할 수 있을지는 예상하기가 어렵다.

그리고 동법 제3조는 덴마크에서 이용되는 특정 유전자원이 '제공국의 PIC 요건'에 따라 접근하여 획득하였으나, 해당 유전자원이 무엇보다도 '불법적으로 획득'되어 나고야의정서 제6조(PIC 요건 및 MAT 요건)에 저촉되는 경우 어느 범주까지 동법 제3조(타국 ABS 위반시 처벌)를 적용할 것인지가 문제가 된다. 이러한 경우 덴마크 법원은 ① '적절주의의무'를 다한 이용자에게 동법 제3조의 위반을 이유로 '벌칙'을 부과할 것으로 보이지는 않는다. 그리고 ② 해당 유전자원의 압류(seizure of the resource) 또는 이익의 몰수(confiscation of benefits)와 같은 결과를 초래할 것으로 보이지 않는다. 결국 다른 당사국이 발급한 '허가'인 PIC을 무시하는 것은 다소 민감한 문제인 것이다.[58]

5) 덴마크 ABS 법률상의 '유전자원(genetic resources)' 및 '이용(utilization)'의 정의

덴마크 ABS 법률 제2조 제1항은 '유전자원'에 관하여 '생물의 유전된 속성과 자연적으로 발생된 생물의 유전적 발현 또는 신진대사에 의한 생화학적 화합물'[59]로 정의하고 있다. 그러나 동법 초안의 제2조 제3항에서 파생물(derivatives)과 관련하여 '유전자원의 이용'에 관하여 나고야의정서 제2조 (e)항에서 정의된 유전자원의 이용을 언급하며 그 '파생물(derivatives)의 이용'도 포함하고자 하였으나, 덴마크가 이용국 입장임을 고려하여 파생물이 적용 대상에서 제외된 것으로 보인다.[60]

56　인도 등 MAT을 엄격하게 규율하고 있는 당사국들도 있는 만큼, 덴마크 또한 국제적 견지에서 MAT을 일정부분 규정하여 일반적 이행 사항은 규율하는 것이 필요해 보인다. 김윤정, "나고야의정서 이행에 있어 금전적 이익공유에 대한 고찰 ― 브라질, 인도의 입법적 조치를 중심으로", 「국제경제법연구」 제14권 제3호(2016.11), pp.46~56 참조.

57　Koester, *supra* note 4, p.68.

58　*Ibid.*

59　덴마크 ABS 법률 제2조(section 2) 1항.

60　'파생물의 이용'이 나고야의정서의 규정에 포함될 수 있는지는 논쟁의 여지가 있으나, ① 제공국은 그들이 원할 경우 몇몇 '이용'을 규제할 수도 있다는 사실에는 의심의 여지가 없다. 또한 ② 이

덴마크 ABS 법률 제2조 제2항은 '이용'에 관하여 '생명공학의 응용프로그램을 통해 유전자원의 유전적 그리고/또는 생화학적 화합물을 연구 및 개발하는 행위'[61]로 정의하고 있다. 그리고 보충적 규정을 두어 유전자원에 기반한 제품의 개발 및 판매도 '이용'에 포함된다고 규정하고 있다.[62] 주석서도 이에 대하여 '연구 및 개발' 과정이 종료되면 유전자원의 '이용'도 종료되고, 그 이후의 '후속적 응용' 및 '상업화'는 나고야의정서 제5조 제1항상의 '이익 공유'에 의해 규율된다고 설명하고 있다.[63]

6) EU 규칙 2015/1866/EU와의 관계

덴마크 ABS 법률 제3조 및 제4조는 제5조에 의해 보완된다. 동법 제5조에 따라 환경부장관은 제3조 및 제4조의 이용자 금지사항의 이행의무준수(compliance) 여부를 확인(보장)하기 위한 '절차와 기준'을 위한 규정을 채택할 수 있으며, 이를 위하여 디지털화하는 규정을 채택할 수 있다.[64] 그리고 주석서에 따르면, 환경부장관은 유전자원을 이용하는 기관 및 기업에 요구되는 '절차나 기준'에 관한 규정을 제정할 수 있는 권한을 가지며, 나아가 '적절주의의무(due diligence)'와 관련하여 '유전자원의 거래 시' 해당 유전자원의 '법적 지위(legal status)'에 관한 명세서를 수반해야 함을 요건으로 포함시킬 수 있다. 이는 제공국의 접근에 관한 법률에 대한 위반 여부와 관계없이 그 자체로서 규제의 대상이 될 수 있다.[65] 즉, '제공자'가 제공국의 접근에 관한 법률을 위반하였지만, '이용자'는 정당하게 접근 및 획득한 경우에 '적절주의의무'를 다하였음을 이유로 항변할 수 있게 된다.

덴마크 ABS 법률 제5조의 이론적 근거는 주석서에 따르면 '적절주의의무'에 관한 EU의 법적 요구를 준수하는 것이다. 결국 덴마크 입법은 나고야의정서의 규정을 준수하기 위해 필요한 경우에만 규정되기 때문에, '적절주의의무'의 '구체적인 내용 및 정도'는 오직 '국내법률'에 의해 구체적으로 구현될 수 있다. EU ABS 규칙도 '적절주의의무'에 관해 구체적으로 규명하고 있지 않기 때문에, 덴마크 ABS 법률상의 제3조 및

용국은 그들이 원하는 경우 관련 법률 규정의 이행준수를 감시할 수 있다. 그런데 EU ABS 규칙은 '기능적 유전단위(functional units of heredity)'를 갖지 않는 '파생물의 이용'은 적용 대상으로 하고 있지 않아 이용국의 입장을 보이고 있다. Koester, *supra* note 4, p.71.

61 덴마크 ABS 법률 제2조(section 2) 제2항.
62 덴마크 ABS 법률 제2조(section 2) 제2항.
63 Koester, *supra* note 4, p.71.
64 덴마크 ABS 법률 제5조(section 5).
65 Koester, *supra* note 3, p.71.

제4조와 같은 규정이 국내법적으로 '구체적으로' 규정되어야 하는 것이다. 따라서 환경부장관은 덴마크 ABS 법률 제5조를 법적 근거로 하여 향후에 EU ABS 입법을 이행(실현)하는 규정을 채택할 권한을 행사할 수 있다.[66] 그런데 EU 집행위원회가 2015년 10월 13일 집행위원회 이행규칙 2015/1866/EU을 채택하여 보다 '구체적으로' 규율하게 되었으므로 이제는 상황이 달라지게 되었다. 즉, 이행의무준수를 감시하는 방안이 보다 '구체화'된 것이다. 규칙 511/2014/EU는 제4조(이용자 '적절주의의무')와 제7조(이용자 이행준수 감시)의 위반에 대한 회원국의 '처벌' 조치 수립과 이행조치 채택 의무(제11조)를 규정하고 있었던 바, 이후에 '이용자 이행의무준수' 규율 방식을 구체화하기 위하여 위원회 이행규칙 2015/1866/EU로서 ① 수집등록처로의 관련 정보 제공(제2조), 등재 요청(제3조), 검사 및 시정조치(제4조), ② 연구자금 제공단계에서의 적절주의의무 신고(제5조), 최종상품 개발단계에서의 적절주의의무 신고(제6조), ③ 업무처리 모범규준(모범관행)의 신청(제8조), 승인 및 승인의 철회(제9조), 변경 시 평가(제10조), 결함의 심사(제11조) 등에 관하여 규율하게 되었다.[67]

7) 추가 규정들

덴마크 ABS 법률은 또한 위에서 언급된 핵심 조항인 동법 제3조 및 제4조의 규정들을 보완하는 아래와 같은 여러 규정들을 포함하고 있다.

첫째, 제7조는 동법 및 동법에 따라 제정된 법규의 '이행의무준수'를 감시해야 할 '환경부장관'의 의무[68]에 관하여, 제8조는 위에서 언급한 공공재산 및 사유재산에 대한 환경부장관 및 본 장관의 승인을 받은 자의 법원명령 없는 '접근(출입)권'[69]에 관하여, 셋째, 제9조 제1항은 환경부 일부로 설립된 '한 기관(a agency)'에 대한 또는 관계부처와의 협의를 거친 후의 '다른 국가 당국'에 대한 환경부장관의 업무의 위임[70]에 관하여, 넷째, 제10조 제1항은 동법의 목적 이행을 위해 (예를 들면, 유전자원의 이용으로부터 발생하는 '이익 공유를 보장'하기 위하여, 또는 나고야의정서 이행에 있어서 '이용'을 위한 '수집된 자료의 공유' 및 '자료의 교환'을 위하여) 다른 국가들과 '공동조치'를 취하기 위

66 *Ibid.*, p.72.
67 김두수, "독일의 나고야의정서상 접근 및 이익 공유(ABS) 체계 분석과 시사점", 「국제경제법연구」 제15권 제1호(2017.3), p.133 참조.
68 덴마크 ABS 법률 제7조(section 7).
69 덴마크 ABS 법률 제8조(section 8).
70 덴마크 ABS 법률 제9조(section 9) 제1항.

하여 '국제협정'을 체결할 권한의 정부로의 부여[71]에 관하여, 다섯째, 제10조 제2항은 동법 제10조 제1항에서 언급한 '국제협정의 이행'을 위해 규정을 제정할 환경부장관의 의무[72]에 관하여, 여섯째, 제10조 제3항은 동법이 포함하는 관련 문제의 'EU 법규들 (관련 규칙, 지침, 결정 등)'에 대한 '덴마크 내에서의 적용'을 위해 필요한 규정을 제정할 환경부장관의 권한[73]에 관하여, 그리고 제11조 제1항과 제2항 및 제5항은 제3조 및 제4조의 위반에 대한 '처벌'에 관하여 규정하고 있다. 처벌과 관련해서는 주로 벌금(fine)을 부과하며(다른 법률에 의해 더 높은 형벌이 적용되지 않는 한), 처벌은 특별한 상황(고의 또는 중과실)인 경우에 '2년 이하의 징역형'으로 증가될 수 있다. 그리고 공소시효를 5년으로 규정하는 등 동법에 대한 이행의무준수의 위반이 형사 처벌의 대상이 될 수 있음을 보여주고 있다.[74]

8) MAT에 관한 규정의 부존

덴마크 ABS 법률 자체에는 'MAT'에 관한 아무런 규정이 없다. 다만, 주석서에 나타난 관련 기술들을 볼 때, 동 법률에서는 MAT에 관하여 염려할 대상이 아니며, MAT의 불이행은 사법(private law)에 따라 시행된다. 그러나 앞에서도 살펴보았듯이, 제공국의 ABS 법제에 따라 PIC이나 TK의 이용에 관한 위반으로서의 불이행은 동법 제3조 및 제4조상의 금지위반이 된다. 즉, 유전자원의 수집과 유전자원 관련 전통지식의 이용에 대한 '사전동의' 위반이 제공국 ABS 법률 규정 위반으로 처벌받는 것에 비하여, 유전자원 또는 전통지식의 이용에 대한 'MAT'의 위반은 '민사소송(via civil legal proceedings)'을 통해 기소되어야 한다. 따라서 MAT 준수에 관한 나고야의정서 제18조의 이행을 구현하는 구체적인 규정은 덴마크 ABS 법률에는 없으며, 이와 관련된 분쟁은 '중재판정(arbitral awards)'과 관련해서 덴마크가 당사국이면서 매우 신뢰하고 있는 "1958년 외국 중재판정의 승인 및 집행에 관한 뉴욕협약(1958 New York Convention on the Recognition and Enforcement of Foreign Arbitral Awards)"을 통하여 구제받을 수 있을 것이다.[75]

---

71 덴마크 ABS 법률 제10조(section 10) 제1항.
72 덴마크 ABS 법률 제10조(section 10) 제2항.
73 덴마크 ABS 법률 제10조(section 10) 제3항.
74 덴마크 ABS 법률 제11조(section 11) 제1항, 제2항, 제5항, 제6항.
75 Koester, *supra* note 4, p.74.

Ⅳ. 우리나라 유전자원법과의 비교 평가 및 시사점

1. 파생물과 관련하여

　　나고야의정서상의 적용대상과 관련된 쟁점 중 하나는 '유전자원'의 개념 정의와 관련하여 과연 '파생물'이 나고야의정서의 적용대상에 해당 하는가 이었다. 나고야의 정서 제2조(용어 사용)는 '파생물'을 생물자원 또는 유전자원의 유전적 발현(genetic expression) 또는 대사 작용(metabolism)으로부터 자연적으로 발생한 생화학적 합성 물을 의미하고, 이러한 합성물은 유전의 기능적 단위를 포함하지 않는 경우에도 포함 된다고 정의하고 있지만, 나고야의정서 제2조 외 그 어디에도 '파생물'이라는 용어는 발견되지 않기 때문에, 이용국 중심의 선진국은 유전자원의 이용으로부터 발생하는 이익만이 이익 공유의 대상이라고 주장하는 반면, 제공국 중심의 개도국은 '파생물'도 이익 공유의 대상에 포함되어야 한다고 주장한다.

　　파생물과 관련하여 덴마크 ABS 법률 제2조 제1항은 유전자원의 이용과 관련하 여 동법 초안의 제2조 제3항에서 '파생물의 이용'을 포함시키고자 했던 내용을 수용 하지 않았다. 이와 유사하게 우리나라는 유전자원법 제4조(적용 대상)에서 시간적으로 나고야의정서가 국내에서 발효된 이후 접근된 유전자원에 대해서 적용되며, 장소적으 로 남극 등 국가관할권이원지역의 유전자원은 제외하고 있으며, 물적으로 인간유전자 원 및 감염병을 일으키는 병원체는 제외하고 있으며, 식량농업식물유전자원에관한국 제조약(ITPGRFA) 등 다른 국제조약에 따라 접근 및 이익 공유의 적용을 받는 경우에 는 제외하고 있고, 이용국 입장을 반영하듯 '파생물'도 적용 대상에서 제외하고 있다.

2. 점검기관과 관련하여

　　나고야의정서 제17조(유전자원 이용 감시)는 당사국이 유전자원의 이용을 감시할 의무와 그 방법에 대하여 규정하고 있다. 이 조항은 나고야의정서 '이행의무준수'를 지 원하고 유전자원 이용에 대한 투명성을 향상시키고자 마련되었다. 근래에 바이오해적

행위(biopiracy)가 국제사회에서 문제되고 있으며, 이는 당사국이 ABS를 '엄격하게' 규제하는 경우 해결될 수 있을 것이다.

덴마크는 점검기관의 운영에 관하여 보다 명확하게 할 필요가 있는데, 국가책임기관에 해당되는 덴마크 자연청(Nature Agency)에 대하여 '점검기관'으로서 명확하게 명명할 필요도 있어 보인다. 우리나라는 유전자원법 제13조에서 점검기관의 설치에 관하여 규정하고, 제14조에서는 해외 유전자원에 접근하여 이를 국내에서 이용하는 자가 '해외' 제공국의 ABS 법제를 준수하도록 규정하고 있다. 그리고 이를 감시하기 위하여 이러한 이용자는 '해외' 제공국의 ABS 법제를 준수했음을 증명하기 위하여 관련 자료를 제시함으로서 우리나라 점검기관에 신고하도록 하고 있다. 단 이는 ABS 법제를 '마련'하고 있는 해외 제공국인 경우에 한정하고 있기 때문에, 제공자의 이해를 보호하기 위하여 제공국은 국내 ABS 법제를 마련하는 것이 필수적이다. 한편 유전자원법 제16조는 해외 유전자원을 우리나라에서 이용하는 자에 대하여 의문이 있는 경우 점검기관이 조사할 수 있도록 권한을 부여하고 있다. 이처럼 국가책임기관이 국내 유전자원에 대한 주권을 수호하는 측면에서 중요하다면, 점검기관은 해외 유전자원에 대한 국내 이용사의 이행의무준수를 보장한다는 측면에서 중요하기 때문에 덴마크뿐만 아니라 우리나라를 포함한 특히 이용국 입장의 당사국들은 대등한 차원에서 실행해야 할 필요가 있다. 우리나라의 경우 유전자원법 제13조에서 환경부, 과학기술정보통신부, 농림축산식품부, 해양수산부, 보건복지부, 산업통상자원부가 점검기관으로 지정되었다.

3. PIC과 관련하여

덴마크 ABS 법률의 주석서에 따라 덴마크에서는 유전자원에 접근하는 자에 대하여 PIC을 '요구'하는 규정을 채택하지 않는 한 PIC은 요구되지 않는다. 한편 우리나라의 유전자원법 제9조 제1항은 이용을 목적으로 국내 유전자원 및 관련 TK에 '접근'하려는 '외국인'이 국가책임기관에 '신고'하도록 규정하고 있다. 우리나라는 내국인이 아닌 '외국인'을 규제하고 있으며, 그것도 '허가'가 아닌 '신고'를 통하여 규제하고 있다. 이처럼 '허가'가 아닌 '신고'를 택하였다는 점에서는 역시 이용국의 입장을 반영한 것으로 보인다. 허가가 아닌 신고라는 점은 우리나라가 생물다양성의 보전, 지속가능한 이용에 대하여 '소극적'인 태도를 보이고 있음을 보여준다. 그럼에도 불구하고 우선 나고야의정서 국내이행을 위한 구체적인 후속조치의 마련을 위하여 덴마크 ABS 법률이 환경부장관의 명령에 위임하고 있는 점은 우리나라의 국내 후속조치 마련에 있어서 참고할 만하며, 우리나라의 경우 현재 '접근신청' 관련 절차나 방법의 마련, 점검기관의 명확화 등이 필요한 상황이다. 이처럼 나고야의정서의 국내이행을 위한 법제 마련이 '과정의 종료'가 아닌 향후 구체적으로 보완해야 할 많은 어려운 일들에 대한 '과정의 시작'임을 유념해야 할 것이다.

4. MAT과 관련하여

덴마크 내의 유전자원에 접근하는 자는 별도의 PIC을 요하지는 않으나, '유전자원의 이용으로부터 발생하는 이익을 공유하는 것'을 목적으로 하고 있는 덴마크 ABS 법률 제1조를 기초해 볼 때 MAT에 따라 이익 공유의 의무는 별도로 다루어진다고 할 수 있다. 한편 우리나라 유전자원법 제11조는 MAT이라는 용어를 사용하고 있지는 않지만 '공정하고 공평한 이익 공유'를 위하여 제공자와 이용자가 '합의하여야 한다'라고 규정하여 '의무'로서 규정하고 있다. 이를 볼 때, 우리나라가 '접근 신고'와 달리 '이익 공유'는 규제를 보다 강화하고 있음을 알 수 있는데, 문제는 이익 공유를 어떻게 실제적으로 보장할 수 있는지와 관련하여 향후 다른 당사국들의 관련 내용과 비교할 필요가 있다는 것이다. 그리고 유전자원법이 발효되기 이전에는 유전자원을 이용하여 발생된 이익은 '지적재산권'을 포함하여 기업이익이 극대화될 수 있었으나 향후 유전자원법이 발효된 후로는 유전자원을 제공한 국가 및 제공자에게 이익이 공유되어야 하므로 '지적재산권'의 기업이익이 제한적일 수 있다. 한편 다국적기업의 국내 진출에 대해서는 '이익 공유 요구'가 가능해지기도 한다. 다만 어떠한 방식으로 이익 공유상 '공정하고 공평한'의 의미를 적용할 것인지는 MAT에서 구체적으로 결정해야 하는 과제로 남게 된다.

5. 출처공개와 관련하여

개발도상국은 유전자원의 ABS가 효과적으로 집행되기 위해서는 유전자원 '출처 공개'의 특허요건화가 필요하다고 주장하고 있는 반면, 선진국들은 유전자원 출처공개 의 특허요건화가 특허 출원인에게 부담으로 작용하여 기술개발 및 확산을 저해할 우려가 있으며 이익 공유는 사적 계약을 통해 달성할 수 있다고 주장하고 있다. 그런데 나고야의정서의 ABS는 WTO 지식재산권협정(Agreement on Trade–Related Aspects of Intellectual Property Rights: TRIPs)과 '잠재적 충돌(potential conflict)' 가능성의 문제가 제기되고 있으며, 나고야의정서 제4조의 규정 자체는 이에 대한 해결책을 제시하기 위한 규정이 아님을 밝히고 있기도 하다.[76] 덴마크의 경우 '출처공개'를 시행하고 있으나 특허 신청자가 '출처'를 알 수 없는 경우 이를 신청서에 '명시'하면 되고, 관련 정보가 부족하다고 하여 특허신청의 진행에 영향을 주거나 특허권의 승인 및 시행에 영향을 미치는 것은 아닌 점, 그리고 특허신청과 관련하여 '유전자원 관련 TK'에 관한 출처공개는 규제대상에 포함되지 않는다는 점을 볼 때, 우리나라 유전자원법의 경우 출처공개에 관하여 규율하고 있지 않고 있어 이용국의 입장을 반영한 것으로 보인다.

6. 분쟁해결과 관련하여

나고야의정서의 이익공유제도와 WTO협정간의 조화 문제는 중요한 국제적 의제가 될 가능성이 높다. 환경규범과 무역규범이 상호 중첩되어 적용될 경우, 가급적이면 양자가 서로 배타적이지 않고 조화를 이루도록 해석하여 적용하는 것이 중요하다. 오늘날 국제사회가 과거와 달리 통상문제뿐만 아니라 환경오염에 대한 심각성으로 인해 환경문제에도 큰 관심을 갖게 되었으므로 국제통상규범도 가급적이면 환경 친화적으로 접근하여 해석되고, 환경규범을 지지 또는 우선시 하는 방향으로 적용될 필요도 있다.[77] 이는 덴마크와 우리나라와 같이 이용국의 입장에서 관련 사안을 자유무역협정

---

76 Philippe Sands, Jacqueline Peel, Adriana Fabra and Ruth Mackenzie, *Principles of International Environmental Law* (Cambridge Univ. Press, 2012), p.803.

77 우리나라도 EU와 같이 이용국의 입장이면서도 나고야의정서에 보다 선도적으로 대응하여 '가난' 이 심한 '생물다양성 부국들'이 ABS상의 '발생 이익'을 통하여 '생물다양성을 보전'하고, '가난을

(free trade agreement: FTA) 등 통상부문에서 다루게 되는 경우 특히 고려해야 할 것으로 보인다.

V. 결언

덴마크는 다른 유전자원 이용국들과는 달리 나고야의정서의 ABS 체계에 대한 국제적 체제에 일찌감치 적극적으로 대응하여 왔다. 덴마크는 나고야의정서에 2011년 6월 23일 서명하였으며, 2014년 5월 1일 동 의정서에 비준하였다. 그리고 덴마크는 동 의정서 관련 국내이행 법률인 "유전자원의 이용으로부터 발생하는 이익의 공유에 관한 법(LOV nr 1375 af 23/12/2012 om udbyttedeling ved anvendelse af genetiske ressourcer)"을 2012년 12월 23일 EU 회원국들 중에도 선도적으로 이미 채택하였고, 동 법률은 나고야의정서의 국제적 발효일과 동일한 2014년 10월 12일 발효되었다. 그리고 덴마크는 2014년 10월 6일 "유전자원의 이용으로부터 발생하는 이익의 공유에 관한 법률의 발효에 관한 행정명령(Bekendtgørelse nr 1101 af 06/10/2014 om ikrafttræden af lov om udbyttedeling ved anvendelse af genetiske ressourcer)"을 채택하였다.

덴마크의 ABS 법률에 따르면, 덴마크 환경부장관은 동법에 따라 공포된 규정들을 감시해야하고 이용자의 이행의무준수를 보장해야 한다(동법 제7조). 그리고 동법의 실질적 이행책임을 지는 책임기관으로 덴마크 자연청을 지정하고 있으며, 동기관은 EU ABS 규칙 511/2014/EU의 이행을 감시하고 보장하게 된다(행정명령 제3조). 또한 덴마크 환경부장관은 나고야의정서를 포함하여 EU 규칙 511/2014/EU 및 이행규

경감'시키는 것을 돕는 것처럼 나고야의정서의 이행에 우호적으로 대응하는 경우 국제적 입지가 강화되고 제반 국익 도모에 도움이 될 수 있을 것이다. Sebastian Oberthür and Florian Rabitz, "The role of the European Union in the Nagoya Protocol negotiations: Self-interested bridge building", in Sebastian Oberthür and G. Kristin Rosendal (ed.), *Global Governance of Genetic Resources: Access and benefit sharing after the Nagoya Protocol* (Routledge, 2014), p.80 참조.

칙 2015/1866/EU의 이행에 필요한 구체적인 강제사항을 규정할 수 있는 권한을 가진다(동법 제5조, 제9조, 제11조).

한편, 덴마크 ABS 법률은 PIC과 관련하여 유전자원의 이용만을 규제하기 때문에 보호지역이나 보호종에 대한 특별한 법적 규제 외에는 덴마크 내 유전자원에 대한 접근을 규율하고 있지는 않다. 그리고 덴마크 ABS 법률은 MAT에 대한 규정을 두고 있지 않아, 유전자원 관련 분쟁이 발생하는 경우에 민사소송을 통하여 분쟁을 해결할 수 있다. 덴마크는 또한 EU ABS 규칙 511/2014/EU상의 이행의무준수를 위하여 '적절주의의무' 원칙을 보장하고 있다. 즉, 나고야의정서 제6조에 따라 유전자원에 접근된 해당 국가의 관련 유전자원법을 위반하여 유전자원이 획득된 경우, 이 유전자원은 덴마크에서 이용될 수 없다(동법 제3조). 또한 나고야의정서 제7조에 따라 토착민족 및 지역공동체(IPLC)가 보유하고 있는 유전자원 관련 전통지식이 접근된 해당 국가의 관련 법률에 위반된 경우, 이 전통지식은 덴마크에서 활용될 수 없다(동법 제4조). 뿐만 아니라 덴마크 ABS법 제11조에 따라 상기의 위반행위가 발생하는 경우 형사책임을 위한 5년의 공소시효로서 벌칙이 부과될 수 있으며, 고의나 중과실의 경우에는 최고 2년의 징역형에 처힐 수 있다.

그런데, 비록 덴마크가 국제사회에서 ABS 체계에 대하여 일찍감치 선도적으로 임하였기는 하지만 후속 이행 입법과정에서 MAT이 비록 사적자치의 영역이기는 하지만 덴마크 ABS법상 MAT에 관한 '일반적 내용'이라도 규정한다든지, 또는 국제사회의 상호주의를 반영하고 나고야의정서의 목적인 생물다양성의 보전, 지속가능한 이용 및 이익 공유를 적절히 명시하는 등 일정부분 수정하거나 보완하여 동법의 적용을 강화할 필요가 있다. 나아가 덴마크가 ABS 법률을 채택한 것 보다 나중에 채택된 EU ABS 규칙 511/2014/EU 및 이행규칙 2015/1866/EU상의 적절주의의무, 이행의무준수감시, 모범관행 등의 내용을 적절히 반영하여 보다 구체화시킬 필요가 있다. 이처럼 소위 유전자원법을 2017년 1월 17일 제정·공포한 후 동년 5월 19일 나고야의정서를 비준한 우리나라도 동 의정서의 이행의무준수 규율방식과 관련하여 이와 같은 점들과 환경보호를 고려하여 이용국 입장으로서 주의 깊게 후속책을 마련해야 할 것이다.

제 8 장

프랑스의 ABS

Ⅰ. 서언

　　프랑스는 나고야의정서(Nagoya Protocol)[1]에 2011년 9월 20일 서명한 이후, 2016년 8월 31일 비준을 통하여 2016년 11월 29일 당사국이 되어 동 의정서가 발효되었다. 프랑스의 경우 국제적인 '연구개발(R&D)' 활동의 수행을 위하여 자국영토, 해외영토, 영해와 배타적 경제수역을 포함하는 지역에서 많은 유전자원(genetic resources)을 '제공'할 뿐만 아니라, 발달된 생명공학 능력을 바탕으로 바이오 경제에 적극적으로 참여하는 '이용국'이기도 하다. 그리고 이 바이오 산업 부문들은 대부분 그 활동에 있어서 '접근 및 이익 공유(access and benefit−sharing: ABS)' 법제 적용과 직접적인 관련이 있는 공적 및 사적 연구기관들(public and private research institutes)이다.[2,3] 현재

1　2010년 10월 29일 채택되어 2014년 10월 12일 발효된 나고야의정서의 정식명칭은 '생물다양성협약의 유전자원에 대한 접근 및 그 이용으로부터 발생하는 이익의 공정하고 공평한 공유에 관한 나고야의정서(Nagoya Protocol on Access to Genetic Resources and the Fair and Equitable Sharing of Benefits arising from their Utilization to the Convention on Biological Diversity)'이다.

2　République Française, Ministère de l'écologie, du développement durable, des transports et du logement, *Accès aux ressources génétiques et partage des avantages issus de leur utilisation(APA). Comprendre le fonctionnement du mécanisme d'APA et les dispositions clés du Protocole de Nagoya.* June 2011, http://www.developpement−durable.gouv.fr/IMG/pdf/1−MEDDTL−Synthese−Protocole−Nagoya.pdf; Claudio Chiarolla, "Commentary on the ABS Provisions of the Draft Biodiversity Law of France" in Brendan Coolsaet, Fulya Batur, Arianna Broggiato, John Pitseys and Tom Dedeurwaerdere, *Implementing the Nagoya Protocol: Comparing Access and Benefit−Sharing Regimes in Europe* (Brill Nijhoff, 2015), p.77.

3　CBD는 30번째 당사국 비준일로부터 90일 후인 1993년 12월 29일 발효되었고, CBD 제36조에 따

나고야의정서상의 ABS는 South Province of New Caledonia,[4] Amazonian Park of Guiana[5], French Polynesia[6]와 같은 몇몇 해외 프랑스령 지역에서 유전자원에 대한 ABS가 지역메커니즘(자치제도)에 의해 규율되고 있으며, 프랑스 전역에 적용되고 있지는 않다.

그런데 나고야의정서는 "각 당사국은 ABS에 관한 국가연락기관을 지정하여야 한다."[7]라고 규정하고 있고, 따라서 당사국은 ABS에 관한 국가연락기관(focal point)과 하나 이상의 국가책임기관(competent authorities)을 지정하여야 한다. 국가연락기관의 역할은 "유전자원 및 관련 전통지식(traditional knowledge: TK)에 대해 접근을 신청하는 자를 위해 사전통보승인(Prior Informed Consent: PIC)을 취득하기 위한 절차와 상호합의조건(Mutually Agreed Terms: MAT)을 체결하기 위한 절차 등을 제공"하는 것이다. 한편 국가책임기관은 "자국의 유전자원에 대한 접근 요건이 충족되었다는 문서[8]의 발급, 그리고 PIC의 취득과 MAT을 체결하기 위한 해당 절차와 요건에 대해 자문"

라 프랑스는 1994년 9월 29일 발효되었다. CBD 당사국 현황은 http://www.cbd.int/convention/parties/list/ 을 참조; 편, CBD 홈페이지(http://www.cbd.int/abs/measures/default.shtml)에 따르면 현재 CBD 당사국 193개국 중 ABS 이행규정을 갖추기 위해 나고야의정서에 비준한 국가는 105개국이다.

4 La Dèlibèration 06-2009 du 18 fèvrier 2009 relative à la rècolte et a l'exploitation des ressources biochimiques et gèbètiques 참조(현재 지방 환경법에 속하지는 않음); Code de l'environnement de la province sud de Nouvelle Caledonie, Articles 311−1 to 315−4, http://www.fondationbiodiversite.fr/images/stories/telechargement/ed_48_apa_outre_mer.pdf, pp.162~166. 참조.

5 현재 유전자원에 대한 접근신청서는 공원규정(Charter of the Park) 관련 절차에 따라 소관 이사회(Regional Council of Guiana)에 제출해야 한다(http://www.parc−amazonien−guyane.fr/tresors−de−nature/biodiversite/. 또한 환경법 규정(Article L. 331−15−6 of the Environmental Code and Law no. 2006-436 of 14 April 2006) 참조.
   http://www.fondationbiodiversite.fr/images/stories/telechargement/ed_48_apa_outre_mer.pdf (2018년 2월 3일 최종 접속), pp.189~193. 그러나 DBL이 발효되는 경우에 기이아나 아마존공원의 이 특별 ABS 규정(ABS provisions of the Amazonian Park of Guiana)은 프랑스 DBL상의 규정(Title IV, 제25조)에 따라서 국가 ABS 규정(national ABS provisions)으로 자동적으로 개정된다.

6 Law no. 2012-5 of 23 January 2012.

7 나고야의정서 제13조 제1항.

8 이러한 '국제이행의무준수인증서(internationally recognised certificate of compliance: IRCC)'와 관련하여 나고야의정서는 PIC을 요구하는 당사국에게 '유전자원 접근시 PIC 부여 결정과 MAT 체결의 증거로서 허가증이나 그 상응증서의 발급을 위하여 필요한 입법적, 행정적, 또는 정책적 조치 중 적절한 조치를 채택'할 것을 요구하고 있으며, EU 규칙 511/2014/EU 제3조 제11항은 "국제이행의 무준수인증서란, 나고야의정서 제6조(3)(e)에 따라 국가책임기관이 발급하는 접근허가증 또는 상응증서로서 나고야의정서 제14조(2)(c)에 따라 유전자원의 접근 및 이익 공유 정보공유센터(Access and Benefit−Sharing Clearing−House: ABSCH)에 통보된 것을 의미한다."고 정의하고 있다.

하는 역할을 수행한다.[9] 그런데 나고야의정서에 따라 국가연락기관과 국가책임기관의
역할을 동시에 수행할 단일 기관의 지정도 가능하다.[10] 이에 EU의 나고야의정서 이행
규칙 511/2014/EU는 국가책임기관과 국가연락기관의 지정에 관하여 단일 기관의 지
정에 대하여 규정하고 있으며,[11] 가급적 무역관련 야생 동식물의 보호와 관련된 기관
들[12]이 동 규칙의 목적을 달성하는 데 기여하도록 규정하고 있다.

이 글에서는 프랑스 생물다양성법안(Projet de Loi relatif à la biodiversité, draft
Biodiversity Law: DBL)의 ABS 규정의 주요 부분을 제시하여 분석하고 검토하고자 한
다. 이와 관련하여 프랑스가 EU 회원국이기 때문에 관련 EU 규칙에 관한 내용도 포함
하고자 한다. 나고야의정서상의 주요 의무는 ABS에 관한 EU 규칙 511/2014/EU[13]를
통해 '이용자'에 대한 준수조치로서 이행되기 때문에 유전자원 및 관련 TK에 대한 '접
근'을 다루는 것은 프랑스 입법자들에게 매우 가치 있는 일이 될 것이다. 따라서 'EU
규칙 511/2014'와 '프랑스 DBL'의 관련 규정들은 함께 프랑스의 ABS 의무를 규율하
게 될 것이다. 전체적인 EU ABS 규율 체제의 핵심 내용을 보면, 규칙 511/2014/EU는
이용자 '적절주의의무(due diligence)'(제4조)와 이용자 이행준수 감시(제7조)의 위반에
대한 회원국의 '처벌' 조치의 수립과 이행조치의 채택 의무(제11조)를 규정하고 있다.
특히 EU는 '이용자 이행의무준수' 규율 방식을 구체화하기 위하여 규칙 2015/1866/
EU[14]를 제정하여, 첫째, 수집등록처로의 관련 정보 제공(제2조), 등재 요청(제3조), 검
사 및 시정조치(제4조), 둘째, 연구자금 제공 단계에서의 적절주의의무 신고(제5조), 최
종 상품 개발 단계에서의 적절주의의무 신고(제6조), 셋째, 업무처리 모범관행의 신청
(제8조), 승인 및 승인의 철회(제9조), 변경 시 평가(제10조), 결함의 심사(제11조) 등에
관하여 규정하고 있다. 이러한 EU의 ABS 체계 동향은 이용자 입장이면서도 '이용자

---

9 나고야의정서 제13조 제2항.
10 나고야의정서 제13조 제3항.
11 규칙 511/2014/EU 제6조.
12 Regulation 338/97/EC of the Council of 9 December 1996 on the protection of species of wild
    fauna and flora by regulating trade therein (OJ 1997 L61/1-69).
13 Regulation 511/2014/EU of the European Parliament and of the Council of 16 April 2014 on
    compliance measures for users from the Nagoya Protocol on Access to Genetic Resources
    and the Fair and Equitable Sharing of Benefits Arising from Utilization in the Union (OJ 2014
    L150/59).
14 Implementing Regulation 2015/1866/EU of 13 October 2015 laying down detailed rules
    for the implementation of Regulation 511/2014/EU of the European Parliament and of the
    Council as regards the register of collections, monitoring user compliance and best practices (OJ
    2015 L275/4-19).

의 의무이행준수'의 규율 방식을 보다 구체화하고 있다는 점에서 같은 이용국의 입장
에 있는 우리나라에게도 시사하는 바가 크다.

I장 서론에 이어, II장에서는 DBL의 채택과 발효에 따른 프랑스의 유전자원 및
관련 TK의 '법적 지위'의 변화에 관하여 검토한다. III장에서는 DBL의 ABS 규정의
'적용 범위'를 특히 '대상'에 대한 물적 범위 및 예외에 관하여 살펴본다. IV장에서는
프랑스에서의 유전자원 및 관련 TK로의 '접근 절차'에 관하여 살펴본다. V장에서는
DBL이 규정하고 있는 중요 사항인 '이익 공유 의무'에 관하여 분석한다. VI장에서는
나고야의정서의 '다른 이행 준수국들의 자국 ABS 법률 또는 규제 요건들'에 대한 '이
용자의 이행의무준수 증진'을 위해 프랑스 DBL이 규정한 규정들이나 메커니즘에 관하
여 살펴본다. VII장에서는 프랑스의 나고야의정서 이행상의 특징 및 시사점에 관하여
살펴보고, VIII장에서 결론으로 맺는다.

II. 유전자원 및 관련 전통지식(TK)의 법적 지위의 변화 전망

현재 프랑스는 ABS 이행체계를 마련하고 있으며, '유전자원 및 관련 TK'에 대한
'접근의 요청'과 관련하여 수시적 처리(ad hoc treatment)를 위하여 국가연락기관으로
서 프랑스 환경부(Ministère de la Transition écologique et solidaire)가 관장하고 있다.
특히, 2012년 11월 이래로 '자발적 접근절차(voluntary access procedure)'를 통해 신청
자들이 유전자원에 대한 '접근'을 국가연락기관에 '신고(허가가 아닌)'하게 하였다. 게
다가 이 자발적 접근절차에 추가하여, 국가연락기관은 또한 신청자들에게 생물자원
에 대한 접근 및 수출과 관련된 법률 규정들, 즉, 보호종(protected species), 보호지역
(protected areas), 보건규칙(health rules), 멸종위기에 처한 야생 동식물의 국제무역에
관한 협약(Convention on International Trade in Endangered Species of Wild fauna and
flora: CITES), 해양법(Law of the Sea) 등 현재 적용하고 있는 법률 규정들과 신청자들

이 스스로 알기 어려운 법률 규정들에 관한 정보를 제공하고 있다.[15]

그러나 이러한 상황은 향후 '유전자원 및 관련 TK'의 접근을 위한 강제절차 (compulsory procedures)를 도입하는 생물다양성법으로 인하여 변화될 것으로 예상된다. 특히 2013년 12월 17일, 프랑스의 DBL은 자문기구인 국립생태학변이위원회(National Council for Ecological Transition, 자문기능을 수행하는 행정부 산하 위원회인 Conseil National de la Transition Ecologique(CNTE))의 비수용적인(둔감한) 장고 끝에 대다수인 찬성 28명, 반대 9명, 기권 1명으로 승인되었다.[16] 이후 프랑스 환경부는 DBL이 2014년 3월에 국무회의의 의제(agenda) 채택을 위해 2014년 초에 국무원 (Council of State, Conseil d'État, 프랑스 정부의 법적 자문단)으로 송부하였다.[17] 이후 상당한 시간이 흐른 현재 프랑스가 나고야의정서에 비준하여 당사국이 된 만큼, 프랑스 의회로의 상정과 충분한 논의 및 결정을 통해 동 법안이 실행될 것으로 보인다.[18] 그런데, 프랑스 의회에서 동 DBL이 채택되면, 동법은 프랑스 환경법(Environmental Code)[19]의 일부분으로 포함되고, 환경법의 '중요한' 부분이 될 것이다. 특히 동 DBL의 제4장(Title Ⅳ)은 ABS에 초점을 맞추게 되고, 환경법 내에서 "유전자원 및 관련 TK에 대한 접근 및 이용으로부터 발생하는 이익의 공정하고 공평한 공유"라는 환경법의 새로운 분야(new section)로 도입되어 개별 제목(title)을 부여받게 될 것이다.[20]

프랑스 DBL은 '유전자원'이 '자연지역, 자연자원, 서식지, 경관, 양질의 대기, 동물종, 식물종, 그리고 이들의 기여를 통한 생물다양성 및 균형'과 함께 '국가의 공동

---

15 "Le Protocole de Nagoya sur l'accès et le partage des avantages," French Biodiversity Clearing House Mechanism,
http://biodiv.mnhn.fr/convention/le−protocole−de−nagoya−sur−l−acces−et−le−partage−des−avantages; Chiarolla, *supra* note 2, p.78.

16 "Le projet de loi biodiversité sera transmis au Conseil d'État début janvier," Agri85,
http://www.agri85.fr/V4/le−projet−de−loi−biodiversite−sera−transmis−au−conseil−dtat−debut−janvier−actualite−numero−5295.php.

17 "Conseil national de la transition écologique: avis sur le projet de loi Biodiversité adopté à une large majorité," Ministère de l'écologie, du développement durable, des transports et du logement,
http://www.developpement−durable.gouv.fr/spip.php?page=article&id_article=36324.

18 프랑스 DBL(NOR: DEVL1400720L/Bleue−1) 원본은 http://www.developpement−durable.gouv.fr/IMG/pdf/Texte_du_projet_de_loi_relatif_a_la_biodiversite.pdf. 참조.

19 프랑스 환경법(French Environmental Code)은 http://www.legifrance.gouv.fr/afffijichCode.do?cidTexte=LEGITEXT000006074220&dateTexte=20030805. 참조.

20 이 법 규정들은 DBL, Title Ⅳ, Articles 18에 따라 Chapter 2, Title Ⅰ, Book Ⅳ of the Environmental Code에 포함될 것이다. Chiarolla, *supra* note 2, p.79.

유산'임을 확인하고 있다. 다음의 여러 장들에서 설명되는 바와 같이, DBL의 새로운 ABS 규정들은 특히 프랑스의 유전자원 및 관련 TK의 '접근 및 이용'의 법적 성질을 규정함으로서 프랑스 환경법의 중대한 발전을 가져올 것이다.

그리고 지적재산권법(Intellectual Property Code)을 통해 전통지식이 보호받던 것과는 별도로 그동안 '유전자원 관련 TK'는 프랑스 법 하에서 '특별한 법적 지위'를 향유하지는 못하였다. 그러나 생물다양성법의 채택으로 인하여 이 지적재산권법이 '유전자원 관련 TK'의 이용에도 적용되기 때문에 적어도 일정 부분에서 '유전자원 관련 TK'의 '법적 지위'는 향상될 것이다.[21] 일정 부분이라 함은 다음에서 살펴보는 바와 같이 적용 범위에서 중요한 예외가 다수 존재하기 때문이다.

DBL은 '유전자원 관련 TK'에 관하여 구체적인 정의를 제공하는데, '유전자원 관련 TK'란, 유전자원의 유전적 또는 생화학적 특성과 관련된 지식과 관습, 그 이용 및 특성, 그리고 하나 혹은 그 이상의 원주민공동체(communities of inhabitants)에 의해 '전래적 그리고 지속적 방법으로 소유하고 있는 것'뿐만 아니라, 그러한 원주민공동체 내에서 그러한 지식과 관습의 '혁신'을 포함한다.[22]

또한 DBL은 '원주민공동체'의 개념 정의와 관련하여, 대대로 주요 '생존수단'을 자연환경으로부터 얻고, '생활 스타일'이 생물다양성의 보존 및 지속적인 이용을 가진 사회라고 정의하고 있다.[23] 이 개념은 국립생태학변이위원회(CNTE)의 의견을 고려하여 해석되어야 하며, 나고야의정서에서 사용된 '토착민족 및 지역공동체(indigenous peoples and local communities: IPLC)'로 사용되어야 할 것이다. 물론 TK와 관련된 '모든 범위의 전통지식의 소유자들'이 가능한 한 ABS 메커니즘과 절차로부터 '이익'을 향유해야 한다.[24]

---

21 *Ibid.*, p.81.
22 DBL, Title Ⅳ, Article 412－3.
23 *Ibid.*
24 Opinion of the National Council for Ecological Transition(CNTE), http://www.arnaudgossement.com/media/01/00/1984099581.doc.

III. 생물다양성법안(DBL)상의 적용 범위

1. 적용 및 예외

나고야의정서의 적용 범위는 궁극적으로 주된 역할을 관할하는 국가책임기관과 관련된다. 앞에서 예상된 바와 같이, DBL ABS 규정의 '적용 범위'는 '유전자원'의 이용을 위한 접근뿐만 아니라, 유전자원 '관련 TK'의 이용 모두를 포함한다.[25] 그러나 동 초안은 다음과 같이 적용으로부터 제외되는 몇 가지 대상 범위를 규정하고 있다.[26]

첫째, 인간유전자원;

둘째, 국가관할권 이원 지역의 유전자원(areas beyond national jurisdiction: ABNJ);

셋째, CBD의 목적에 반하지 않고 일관성이 유지되는 특정 ABS 수단에 의해 규율되는 유전자원;[27]

---

25 DBL, Title IV, Article 412−4, II.

26 DBL, Title IV, Article 412−4, III.

27 예를 들면, '식물육종가, 동물육종가 또는 미생물연구자'와 같이 현장에서 유전자원을 직접 접근하여 이용하지 않는 중간 매개자들을 통한 기타 이용자들은 식량농업식물유전자원에관한국제조약(ITPGRFA)에 의해 규율되는 국제농업연구협의그룹(Consultative Group for International Agricultural Research: CGIAR)의 센터들(CGIAR centres)로부터 물질 또는 미생물배양균주수집(material or culture collections)을 이용한다. Lily O. Rodríguez, Miriam Dross and Karin Holm−Müller, "Access and Benefit−Sharing in Germany" in Brendan Coolsaet, Fulya Batur, Arianna Broggiato, John Pitseys and Tom Dedeurwaerdere, *Implementing the Nagoya Protocol: Comparing Access and Benefit−Sharing Regimes in Europe* (Brill Nijhoff, 2015), p.134; 또한 'Micro B3 모델협정((Micro B3 Model) Agreement on Access to Marine Microorganisms and Benefit−Sharing)'의 내용은 2013년 12월 17일 Micro B3 소관 작업그룹에서 내 놓은 결과로서 2010년 10월 29일 나고야의정서의 채택에 의하여 영향을 받았으나, 나고야의정서는 2014년 10월 12일 발효되었고 나고야의정서의 이행에 관한 EU 규칙 511/2014/EU는 2014년 4월 16일 채택되어 6월 10일 발효된 바 있다. 따라서 MAT인 예시계약서의 성격을 가지는 본 'Micro B3 모델협정'은 EU에서 수행된 연구의 결과이지만 이것은 EU 규칙 511/2014/EU에 의거한 것이 아니며 또한 CBD 부속 나고야의정서에 의거한 것도 아니다. 다만 분명한 것은 해양미생물에 대한 'Micro B3 모델협정'이 나고야의정서의 영향을 받았다는 것은 분명한 사실이다. 즉, 'Micro B3 모델협정'은 국제해양미생물표본화작업의 일환으로 EU차원에서 제정한 CBD 나고야의정서로서 소위 '예시계약서'로서의 성격을 가지나 CBD 나고야의정서와는 별도인 EU차원에서의 국제적 문서에 해당된다. 그러나 2013년 12월 17일 채택된 'Micro B3 모델협정'은 2014년 10월 12일 나고야의정서가 발효되면서 MAT와 관련해서 비교 및 참조가 가능한 문서라는 점에서 관심 갖는 문서가 되었다. 즉, 나고야의정서에 따른 ABS법제의 이행을 위한 MAT 체결시 참조할만한 내용이 상당한 문서에 해당된다. 이러한 측면에

넷째, 연구개발(R&D) 활동의 모델 종(model species)[28]으로 사용되는 재배되거나
   길들여진 종들의 유전자원;

다섯째, 하나 또는 그 이상의 원주민공동체에서 기인하지 않은 '유전자원 관련 TK';

여섯째, 최초로 개발된 원주민공동체 외부에서 오랜 동안 그 특성이 잘 알려져 있
   고, 반복적으로 사용되고 있는 '유전자원 관련 TK';

일곱째, 관련 법령(Code rural et de la peche maritime) 제640−2조에 의해 정의된
   가치 향상 조치(value enhancement measures)에 의해서 다루어지는 '유전
   자원 관련 TK'.[29]

게다가 DBL의 ABS 규정은 원주민공동체 내에서 그리고 원주민공동체들 간의
'개인적으로 혹은 비상업적으로' 이용되는 유전자원 및 관련 TK에는 적용되지 않는
다. 그러나 원주민공동체 '외부'에서의 '개인적 혹은 비상업적' 유전자원 및 관련 TK의
이용은 '정기적 신고' 또는 '허가 절차'가 필요하다.[30]

2. 유전자원의 선별 적용 및 관할기관(책임기관)의 선정

상기 언급된 예외를 제외하고, DBL은 아래와 같이 유전자원의 종류를 '5가지 범
위'로 선별 적용하고 있으며, 이들에 대한 ABS 조건들은 특별 규제 조치들에 의해 규
정된다.[31]

서 본 'Micro B3 모델협정'을 나고야의정서와 비교하여 검토하는 것은 매우 의미가 있는 일이다.
    Result of Micro B3 WP8, 17th December 2013, http://www.microb3.eu/ 참조; 김두수, "나고
    야의정서상의 상호합의조건(MAT)과 해양미생물의 접근 및 이익 공유(ABS)에 관한 EU Micro B3
    모델협정", 「국제법학회논총」 제61권 제3호(2016.9), pp.42~43.

28 무엇이 '모델 종'인가에 대해서는 후속 법령을 통해 구체화 될 것으로 예상된다.

29 이는 가치를 향상시킬 수 있는 농업과 식품생산, 임산물과 수산물 식품을 의미하는 것으로서, 유
    기농, 산지 및 농장 재배 등이 있다; 김두수, "EU회원국으로서 프랑스의 나고야의정서 이행 동향
    분석", 「국제법 동향과 실무」 제17권 제1호(2018.3), p.48 참조.

30 DBL, Title IV, Article 412−4, Ⅲ. 또한 이글 Ⅳ장을 참조.

31 DBL, Title IV, Article 412−4, Ⅳ.

첫째, 길들여졌거나 재배된 종들의 유전자원;[32]

둘째, 재배된 작물과 길들여진 동물 종들의 야생 종자(wild relatives)의 유전자원;[33]

셋째, 산림지 임업(forestry)에 사용되는 유전자원;[34]

넷째, 식물 및 동물의 건강에 대한 위협뿐만 아니라 동물의 식품안정성에 대해 위협을 주는 건강위해성(health risks)의 예방, 감독, 근절을 위해 실험실에서 수집된 유전자원;[35]

다섯째, 인간의 건강(human health)을 위협하는 심각한 건강위해성(serious health risks)의 예방, 감독, 근절을 위해 실험실에서 수집된 유전자원.[36]

위에서 언급한 '길들여지고 재배된 종(domesticated and cultivated species)'에서부터 '미생물 병원 종(microbial pathogenic species)'의 범주에 해당되는 유전자원에 관하여는 다음과 같은 복수의 관할기관(책임기관들)에게 권한이 배분되었다.

첫재, 농림부(Ministry of Agriculture, Agrifood and Forestry)는 길들여지거나 재배된 종들의 유전자원에 관한 '접근절차'에 대하여 책임이 있다.

둘째, 환경부(Ministry of Ecology, Sustainable Development and Energy)는 야생 종들의 유전자원에 관한 '접근절차'에 대하여 책임이 있다.

셋째, 보건사회부(Ministry of Social Services and Health)는 인간 건강을 위협할 우려가 있는 건강 위해성을 다루는 병원 및 미생물(pathogenic and microbial) 유전자원에 관한 '접근절차'에 대하여 책임이 있다.[37]

그런데, 'ABS 규정 및 절차'와 관련하여 프랑스 국립생태학변이위원회(CNTE)는 특히 나고야의정서의 적용 범위로부터 제외되지 않은 유전자원에 대한 'ABS 규정 및

---

32 '길들여졌거나 재배된 종들'이란 인간이 필요에 의해 수행하는 '혁신적인 절차'를 거치는 모든 종들을 의미한다. DBL, Title IV, Article 412-3.
33 '야생 종자'란 길들여진 종들과 생식적 재생산이 가능한 모든 동물 종들 및 재배된 종들과의 변종이 가능한 모든 품종들을 의미한다. DBL, Title IV, Article 412-3.
34 이들 산림 유전자원은 산림법(Article 153-1-3, Forestry Code)에 따라 관련 법령(a Decree, Council of State)에 의하여 규율될 것이다. Chiarolla, *supra* note 2, p.83.
35 Code rural et de la pêche maritime Article 201-1, Paragraphs 1" and 2".
36 Code de la santé publique Article 1413-5.
37 Chiarolla, *supra* note 2, pp.83~84.

절차'를 '이용자들의 이익'에 맞게 조화롭게 설정할 것을 요청한 바 있다. 그러나 위와
같이 세 개의 개별 행정 관할기관(책임기관)들 간의 권한 배분에 따른 책임기관의 설립
과 관계없이, 일단 한 번 관련 자료가 송달되면 모든 '접근허가(access permits, 기밀자
료에 대한 열람허가증 또는 그에 상응하는 문서)'는 사실상 확인될 것이고, CBD의 ABS
정보센터 메커니즘(ABS Clearing-House Mechanism)을 통해 온라인상 게시될 것이라
는 사실에 의해 이러한 염려는 최소한 부분적으로나마 감소되었다. 그럼에도 불구하
고 일부 정보는 영업상 민감하거나 기밀(commercially sensitive or confidential) 정보로
분류될 것이고, 일반에 공개되지 않을 것이다.[38]

    사실 ① EU의 나고야의정서 이행법 규칙 511/2014/EU은 EU 집행위원회가 EU
내에 유전자원신탁등록처(register of collections)를 설립 및 운영하도록 하고 있으며,
동 유전자원신탁등록처는 이용자가 쉽게 접근할 수 있는 인터넷 방식으로 운영되고,
EU 보관신탁기준을 충족하는 것으로서 '검증된' 유전자원을 보관하도록 규정하고 있
다.[39] 그리고 동 규칙의 보완입법인 규칙 2015/1866/EU 제2조에서 제4조까지는 동 등
록처가 확보해야 하는 정보들(제2조), 등록처 등재 요청(제3조), 등록된 유저자원의 검
사 및 시정조치(제4조)에 관하여 규정하고 있다. ② 그리고 나고야의정서 제17조(1)
는 당사국이 외국의 유전자원이 국내에서 이용되는 상황을 감시하고 투명성을 제공
하기 위해 하나 이상의 '점검기관(checkpoints)'을 지정할 의무를 부과하고 있다.[40] 이
에 EU 규칙 511/2014/EU 제7조는 유전자원 및 관련 전통지식의 '점검기관'의 기능을
'국가책임기관'에 부여하고 있다. EU 규칙 511/2014/EU의 제7조 제1항에 따라 EU회
원국 및 집행위원회는 유전자원 및 관련 전통지식의 활용과 관련된 연구비의 모든 수
령자에게 동 규칙 제4조에 따른 이용자의 '적절주의의무(due diligence)' 이행의 신고
를 요청해야하며, 동조 2항에 따라 유전자원 또는 관련 전통지식의 활용을 통한 제품
의 최종 개발단계에서 이용자는 제4조에 따른 의무로서 제6조 제1항의 해당 관할기관
(국가책임기관 또는 점검기관)에 이를 공표함과 동시에 관련된 국제이행의무준수인증서

---

38 DBL, Title Ⅳ, Article 412-14; 유전자원 및 관련 TK의 '출처표시의무'를 규정하고 있는 대표적
    인 국가로는 중국, 인도, 노르웨이가 있다. 강명수, "나고야의정서와 유전자원 관련 특허: 한국
    교역에 미치는 영향", 「무역보험연구」 제18권 제1호(2017.3), pp.178~180 참조; 김두수, *supra*
    note 29, p.48.
39 규칙 511/2014/EU 제5조 제1항.
40 나고야의정서 제17조는 당사국내 유전자원 이용의 감시 의무 및 방법을 규정하고 있고, 동 조항
    은 이행의무준수의 지원과 유전자원 이용의 투명성 향상을 위해 규정되었다. 국립생물자원관 역,
    토마스 그레이버 외 지음, 「나고야의정서 해설서」 (국립생물자원관, 2014), p.187.

(internationally recognised certificate of compliance: IRCC), MAT상의 정보를 포함하여 제4조 제3항 (b)의 (1)~(5) 및 제4조 제5항에서 언급된 관련정보를 제출해야 한다. 그런데 이용자의 이행준수의무가 이처럼 적절주의의무로 약하게 규정되어 있다하더라도, 규칙 2015/1866/EU 제5조에서 제6조까지의 조항이 규칙 511/2014/EU 제4조 및 제7조의 이행을 위한 이러한 이용자의 '적절주의의무'의 점검 또는 감시를 위한 '연구 자금 제공단계'(제5조)와 '최종 상품 개발 단계'(제6조)에서 '적절주의의무 신고'에 관하여 이행세칙을 규율하고 있다는 점에서는 의미가 있다. 한편 EU 규칙 511/2014/EU 제7조 제3항과 제4항에 따라 국가책임기관은 나고야의정서 제14조 제1항, 제13조, 제17조 제2항에 따라 당사국들과 정보를 공유하나, 제7조 제5항에 의거하여 특별히 유전자원의 지정 및 활용과 관련해서 EU 또는 회원국 국내법률이 '합법적인' 경제이익을 보호하기 위해 제공한 기밀 사항 또는 산업정보를 보호해야 한다.

3. 시간적 범위(temporal scope)

DBL의 '발효 이전'에 수집된 유전자원 및 관련 전통지식의 경우, ABS절차는 모든 '새로운 이용(new uses)'[41]에 적용될 수 있다고 규정하고 있다.[42] 그리고 만약 CBD의 발효 이전에 수집된 경우라면, 유전자원의 '새로운 이용으로부터 발생하는 이익'은 수집물의 소지자에게 발생한다.[43]

---

41 '새로운 이용(new uses)'의 개념 정의가 아직 이루어지지 않았으나, 이는 기존의 '동일한 이용자'가 이용한 것과는 구별된 목적 및 내용을 갖는 '새로운 연구개발(R&D) 활동'을 포함하는 것으로 이해되어야 한다. 필요한 경우 '새로운 이용'에 관한 개념 정의는 국무원 법령(decree)에 의해 다루어지게 된다. Chiarolla, *supra* note 2, p.84.

42 DBL, Title Ⅳ, Article 412−4 Ⅴ.

43 보다 상세한 내용에 관하여는 Ⅴ장을 참조; 이익 공유의 의무는 CBD 발효 전후를 나누어 '이전'의 경우에는 수집에 대하여 신고 절차를, '이후'의 경우에는 수집에 대하여 허가 절차를 적용하는 것으로 보인다.

Ⅳ. 유전자원 및 관련 전통지식(TK)으로의 접근

여기에서의 핵심 내용은 DBL상의 '유전자원 및 관련 TK'에 대한 '접근 방법'에 관한 것이다. 이를 위해서는 한 가지 중요한 구별을 해야 할 필요가 있는데, 그것은 바로 유전자원 및 관련 TK에 대한 '접근 허가'와 생물자원의 '샘플 수집 권한' 간의 구별인데, 이는 보호지역과 보호종에 관한 실정법상의 규정에 따라 결정된다. 그런데 현재 '허가'와 관련되어 도입된 최초의 모습으로서는 ① '자발적인 접근 절차(voluntary access procedure)'로 이용자들(신청자들)이 ABS 국가연락기관에 '접근 신청서(access applications)'를 제출하도록 하고 있다. 이 경우에, 이용자들은 '특정 ABS 조건'을 준수하는 것을 '자발적으로 선택'하고 '이익 공유'를 위한 '계약'을 성립시킬 수 있다.

그러나 현지 내(*in situ*)에서의 생물자원의 '샘플 수집'에 대한 ② '특별한 권한 부여(specific authorization)'와 관련하여, 국가연락기관은 신청자들(이용자들)에게 생물자원의 접근 및 수출과 관련하여 현존하는 법률(보호지역과 보호종에 대한 규정, 보건법규, CITES, 해양법 등) 체계 내에서 적용되는 관련 규정들을 통지하였는데, 이는 신청자들이 자체적으로는 확인하기 어려운 내용이기도 하다. 이러한 경우에는 '수집'이 진행되는 '지역들'이나 '종들'에 따른 그 '보호 수준'에 따라 '접근 및 수출'과 관련된 '특별한 권한 부여'에 대한 '다양한 절차들'이 존재하게 된다.[44] 그러나 여기에서는 생물자원의 샘플링에 영향을 주는 구체적인 국내법률이나 규제조치에 관하여는 심도 있게 살펴보지는 않는다.[45]

결론적으로 '보호종'의 생물자원 샘플 수집에 대한 '특별한 권한 부여' 혹은 '보호지역'에서 행하는 생물탐사 활동을 위한 샘플 수집에 대한 '특별한 권한 부여'는 (DBL상의 '접근 절차'에 따른) 관할 국가책임기관이 교부하는 접근 허가(access permit)에 의해 혹은 신고(declaration)에 의하여 이루어진다.

DBL상의 '접근 방법'은 다음과 같이 3가지의 범주로 나눌 수 있다.

---

44 Chiarolla, *supra* note 2, p.87.
45 관련 자료는 '국가자연유산목록(Inventaire National du Patrimoine Naturel)' 웹사이트에서 찾아 볼 수 있을 것이다. 이 목록은 프랑스 국립자연사박물관(French National Museum of Natural History)이 운영하고 있다. http://inpn.mnhn.fr//synthese/sommaire－syntheses－indicateurs.

첫째, '신고' 절차(declarative procedures)[46]

둘째, 유전자원으로의 접근에 대한 '허가 절차(authorization procedures concerning access to genetic resources)'[47]

셋째, 유전자원 관련 TK로의 접근에 대한 '허가 절차(authorization procedures concerning access to traditional knowledge associated with genetic resources)'[48]

1. 신고 절차[49]

신고 절차는 나고야의정서 제8조 (a)와 (b)에 따라 2가지의 주요 상황에 대해 규정된 것으로서 단순화된 접근 절차이다. 이 신고 절차는 이용자들이 '접근 활동'에 대해 '국가책임기관'에 의한 권한부여, 즉 허가(authorization)의 형태로서의 PIC을 요건으로 하지 않는다.

구체적으로 살펴보면, 첫째, 국가책임기관으로의 단순한 신고 절차'는 유전자원에 대한 접근이 비상업적 연구 목적(non-commercial research purposes)을 위한 ① 생물다양성에 관한 지식의 증가, ② 현지 외(ex situ) 보존의 증진, 또는 ③ 가치의 증대를 위한 경우에 적용된다. 둘째, 단순한 신고 절차는 DBL의 적용 범위를 정의하는 규정들에 따라서 특별한 조치나 절차에 의해 이미 다루어지지 않았으나 인간, 동물, 혹은 식물의 보건(health)에 관한 '긴급 상황(emergency situations)'의 경우에 적용된다.[50] 마지막으로, 만약 이용자가 (신고 절차에 따라 그 활동에 적용시킬 수 있는) 이익 공유에 관한 표준 양식(standard modalities)이 특별한 경우에 적절하지 않다고 판단하는 경우에, 이용자는 '유전자원으로의 접근에 대한 허가 절차'에 따라 수시적(ad hoc) '이익 공유 조건들'에 관하여 '협의'할 것을 요청할 수 있다.[51]

---

46 DBL, Title IV, Article 412-5.

47 DBL, Title IV, Article 412-6.

48 DBL, Title IV, Articles 412-7 to 412-12; 이하 김두수, *supra* note 29, pp.49~50 참조.

49 DBL, Title IV, Article 412-5.

50 우리나라 유전자원법 제10조는 이러한 2가지 경우에 '접근 신고'를 간소화하거나 예외로 할 수 있다고 규정하고 있다; 한편 유전자원법 제9조 제4항과 관련된 것으로서, 당사국이 PIC을 요구하지 않는 경우 IRCC가 항상 의무적인 것이 아닌 선택적일 경우도 있다. 국립생물자원관 역, *supra* note 40, p.191.

51 Chiarolla, *supra* note 2, p.88.

마지막으로 이 특별한 규정들은 유전자원의 현지 외(*ex situ*) 수집에 기여한다.[52] 특히 등록된 수집물의 소유자가 (신고에 따라) 이용을 위해 유전자원에 대한 접근을 '제공'하는 경우에, 동 수집물의 소유자는 '이용자를 대신하여' 국가책임기관에 관련 '신고'를 해야 한다. 이로 인하여 등록된 수집물로부터 유전자원에 접근한 이용자는 DBL 제412-17조상의 이행의무준수에 관한 '적절주의의무'로부터 사실상(*de facto*) 면제된다.[53] 그런데 이는 '이용자들'에게 유익한 것이고, 동시에 '수집물의 소유자들'에게는 큰 책임을 지우는 것이다. 이는 소유자에게는 약간의 시간이 소요되고 또한 의무적으로 책임을 져야한다는 책임감을 의미한다. 그런데 이는 내재적인 문제를 유발할 수 있는데, 소규모 수집물을 소유하고 있는 일부 소유자들의 경우에는 그들의 표본들의 양도를 중지할 우려가 있다는 점이다. 따라서 이들 소규모 소유자들은 지나치게 많은 의무와 책임을 부담하고 있다고 주장할 수 있다. 왜냐하면 신고 절차상 이들 소규모 소유자들은 제공자에 해당하는데 그 제공자로서 이들의 역할이 너무 중요하기 때문이다. 그러나 그럼에도 불구하고 현재로서는 ABS 메커니즘으로부터 이들의 어떤 직접적인 이익이 명확하게 보장되었다고 예단하기는 쉽지 않아 보인다.

2. 유전자원으로의 접근에 대한 '허가 절차'[54]

'신고 절차'의 대상이 아닌 유전자원의 이용을 위한 접근은 국가책임기관이 교부하는 특별한 '허가(authorization)'를 요건으로 한다. 이 허가에는 적용될 '이익 공유 조건'뿐만 아니라, '유전자원 사용기한'까지도 특정된다.

DBL은 '접근 허가'가 '부인'되는 경우를 다음과 같이 구체적으로 명시하고 있다.

첫째, 신청자(이용자)와 국가책임기관이 적용될 '이익 공유 조건에 관한 일정한 합의'에 이르지 못한 경우이다. 이 경우 최종 결정의 배포 이전에 이익 공유 조건에 관한 합의를 촉진시키기 위하여 신청자에게 '조정 절차(conciliation procedure)'를 이용할 기회가 사전에 제공된다.

---

52 DBL, Title Ⅳ, Article 412-13.
53 Chiarolla, *supra* note 2, p.89.
54 DBL, Title Ⅳ, Article 412-6.

둘째, 신청자(이용자)의 '기술적 및 재정적 능력'이 제안된 활동(proposed activity)
의 목적 달성에 대하여 불충분한 경우이다.

셋째, 제안된 활동 또는 그 잠재적 적용이 '생물다양성에 대한 중대한 위험
(significant risk)'을 야기하는 경우이다.

그런데 이들 내용을 보면, 결국 유전자원에 대한 '접근을 부인하는 어떠한 결정'
도 이해당사자들을 자극하여 혼란을 초래할 우려가 있다.

3. 유전자원 관련 TK로의 접근에 대한 '허가 절차'[55]

DBL은 '유전자원 관련 TK[56]의 이용'을 위해서는 별도의 '허가 절차'를 따르도록
규정하고 있고, 따라서 이 허가는 '오직' 동 허가 절차에 따라서만 교부될 수 있다.[57]
그리고 DBL은 후속되는 주요 요소들에 관하여 규정하고 있다. ① 국무원(Conseil
d'État)이 지정한 국가책임기관은 이러한 '허가' 부여에 대한 책임을 진다.[58] ② 개별
'지방 정부'의 영역에 있어서는, 국무원이 '법인(공법상의 법인격(juridical personality
under public law)을 갖는)'을 지정하여 'TK를 소유하고 있는 원주민공동체와 필요한
상담'을 진행하도록 한다. 이 법인은 '원주민공동체와의 상담' 결과에 따라 이용자와의
이익 공유 협정에 대하여 협상하고 서명할 책임을 진다.[59]

국가책임기관의 요구에 따라 이 '지정된 법인'은 유전자원 관련 TK로의 접근에

---

55 DBL, Title Ⅳ, Articles 412−7 to 412−12.

56 '유전자원 관련 TK'는 CBD 부속 나고야의정서가 법적 개념으로 발전·도입한 새로운 용어(new
term)이다. CBD 제15조에는 TK가 명확히 포함되지 않았고, 나고야의정서 이전에 동 개념은 어떤
조약에서도 언급되지 않았다. Morten Walløe Tvedt and Peter Johan Schei, "The term 'genetic
resources': Flexible and dynamic while providing legal certainty?", in Sebastian Oberthür and
G. Kristin Rosendal (ed.), *Global Governance of Genetic Resources: Access and benefit sharing
after the Nagoya Protocol* (Routledge, 2014), p.24; 유전자원 관련 TK는 공공연히 알려진 TK의
ABS규제 여부, PIC제공의 주체 여부와 협상의 주체, TK소유자의 규명여부, 다수 지역사회가 특
정 TK를 공유하는 경우 등의 문제가 제기되나 이는 쉽게 해결될 사안은 아니다. 국립생물자원
관 역, 사라 레레드·레이첼 원버그 지음, 「유전자원 접근과 이익공유 사례 연구」 (국립생물자원관,
2012), p.66.

57 DBL, Title Ⅳ, Article 412−7.

58 DBL, Title Ⅳ, Article 412−7.

59 DBL, Title Ⅳ, Article 412−8.

관한 각각의 '이용자 신청서를 검사'하며, 접근 절차의 최대기간을 정하며, 이러한 정보를 신청자들에게 통지하며, 다음과 같은 구체적인 업무를 수행한다.

첫째, 이 접근 신청과 관련된 '원주민공동체'를 확인한다.

둘째, 가능한 경우 이 원주민공동체 내에서 이들을 대표하는 '관련 대표기관 (representative bodies)'을 정하여 TK의 이용에 관한 결정의 채택에 응할 수 있도록 한다.

셋째, 관련 원주민공동체에 '통지하기 위한 적절한 계획'을 수립하고, 그 정보를 배포한다.

넷째, '신청서의 내용' 또는 '관련 원주민공동체'와 관련하여 관할기관이나 기구들과 모든 필요한 상담을 수행한다.

다섯째, 합의(consensus)를 도출하기 위하여 모든 관련 원주민공동체들의 '참여'를 보장한다.

여섯째, TK의 이용에 대한 허가 여부, 그리고 당사자들이 이익 공유에 관한 일정한 합의에 이른 경우에, 이러한 내용을 포함하는 '상담과정'과 '그 결과'에 관한 '보고서(report)'를 준비한다.[60]

위의 법인의 '보고서'에 비추어, 국가책임기관은 TK의 이용을 위한 이용자의 '신청서'에 대하여 '전체적으로 또는 부분적으로' '허가'하거나 '거부'한다.[61] 이 결정은 신청자에게 통지되며, 향후 추가로 규정되는 요건에 따라 공개된다. 상기 결정된 '명시적' '허가의 내용' 이외에 '다른 목적'을 위하여 TK를 이용하는 것은 금지된다.[62]

---

60 DBL, Title Ⅳ, Article 412−9.

61 DBL, Title Ⅳ, Article 412−10.

62 DBL, Title Ⅳ, Article 412−10.

V. 이익 공유 의무의 핵심 내용

여기에서는 DBL의 ABS 규정상의 '이익 공유 의무의 핵심적인 내용'을 검토한다. 특히, DBL은 개념 정의 부분에서 '이익 공유'의 구체적인 '성질'을 포함하고 있는데, 바로 유전자원 및 관련 TK의 이용으로부터 발생되는 '이익의 공정하고 공평한 공유'로서 설명된다. 이는 '연구 및 기타 가치 향상 활동'의 결과뿐만 아니라 '상업적 이용' 등으로부터 발생되는 이익도 포함된다. '국가'는 '유전자원'에 대하여 주권(sovereignty)을 행사하고, '원주민공동체'는 관련 TK의 소유자(holders)에 해당된다.[63] 나아가, 이익 공유는 '금전적' 뿐만 아니라 '비금전적'인 것도 포함된다.[64] 이 규정들은 국립생태학변이위원회(CNTE)가 지적한 바와 같이, 모든 비금전적인 이익 공유도 가치가 있다고 특히 강조되었으며, 유전자원 및 관련 TK의 이용으로부터 발생하는 모든 '비금전적 이익 공유'는 넓은 의미에서 보면 그와 관련된 경제적 및 사회적 활동의 증진을 포함하여 '생물다양성의 보존 및 강화'와 '직접적'으로 관련이 있다고 하겠다.[65]

1. '신고 절차'에 따라 접근된 유전자원

DBL은 국무원(Conseil d'État)에게 신고 절차(declarative procedures)에서의 유전자원 이용으로부터 발생하는 '이익 공유'를 위한 일반적인 모델 조건들(general model conditions)을 설정하도록 위임하였다. 그리고 CBD '발효 이전'에 수집자들이 획득한 유전자원의 '새로운 이용(new uses)'으로부터 발생하는 이익은 수집물의 소유자들과 '직접적으로 공유'되어야 한다.[66] CBD '발효 이후'의 수집의 경우, 애초에 제3국에서 수집된 '현지 외(ex situ)' 생물자원의 이용으로부터 발생되는 이익 공유는 나고야의정서를 비준한 CBD당사국들의 법률에 따라 규율된다.[67]

---

63 DBL, Title Ⅳ, Article 412−3, 3°.
64 DBL, Title Ⅳ, Article 412−3, 3°. (a) to (e).
65 Chiarolla, *supra* note 2, p.92.
66 DBL, Title Ⅳ, Article 412−13 Ⅳ.
67 DBL, Title Ⅳ, Article 412−13 Ⅳ.

2. '허가 절차'에 따라 접근된 유전자원

유전자원의 이용이 '국가책임기관의 허가 대상'인 경우에, 적용될 '이익 공유의 조건'은 '신청인'과 '허가기관(국가책임기관)' 간의 상호 합의에 의해 결정한다.[68] 이를 소위 MAT을 의미하는 것으로 볼 수 있다. 그런데 DBL에서 최종적으로는 '삭제'되었지만, 동법 초안에는 '이익 공유 협정'의 '재판관할'로 프랑스 행정법원이 지정된다는 조항이 포함되어 있었을 뿐만 아니라, 프랑스법을 '준거법'으로 규정하는 조항을 포함하고 있었다.

또한 DBL은 '허가'된 활동으로부터 발생하는 '금전적 이익 공유'의 최대기준치를 국무원(Conseil d'État)이 설정하도록 규정하고 있다.[69] 그리고 이러한 '금전적 이익 공유'의 최대기준치는 각각의 관련 활동 부문별로 확정하도록 하고 있다.[70] 마지막으로 모든 '금전적 이익'은 프랑스 생물다양성청(French Agency for Biodiversity)[71]으로 배분될 것이고, 그리고 다음과 같은 '이익 공유 목적들'을 이행하는 '재정프로젝트(finance projects)'에 배분되게 된다.[72]

첫째, 현지 내 또는 현지 외 '생물다양성의 보존 또는 강화'를 위하여;

둘째, 유전자원 관련 'TK를 보존'하기 위하여;

셋째, 보존에 기여하는 지역과 관련하여, 유전자원 및 관련 TK의 '지속가능한 이용(sustainable use)'을 창출하는 가치사슬의 지역적 발전에 기여하기 위하여;

넷째, '연구, 교육 그리고 수련 활동'에 협동, 협력, 기여하기 위하여, 그리고 관련 '숙련(skills) 및 기술(technologies)의 이전'을 위하여.

---

68 DBL, Title IV, Article 412-6 II.
69 DBL, Title IV, Article 412-6 IV.
70 DBL, Title IV, Article 412-6 IV.
71 프랑스 생물다양성청(French Agency for Biodiversity)은 DBL 'Title III'에 따라 설립된다.
72 DBL, Title IV, Articles 412-6 V and 312-3, 3° (a) to (d).

3. '허가 절차'에 따라 접근된 유전자원 관련 TK

'허가' 절차에 관한 규정에 따라 '국무원'이 지정한 '법인'은 유전자원 관련 TK를 소유한 원주민공동체와의 '상담 결과'에 따라, 원주민공동체를 대신하여 이용자와의 '이익 공유 협정'에 관하여 협상하고 서명할 책임이 있다.[73] 특히 관련 원주민공동체는 계약상 '이해관계를 갖는 제3당사자'로서 지정될 수 있으나, 이는 '명시적으로' 이들이 계약상의 당사자가 된다는 것을 의미하는 것은 아니다.[74]

그리고 TK에 접근하거나 이용하는 권리를 '배타적'으로 부여하는 '이익 공유 계약'의 어떠한 조항도 '서면 작성(written)'되지 않아도 되는 것으로 보인다.[75] 게다가 '예시계약(model contract)'은 향후 국무원이 채택하는 법령에 의하여 마련된다.[76]

여기에서 법인은 요청이 있는 경우에 이해관계자들을 대신하여 이익공유협정으로부터 발생하는 수여된 귀속재산 및 기타 재산을 일시적으로 또는 영구적으로 관리한다.[77] '계약상'의 이해관계자가 사라진 경우에는, 이익공유협정에서 법인이 이해관계자의 권리를 승계하게 된다고 규정할 수 있다.[78] 만약 이익공유협정으로부터 발생하는 귀속재산 및 기타 재산이 '계약상' 제3이해당사자를 소유자로 지정하지 않은 경우에는, 그 재산을 이용자가 계약상 서명을 한 법인에게 부여하는 것으로 될 수 있다.[79] 이 법인은 그 재산의 할당 및 관리가 관련 원주민공동체(communities of inhabitants)에게 이익이 되도록 보장해야 한다.[80] 이 공유되는 이익은 오직 토착공동체에게 '직접적으로' 관련되는 프로젝트를 위해 사용되어야 한다.[81] 이 법인은 생물다양성법의 ABS규정을 위반하는 경우 이용자에 대하여 민사소송을 제기할 수 있는 권리를 가진다.[82]

그러나 '원주민공동체(communities of inhabitants)'라는 개념은 나고야의정서에서 사용하고 있는 '토착민족 및 지역공동체(indigenous peoples and local communities:

---

73 DBL, Title Ⅳ, Articles 412−8 and 412−11.
74 DBL, Title Ⅳ, Articles 412−8 and 412−11.
75 DBL, Title Ⅳ, Article 412−11 Ⅱ.
76 DBL, Title Ⅳ, Article 412−11 Ⅲ.
77 DBL, Title Ⅳ, Article 412−8.
78 DBL, Title Ⅳ, Article 412−12 Ⅲ.
79 DBL, Title Ⅳ, Article 412−12 Ⅱ.
80 DBL, Title Ⅳ, Article 412−12 Ⅰ.
81 DBL, Title Ⅳ, Article 412−12 Ⅰ.
82 DBL, Title Ⅳ, Article 412−12 Ⅱ.

IPLC)'로서 DBL에서는 '상담절차(consultative procedure)'를 통해 유전자원 관련 TK 로의 접근을 위하여 관련 공동체가 관여하고 승인하는 것을 보장해 주고 있다. 그러나 이는 한편으로는 '이용자들'과 '우회적 기관들' 간에 이익공유협정에 관한 '합의(consensus)'에 이르지 못할 경우 이들 우회적 기관들에게 최종적으로 상담절차를 부여하는 것이다. 그런데 만약 이렇게 되는 경우, 이 절차들은 국제인권에 대한 최소한의 기준을 명백하게 위배하게 된다. 즉, 2007년 프랑스의 지지 속에 UN총회에서 채택된 'UN 원주민권리선언(UN Declaration on the Rights of Indigenous Peoples: UNDRIP)'에 따른 그들의 '문화적, 지적, 종교적, 정신적 재산'에 대한 '접근'을 위한 '자유로운 사전통보승인(free prior and informed consent)'을 명백하게 부여하고 있는 원주민들의 권리를 침해하는 것이다.[83] 다른 한편으로, 생물다양성법은 지역공동체의 관습법(customary laws)에 대한 어떠한 언급도 없으며, 지역공동체의 의례(protocols)와 절차(procedures)에 대하여도 어떠한 언급이 없다. 그러나 적어도 기본적으로는 나고야의정서 제12조 제1항에 따라 지역공동체의 이러한 것들에 대하여 고려하여 규정되었어야 할 것이다. 결국 현재 생물다양성법상 절차 하에서는, 관련 지역공동체가 TK에 대한 '접근 부여의 권리(established rights to grant access)'를 갖기 때문에 접근이 요청되나, 관련 지역공동체의 '사전통보승인(PIC)'도 없고, 관련 지역공동체의 '관여(involvement) 및 승인(approval)'도 없다.[84] TK에 대한 위와 같은 대리 법인을 중심으로 한 상담절차에 의하는 경우 이는 '우회적인 접근 방식'으로 비춰질 수 있어 유전자원에 대한 원주민의 권리가 '국제법이 아니라 국내법에 따라' 규율되게 된다는 우려가 제기될 수 있다.

---

83 Chiarolla, *supra* note 2, p.94.
84 나고야의정서 제5조 제2항, 제6조 제2항.

VI. ABS에 관한 국내입법 및 규제요건의 '이행의무준수 촉진'에 대한 규정 및 메커니즘

여기에서는 국내 ABS 규정 및 규제 요건의 '이행의무준수 확보'를 위한 제도적 방법과 절차에 관하여 살펴본다. 특히, 프랑스에서 생물다양성법상의 '이행 규정'에 기초하여 어떻게 '외국의 PIC 및 MAT의 이행의무준수를 보장'할 수 있는지에 관하여 초점을 두고 살펴본다.

첫째, 먼저 강조되어야 할 점은 생물다양성법안 입안자들이 '시장에서 법적으로 이미 상업화'된 다양한 식물들의 이용을 위해서 뿐만 아니라 동물육종을 위해서 유전자원 및 관련 TK의 이용과 관련된 활동들을 이행준수 규정의 범위에서 제외하고 있다는 점이다.[85]

둘째, 그런데 유전자원 및 관련 TK의 이용에 대한 '감시의무'와 관련하여, 국가책임기관은 나고야의정서 제14조에 따라 관련 '허가 및 신고에 관한 공식적인 기록들'을[86] CBD정보공유체제[87](Clearing-House Mechanism of the CBD)를 통하여 이용할 수 있다. CBD정보공유체계상의 정보 '등록' 하에, 이들 자료들은 나고야의정서 제17조 제2항에 따라 IRCC로서의 지위를 획득하게 된다.[88] 그러나 신청자들은 정보공개가 신청자(이용자)들의 '영업비밀 또는 산업비밀'의 보호를 침해할 가능성이 있는 경우에는 서류일체를 기밀로 포함시킬 것을 '명시적으로' 요청할 수 있다.[89] 이는 EU 규칙 511/2014/EU의 제7조 제1항에 따른 연구비 수령 단계에서의 이용자의 '적절주의의무' 신고와 제7조 제2항에 따른 생산물의 최종 개발 단계에서의 이용자의 '적절주의의무 신고'를 기본으로 하여, 관련 IRCC, MAT상의 정보를 관할기관에 제출하되, 제7조 제5항에 의거하여 기밀사항의 경우 보완 규칙 2015/1866/EU의 부속서Ⅱ와 Ⅲ에 따라 기밀사항을 보호받도록 하고 있는 것과 유사하다.

셋째, 한편 유전자원 및 관련 TK에 대한 '제3자'의 이용을 위하여 이를 '이전'하

---

85 DBL, Title Ⅳ, Article 412−16 Ⅰ.
86 DBL, Title Ⅳ, Article 412−14 Ⅱ.
87 CBD Article 18(3).
88 DBL, Title Ⅳ, Article 412−14 Ⅱ.
89 DBL, Title Ⅳ, Article 412−14 Ⅰ.

는 경우, '처음 이용자'는 후속 이용자에게 '허가서 또는 신고서를 이전'해야 할 뿐만 아니라 관련 '이익공유 의무'도 이전해야 한다.[90] 허가나 신고 시에 애초에 예견될 수 없었던 '이용의 변경'이 있는 경우에는 '새로운 허가 또는 신고'가 필요하다.[91]

넷째, 유전자원 및 관련 TK의 '이용자들'은 유전자원 및 관련 TK에 관하여 규정하는 나고야의정서의 다른 '당사국의 ABS' 관련 국내법 및 규제요건의 준수를 보장받기 위하여 일정한 정보를 이용하고 보존할 책임이 있을 뿐만 아니라, 적용될 MAT에 따라 이용으로부터 발생하는 이익의 공정하고 공평한 공유에 대한 책임이 있다. 특히, 이용자들은 ① 이용자들이 유전자원 또는 관련 TK의 이용 관련 '공적 연구기금 (public research funding)'을 수령하는 경우, ② 유전자원 또는 관련 TK에 기초하여 '개발된 제품(product) 또는 공정(process)'이 '상업화(commercialization)' 되는 경우에 ABS에 관한 EU규칙 511/2014/EU 제4조에 규정된 정보를 이용할 수 있다.[92]

위의 ① 하에서, 유전자원 또는 관련 TK의 이용과 관련된 연구 활동을 지원하는 공적 기관인 소관 '점검기관(checkpoints)'에 요청된 정보를 제공할 의무를 불이행하는 경우, 계약조항상 자금의 수령인에게 공적으로 수여된 자금을 상환(reimburse)할 것을 요구하도록 규정할 수 있다.[93]

위의 ② 하에서, 시장판매승인을 거친 제품 또는 공정에 관하여는, 시장판매승인 절차를 책임지는 책임기관이 심사 없이(형식 없이) 관련 정보를 수집한다. 이때 이러한 정보는 ABS에 관한 EU규칙 511/2014의 적용을 책임지는 국가책임기관에 전달되어야 한다.[94] 게다가 '특허 신청'이 유전자원 및 관련 TK의 이용으로 발생하는 경우, 특허 신청자는 관련 정보를 특허청(National Industrial Property Institute: INPI)에 전달해야 한다. 이 경우 특허청(INPI)은 ABS에 관한 EU규칙 511/2014의 적용에 대한 책임을 지는 국가책임기관이 심사 없이(형식 없이) 이 정보를 이용할 수 있도록 한다.[95] 즉, 유전자원 관련 특허 정보는 국가책임기관 및 특허청에 전달되어 유기적 협력 속에서 교류된다.

다섯째, DBL은 동법 ABS 규정상의 의무위반에 대하여 민법상 구제방법 뿐만이 아니라 형사적 제재방법에 관하여 '명확한 규정'을 두고 있다. 특히, 이용자는 ABS에

---

90 DBL, Title Ⅳ, Article 412−14 Ⅲ.
91 DBL, Title Ⅳ, Article 412−14 Ⅲ.
92 DBL, Title Ⅳ, Article 412−16 Ⅱ (1) and (2); 규칙 511/2014/EU 제4조 (3) 참조.
93 DBL, Title Ⅳ, Article 412−16 Ⅱ (1).
94 DBL, Title Ⅳ, Article 412−16 Ⅱ (2).
95 DBL, Title Ⅳ, Article 412−16 Ⅱ (2).

관한 EU규칙 511/2014 제4조 (3)에 규정된 '자료처리규정들(법률이 요청하는 자료들)'을 위반하는 경우 1년의 금고(imprisonment)나 150,000유로의 과태료(fine)에 처할 수 있다.[96] 이러한 제재는 ABS에 관한 EU규칙 511/2014 제4조에 따라 ABS 관련 정보를 찾고, 유지하고, 후속 이용자에게 전달하지 못한 데 대한 ① '적절주의의무' 이행에 실패한 이용자에게도 동일하게 적용 된다.[97] 과태료는 '상업적 목적'으로 유전자원 및 관련 TK를 ② '불법적으로 이용(illegal utilization)'하는 경우 1,000,000유로로 증가시킬 수 있다.[98] 추가 구형도 가능한데, 관할법원은 그 상업적 목적을 이유로 최대 5년까지 유전자원 및 관련 TK로의 접근 신청(또는 구체적인 유전자원의 하위범위로의 접근 신청도 포함)을 금지시킬 수 있다.[99]

Ⅶ. 나고야의정서 이행상의 특징 및 시사점

여기에서는 아직 프랑스가 정식으로 법령을 마련하여 CBD 홈페이지에 프랑스 ABS 법령을 게시하지 않은 만큼, 법안의 수정가능성이 있다는 점을 고려하여 프랑스가 나고야의정서의 비준 후 국제적 의무를 적절히 이행하고 있는지에 관한 논평은 가급적 자제하고, 나고야의정서 이행상의 특징과 시사점을 중심으로 검토하고자 한다.

1. 거버넌스상의 권한 배분 및 환경과 통상의 조화

프랑스는 나고야의정서 이행을 위한 거버넌스와 관련하여, DBL은 앞에서 언급한 농림부, 환경부, 보건사회부 등의 기관들을 '국무원'이 국가책임기관으로 지정하

---

96 DBL, Title Ⅳ, Article 20(1).
97 DBL, Title Ⅳ, Article 20(2).
98 DBL, Title Ⅳ, Article 20(3).
99 DBL, Title Ⅳ, Article 20(4).

도록 하고 있으나,[100] 프랑스 환경청(Autorité Environnementale: AE) 또는 권한을 분산시켜 생물다양성법 제3부(Title Ⅲ)에 따라 설립되는 프랑스 생물다양성청(L'Agence Française de la Biodiveristé)이나 해외영토 지방당국들(local authorities)에게 위임할 수 있다. 한편 국가연락기관은 현재 나고야의정서 국내이행 업무의 주된 역할을 수행하고 있는 환경부로 계속하여 유지될 가능성이 많은데, 이는 환경부(유전자원등에 대한 접근 및 이익 공유에 관한 정보의 제공)와 외교부(CBD 사무국과의 연락)를 국가연락기관으로 하고[101] 과학기술정보통신부, 농림축산식품부, 보건복지부, 환경부, 해양수산부를 국가책임기관으로 분산하여 지정하고[102] 있는 우리나라와 유사하다고 하겠다. 이러한 배분은 환경적 측면과 통상적 측면을 고려하여 적절히 조화롭게 거버넌스 체계를 정립하고 있다고 볼 수 있다.[103] 더욱이 통상을 강조해 왔던 사회에서 프랑스 DBL이 프랑스 환경법의 주요 부분으로 제정되어 정립된다는 측면에서 환경법의 새로운 발전을 추구하게 되었다는 점에서 상당한 의미가 있다. 따라서 우리나라도 나고야의정서의 국내이행으로 인한 이익 공유에 대한 부담이나 우려보다는 환경보전의 발전적 차원에서 인식을 제고할 필요가 있다.

2. PIC에 있어서의 신고 절차와 허가 절차의 구별

프랑스는 유전자원 및 관련 TK로의 '접근'과 관련하여 3가지 접근 방법, 즉 신고 절차, 유전자원으로의 접근을 위한 허가 절차, 유전자원 관련 TK로의 접근을 위한 허가 절차로 이루어져 있다. 이중에 신고 절차의 대상이 되는 경우는 2가지로 비상업 연구목적, 인간 및 동식물의 보건을 위한 긴급상황의 경우인데, 이는 '순수 연구 등 비상업적 목적'인 경우와 '인간 및 동식물의 생명이나 건강을 침해할 우려가 있어 치료제 개발, 식량 확보 등을 위하여 유전자원등의 신속한 접근 또는 이용이 필요'한 경

---

100 DBL, Title Ⅳ, Articles 412−5 Ⅰ and 412−6 Ⅰ.

101 유전자원법 제7조.

102 유전자원법 제8조.

103 거버넌스상의 역할 배분과 관련하여 중요한 점은 결국 관계부처들 간의 상호연계와 통합관리를 위하여 중추기관을 지정해 효율적인 운영을 해야 한다는 점이다. 홍형득·임홍탁·조은설, "우리나라 ABS(나고야의정서) 대응정책의 평가와 과제", 「기술혁신학회지」 제16권 제2호(2013.6), p.522 참조.

우에 국내 유전자원에 대한 '접근 신고'의 '예외'를 인정하고 있는 우리나라와 유사하다.[104] 다만, 프랑스의 경우에는 법적 의무를 면제하는 것이 아니라 '단순한 신고 절차'로 처리하고 다만 '허가 절차'를 거치지 않게 하고 있는 데 비하여, 우리나라는 처음부터 접근 신고를 하지 않아도 되는 예외로 처리하고 있다는 점에서 차이가 있다. 물론 우리나라는 접근과 관련하여 '허가 절차'가 아닌 '신고 절차'를 전면 도입하였다.[105] 여기에서 이용국과 제공국의 입장을 보이고 있는 프랑스와 이용국의 입장을 보이고 있는 우리나라의 차이점을 일면 엿볼 수 있다.

한편 유전자원의 소유자들에게 유전자원의 등록(신고)을 유도하여, 이용자들이 등록된 유전자원에 접근하는 경우 '적절주의의무'를 사실상 면제시켜 주고 있는데, 이는 이용자들에게 유익하고 소유자인 제공자들에게는 시간적, 행정적 부담이 될 수 있다. 그러나 이는 이용국과 제공국의 입장을 보이고 있는 프랑스 ABS 이행상의 단면을 보여주는 것으로서, 제공자에게도 이익 공유 대비 약간의 책임을 부여하고 있다고 볼 수 있다. 우리나라 유전자원법이 비록 이용자 중심으로 규율되고는 있으나, ABS 메커니즘의 효율적 운영을 위하여 유전자원정보관리센터[106]가 등록처로서의 유기적 기능에 일조하는 방식으로 운용되는 것이 필요해 보인다.

3. MAT 체결에 있어서의 법인의 중요 역할

프랑스는 유전자원 관련 TK에 접근하기 원하는 경우 별도의 '허가 절차'에 따라 국가책임기관이 허가서를 교부하도록 하고 있다. 그런데 보다 주목되는 부분은 국가책임기관 이외에 '유전자원 관련 TK로의 접근'에 관한 '허가 절차'의 체제 내에서 국무원이 지정하는 법인도 역시 중요한 역할을 수행한다는 점이다.[107] 특히 이 법인은 잠재

---

104 유전자원법 제10조. 물론 목적이 변경된 경우에는 지체 없이 제9조 제1항에 따라 접근신고를 해야 한다.

105 유전자원법 제9조; 우리나라의 접근신고는 형식적 요건외이 실질적 내용에 대한 심사가 수반될 수 있어 자기완결적 신고가 아닌 '수리를 요하는 신고'의 성격을 갖는다고 봄이 타당하다. 이상준, "나고야의정서 국내이행을 위한 국내 유전자원 접근 신고에 대한 소고", 「환경법연구」 제38권 제3호(2016.11), p.316; 박균성·윤기중, "수리를 요하는 신고의 구별기준에 관한 연구", 「경희법학」 제48권 제4호(2013.12), pp.500~504 참조.

106 유전자원법 제17조.

107 DBL, Title IV, Article 412-8.

적 이용자와의 MAT을 협상하는 동안 '원주민공동체의 효과적인 참여'를 위한 '상담'을 통하여 중요한 역할을 수행한다. 간략히 말하자면, 국가책임기관이 유전자원 및 관련 TK에 대한 '이용 허가'에 대한 승인 또는 거부 여부에 대한 '최종결정'에 대한 책임이 있다면, 이 지정 법인은 특히 원주민공동체를 대신하여 MAT에 대한 '협상을 진행하고 서명'하며 협정 '체결 이전'과 협정 '집행 동안'에 프랑스 내의 원주민공동체와 이용자와의 가교역할에 해당하는 중대한 역할을 수행하는 것이다. 이러한 점은 노르웨이의 ABS법 하에 유전자원 관련 TK의 접근 및 이용뿐 아니라, TK의 확인 또는 조사 차원 시에도 토착지역공동체의 대표기관으로부터 '동의'가 필요하다는 점에서 매우 공통된 특징을 보인다.[108] 그리고 프랑스의 MAT에 있어서 주목할 만 한 점은 '이익 공유의 목적'을 규정하고 있다는 점이다. 일반적으로 CBD나 나고야의정서 당사국들의 국내법령은 '해당 법령의 목적'으로 생물다양성의 보전, 지속가능한 이용, 공정하고 공평한 이익 공유 3가지를 규정하는데 비해, 프랑스는 개별 항목인 이익 공유 규정에서 '이익 공유의 목적'으로 생물다양성의 보전 및 강화, 유전자원 관련 TK의 보전, 유전자원 및 관련 TK의 지속가능한 이용, 교육 및 훈련 등을 규정하고 있다. 이는 그만큼 프랑스가 금전적 및 비금전적 이익 공유의 내용이 순기능적 차원에서 실제로 환경부문에 사용되도록 보장하고 있음을 의미하는 것이다. 우리나라의 경우에도 비록 제공국 입장이 아닌 이용국 입장을 보이고는 있으나, 제공자와 이용자 간에 '이익 공유 합의 의무'만을 규정하는 것이 아니라 기금을 설립하여 운영한다든지 등의 이익 공유의 순기능적 역할에 관심을 가져야 할 것이다.[109]

4. 인권법측면에서의 국제적 조화 및 원주민공동체의 권리 보장 강화

DBL에서 사용된 '원주민공동체'의 개념은 나고야의정서의 'IPLC'로서 특히 이는 이들 공동체에 '광범위한 권리가 부여'되고 있다는 것을 인정하는 것이다. 따라서 이

---

108 Section 2, Forskrift om beskyttelse av tradisjonell kunnskap knyttet til genetisk materiale (2016), Norway.

109 유전자원의 '공공재'적 성격을 감안하여 유전자원 관련 연구개발사업의 성과물에 대한 '신탁제도'를 통해 성과물활용시 기술료 지불로서 이익 공유를 실혈할 수 있다는 견해에 관하여는, 홍형득·임홍탁·조은설, *supra* note 103, p.523 참조.

는 궁극적으로 국제법상 국제인권 기준에 따른 IPLC의 권리의 확립 및 보호와 관련하여 DBL의 ABS 규정의 중대한 발전을 가져온다. 특히 프랑스는 해외 프랑스령 자치지역의 유전자원에 대한 접근 및 이익 공유에 관심을 가질 수밖에 없어 유전자원 기술국인 이용국의 입장을 취하면서도 동시에 원주민공동체의 유전자원 관련 TK를 중요시 여기는 제공국의 입장을 보이고 있다. 이러한 점들은 많은 섬들로 이루어진 우리나라의 국토를 고려하면, 앞으로 흩어져 있는 우리나라 섬에 분포되어 있는 유전자원에 대한 발굴이 매우 중요한 과제라고 볼 수 있다. 비록 우리나라와 같은 역사적 상황에서는 원주민공동체의 존재를 개념적으로 주장하기는 어렵더라도 외진 국토 영역에 대한 유전자원의 수호를 통해 국익을 보전할 수는 있을 것이다.

5. 생물다양성법과 지식재산권법 간의 시너지효과 및 국제적 투명성 제고

　　DBL과 프랑스 지식재산권법 간의 관계와 관련하여 생물다양성법 ABS 규정들은 '양자 간의 시너지증진'과 '유전자원 및 관련 TK의 이용에 관한 투명성(transparency)의 향상'을 위한 중요한 단계라고 할 수 있다. 유전자원 및 관련 TK의 이용에 의한 특허신청시, 신청자는 프랑스 특허청(INPI)에 필요한 '정보'를 제출해야 하고, 특허청(INPI)은 이러한 정보를 국가책임기관이 이용하도록 하고, CBD정보공유센터(ABS Clearing—House Mechanisms)가 이용하도록 한다. 특허청(INPI)은 점검기관(checkpoints)으로서 나고야의정서상 요구되는 ABS에 관한 국내법적 또는 규제적 요건에 대한 감시를 수행하고,[110] ABS에 관한 EU규칙 511/2014/EU의 이행 기준을 감시하게 된다.[111]

　　그러나 이러한 잠재적인 효과를 지나치게 강조해서는 아니 되는 이유는 프랑스뿐만 아니라 유럽의 대부분의 국가에서 다음과 같은 개별적인 3가지 형태로 특허출원이 이루어지기 때문이다.

110　나고야의정서 제17조.
111　규칙 511/2014/EU 제7조(이용자 이행의무준수 감시).

첫째, 특허청(INPI)을 통한 국내특허

둘째, 유럽 특허청(European Patent Office: EPO)과 개별 국가들의 발효에 의한
　　　유럽의 전통적 특허(european classical bundle patents)

셋째, 통합된 통일효과(unitary effect)를 갖는 유럽특허.[112]

그리고 외국 토착품종인 식물·유전인자·기타 생물학적 제품에 관한 불법적인 특
허 취득(biopiracy)의 문제도 고려해야 한다.[113] 결국 유럽적 차원에서 강력한 협력이 이
루어지지 않는 이용자 이행의무준수를 감시하는 효과적인 시스템을 갖추기란 쉽지 않
아 보인다.

6. 나고야의정서 및 다른 당사국을 포함한 국제적 ABS 레짐과의 일관성 필요

프랑스 국내법인 DBL은 '나고야의정서'뿐만 아니라, 'ABS에 관한 국제적 레짐
(international regime)'에 대하여도 전체적인 '일관성'을 유지해야 한다. 이렇게 할 때
대외 무역파트너들의 우려를 제거하게 될 것이다. 이는 생물다양성법의 채택이라는 결
과 자체에만 의미가 있는 것이 아니라, 대외적으로 유전자원 및 관련 TK의 이용에 관
한 투명성, 국제적 형평, 그리고 온전한 인권존중의 증진을 향한 '건설적인 약속'을 보
여주는 것이기도 하다. 그런데 프랑스는 이용자와 제공자의 입장을 적절히 반영하고
있다고 할 수 있다.

우리나라도 나고야의정서에서 명확하게 규정하지 않은 부분을 포함하여 동 의정
서에 대한 국내 ABS 법률을 이행함에 있어서, '나고야의정서'뿐만 아니라 '국제사회의

112　Chiarolla, *supra* note 2, p.102.

113　국제사회에서 문제시 되는 바이오해적행위(Biopiracy)는 나고야의정서 당사국의 엄격한 ABS 규
　　　제로서 해결될 수 있으며, 이때 ABS 법제의 국제적 편차가 감소할 것이다. Joseph Henry Vogel,
　　　"From the 'Tragedy of the Commons' to the 'Tragedy of the Commonplace': Analysis and
　　　Synthesis through the Lens of Economic Theory", in Charles R. McManis (ed.), *Biodiversity
　　　and the Law: Intellectual Property, Biotechnology and Traditional Knowledge* (Earthscan, 2007),
　　　p.124 참조; 현 나고야의정서의 제도 개선 과제로 유전자원의 원산지 또는 국적판별의 문제해결
　　　을 위해 '원산지(국적)' 판별의 기준마련이 시급하다는 의견이 있다. '현지 내 보존'이 그 기준일
　　　수 있으나 문제는 현지 외 보존에 대한 원산지(국적) 판결 기준마련인데, 유전자원 데이터베이스
　　　의 마련이 그 대안 중의 하나이다. 김수석·허정회·이해진, 「나고야의정서에 대응한 농림업 유
　　　전자원의 보존 및 이용 방안」 (한국농촌경제연구원, 2016), p.77.

여러 다른 당사국들의 ABS 이행 동향'을 참고하여 이행해야 각종 분쟁의 소지를 방지할 수 있을 것이다. 주지하다시피 나고야의정서는 2010년 10월 29일 협상타결에 임박하여 결렬을 우려해 '창의적 모호함 속의 걸작품(masterpiece in creative ambiguity)'[114]으로 표현되듯이 당사국의 재량에 위임되는 부분이 많은 국제협정으로 당사국마다 다양한 형태의 국내이행법령이 존재하게 되었다. 그러나 국제사회는 상호주의에 입각한다는 점에 유의하여 우리나라는 나고야의정서의 기본 원칙에 충실하되 비록 이용국의 입장이더라도 환경적 측면과 통상적 측면을 적절히 반영하여 국익을 도모하는 방향으로 진행되어야 할 것이다.[115]

VIII. 결언

프랑스는 나고야의정서 당사국들 중에 이용국과 제공국의 입장을 비교적 적절히 조화시켜 ABS체계를 마련하고 있는 국가에 해당된다. 이 글에서는 프랑스에서의 유전자원 및 관련 TK의 '법적 지위'의 변화 가능성, DBL의 ABS 규정의 적용 범위, 유전자원 및 관련 TK로의 접근을 위한 3가지 접근 절차(신고 절차, 유전자원에 대한 접근 허가 절차, 유전자원 관련 TK에 대한 접근 허가 절차) 및 이익 공유 의무, 나고야의정서 이행에 대한 국제적 이행의무준수의 증진, 그리고 나고야의정서 이행상의 특징과 시사점에 관하여 살펴보았다.

결국 중요한 점은 프랑스 국내법인 생물다양성법안(DBL)은 '나고야의정서'뿐만 아니라, 'ABS에 관한 국제적 레짐(international regime)'에 대하여도 전체적인 '일관성'

---

114 ENB, Monday, 1 November, Vol. 9 No. 544(2010), p.26. http://www.iisd.ca/biodiv/cop10/; 나고야의정서에는 적용 범위, 효력발생의 시기, TK의 정의에 관하여 법적 확실성 및 명확성이 확보되어 있지 않다. Linda Wallbott, Franziska Wolff and Justyna Pozarowska, "The negotiations of the Nagoya Protocol", in Sebastian Oberthür and G. Kristin Rosendal (ed.), *supra* note 56, pp.37~40 참조.

115 제공국 입장과 이용국 입장의 조화가 필요하지만 우리나라는 이용국으로서의 입장을 충분히 고려하는 것이 보다 필요하다고 보는 견해도 있다. 홍형득 · 임홍탁 · 조은설, *supra* note 103, p.525.

을 유지해야 한다는 것이다. 이렇게 할 때 대외 무역파트너들의 우려를 제거하게 될 것이다.[116] 이는 생물다양성법의 채택이라는 결과 자체에만 의미가 있는 것이 아니라, 대외적으로 유전자원 및 관련 TK의 이용에 관한 투명성, 국제적 형평, 그리고 온전한 인권존중의 증진을 향한 '건설적 약속'을 보여주는 것이기도 하다. 이러한 측면에서 프랑스의 생물다양성법은 이용자와 제공자의 입장을 비교적 적절히 조화시키고자 노력을 기울였음을 알 수 있다.

우리나라도 나고야의정서에서 명확하게 규정하지 않은 부분을 포함하여 나고야의정서에 대한 국내 ABS 법률을 이행함에 있어서, '나고야의정서'뿐만 아니라 '국제사회의 여러 다른 당사국들의 ABS 이행 동향'을 참고하여 이행해야 향후 발생할 수 있는 각종 분쟁의 소지를 사전에 방지할 수 있을 것이다. 나고야의정서 비준후 ABS 법제 마련을 미루고 있는 당사국들도 많은 만큼, 나고야의정서 대응과 관련하여 타국 ABS 동향을 지켜보면서 '국익'을 위해 속도를 조절할 필요도 있어 보인다. 이는 유전자원법 제정 이후의 후속조치 마련과 함께 되짚어볼 가치가 있는 일이다. 비록 현재로서의 국익을 고려하면 이용국의 입장일수는 있으나 국제사회에서 나고야의정서에 대한 이행제게가 정착되어 갈수록 이용자와 제공자 간의 균형이나 조화를 추구하게 될 것이다.

---

116 나고야의정서 ABS는 세계무역기구(World Trade Organization: WTO) 지식재산권협정(Agreement on Trade−Related Aspects of Intellectual Property Rights: TRIPs)과 '잠재적 충돌(potential conflict)' 가능성이 문제되나, 나고야의정서 제4조 규정 자체는 이를 해결하기 위한 규정으로 보기 어렵다. Philippe Sands, Jacqueline Peel, Adriana Fabra and Ruth Mackenzie, *Principles of International Environmental Law* (Cambridge Univ. Press, 2012), p.803.

제 9 장
EU의 Micro B3 모델협정과 ABS

I. 서언

2014년 10월 12일 발효된 생물다양성협약(Convention on Biological Diversity: CBD) 부속 나고야의정서(Nagoya Protocol on Access to Genetic Resources and the Fair and Equitable Sharing of Benefits arising from their Utilization)에 의하여 국제사회에서는 유전자원의 접근 및 이익 공유(Access and Benefit—Sharing: ABS)가 실행되게 되었다. 그런데 나고야의정서 제5조와 제19조에 따르면 그 구체적인 내용을 정하는 상호합의조건(mutually agreed terms: MAT)은 유전자원의 제공자와 이용자 간에 소위 예시계약(model contracts)의 형식으로 체결된다고만 하고 있고, 그 예시계약의 구체적인 내용은 '사적 자치'의 영역으로서 당사자 간에 '계약자유의 원칙'에 의하여 정하게 되어 있다.[1] 따라서 현재 국제사회에서는 이에 대한 '통일성' 또는 '일관성' 있는 적용이 필요하게 되었다. 이러한 예시계약서는 기본적으로 계약의 당사자, 용어에 대한 개념 정의,

---

1 나고야의정서는 국제환경거버넌스에 있어서 중요한 성과로 여겨지고 있으나, 또한 나고야의정서는 '창의적 모호함 속의 걸작품(masterpiece in creative ambiguity)'에 해당되기도 한다. ENB, Monday, 1 November, Vol. 9 No. 544 (2010), p.26. http://www.iisd.ca/biodiv/cop10/; Sebastian Oberthür and G. Kristin Rosendal, "Global governance of genetic resources: Background and analytical framework", in Sebastian Oberthür and G. Kristin Rosendal (ed.), *Global Governance of Genetic Resources: Access and benefit sharing after the Nagoya Protocol* (Routledge, 2014), p.2; 나고야의정서는 적용 범위, 효력발생 시기, 전통지식의 정의 등에 관하여 법적 확실성과 명확성을 확보하고 있지 않다. Linda Wallbott, Franziska Wolff and Justyna Pozarowska, "The negotiations of the Nagoya Protocol", in *Ibid*, pp.37~40 참조.

계약의 대상 및 이용 범위, 계약 기간, 사전통보승인(prior informed consent: PIC), 이용자의 권리 및 이용 범위, 지식재산권, 공정하고 공평한 이익 공유(교육, 기술이전, 인프라 구축과 같은 비금전적 이익 공유 포함), 출판물을 통한 공표, 비밀 유지, 세금 등의 의무, 제3자에 대한 유전자원의 이전(양도), 이용 상황 등의 보고, 계약의 변경, 계약의 종료, 손해배상, 해석, 준거법 및 관할법원의 지정, 분쟁해결절차 등의 내용을 포함한다.

이러한 배경 하에 이 글에서 중점적으로 살펴볼 유럽연합(European Union: EU)의 해양미생물의 접근 및 이익 공유에 관한 'Micro B3² 모델협정(Micro B3 Model Agreement on Access to Marine Microorganisms and Benefit—Sharing)'³의 내용은 2013년 12월 17일 Micro B3 소관 작업그룹에서 내어놓은 결과이다. 그런데 이 'Micro B3 모델협정'은 2010년 10월 29일 채택된 생물다양성협약(CBD) 부속 나고야의정서에 영향을 받았으나, 나고야의정서는 2014년 10월 12일 발효⁴되어 나고야의정서의 이행에 관한 EU 규칙 511/2014/EU⁵가 2014년 4월 16일 채택되어 동년 6월 10일 발효된 바 있기 때문에, 상호합의조건(MAT)인 예시계약서의 성격을 갖는 동 'Micro B3 모델협정'은 EU에서 수행된 연구의 결과이지만, 이것은 EU 규칙 511/2014/EU에 의거한 것이 아니며 또한 생물다양성협약(CBD) 부속 나고야의정서에 의거한 것도 아니다. 다만 분명한 것은 해양미생물에 대한 'Micro B3 모델협정'이 생물다양성협약(CBD) 부속 나고야의정서의 영향을 받았다는 것이다. 즉, 동 'Micro B3 모델협정'은 국제 해양미생물표본화작업의 일환으로 나고야의정서에서 보면 '예시계약서'로서의 성격을 가지나 나고야의정서와는 별도로 진행된 EU 차원에서 채택한 국제적 문서에 해당된다.

그러나 2013년 12월 17일 채택된 동 'Micro B3 모델협정'은 2014년 10월 12일 나고야의정서가 발효되면서 그 이행상의 상호합의조건(MAT)과 관련하여 비교 또는

2 여기서의 'Micro B3'는 '미생물의 생물다양성, 생물정보학, 생물공학(Microbial Biodiversity, Bioinformatics and Biotechnology)'을 의미한다.
3 Micro B3 Model Agreement on Access to Marine Microorganisms and Benefit—Sharing. Result of Micro B3 WP8, 17th December 2013, http://www.microb3.eu/.
4 EU는 나고야의정서에 2014년 5월 16일 비준하였으며(https://www.cbd.int/information/parties.shtml#tab=2), 1993년 12월 21일 생물다양성협약(CBD)에 비준하였다(https://www.cbd.int/information/parties.shtml#tab=0.
5 Regulation 511/2014/EU of the European Parliament and of the Council of 16 April 2014 on compliance measures for users from the Nagoya Protocol on Access to Genetic Resources and the Fair and Equitable Sharing of Benefits Arising from their Utilization in the Union (OJ 2014 L150/59—71); 나고야의정서에 관한 EU의 유전자원의 접근 및 이익 공유(ABS)에 관한 상세한 내용은 김두수, "EU법상 나고야의정서 이행에 있어서의 쟁점 분석 및 시사점", 「국제경제법연구」 제12권 제3호(2014.11), pp.115~144 참조.

참조가 가능한 문서라는 점에서 의의가 있다. 즉, 동 'Micro B3 모델협정'은 나고야의
정서에 따른 접근 및 이익 공유(ABS) 법제의 이행을 위한 상호합의조건(MAT) 체결 시
당사자가 참조할만한 내용을 상당히 포함하고 있는 문서에 해당된다. 따라서 현 시점
에서 동 'Micro B3 모델협정'을 나고야의정서를 염두에 두고 법적 측면에서 비교 및
검토하여 나고야의정서에 따른 실제적인 접근 및 이익 공유(ABS)의 실행을 위한 시사
점을 도출하는 것은 매우 의미가 있다. 이를 위하여 먼저 동 'Micro B3 모델협정'을
상호합의조건(MAT)의 차원에서 법적으로 분석한 후, 나고야의정서상의 상호합의조건
(MAT)의 실행을 위한 시사점을 제시하고자 한다.

II. 'Micro B3 모델협정'상 협정체결시의 고려 사항

1. 당사자의 개념상의 특징

이 'Micro B3 모델협정'은 해양미생물의 접근 및 이익 공유(ABS)를 위한 당사자
로서 제공자(provider)와 수령인(recipient)이라는 용어를 사용하고 있다. 여기서의 수령
인은 나고야의정서상의 이용자(user)를 의미한다. 한편 동 협정상의 '제공자(Provider)'
는 '제공국 기관(Provider State institution)'의 이름(제공자 대행기관, 예를 들면 국가책임
기관인 환경부 또는 해양수산부 등), 해당 기관의 대표자 이름, 연락처에 관한 정보를 제
공하고, '수령인(Recipient, 즉 User)'은 '수령인 기관(Recipient institution)'의 이름('개
별 연구자'가 아닌 이들을 '고용한 기관명'을 의미), 해당 기관의 대표자 이름, 연락처에 관
한 정보를 제공한 후, 양 당사자는 서명을 한다. 그리고 동 협정에서 이들을 당사자들
(Parties)로 표기하고 있다.

그런데 여기에서 특이 사항으로서 하나는 ① '제공자'인 '제공국 기관'은 해양 유
전자원에 관한 '접근 허가 부여' 및 '협정의 체결', 유전자원의 이용, 유전자원의 양도,
그리고 이용으로부터 발생하는 이익 공유와 관련하여 회원국을 대표할 수 있는 권한

을 부여받았어야 한다는 점이다.[6] 그리고 다른 하나는 ② '수령인'인 '수령인 기관'은 개별 연구자가 아닌 '연구자를 고용한 기관'으로 동 협정이 개인의 인적 변경에도 불구하고 존속이 담보되어 동 협정의 이행가능성을 기대할 수 있다는 점이다.[7]

2. 협정체결시의 고려 사항

이 'Micro B3 모델협정'은 당사자 간의 협정체결시 전문(preamble)에서 EU Micro B3 연구사업상의 목적들을 고려하고, 관련 국제조약들과의 합치성을 추구하며, 연안국의 권리를 인정 및 고려하도록 다음과 같이 구체적인 고려 사항들을 제시하고 있다.

1) EU Micro B3 연구사업

당사자들에게 EU가 투자한 'Micro B3 연구사업'[8](Micro B3 Project)이 다음과 같은 목적, 즉 ① '해양생물표본화캠페인(Ocean Sampling Days: OSD)'[9]로 불리는 국제적인 조화활동을 포함하는, 다양한 장소에서의 '해양 미생물다양성에 대한 표본화'를 위한 협력, ② ⓐ 환경차원에서의 해양 미생물 게놈(genomes) 및 ⓑ 실제적 또는 잠재적 생물공학적 적용(응용)에 관한 '대규모의 광대한 지식'의 창출, ③ 환경적 생태계 데이터에 대한 '해양 미생물의 게놈 데이터(genomic data)'의 대규모 통합을 위한 '혁신적인 생물정보공학의 발전'을 도모, ④ 정책입안자 및 일반대중을 위한 연구개발공동

---

6 Micro B3 Model Agreement, p.6.

7 *Ibid*.

8 'Micro B3'는 '미생물의 생물다양성, 생물정보학, 생물공학(Microbial Biodiversity, Bioinformatics and Biotechnology)'을 의미하며, 대규모통합프로젝트인 이 공동연구프로젝트의 핵심 개념은 '해양 생물다양성 연구 및 블루 생명공학(blue biotechnology)'에 있어서의 현재의 한계를 극복하기 위한 세계적 수준의 유럽연구자들의 학제간 및 부문간 팀(interdisciplinary and intersectoral set of world class European researchers)을 형성하는 것이다. Micro B3는 미래의 해양에 관한 주제인 '해양생태계의 기능 및 그 생명공학적 잠재력'에 대한 '해양 미생물의 생물다양성'을 이야기 하고 있다. The Ocean of Tomorrow Call Topic OCEAN. 2011 – 2: 'Marine microbial diversity – new insights into marine ecosystems functioning and its biotechnological potential'.

9 '해양생물표본화캠페인(OSD)'는 세계의 바다에서 일제히 시작된 표본캠페인으로 2014년 6월 21일 여름 최고점(반환점)에 도달했으며, 이 누적된 표본들(cumulative samples)은 시간, 공간 및 환경적 조건(매개 변수)과 관련하여 ① 미생물의 다양성 및 그 기능에 관하여 기술(설명)하는 기본 원칙들에 대한 이해(통찰)를 제공하고, ② 해양에서 유래되는 새로운 생명공학의 확인을 통하여 블루 경제(blue economy)에 기여하게 된다. https://www.microb3.eu/osd.

체의 '접근 가능한 지식'의 창출[10] 등을 주요 목적으로 하는 과학적 연구 프로그램임을 고려하도록 하고 있다.

2) 관련 국제조약과의 합치성

이 'Micro B3 모델협정'은 연안국의 내수(internal waters), 영해(territorial sea), 배타적 경제수역(exclusive economic zone), 대륙붕(continental shelf)으로부터[11] 획득한 '유전자원의 접근 및 이용'이 ① '유전자원 접근에 관한 본 가이드라인(Bonn Guidelines on Access to Genetic Resources)'의 구체적인 세목들, ② 그 이용으로부터 발생하는 '공정하고 공평한 이익 공유'를 고려하고 있는 생물다양성협약(CBD)상의 규정들과 합치되어야 하고, 그리고 ③ '유전자원에 대한 접근 및 그 이용으로부터 발생하는 공정하고 공평한 이익 공유에 관한 나고야의정서'와 합치되어야 하고, 뿐만 아니라 ④ 'UN해양법협약(United Nations Convention on the Law of the Sea: UNCLOS) 및 UN해양법협약상의 관습법(customary law)에도 합치되어야 함을 상기하도록 하고 있다.[12, 13] 즉, 동 모델협정이 상기의 국제조약에 저촉되지 아니하도록 하고 있다.

3) 권역 내 연안국의 권리 존중

'Micro B3 모델협정'은 ① 내수, 영해, 배타적 경제수역, 대륙붕과 같은 국가 이원이 아닌 '해양 권역들'로부터 획득한 유전자원의 접근 및 이용은 '연안국'의 사전통보승인(PIC)을 받아야 하며, '연안국'이 요구하는 경우 상호합의조건(MAT)에 따라야 함을 상기하도록 하고 있다.[14, 15] 그리고 ② 연안국은 그 내수, 영해, 배타적 경제수역,

---

10 Micro B3 Model Agreement, p.6.

11 이들 해양 권역들은 '국가 이원의 지역'이 아니므로 연안국은 그 관할권을 행사할 수 있다. 1982년 UN해양법협약 제2조에 따라 내수 및 영해는 국가가 순전한 배타적 영토관할권을 행사할 수 있음에 비하여, 배타적 경제수역(동 협약 제56조) 및 대륙붕(동 협약 제77조)은 연구 및 탐사 활동을 포함하는 '경제적 차원'의 활동에 한하여 국가가 배타적 관할권을 행사할 수 있다는 점에서 차이가 있다. 한편 1982년 UN해양법협약에서 새로이 200해리 권역의 배타적 경제수역이 인정됨으로서 오늘날에는 대륙붕에 대한 비중이 감소하였다.

12 나고야의정서 제4조(국제 협력 및 문서와의 관계) 참조.

13 Micro B3 Model Agreement, p.7.

14 나고야의정서 제6조(유전자원에 대한 접근) 참조.

15 본 'Micro B3 모델협정'은 서두에서도 언급하였듯이 생물다양성협약(CBD) 부속 나고야의정서에 법적으로 구속되는 문서가 아닌 별도의 국제적 문서이며, 또한 당사자에 관한 개념상의 특이사항으로 인해 해양 권역에 대한 '연안국'의 주권 또는 주권적 권리의 행사라는 특징으로 인하여 나고야의정서상의 '사적 자치'로서의 성질이 강한 상호합의조건(MAT)과는 다른 성질을 가지고 있다.

대륙붕에서의 ⓐ 해양과학연구에 대한 '직접적'인 규제, 허가, 실행에 관한 권리를 가지며, ⓑ '다른 국가나 국제기구'가 연구를 수행하는 경우 연안국은 이에 참여하거나 또는 동 해양과학연구프로젝트의 대표가 될 권리를 가지며, 자료와 표본에 대하여 접근할 권리를 가지며, 예비잠정보고서(preliminary reports)와 최종결과물(final results)을 수신할 권리를 가짐을 상기하도록 하고 있다.[16]

4) 기타 고려해야 할 사항

① 유전자원의 이용으로부터 발생하는 '금전적 그리고/또는 비금전적 이익'은 제공국[17](Provider State)이 요청을 하고, 상호합의조건(MAT)에 규정된 대로 제공국과 공유함을 상기하도록 하고 있고,[18] ② 유전자원을 '제3자(third parties)'에게 양도(transfer)'하는 경우에는 재료이전협정(material transfer agreement: MTA)에서 이에 관한 사항을 규정할 수 있음을 상기시키고 있으며,[19] ③ '비상업적 연구목적(non-commercial research purposes)을 위한 접근'에 관한 조치는 '생물다양성의 보존 및 지속가능한 이용'에 대한 기여를 위하여 '절차가 단순화'될 수 있음을 상기하도록 하고 있으며,[20] ④ 유전자원에 관한 연구개발이 ⓐ 사회 공유재산(public domain)이 될 수 있고 또는 ⓑ 개인 소유목적물(proprietary purposes)이 될 수도 있음을 인식하도록 하고 있다.

나아가 유전자원 이용국 입장에서 볼 때도 국제투자계약법은 일방당사자가 국가이고 타방당사자가 개인 또는 기업으로 최혜국대우(most-favored-nation treatment: MFN)나 내국민대우(national treatment)의 적용을 받음에 비하여, 나고야의정서상의 상호합의조건(MAT)은 본질적으로 계약적 성격을 갖기 때문에 ① 이용자는 제공국 A가 아니면 제공국 B에서 선택적으로 유전자원을 취득하여 이용할 수 있고, ② 한편 A국에만 존재하는 유전자원이면 그만한 가치가 있기 때문에 로열티 또는 이익 공유 비율이 높게 책정될 수 있는데 이는 이용자가 감수하여 수용해야 할 상황으로 이해되어야 한다. 따라서 이익 공유에 대한 국제사회에서의 상이성은 예견되는 일이었다고 볼 수 있고, 유전자원의 가치에 따라 공정하고 공평한 이익 공유에 대한 기준에 영향을 미칠 수 있다고 볼 수 있다.

그러나 공정하고 공평한 이익 공유를 '보장'하기 위하여 '국가'가 개입할 가능성은 있는 만큼, 나고야의정서상의 상호합의조건(MAT)은 '완전한 사적 영역'이라기보다는 '부분적으로 공익성을 갖는 계약'의 성격을 갖는다고 볼 수도 있다.

16 Micro B3 Model Agreement, p.7.
17 '제공국'은 결국 제공자를 의미하는데, 이는 'Micro B3 모델협정'의 당사자 부분에서도 언급되었듯이 '제공자를 대표'하는 '국가책임기관'으로 통상 이해될 수 있는 것으로서 국제사회에서의 '해양(관리)의 특수성'이 반영된 것으로 보인다.
18 나고야의정서 제5조(공정하고 공평한 이익 공유) 제4항 참조.
19 나고야의정서(제6조 제3항 (g) (iii))는 '제3자의 추후 이용에 관한 조건'을 상호합의조건(MAT)에서 다룰 내용으로 포함하고 있다.
20 나고야의정서 제8조(특별 고려사항) (a) 참조.

III. 'Micro B3 모델협정'상의 주요 쟁점에 관한 법적 분석

'Micro B3 모델협정'은 당사자들의 기관들이 II장에서 살펴본 여러 가지 사항들을 충분히 고려하여 아래와 같은 다양한 사항들을 중심으로 해양미생물에 관한 접근 및 이익 공유(ABS)에 관한 협정을 체결하도록 하고 있다. 아래에서 구체적으로 살펴보는 내용들은 나고야의정서의 이행에 있어서 상호합의조건(MAT)인 예시계약의 측면에서 상당한 이해를 제고할 수 있을 것이다.

1. 적용 대상 및 범위

'Micro B3 모델협정'은 제공국의 내수, 영해, 배타적 경제수역, 대륙붕에서 발견되는 유전자원에 대한 접근, 접근된 유전자원의 제3자로의 양도와 이용, 유전자원 관련 지식의 제3자로의 이전과 관리, 그리고 이익 공유를 위한 방식들을 규정하고 있다.[21] 이 점에 있어서는 일반적인 상호합의조건(MAT)으로서의 예시계약서에서 다루는 내용들과 크게 다르지 않다. 다만 다음과 같은 점은 개별적 성격을 가진다. 즉, 동 협정은 'Micro B3 컨소시엄협정(Micro B3 Consortium Agreement)'의 일부로서, 그 권리와 의무는 모든 'Micro B3 파트너들(Micro B3 partners)'[22]에게 확대 적용된다.[23] 한편 동 협정의 당사자들은 'Micro B3 프로젝트(Micro B3 project)'가 설립한 온라인(web portal)상에 등록된 이용자들(registered users)에게 동 협정의 사본을 유출하는 것에 동의할 것을 요구하고 있다.[24]

---

21 Micro B3 Model Agreement, Art. 1.1.
22 Micro B3 Consortium Agreement는 Micro B3 website www.microb3.eu 에서 공개적으로 접근할 수 있으며, Micro B3 Consortium 파트너들은 전 유럽에 걸쳐 32개의 학계 및 산업계로 구성된다.
23 Micro B3 Model Agreement, Art. 1.2.
24 Micro B3 Model Agreement, Art. 1.3.

2. 용어 정의상의 특징

'Micro B3 모델협정'에서 사용되는 용어들의 의미에 대하여는 동 협정 제2조에
서 다음과 같이 규정하고 있다:

① '접근(access)'은 유전자원이 발견된 지역에서 유전자원에 대해 행하는 '수집활
  동'을 의미한다.

② '접근된 유전자원(accessed genetic resources)'은 동 협정에 근거하여 '수집된
  유전자원'을 의미한다.

③ '관련 유전지식(Associated genetic knowledge)'은 접근된 유전자원의 구
  성(composition), 생활조건(life conditions, 생활환경), 기능(functions)에 관
  한 일체의 실험적 또는 관찰적 자료, 정보, 기타 결과(any experimental or
  observational data, information and other findings)를 의미한다.[25]

④ '파생물(derivative)'은, 비록 그것이 유전(heredity)의 '기능적 단위(functional
  units)'를 포함하지 않을지라도, 생물학적 또는 유전적 자원의 유전적 발현 또
  는 신진대사로부터 자연적으로 발생하는 생화학적 혼합물(naturally occurring
  biochemical compound)을 의미한다.

⑤ '유전자원(genetic resources)'은 실제적 또는 잠재적 가치를 가지는 유전
  (heredity)의 '기능적 단위'를 포함하는 식물, 동물, 미생물 등의 일체의 재료
  (물질)를 의미한다.

⑥ 'Micro B3 파트너(Micro B3 partner)'는 Micro B3 컨소시엄 협정(Micro B3
  Consortium Agreement)의 당사자인 '기관(institution)'을 의미한다.

⑦ '해양생물표본화캠페인(Ocean Sampling Days)'은 Micro B3 프로젝트(Micro
  B3 project)의 일부로서, 세계 해양에서 전개되는 표본화 캠페인을 의미한다.

---

25 여기서의 '관련 유전지식'은 나고야의정서에서의 토착지역공동체가 보유하는 '유전자원 관련 전
  통지식(traditional knowledge: TK)'과는 구별된다. 나고야의정서 제7조(유전자원 관련 전통 지식에 대
  한 접근) 참조; 유전자원 관련 '전통지식(TK)'은 생물다양성협약(CBD) 부속 나고야의정서에서 명
  확하게 법적 개념으로 발전시켜 도입한 새로운 용어(new term)이기도 하다. 생물다양성협약(CBD)
  제15조에 전통지식이 명확하게 포함되지는 않은 것으로서 나고야의정서 이전에 이 개념(유전자
  원 관련 전통지식)은 어느 조약에서도 언급되지 않았었다. Morten Walløe Tvedt and Peter Johan
  Schei, "The term 'genetic resources': Flexible and dynamic while providing legal certainty?",
  in Sebastian Oberthür and G. Kristin Rosendal, *supra* note 1, p.24.

이는 미생물다양성(microbial diversity)에 대한 이해 제고, 새로운 해양기원(유래) 생물공학의 확인의 기회를 제공하는 것을 목적으로 하고 있다.

⑧ '제공국(Provider State)'은 내수, 영해, 배타적 경제수역, 대륙붕으로부터 유전자원이 '현지 내에서(in situ)' 수집된 연안국(coastal state)을 의미한다.

⑨ '제3자(third party)'는 Micro B3 파트너에 속하지 않는 기관을 의미한다.

⑩ '소유목적의 이용(utilization for proprietary purposes)'은 '특허권'에 의해 관련 지식의 '비밀'을 유지하며, 그리고 보급을 위한 증분원가(incremental costs) '이상'의 비용으로 관련 지식에 접근할 수 있도록 하며, 그리고 접근된 유전자원으로부터 개발된 '생산물과 공정과정'의 시장판매를 통하여 '생산물과 공정과정'을 포함하는 '관련 지식의 보호'를 목적으로 하는 연구 및 개발을 의미한다.

⑪ '공유재산의 이용(utilization for the public domain)'은, 보급을 위한 증분원가 '이하'의 비용으로, '특허권'에 의한 보호를 받지 않고, 나아가 기타 지식재산권에 의한 제한을 받지 않고,[26] 생산물과 공정과정을 포함하는 '관련 지식을 공개적으로 이용할 수 있도록 하는 것을 목적으로 하는 연구 및 개발'을 의미한다.

⑫ '유전자원의 이용(utilization of genetic resources)'은, 생물공학의 적용을 통한 '특정용도를 위한 생산물과 공정과정의 제조 및 변경'을 위한 생물학적 체계, 생물, 파생물을 이용한 '과학적 적용'을 포함하는, 접근된 유전자원의 유전적 그리고/또는 생화학적 구성에 관한 연구 및 개발을 의미한다.[27]

그런데 동 협정에서 사용되는 용어들의 의미에 대하여는 제2조에서 규정하는 바와 같이 나고야의정서에서 사용하고 있는 용어와 크게 다른 점은 없으나, 다만 유념할 것은 동 협정에서는 ⓐ '유전자원 관련 전통지식(traditional knowledge: TK)'에 관한 논의가 없다는 점, ⓑ 당사자가 제공국 '국가책임기관'과 이용국 '수령기관'이라는 점,

---

26 지식재산권과 관련하여, 사전통보승인(PIC)을 통하여 유전자원을 제공받은 이용자는 동 유전자원 그 자체에 대하여 어떠한 지식재산권도 주장할 수 없으나, 이용자의 '연구개발 활동'을 통하여 얻어낸 결과물에 대한 지식재산권은 이용자에게 귀속된다. 다만, 당사자가 합의에 의하여 해당 지식재산권을 공유하거나 또는 제공자에게 일부의 권리를 귀속시키는 경우에는 이에 따를 수 있다.

27 Micro B3 Model Agreement, Art. 2 a)~l).

ⓒ 해양미생물의 유전자원의 접근 및 이익 공유(ABS)를 통한 미생물다양성의 보존과 관리를 주요 내용으로 하고 있다는 점, 그리고 ⓓ '유전자원의 이용'에 파생물의 이용을 포함하고 있다는 점이다.

3. 유전자원에 대한 접근

'Micro B3 모델협정' 제3조는 '샘플수집'의 권한을 부여받은 수령인(이용자)이 ① 자신이 알고 있는 경우 샘플의 종류[28], 유전자원의 종류[29], ② 샘플의 (식별)번호 및 수량, ③ 수집한 지리적 위치[30], ④ 총 수집기간 등을 명시하도록 하고 있다.[31] 한편 선택사항으로 '해당 있음'에 해당되는 경우 수령인은 샘플 수집 후 당사자들이 정한 일정한 기한 내에 수령인이 이용하고자 하는 유전자원의 종류를 제공자에게 '통지'하고, 당사자들이 이용이 허가된 '유전자원의 종류'에 관한 동의(합의)를 구하기 원하는 경우 제공자는 정한 기한의 수 주 내에 '이의'를 제기할 수 있도록 하고 있다.[32] 이는 유전자원의 종류가 동 협정 제3.1.①조에서 사전에(ex ante) 미리 알게 된 경우에는 동 협정 제3.2조는 삭제되어 적용되지 않는다. 즉, 제3.2조는 '미리' 유전자원의 종류를 알 수 없는 경우, 사후에 유전자원의 허가 및 종류에 관한 다툼이 있는 경우에 이를 해결하기 위한 조항으로 보인다.

그리고 수령인은 접근된 유전자원을 '자신의 구내'로 운송(move)할 수 있는 권한이 부여되며, 동 협정 제1.2조에 따라 Micro B3 파트너인 '다른 기관의 구내'로 운송할 수 있다. 뿐만 아니라, 접근된 유전자원의 이용과 관련하여 특별한 원조를 제공하기 위하여 계약상 구속을 받는 '수령인과 계약을 맺은 기관이나 개인'에게 운송될 수 있다.[33] 그런데 여기에서 유념해야 할 점은 이 제3.3조에서의 '운송'은 '양도(transfer)'와

---

28 예를 들면, 해수, 퇴적물(seawater, sediment)을 말한다.
29 샘플에서 추출한 유전자원의 종류로서 예를 들면, 세균(virus), 버섯(funghi), 미생물(microorganism) 등을 말한다. 부언하자면, 상호합의조건(MAT)에서는 계약 대상인 유전자원의 종류를 특정할 필요가 있다.
30 전지구위치파악시스템(global positioning system: GPS) 좌표.
31 Micro B3 Model Agreement, Art. 3.1.
32 *Ibid.*, Art. 3.2.
33 *Ibid.*, Art. 3.3.

는 개념적으로 구별되는 것으로, 제3.3조 이외의 모든 다른 양도는 제3자에 대한 양도
에 해당되어 이는 제5조의 요건에 따라 구속을 받는다는 것이다. 한편 선택사항으로
'해당 있음'의 경우에 수령인은 접근된 유전자원의 일부를 '제공자(Provider) 또는 지정
된 기관(institution)'에 전달(deliver)할 수 있으며, 동 협정상으로 전달되는 표본샘플의
전달 형식을 정할 수 있다.[34] 그리고 통상적으로 수령인이 유전자원의 '접근 및 배달
시'에 발생하는 모든 비용을 부담하도록 하고 있다.[35]

4. 유전자원의 이용

'Micro B3 모델협정' 제4조에 따라 유전자원의 이용과 관련하여, 먼저 수령인은
접근된 유전자원의 '이용권'을 부여받을 수 있으며, 필요한 경우 이에 관한 세목을 명
세할 수 있다.[36] 그리고 선택사항으로 '해당 있음'에 해당하는 경우 두 가지의 이용 형
태를 구분하여 규정하고 있는데, ① 하나는 접근된 유전자원의 이용이 '공유재산을
위한 이용'인 경우 이에 관한 세목을 명세하는 경우이고, ② 다른 하나는 수령인이
'소유목적'을 위하여 접근된 유전자원의 일부/전부를 이용할 권한을 가지는 경우 이에
관한 세목을 명세하는 경우이다.[37]

그리고 동 협정에서는 유전자원의 '계속적인 이용'과 관련해서 수령인과 제공자
에 관하여 각각 규정을 하고 있다. ① 먼저 '수령인'과 관련하여, '동 협정의 종료 후'
계속해서 접근된 유전자원을 '이용'하려는 경우 그리고/또는 소유목적으로 관련 유전
지식을 '이용'하려는 경우, 수령인은 '제공자의 동의'가 필요하며, 필요한 경우 이를 위
한 동의절차의 세부사항을 명시하도록 하고 있다. ② 한편 '제공자'와 관련하여, '본
협정의 종료 후' 계속해서 접근된 유전자원을 '이용'하려는 경우 그리고/또는 소유목
적으로 관련 유전지식을 '이용'하려는 경우, 제공자는 본 협정의 종료 또는 변경에 관
한 '수령인과의 우호적인 협상(amicable negotiations)'에 임해야 한다.[38]

---

34 *Ibid.*, Art. 3.4.
35 *Ibid.*, Art. 3.5.
36 *Ibid.*, Art. 4.1.
37 *Ibid.*, Art. 4.2~4.3.
38 *Ibid.*, Art. 4.4~4.5.

5. 제3자로의 유전자원의 양도

'Micro B3 모델협정' 제5.1조에 따라 수령인은 접근된 '유전자원'을 또는 그 일부를 '제3자'에게 양도(transfer)할 수 있다. 그런데 이때 제3자는 양도된 유전자원에 적용되는 동 협정 제4조에서부터 제16조까지를 적용하는 데에 대하여 수령인과 '동의(agree)'하여야 한다.[39] 이러한 규율 태도는 제5.2조를 통해서도 분명하게 나타나는데, 수령인이 동 협정 제6조에 따라 아직 공유재산으로 되지 않은 관련 '유전지식'을 제3자에게 양도하기를 원하는 경우에도, 제3자는 양도된 지식에 제4조에서부터 제16조까지를 적용하겠다고 수령인과 '동의'해야 한다.[40]

무엇보다 동 협정 제5.3조는 수령인이 제3자에게 양도하는 경우 제공자의 '사전통보승인(PIC)'을 필수요건으로 하고 있다.[41] 이 경우 제3자에게 양도하고자 하는 수령인은 두 가지 방식을 취할 수 있는데, ① 하나는 양도협정 사본 통지와 함께 '제공자 또는 지정된 기관'에 해당 양도상황을 통지하며, 이는 사전통보승인(PIC)의 증거로 간주될 수 있다. 물론 이것이 인정되기 위해서는 '해당 있음'의 경우 지정된 기관을 구체적으로 명시해야 한다. ② 다른 하나는 ①의 경우가 아닌 기타의 경우에 그 양태를 세부적으로 명세하여 이에 따르는 방식이다.[42] 그런데 동 협정 제5조 말미 단서 규정에 의하면, 제3자 양도에 대한 수령인의 제공자에 대한 사전통보승인(PIC)이 당사자 협정에서 '승인(consent)'을 요건으로 하는 경우에만 강제적이고, 제공자의 '승인'을 요건으로 하지 않는 협정인 경우에는 배제된다.

6. 지식의 보급

'Micro B3 모델협정' 제6.1조에 따라 수령인은 보급의 증가비용 이하로 관련 '유전지식'을 '공개적으로 이용'할 수 있도록 해야 한다. 이러한 지식의 보급(dissemination

---

39 *Ibid.*, Art. 5.1.
40 *Ibid.*, Art. 5.2.
41 당사자들이 인식해야 할 것은, 공유재산으로 정의되는 이러한 계약에서 간주되는 '비상업적 단계'의 기간 동안 '지나치게 과도한 사전통보승인(PIC)의 요구'는 연구 및 개발 과정을 매우 복잡하게 할 우려가 있다는 점이다.
42 *Ibid.*, Art. 5.3.

of knowledge)은 온라인매체, 복사매체, 요청이 있는 경우에는 배달을 통하여 이루어 질 수 있다. 온라인보급을 위하여 권장하는 공간은 ① 'Micro B3 정보체계(Micro B3 Information System)(www.microb3.eu)', ② 현존하는 세계생물다양성정보기구(Global Biodiversity Information Facility: GBIF), SeaDataNet(EU가 운영하는 국제해양학프로 젝트의 일종임), 판게아(Pangaea, 수백만 년 전 하나로 뭉친 대륙을 의미함), 국제 뉴클레 오티드(핵산 성분임) 배열정보 공동연구(International Nucleotide Sequence Database Collaboration: INSDC)와 같은 '데이터베이스와 정보네트워크'가 있다.[43]

한편, 'Micro B3 모델협정' 제6.2조에 따라 관련 '유전지식'은 특별한 경우가 아 닌 한 해당 세대 이후에 가능한 한 신속히 이용될 수 있도록 하고 있으며, 물론 금수 조치(embargo) 기간에는 '미가공배열정보'와 해양생물표본화캠페인(OSD)에 수집된 표 본과 관련 있는 '해양학 자료'는 그 이용이 허용되지 않으며,[44] 이에 대한 설명을 요하 는 경우 상세하게 기재할 수 있다.

그리고 수령인은 관련 유전지식의 보급이 온라인매체를 통해, 복사매체를 통해, 요청이 있는 경우 배달을 통해 이루어지는 것을 보장하기 위하여 상당한 노력을 기울 여야 하며, 제공자의 사전통보승인(PIC)을 취득하지 않는 한 '소유목적'을 위하여 웹포 탈로부터 취득한 관련 유전지식을 이용하지 못하도록 '이용자'가 제한되도록 보장해야 한다.[45] 특히 동 협정에 따라 제6.1조~제6.3조(관련 유전지식의 보급)는 제4.3조와 제 4.4조상의 특정 '소유목적'을 위해 '이용'된 관련 유전지식에는 '지식의 보급' 규정이 적 용되지 않도록 하고 있다.[46] 따라서 수령인은 'Micro B3 정보체계'로부터 접근된 지식 의 이용자가 '공유재산'의 '이용'이라는 측면에서는 이용자 자신의 연구로부터 획득한 '지식을 보급'하는 것을 보장하기 위하여 상당한 노력을 기울여야 한다.[47]

7. 제공국 기여에 대한 인정

'Micro B3 모델협정' 제6조하에 관련 유전지식을 '공개적으로 이용(publicly

---

43 *Ibid.*, Art. 6.1.
44 *Ibid.*, Art. 6.2.
45 *Ibid.*, Art. 6.3.
46 *Ibid.*, Art. 6.4.
47 *Ibid.*, Art. 6.5.

available)'하는 경우, ① 수령인은 이용된 유전자원의 '원산지국가(country of origin)'를 적시할 수 있으며, ② 수령인은 제공국 '과학자들의 역할'을 인정할 수 있고, (공동) 저서로서 이들 제공국 과학자들이 중요한 '조언이나 권고'를 제공해 왔음을 인정할 수 있다.[48] 이를 통해 해양미생물 유전자원의 접근 및 이익 공유(ABS)에 있어서의 개방성과 투명성을 한층 제고할 수 있을 것이다.

8. 기록 및 보고

'Micro B3 모델협정' 제8조에 따라 먼저 수령인은 접근된 유전자원의 '저장 및 양도(storage and transfer)'에 관하여 기록해야 하며, 제공자 또는 지정된 국가책임기관에게 해당 기록에 대한 접근(열람)권을 부여하되, 필요한 경우 국가책임기관의 이름과 주소를 기재한다.[49] 그리고 수령인은 매 '몇 개월'마다, '언제부터 언제까지' 등의 그 기간을 정하여 '이용 과정'을 상세하게 제공하는 '서면보고'를 제공자 또는 국가책임기관에게 해야 하되, 필요한 경우 국가책임기관의 이름과 주소를 기재한다.[50] 그런데 무엇보다 '공유재산의 이용'이 아닌 '소유목적의 이용'인 경우에는 기밀사항 등 민감한 부분이 있기 때문에, 이를 '고려'하기 위한 취지(목적)에서 동 협정 제4.3조 및 제4.4조에 따라 특정된 '소유목적'을 위하여 이용된 관련 유전지식과 관련하여 수령인은 제8.2조에 따른 보고 시에 ① '지식재산권의 획득과 보호(기밀 여부)에 관하여' 그리고 ② '제품의 판매나 관련 유전지식에 근거한 공정과정에 관하여' 취해지는 일체의 단계들에 대하여도 역시 보고하도록 하고 있다.[51]

---

48 *Ibid.*, Art. 7.

49 *Ibid.*, Art. 8.1.

50 *Ibid.*, Art. 8.2.

51 Micro B3 Model Agreement, Art. 8.3; 이는 '공용재산의 이용'이 아닌 '소유목적의 이용'에 해당되기 때문에, 당사자들의 협상에 따라서 '제공자의 동의'가 제품의 시장 판매와 같은 특정 '상업화단계'에서 요구될 수 있다는 점에 대하여 합의될 수 있다.

9. 지식 공유

'Micro B3 모델협정' 제9.1조에 따라 수령인은 제공자 또는 지정된 국가책임기관에게 관련 유전지식을 제공하고, 제공자 또는 지정된 국가책임기관의 합리적인 요청이 있는 경우 관련 유전지식에 대한 평가(assessment) 또는 해석(interpretation, 설명)을 통해 원조를 제공한다. 필요한 경우 국가책임기관의 이름과 주소를 기재한다.[52] 그리고 관련 유전지식은 늦어도 '공개적으로 이용 가능할(publicly available) 시기'에는 즉시 제공하도록 할 수 있다.[53] 그런데 동 협정 제9.1조의 '지식 공유'의 의무는 제4.3조 및 제4.4조상의 특정된 '소유목적'을 위한 관련 유전지식의 이용에 확대 적용된다. 다만, '소유목적'을 위한 관련 유전지식의 이용 시, 제공자는 수령인이 '소유목적'을 위하여 하는 어떠한 이용도 해롭게 하여서는 아니 된다[54]고 규정하고 있다. 한편 수령인은 접근된 유전자원의 이용에 기초한 '출판본의 복사본' 몇 부를 제공자 또는 지정된 국가책임기관에게 제공하도록 할 수 있고, 필요한 경우 국가책임기관의 이름과 주소를 기재한다.[55]

10. 제공국과의 과학적 공동연구 및 역량강화구축

'Micro B3 프로젝트'의 일부로서, 수령인은 동 협정에 근거한 이용 활동에 있어서 '제공국 과학자들과의 과학적 공동연구(Scientific Collaboration) 또는 역량강화구축(Capacity-Building)'에 동의할 수 있고, 그 구체적인 관여 방식은 당사자 간 협상에 의하여 구체화될 수 있다.[56]

---

52 Micro B3 Model Agreement, Art. 9.1.
53 *Ibid.*, Art. 9.2; 이와 관련하여 당사자들 간의 합의로서 사전에 제공자가 출간 전에 관련 유전지식을 미리 통지받을 수 있다고 합의할 수 있다.
54 Micro B3 Model Agreement, Art. 9.3.
55 *Ibid.*, Art. 9.4.
56 *Ibid.*, Art. 10; 가장 일반적인 경우로 파트너들(기관들) 간의 과학적 공동연구가 있으며, 공동연구 계약(research collaboration contract)을 통하여 공동연구에 관한 상세한 내용을 규정한다. 과학적 공동연구는 '본 ABS협정(the ABS agreement)'에 수록하는 것이 곤란할 수 있어서 '본 ABS협정'의 '당사자들'이 별도의 연구협력협정(research collaboration agreement)을 체결하여 이행하는 것이 바람직하다.

11. '소유목적'을 위한 이용 시의 이익 공유

'Micro B3 모델협정' 제11조는 '공유목적의 이용'이 아니라 특별히 '소유목적'의 해양미생물 유전자원의 이용에 관하여 규율하고 있다. 동 협정 제11.1조에 의하면 수령인은 '소유목적'을 위하여 접근된 유전자원을 이용하는 경우 제공자에게 '특정 금액'의 선금을 지불하도록 하고 있다.[57] 이는 '이익 공유의 전초 단계'라고 볼 수 있으며, 이 선금 지불은 동 협정 제3.2조에 따라 '이용될 유전자원의 종류'에 관한 동의 (consent)가 이루어진 후 '몇 개월' 내에 제공자에게 이행되어야 한다고 정할 수 있으며, 제공자의 계좌를 기재할 수 있다. 즉, 동 협정 제11.1조는 '제11.2조'에서 규정하는 바와 같이 수령인이 제4.3조 및 제4.4조에 따라 '소유목적'으로 '접근된 유전자원을 이용'하거나 또는 '관련 지식을 이용'하는 경우, 수령인은 '일체의 획득한 금전적 이익'을 제공자와 '공정하고 공평하게 공유해야한다'[58]는 규정이 확대 적용된다고 볼 수 있다.

한편 동 협정은 '공정하고 공평한 이익 공유'의 절차 방식과 관련해서 두 가지를 제시하고 있는데, ① 하나는 제11.3조에 따라 '공정하고 공평한 이익 공유'는 본 협정 당사자들 산의 '추가 협상'으로(by further negotiations) 결정하는 방식[59]이고, ② 다른 하나는 제11.4조에 따라 (제11.3조에 해당되지 않는 경우 이를 대신하여) '공정하고 공평한 이익 공유'는 접근된 유전자원에 근거한 '제품 또는 공정과정(product or process)'의 판매수익의 '몇 퍼센트(이익 공유 비율)'가 된다고 정할 수 있다. 이는 수익창출과 관련하여 매년 말에 제공자 또는 지정된 국가책임기관에 제출되는 재무보고(financial report)에 기초하고, 필요한 경우 국가책임기관명 및 계좌를 기재하도록 하고 있다.[60]

한편 동 협정 제11.5조는 수령인이 제4.3조 및 제4.4조에 따른 '접근 권한'을 부여받지 않고 '소유목적'을 위하여 '접근된 유전자원을 이용'하거나 또는 '관련 유전지식을 이용'하는 경우, 이는 본 협정의 '위반'으로, 수령인은 그러한 이용으로부터 획득한 일체의 금전적 이익을 제공자와 공유해야한다[61]라고 함으로서 '공정하고 공평한 이익 공유'를 '강력히 보장'하고 있다.

57　Micro B3 Model Agreement, Art. 11.1.

58　*Ibid.*, Art. 11.2.

59　*Ibid.*, Art. 11.3; 나고야의정서(제6조 제3항 (g) (ii))는 '지식재산권 관련 사항을 포함한 이익 공유 조건'을 상호합의조건(MAT)에서 결정할 사안(내용)으로 포함하고 있다.

60　Micro B3 Model Agreement, Art. 11.4.

61　*Ibid.*, Art. 11.5.

12. 제공국 법률의 준수

수령인은 유전자원의 수집, 저장, 양도, 이용, 수출과 관련된 활동이 '인간건강의 보호 및 환경(protection of human health and the environment)', 조세(taxes), 관세(customs) 등에 관한 제공국의 모든 적용 법률(applicable laws, 준거법)을 준수해야 한다.[62] 보다 구체적으로 정하길 원하는 경우 당사자 간 협정의 해석과 적용에 관한 일체의 문제에 대한 준거법을 지정[63]할 수 있으며, 분쟁발생시 이러한 분쟁해결을 위한 관할법원(competent court)을 지정[64]할 수 있다.

13. 분쟁해결

'Micro B3 모델협정' 제15조는 분쟁해결에 관하여, 먼저 동 협정상 발생하는 분쟁의 경우에 있어서 (긴급한 판결을 요하는 소송을 제외하고는) 제15조 제2항 및 제3항에 따른 '우호적 해결(amicable solution)'을 강구하기 전에 당사자가 사법소송(court proceedings)을 제기하지 아니 한다[65]고 규정하여 기본적으로 '원만한 해결'을 추구하도록 할 수 있다. 한편 동 협정 하에 또는 동 협정과 관련하여 발생하는 분쟁에 관하여 제소하는 본 협정의 일방 당사자는 분쟁해결절차가 개시되는 접수문서(receipt)에 '당해 분쟁의 성질'을 구체적으로 명시한 '서면통지(written notice)'를 타방 당사자에게 제공해야한다[66]고 규정하여 분쟁해결의 절차적 보장을 제고할 수 있다.

14. 본 협정의 종료

당사자 간의 해양미생물 유전자원의 접근 및 이익 공유(ABS)에 관한 협정은 ① 당사자 간 '서면 합의'에 의하여 언제든지 종료될 수 있다('상호 합의'에 의한 협정의 종

---

62 *Ibid.*, Art. 12.
63 *Ibid.*, Art. 14.1.
64 *Ibid.*, Art. 14.2.
65 *Ibid.*, Art. 15.1.
66 *Ibid.*, Art. 15.2.

료).[67] ② 또한 수령인이 동 협정의 제4.2조, 제4.3조, 제4.4조, 제5.1조, 제5.2조, 제5.3조, 제6.1조, 제6.3조, 제7조, 제8조, 제9.1조, 제9.3조, 제11.2조, 제11.5조 등과 같은 본 협정상의 의무를 충족시키지 못하는 경우 '의무 불이행'에 의하여(by default) 종료될 수 있다(이용자의 '의무 불이행'에 의한 협정의 종료).[68]

그런데 상기 두 번째 종료 사유(제16.2조)와 관련하여, 동 협정 제16.3조에 따라 특별히 이용자의 '의무 불이행'의 경우 제공자가 수령인에게 종료에 대한 '서면 통지(written notice)'를 통하여 당사자 간 협정을 '즉시' 종료시킬 수 있는데, 이를 위한 요건으로는 ① 제공자가 혐의를 받고 있는 의무 불이행의 수령인에게 '사전 통보(prior notice)'를 했을 것, 그리고 ② 수령인이 '사전 통보'에 기재된 기한, 즉 예를 들면 '영업일 20일 이상 ~ 60일 미만'의 기간 내에 이용자의 '의무 불이행의 이유'와 관련하여 교정하겠다든지 또는 '불이행의 이유'에 대하여 제공자를 만족시킬 만 한 설명을 한다든지 등 제공자에게 '해명'하는 것을 실패할 것[69]이 요구된다.

나아가 동 협정 제16.4조에 따라 협정이 '의무 불이행(제16.2조상의 위반)'에 따라 종료되는 경우, 수령인은 향후 '접근된 유전자원'을 더 이상 이용하거나 양도할 수 없으며, '관련 유전지식'을 더 이상 이용하거나 양도할 수 없다. 그리고 모든 '유전자원'이나 '관련 유전지식'은 제공자에게 '반환'되거나 또는 제공자의 재량에 의하여 '파기'[70]되도록 하고 있다.

---

67 *Ibid.*, Art. 16.1.
68 *Ibid.*, Art. 16.2.
69 *Ibid.*, Art. 16.3.
70 *Ibid.*, Art. 16.4.

Ⅳ. 'Micro B3 모델협정'이 나고야의정서상의 상호합의조건 (MAT) 이행에 주는 시사점

나고야의정서의 발효에 따라 유전자원의 접근 및 이익 공유(ABS)를 위한 사전통 보승인(PIC)과 상호합의조건(MAT)은 오늘날 국제적인 하나의 흐름이 되었다. 이는 굳 이 나고야의정서를 논하지 않고 해양미생물 유전자원의 접근 및 이익 공유(ABS)를 다 루는 'Micro B3 모델협정'을 살펴보아도 알 수 있다.[71]

1. 나고야의정서 목적의 명시 필요

'Micro B3 모델협정'은 당사자 간의 협정체결시 전문(preamble)에서 EU Micro B3 연구사업상의 목적들을 고려하도록 하고 있다. 따라서 나고야의정서의 접근 및 이 익 공유(ABS)를 위한 상호합의조건(MAT)을 체결하는 경우 예시계약서 도입부에 나고 야의정서의 본래 '목적'으로 생물다양성협약(CBD) 제1조(목적) 및 나고야의정서 제1조 (목적)에서 규정한 바와 같이 '공정하고 공평한 이익 공유' 이외에 '생물다양성 보전',

---

71 이러한 측면에서 우리나라도 '유전자원법'을 다루는 데 있어서 숙고해야 할 것으로 보인다. 우리 나라 '유전자원법' 제9조 제1항은 이용을 목적으로 국내 유전자원 및 관련 전통지식(TK)에 '접근' 하려는 '외국인'이 국가책임기관에 '신고'하도록 규정하고 있다. 우리나라는 내국인이 아닌 '외국 인'을 규제하고 있으며, 그것도 '허가'가 아닌 '신고'를 통하여 규제하고 있다. 이는 관련 산업부문 에서의 서비스관련 연구개발을 위한 투자에 있어 통상법적 측면에서 내국민대우원칙에 대한 위 반의 소지가 있기도 하다. 그리고 제11조는 상호합의조건(MAT)이라는 용어를 사용하고 있지는 않지만 '공정하고 공평한 이익 공유'를 위하여 '협력'하도록 규정히 '의무'로서 강력하게 규정 하지 않고 있다. 우리나라도 접근 및 이익 공유(ABS)의 이행을 '단순한 신고나 협력'의 차원이 아 닌 '허가나 법적 의무'로 규정하는 것을 고려할 필요가 있다. 같은 취지로 박종원, "나고야의정서 국내이행을 위한 한국의 입법추진동향과 과제", 「환경법연구」 제37권 제1호(2015.4), pp.89, 100, 103 참조; 한편 앞으로 나고야의정서의 이익공유제도와 WTO협정간의 조화문제는 중요한 국제 적 의제가 될 가능성이 높다. 환경규범과 무역규범이 상호 중첩되어 적용될 경우, 가급적이면 양 자가 서로 배타적이지 않고 조화를 이루도록 해석하여 적용하는 것이 중요하다. 나아가 전 세계 적 환경문제가 점점 심각해지는 상황에서 국제통상규범도 가급적이면 환경 친화적으로 해석되 고, 환경규범을 지지하는 방향으로 적용될 필요가 있다. 최원목, "유전자원 접근 및 이익 공유를 위한 나고야의정서와 국제통상법간의 충돌과 조화", 「법학논집」 제19권 제2호(2014.12), p.477.

'지속가능한 이용'도 있음[72]을 명시하도록 하는 것도 의미가 있다.[73] 그리고 'Micro B3 모델협정'은 '비상업적 연구목적을 위한 접근'에 관한 조치는 '생물다양성의 보존 및 지속가능한 이용'에 대한 기여를 위하여 접근 '절차가 단순화'될 수 있다는 가능성을 두고 있는데,[74] 이는 나고야의정서 제8조(특별 고려사항)의 '(a)' 사항을 통하여 적극 활용할 필요도 있다.

2. 상호합의조건(MAT)의 중앙 관리의 필요

'Micro B3 모델협정'의 당사자들은 동 협정 제1.3조에서 'Micro B3 프로젝트'가 설립한 온라인상에 등록된 이용자들(registered users)에게 동 협정의 사본을 유출하는 것에 동의할 것을 요구하고 있다.[75] 이는 제공자와 이용자 간의 협정이 일반에 공개된다는 측면에서 어느 정도는 객관성, 투명성 및 예측가능성 측면에서 국제사회에 기여하는 바가 있을 것으로 보인다. 만약 나고야의정서의 이행에 있어서 국가책임기관이 이와 유사한 기능을 수행한다면 수많은 상호합의조건(MAT)인 계약서들이 중앙 관리될 것이고, 이것이 이용자들에게 일반적으로 공개된다면 이는 천차만별인 상호합의조건(MAT)의 국내외적 '통일성' 또는 '일관성'에 기여할 것으로 보인다. 이를 보다 효율적으로 이행하기 위해서는 '접근'에 관한 관할을 담당하는 국가책임기관과 유전자원의 '등록'을 관장하는 유전자원정보관리센터의 '유기적인 거버넌스체제'가 필요하다.

---

72 Sebastian Oberthür and G. Kristin Rosendal, "Conclusions: An assessment of global governance of genetic resources after the Nagoya Protocol", in Sebastian Oberthür and G. Kristin Rosendal, *supra* note 1, p.244.

73 생물다양성협약(CBD)과 나고야의정서상의 이러한 광범위한 목적의 규정은 개도국과 선진국 간의 상반된 이해를 반영한 결과라고 볼 수 있다. Arianna Broggiato, Tom Dedeurwaerdere, Fulya Batur and Brendan Coolsaet, "Access Benefit-Sharing and the Nagoya Protocol: The Confluence of Abiding Legal Doctrines", in Brendan Coolsaet, Fulya Batur, Arianna Broggiato, John Pitseys and Tom Dedeurwaerdere (ed.), *Implementing the Nagoya Protocol: Comparing Access and Benefit-Sharing Regimes in Europe* (Brill Nijhoff, 2015), p.3 참조.

74 Micro B3 Model Agreement, p.7.

75 *Ibid.*, Art. 1.3.

3. 파생물 적용 여부의 검토 필요

'Micro B3 모델협정' 제2조에서 사용되는 용어들의 의미는 나고야의정서에서 사용하고 있는 용어와 크게 다른 점은 없으나, 동 협정에서는 ⓐ '유전자원 관련 전통지식(TK)'에 관한 정의가 없고, ⓑ 당사자가 제공국 국가책임기관과 이용국 수령기관이며, 무엇보다도 선진국과 개도국, 즉 이용국과 제공국 간에 이견이 있는 ⓒ '유전자원의 이용'에 '파생물'의 이용을 포함[76]하고 있다는 점이다. 따라서 나고야의정서 제2조에서 '파생물'에 대한 개념 정의만 하고[77] '유전자원의 이용'에 이를 포함할지 여부 등 파생물에 관한 여타 규정이 없는 점을 고려하여 나고야의정서 이행을 위한 상호합의조건(MAT)에서는 파생물의 이용도 규율대상으로 하는지에 관하여 신중을 기하여야 할 것이다. 왜냐하면 나고야의정서에서 명확하게 규명하지 못한 점은 당사국의 재량 사항으로 간주하여 당사국(주로 제공국)이 개별적으로 '파생물의 이용'도 적용 대상으로 하여 접근 및 이익 공유(ABS) 체제를 실행할 수도 있기 때문이다. 이러한 점에서 EU의 나고야의정서 이행 규칙 511/2014/EU가 파생물을 적용대상에 명시하지 않아 제외[78]하고 있다는 점은 '이용국 입장'에서는 각별한 사항이다.

4. 유전자원 및 관련 전통지식의 명확한 규명의 필요

'Micro B3 모델협정' 제3조는 수령인이 샘플의 종류, 유전자원의 종류, 샘플의 (식별)번호 및 수량, 수집한 지리적 위치, 총 수집기간 등을 기술하도록 하고 있다.[79] 특히 '샘플'과 '유전자원'을 개념상 명확히 구별하여 만에 하나 있을 혼동을 방지하고 있

---

76 *Ibid.*, Art. 2 l).

77 나고야의정서 제2조(용어 사용) (e) 참조.

78 나고야의정서상의 적용대상과 관련된 쟁점 중 하나는 '유전자원'의 개념 정의와 관련하여 과연 '파생물'이 나고야의정서의 적용대상에 해당 하는가 이었다. 나고야의정서 제2조(용어 사용)는 '파생물'을 생물자원 또는 유전자원의 유전적 발현(genetic expression) 또는 대사 작용(metabolism)으로부터 자연적으로 발생한 생화학적 합성물을 의미하고, 이러한 합성물은 유전의 기능적 단위를 포함하지 않는 경우에도 포함된다고 정의하고 있지만, 나고야의정서 제2조 외 그 어디에도 '파생물'이라는 용어는 발견되지 않기 때문에, 이용국 중심의 선진국은 유전자원의 이용으로부터 발생하는 이익만이 이익 공유의 대상이라고 주장하는 반면, 제공국 중심의 개도국은 '파생물'도 이익 공유의 대상에 포함되어야 한다고 주장한다. 김두수, *supra* note 5, pp.118, 119, 120 참조.

79 Micro B3 Model Agreement, Art. 3.1.

으며, 샘플 수집 후 '유전자원'의 종류가 확정되지 않은 경우에는 일정한 기간을 정하여 '수 주' 내에 당사자 간에 합의하여 유전자원의 종류를 정하도록 하고 있다.[80] 이처럼 '샘플'과 '유전자원'을 명확하게 구별하고, 적용 대상 '유전자원을 규명'하는 '절차적 태도'를 취함으로서 추후에 유전자원의 종류 및 이용 허가에 있어서의 분쟁을 사전에 방지하고 있다는 점은 매우 적절한 것으로 평가된다. 나고야의정서의 이행에 있어서도 이와 같이 유전자원 자체가 무엇인지를 규명하여 해당 유전자원 및 관련 전통지식(TK)에 관한 '정보수집관리'에 만전을 기하여 접근 및 이용에 있어서 불필요한 논란의 소지를 방지할 필요가 있다. 그만큼 앞으로는 이른바 국가의 유전자원정보관리센터 또는 유전자원등록신탁처와 같은 관련 기관의 엄격한 운영체계가 필요해 보인다.[81]

5. '지속적'인 이용 확보를 위한 대책의 필요

'Micro B3 모델협정' 제4조는 유전자원의 '계속적인 이용'에 있어서 '수령인'이 '동 협정의 종료 후' 계속해서 접근된 유전자원을 '이용'하려는 경우 그리고/또는 소유목적으로 관련 유전지식을 '이용'하려는 경우에 '제공자의 동의'가 필요하며, 필요한 경우 이를 위한 동의절차의 세부사항을 명시하도록 하고 있다.[82] 아울러 이와 같은 경우에 '제공자'는 동 협정의 종료 또는 변경에 관한 '수령인과의 우호적인 협상'에 임하도록 규정하고 있다.[83] 나고야의정서에 따른 상호합의조건(MAT)상 유전자원의 이용에 있어서도 이와 같이 이용자가 제공자로부터 유전자원 또는 관련 전통지식(TK)을 '지속적으로' 접근 이용할 수 있도록 보장하는 장치가 필요해 보인다. 특히 '유전자원의 확보' 차원에서 이용국은 지속적 이용의 보장이 어느 정도는 확보될 수 있는 상호합의조건(MAT)을 체결할 수 있도록 관련 산업계 등의 이용자에게 홍보 또는 교육을 할 필요가 있다.

---

80 _Ibid._, Art. 3.2.
81 유전자원의 등록 및 정보 관리에 관하여는 아래 Ⅳ장의 '7. 유전지식 보급을 위한 메커니즘의 필요' 부분을 참조.
82 Micro B3 Model Agreement, Art. 4.4.
83 _Ibid._, Art. 4.5.

6. 제3자 양도시 이행의무준수 확보의 필요성

'Micro B3 모델협정' 제5.1조에 따라 수령인은 접근된 '유전자원'을 또는 그 일부를 '제3자'에게 양도할 수 있다. 그런데 이때 제3자는 양도된 유전자원에 적용되는 동 협정 제4조에서부터 제16조까지를 적용하는 데에 대하여 수령인과 동의하여야 한다.[84] 이는 '수령인'과 '제3자' 모두에게 이용자로서의 '이행의무준수'의 확보를 위하여 바람직해 보이며, 유전자원의 접근 및 이익 공유(ABS)에 대하여 매우 '규제 강화'적인 규율방식을 선택하고 있음을 보여준다. 이러한 규율 태도는 동 협정 제5.2조를 통해서도 분명하게 나타나는데, 수령인이 동 협정 제6조에 따라 아직 공유재산으로 되지 않은 관련 '유전지식'을 제3자에게 양도하기를 원하는 경우에도, 제3자는 양도된 지식에 제4조에서부터 제16조까지를 적용하겠다고 수령인과 동의해야 한다.[85] 이와 같이 유전자원 및 관련 유전지식의 제3자로의 양도시 제3자에게도 수령인과 같은 '엄격한 이행의무준수'의 책임을 명시적으로 규정하고 있는 점은 나고야의정서상의 이용자 및 제3자 양수인에게도 적용되는 것이 바람직해 보인다.[86] 이는 단순히 이용자 입장 또는 제공자 입장의 규율태도라는 관점이 아니라 나고야의정서 이행 그 자체의 측면에서 의미가 있기 때문이다.

무엇보다도 이에서 한 걸음 더 나아가 동 협정 제5.3조에 따라 수령인이 제3자에게 양도하는 경우 '제공자'의 '사전통보승인(PIC)'을 필수요건으로 하고 있다는 점은 이용자의 '이행의무준수'를 매우 강력하게 규율하고 있음을 보여준다. 달리 표현하면 이는 나고야의정서에서 인정하고 있는 '제공자'의 권리를 보장하고 있는 것이다. 그런데 아쉬운 점은 '지나치게 과도한 사전통보승인(PIC)의 요구'가 있는 경우에 연구 및 개발 과정을 매우 복잡하게 할 우려가 있다는 점도 있으나, 더욱 아쉬운 점은 제5조 단서 규정에 따라 제3자 양도에 대한 수령인의 제공자에 대한 사전통보승인(PIC)이 당사자 협정에서 '승인'을 요건으로 하는 경우에만 강제적이고, 제공자의 '승인'을 요건으로 하지 않는 협정인 경우에는 배제된다는 점이다. 따라서 중요한 점은 연구 및 개발

84 *Ibid.*, Art. 5.1.

85 *Ibid.*, Art. 5.2.

86 나고야의정서 제17조(유전자원 이용 감시) 참조; 나고야의정서 제17조는 나고야의정서 당사국이 유전자원의 이용을 감시할 의무와 그 방법에 대하여 규정하고 있다. 이 조항은 나고야의정서 '이행의무준수'를 지원하고 유전자원 이용에 대한 투명성을 향상시키고자 마련되었다. 국립생물자원관 역, 토마스 그레이버 외 지음, 「나고야의정서 해설서」 (국립생물자원관, 2014), p.187.

과정을 매우 복잡하게 할 우려가 있더라도 제3자에게 양도시 제공자의 사전통보승인 (PIC)을 요건으로 하는 것이 나고야의정서의 취지에 적합하며, 당사자 협정상 '승인'을 요건으로 하지 않더라도 제3자 양도시에는 이용자가 제공자의 '승인'을 요하는 것으로 간주되어야 할 것이다. 만약, 이러한 법 해석이 어렵다면 이를 대비하여 '당사자 협정에서' 제3자로의 양도시 제공자의 '승인'을 요한다는 규정을 반드시 제시하도록 유념해야 할 것이다.

7. 유전지식 보급을 위한 메커니즘의 필요

물론 유전지식의 보급은 '소유목적의 이용'이 아닌 '공유재산의 이용'인 경우에 적용된다는 점에서 일정한 한계가 있으나, 이는 나고야의정서상의 유전자원 '수집등록처'의 운영 및 이를 통한 '접근허가'의 측면에서 유사하다고 할 수 있다. 즉, 나고야의정서 제17조는 당사국이 '외국'의 유전자원이 국내에서 이용되는 상황을 감시하기 위해 하나 이상의 '점검기관(checkpoints)'을 지정하여 사전통보승인(PIC), 유전자원의 출처, 상호합의조건(MAT)의 체결, 그리고/또는 유전자원 이용과 관계가 있는 관련 정보를 수집 또는 수령하도록 요구하고 있다.[87] 그러나 나고야의정서는 점검기관의 의무 중 하나인 '수집'에 대한 정의를 규정하고 있지 않다. 이에 EU는 규칙 511/2014/EU에서 "수집이란, 개인 또는 공공기관의 소유 여부를 불문하고, '유전자원의 수집표본(collected samples) 및 관련 정보'의 집합체(set)로서 축적, 보관 그리고 분류학적으로 확인된(accumulated, stored, and taxonomically identified) 것을 의미한다."[88]라고 규정하고 있다. 이 정의 규정은 EU가 설립하는 유전자원신탁등록처(Trusted Collection)에 보관되는 '유전자원'과 관련 정보의 '수집행위의 범위'에 대한 정의를 규정할 필요에 따라 마련된 것이다. 그리고 규칙 511/2014/EU 제5조는 집행위원회로 하여금 유전자원의 수집등록을 위한 유전자원신탁등록처를 운영하도록 규정하고, 동 등록처는 이용자가 쉽게 접근할 수 있는 인터넷 방식으로 운영되고, EU 보관신탁기준(필요한 정보제공)을 충족하는 것으로 검증된 유전자원을 보관하도록 하고 있다.[89] 나아가 이행규

---

87 나고야의정서 제17조(1)(a)(i).
88 규칙 511/2014/EU 제3조 제9항.
89 규칙 511/2014/EU 제5조 1항.

칙 2015/1866/EU[90] 제2조에서 제4조까지는 동 등록처가 확보해야 하는 유전자원 관련 정보들[91], 등록처로의 등재 요청[92], 등록된 유전자원의 검사 및 시정조치[93]에 관하여 규율하고 있다. 이러한 측면에서 동 모델협정상의 유전자원 관련 지식의 공개적 이용 및 보급은 '소유목적의 이용'이 아닌 '공유재산의 이용'인 경우에 적용된다는 점에서 일정한 한계가 있으나, 일정부분 해양미생물의 등록 및 접근이라는 측면에서는 상당한 의미가 있다.

8. 기밀사항 보호의 필요

'Micro B3 모델협정' 제8.1조에 따라 먼저 수령인은 접근된 유전자원의 '저장 및 양도'에 관하여 기록하고, 제공자 또는 지정된 국가책임기관은 해당 기록에 대한 접근(열람)권을 가진다. 그리고 제8.2조에 따라 수령인은 매 '몇 개월'마다, '언제부터 언제까지' 등 그 기간을 정하여 '이용 과정'을 제공자 또는 국가책임기관에게 '서면보고'해야 한다. 그런데 이것이 무엇보다 '공유재산의 이용'이 아닌 '소유목적의 이용'인 경우에는 기밀사항으로 민감한 부분이 있기 때문에 유의해야 한다. 이를 '고려'하기 위한 취지에서 동 협정 제4.3조 및 제4.4조에 따라 특정된 '소유목적'을 위하여 이용된 관련 유전지식과 관련하여 수령인은 제8.2조에 따른 보고 시에 ① '지식재산권의 획득과 보호(기밀 여부)에 관하여' 그리고 ② '제품의 판매나 관련 유전지식에 근거한 공정과정에 관하여' 취해지는 일체의 단계들 역시 보고하도록 하고 있는데, 기밀 사항을 '고려'하기 위한 취지를 위해서만[94] 매우 조심스럽게 해당 기밀 정보를 다루어야 할 것이다.

한편 동 협정 제9.1조는 '지식의 공유'를 위하여 수령인은 제공자 또는 지정된 국

---

90 Commission Implementing Regulation 2015/1866/EU of 13 October 2015 laying down detailed rules for the implementation of Regulation 511/2014/EU of the European Parliament and of the Council as regards the register of collections, monitoring user compliance and best practices (OJ 2015 L275/4–19); 이행규칙 2015/1866/EU는 규칙 511/2014/EU의 보완입법으로 유전자원 수집등록처, 이용자 적절주의의무, 업무처리 모범관행에 관하여 규정하고 있으며, 집행위원회는 추가 분야별 지침 문서들을 계속 개발 중에 있다. 국립생물자원관, 「나고야의정서 국제동향 2011–2015」 (국립생물자원관, 2016), p.60.

91 이행규칙 2015/1866/EU 제2조.

92 이행규칙 2015/1866/EU 제3조.

93 이행규칙 2015/1866/EU 제4조.

94 Micro B3 Model Agreement, Art. 8.3.

가책임기관에게 관련 유전지식을 제공하고. 수령인은 제공자 또는 지정된 국가책임기관의 합리적인 요청이 있는 경우 관련 유전지식에 대한 평가 또는 해석(설명)을 통해 원조를 제공하도록 하고 있는데, 유의할 점은 동 협정 제9.3조에서 규정하고 있는 바와 같이 동 협정 제9.1조의 '지식 공유'의 의무는 제4.3조 및 제4.4조상의 특정된 '소유목적'을 위한 관련 유전지식의 이용에 확대 적용되도록 하되, 다만 '소유목적'을 위한 관련 유전지식의 이용시 제공자는 수령인이 '소유목적'을 위하여 하는 어떠한 이용도 해롭게 해서는 아니 될 것이다.[95] 이용자의 '지식 공유'와 '기밀 보호'라고 하는 의무와 권리 양자를 모두 보장하도록 하고 있는 점은 의미가 있다. 이러한 점은 유전자원 및 관련 전통지식에 관한 '정보(출처)' 공개에 민감한 나고야의정서 이행을 위한 상호합의조건(MAT)의 체결시에도 신중하게 고려해야 할 사항이다. 특히 이러한 '출처' 공개 여부가 당사국 마다 상이할 수 있는데, 이는 지식재산권의 보호[96]에 있어서 분쟁의 소지가 있기 때문에 철저하게 관리되어야 할 것이다.

9. 이익 공유 방식의 재고 필요

'Micro B3 모델협정' 제11.1조는 공유재산이 아닌 특별히 '소유목적'의 해양미생물 유전자원의 이익 공유 방식에 관하여 규정하고 있다. 이 경우 수령인은 '이익 공유의 전초 단계'로서 제공자에게 특정액의 선금을 지불하도록 할 수 있다.

그런데 동 협정은 '공정하고 공평한 이익 공유'의 절차 방식과 관련해서 두 가지

---

95 *Ibid.*, Art. 9.3.
96 개발도상국은 유전자원의 접근과 이익 공유(ABS)가 효과적으로 집행되기 위해서는 유전자원 출처공개의 특허요건화가 필요하다고 주장하고 있는 반면, 선진국들은 유전자원 출처공개의 특허요건화가 특허 출원인에게 부담으로 작용하여 기술개발 및 확산을 저해할 우려가 있으며 이익 공유는 사적계약을 통해 달성할 수 있다고 주장하고 있다. 허인·심연주, "신지식재산 분야 국제동향과 법적 대응에 관한 고찰 – 식물신품종과 유전자원을 중심으로 –",「경영법률」제 23권 제3호(2013.4), pp.341~342 참조; 나고야의정서 이행상의 지식재산권의 보호 필요성에 관하여는 Walter H. Lewis and Veena Ramani, "Ethics and Practice in Ethnobiology: Analysis of the International Cooperative Biodiversity Group Project in Peru", in Charles R. McManis (ed.), *Biodiversity and the Law: Intellectual Property, Biotechnology and Traditional Knowledge* (London: Earthscan, 2007), p.399 참조; 나고야의정서의 접근 및 이익 공유(ABS)는 WTO TRIPs 협정과 '잠재적 충돌(potential conflict)' 가능성의 문제가 제기되고 있으며, 나고야의정서 제4조의 규정 자체는 이에 대한 해결책을 제시하기 위한 규정이 아님을 밝히고 있기도 하다. Philippe Sands, Jacqueline Peel, Adriana Fabra and Ruth Mackenzie, *Principles of International Environmental Law* (Cambridge Univ. Press, 2012), p.803; 김두수, *supra* note 5, p.130.

방식, 즉 제11.3조에 따라 '공정하고 공평한 이익 공유'이 본 협정 당사자들 간의 '추가 협상'으로 결정하는 방식을 선택할 수도 있고, 아니면 제11.4조에 따라 (제11.3조에 해당되지 않는 경우 이를 대신하여) '공정하고 공평한 이익 공유'가 접근된 유전자원에 근거한 '제품 또는 공정과정'에 관하여 매년 말 제공자 또는 지정된 국가책임기관에 제출되는 '재무보고'에 기초하여 판매수익의 몇 퍼센트(이익 공유 비율)로 된다고 정하는 방식을 선택할 수도 있다. 그런데 동 협정이 상호합의조건(MAT)의 성질을 갖는 '접근 및 이익 공유(ABS)'에 관하여 규정하는 것이 '주요 목적'인 점을 고려하여 제11.3조에 따른 '추가 협상'에서 공정하고 공평한 이익 공유를 정하기보다는 제11.4조에 따라 매년 말 제공자 또는 지정된 국가책임기관에 제출되는 '재무보고'에 기초하여 '이익 공유'의 내용을 결정하는 것이 절차적으로 '신속하고 경제적'일 수 있다.

한편 동 협정 제11.5조는 수령인이 제4.3조 및 제4.4조에 따른 '접근 권한'을 부여받지 않고 '소유목적'을 위하여 '접근된 유전자원을 이용'하거나 또는 '관련 유전지식을 이용'하는 경우,[97] 이는 본 협정에 대한 '위반'으로 수령인은 그 이용으로부터 획득한 일체의 금전적 이익을 제공자와 공유해야한다고 함으로서 '공정하고 공평한 이익 공유'를 '강력히 보장'하고 있다. 여기에서 나고야의정서와 비교되는 점은 나고야의정서는 이용자와 제공자 간의 '사적 자치'에 의한 상호합의조건(MAT)이 체결되는 반면, 동 모델협정에 의한 해양미생물 유전자원의 상호합의조건(MAT)은 당사자들인 '공적 기관' 간에 합의되어 실행되어야하기 때문에, 자유형과 같은 형사 처벌이 곤란하여 결국 공정하고 공평한 '이익'을 '보전'해 주는 방식을 취하고 있다는 점이다. 나고야의정서 제15조에서 제17조까지의 규정이 '위반행위'에 대하여 당사국이 적절하고 효과적이며 비례적인 조치를 취하도록 하고 있기 때문에[98] 이용자의 위법행위로 유전자원을 이용한 경우에 이를 몰수하거나 폐기하도록 규율할 수도 있으나, 공정하고 공평한 이익을 제공자에게 '보전'해 주는 방식을 취하는 것도 고려할 필요는 있다.

---

97 바이오해적행위(Biopiracy)가 국제사회에서 문제되고 있으며, 이는 나고야의정서 당사국이 엄격하게 접근 및 이익 공유(ABS)를 규제하는 경우 해결될 수 있으며, 편차가 큰 당사국들의 접근 및 이익 공유(ABS) 관련 협상력도 극복할 수 있을 것이다. Joseph Henry Vogel, "From the 'Tragedy of the Commons' to the 'Tragedy of the Commonplace': Analysis and Synthesis through the Lens of Economic Theory", in Charles R. McManis, *supra* note 96, p.124 참조.

98 나고야의정서 제15조(접근 및 이익 공유에 관한 국내입법 또는 규제 요건의 준수), 제16조(유전자원 관련 전통 지식에 대한 접근 및 이익 공유에 관한 국내입법 또는 규제 요건 준수), 제17조(유전자원 이용 감시) 참조.

10. 상호합의조건(MAT)인 본 협정의 종료 사유와 형사 처벌

'Micro B3 모델협정' 제16.1조와 제16.2조는 상호합의조건(MAT)격인 당사자 간의 본 협정의 종료 사유로서, 첫째는 당사자 간 '서면 상호 합의'에 의한 종료,[99] 그리고 둘째는 수령인의 동 협정상의 제4.2조, 제4.3조, 제4.4조, 제5.1조, 제5.2조, 제5.3조, 제6.1조, 제6.3조, 제7조, 제8조, 제9.1조, 제9.3조, 제11.2조, 제11.5조 등과 같은 본 협정상의 '이용자의 의무 불이행'에 의한 종료[100]를 규정하고 있다. 이러한 당사자들 간의 본 협정의 '종료' 사유에 관한 명세는 추후 '책임'과 '배상'을 다루는 데 있어서 매우 중요하다. 이러한 규정은 동 모델협정뿐만 아니라 나고야의정서에서도 나고야의정서 실행의 '실효성' 확보를 위하여 매우 중요한 사안이며, 특히 이용자 '의무 불이행'에 의한 종료의 경우에는 나고야의정서 당사국들도 접근 및 이익 공유(ABS)에 관한 국내 법제 마련에 있어서 '형사 처벌' 관련 규정을 마련하고 있는 것이 오늘날 국제적인 추세[101]이다.

V. 결언

Micro B3 모델협정은 나고야의정서와 비교하자면 상호합의조건(MAT)에 해당하는 것으로서 비교적 양호한 행태를 취하고 있는 상호합의조건(MAT)의 성질을 갖는 예시계약에 해당된다. 동 모델협정을 면밀히 살펴보면 생물다양성협약(CBD)과 나고야의정서의 영향을 받아 나고야의정서상 상호합의조건(MAT)의 성질을 갖는 예시계약에서

---

99 Micro B3 Model Agreement, Art. 16.1.

100 *Ibid.*, Art. 16.2.

101 예를 들면, 나고야의정서 제15조(2), 제16조(2) 및 제17조(1)(a)(ii)는 위반행위시 적절하고 효과적이며 비례적인 조치를 당사국이 채택하도록 하고 있으며, EU의 경우 나고야의정서 이행 규칙 511/2014/EU 제11조에서 벌칙 규정을 마련하고 있다. 다만, 형벌의 구체적인 종류와 형량은 EU차원에서 규율하는 데 한계가 있기 때문에 이에 관하여는 회원국이 관여하게 된다. Koen Lenaerts · Piet Van Nuffel, *European Union Law* (Sweet & Maxwell, 2011), p.121; 김두수, 「EU법」(한국학술정보, 2014), pp.576~580 참조.

다루어야 할 내용을 상당히 포함하고 있는 것을 알 수 있다. 즉, 동 모델협정은 해양 미생물 유전자원의 접근 및 이익 공유(ABS)를 위한 접근 허가, 유전자원의 수집, 제3자에게로의 유전자원의 양도, 유전자원 정보의 공유 및 기밀사항 공개 여부, 이익 공유 방식 및 그 비율, 이용 기간의 설정, 준거법 및 관할법원의 지정, 분쟁해결절차, 의무 불이행 및 종료 등을 비교적 구체적으로 다루고 있다.

그런데 2014년 10월 12일 나고야의정서가 발효되었으나, 국내외적으로는 상호합의조건(MAT)인 예시계약에 대한 이행 행태에 관한 구체적인 내용이 이해당사자들을 위하여 잘 확립되어 있지 않거나 또는 초기 정립단계에 있기 때문에 그 실행상의 통일성 또는 일관성에 문제점이 제기될 수 있어, 현재로서는 이용자와 제공자 간의 공통점을 찾아 '조화'시켜야 할 필요가 있다. 따라서 동 모델협정은 해양미생물의 접근 및 이익 공유(ABS)에 국한되기는 하나, 본문에서 그 내용을 분석한 후 나고야의정서와 접목하여 살펴본 바와 같이 개별 연구 또는 산업 분야별 유전자원의 접근 및 이익 공유(ABS)의 실행을 위한 좋은 사례로서 나고야의정서 이행을 위한 상호합의조건(MAT)으로서의 예시계약 체결시 참고할 만한 활용 가치가 있다고 평가된다. 즉, 당사자 간의 상호합의조건(MAT)에서 계약의 목적으로 공정하고 공평한 이익 공유 이외에 생물다양성의 보존 및 지속가능한 이용을 명시할 수 있으며, 국가책임기관을 통한 상호합의조건(MAT)의 중앙관리 및 일반 공개를 통하여 국내외적 객관성, 예측가능성 및 통일성에 기여할 수 있을 것이며, 나고야의정서 이행상의 쟁점 중 하나인 파생물의 적용 여부를 신중히 고려한 후 명시할 수 있다. 또한 유전자원 수집 전후에 유전자원 및 관련 전통지식에 대한 명확한 규명 절차를 완비하여 불필요한 논란의 소지를 방지할 필요가 있으며, 이용국 입장이라면 관련 산업계는 유전자원의 지속적인 확보를 위하여 계약서상에 그 보장 장치를 마련할 필요가 있다. 그리고 유전자원의 제3자 양도시를 포함한 이용자의 이행의무준수를 위하여 유전자원 '제공자의 동의' 요건을 강화할 필요도 있으며, 상업적 및 비상업적 이용을 명확하게 구분하여 정보(출처) 공개에 의한 지식재산권 보호에도 신중을 기할 필요가 있으며, 이익 공유의 방식을 선금 지급 방식 또는 단계적 약정 등으로 하되 위반행위시 이를 담보할 수 있는 방안도 강구해야 할 필요가 있다. 따라서 동 모델협정은 나고야의정서상의 상호합의조건(MAT)에 해당되는 예시계약의 국내외 이해 제고 및 활성화에 상당히 기여할 수 있을 것이다.

제10장
EU 및 회원국의 ABS 요약

I. EU

1. ABS 관련 법령 채택 개요

'생물다양성협약 부속의 유전자원에 대한 접근 및 그 이용으로부터 발생하는 이익의 공정하고 공평한 공유에 관한 나고야의정서'는 2010년 10월 29일 일본 나고야에서 채택되었고, 동 의정서 제33조 제1항에 따라 50번째 국가인 우루과이의 비준 후 90일째인 2014년 10월 12일 발효되었다. EU는 2014년 4월 16일 나고야의정서 역내 이행법률인 규칙 511/2014/EU[1]를 채택하였으며, 동년 5월 16일 최종 승인하였다. 동 규칙은 전반적으로 유전자원 이용국의 이익을 최대한 보호하기 위한 방향으로 제정된 것으로 보인다.

---

[1] Regulation 511/2014/EU of the European Parliament and of the Council of 16 April 2014 on compliance measures for users from the Nagoya Protocol on Access to Genetic Resources and the Fair and Equitable Sharing of Benefits Arising from their Utilization in the Union (OJ 2014 L150/59-71).

2. PIC 관련 내용

이익공유의 적용대상과 관련하여 규칙 511/2014/EU 제2조 제1항은 국가 주권행 사의 대상이 되는 유전자원으로서 EU내 나고야의정서 '발효 후 접근'된 유전자원과 관련 전통지식에 적용된다고 규정하고 있다.[2] 한편, 동 규칙 제2조 제3항은 유전자원 에 대한 국가 주권을 행사하는 '회원국 국내법률 및 규정들'을 저촉하지 아니 한다고 규정하여,[3] 유전자원의 '국내 입법'에 의한 규율을 강조하고 있다.

그리고 동 규칙 제3조는 이익공유의 적용 대상과 관련되는 유전자원의 '파생물' 과 관련하여, 유전자원은 실제적 또는 잠재적 가치가 있는 유전의 기능적 단위를 포함 하는 식물, 동물, 미생물 또는 기타 기원의 물질로 정의함으로서 사실상 '파생물'은 유 전자원의 정의에서 제외하고 있다.

또한 동 규칙 제3조 제3항은 '접근'이란, '나고야의정서 당사국'의 유전자원 또 는 관련 전통지식을 해당 당사국의 관련 '유전자원 접근 및 이익 공유(정보공유센터) (Access and Benefit−sharing(Clearing House): ABS(CH))' 법률 또는 규정 요건에 따라 취득(acquisition)하는 것으로 규정하여 모든 '비당사국인 원산지국'의 유전자원을 제 외하고 있다.

한편, 동 규칙 제3조 제8항은 '불법적 접근'이란, 사전통보승인을 요구하는 나고 야의정서 당사국인 원산지국(제공국)의 ABS 법률 또는 규제 요건을 위반하여 취득된 유전자원과 관련 전통지식을 의미한다, 라고 정의하고 있다.

나아가 동 규칙 제3조 제11항상의 '국제이행의무준수인증서(internationally recognised certificated of compliance: IRCC)'란, 나고야의정서 제6조(3)(e)에 따라 국가 책임기관이 발급하는 접근허가증(access permit) 또는 이에 상응하는 증서(equivalent issued)로서 유전자원 접근 및 이익 공유 정보공유센터(ABSCH)에 통보된 것을 의미한 다고 정의하고 있다.[4]

동 규칙 제6조는 '국가책임기관'과 '국가연락기관'의 지정에 관하여 규정하고 있 다. 특히 '점검기관'과 관련하여, 동 규칙 제7조는 유전자원 및 관련 전통지식의 '점검 기관'의 기능을 '국가책임기관'에 부여하고 있다. 동조 제1항에 따라 EU회원국 및 집행

---

2 규칙 511/2014/EU 제2조 제1항.

3 규칙 511/2014/EU 제2조 제3항.

4 규칙 511/2014/EU 제3조.

위원회는 유전자원 및 관련 전통지식의 활용과 관련된 '연구비의 모든 수령자'에게 동 규칙 제4조에 따른 성실한 적절주의의무 이행의 신고를 요청해야하며, 동조 제2항에 따라 유전자원 또는 관련 전통지식의 이용을 통한 '생산물의 최종개발단계'에서 이용 자는 제4조에 따른 의무로서 제6조 제1항의 해당관할관청(국가책임기관 또는 점검기관) 에 이를 공표함과 동시에 관련된 국제적 자료확인서, MAT상의 정보를 포함하여 제4 조 제3항 (b)의 (1)~(5) 및 제4조 제5항에서 언급된 관련정보를 제출해야 한다. 동조 제 5항에 의거하여 특별히 유전자원의 지정 및 이용과 관련하여 EU 또는 회원국 국내법 률이 합법적인 경제이익을 보호하기 위해 제공한 영업상의 기밀 사항 또는 산업정보는 보호해야 한다.[5]

3. MAT 관련 내용

규칙 511/2014/EU 제3조 제6항은 '상호합의조건'이란, 추가적인 조건(conditions and terms)을 포함하여 유전자원 또는 관련 전통지식의 제공자(provider)와 그 유 전자원 또는 전통지식의 이용자(user) 간에 체결되는 '계약상의 약정(contractual arrangements)'으로서 그 이용으로부터 발생하는 이익의 공정하고 공평한 공유를 위 해 구체적인 조건을 정한 것이라고 정의하고 있다.

한편, 동 규칙 제3조 7항은 '유전자원 관련 전통지식'이란, 유전자원 이용과 관련 되고 그리고 그 이용에 적용되는 MAT에 전통지식으로 '기술된 것'으로서 '토착민족 및 지역공동체(Indigenous Peoples and Local Communities: IPLC)'가 보유하는 전통지 식이라고 정의하고 있다.

---

5 규칙 511/2014/EU 제7조 제1항, 제2항, 제5항.

II. 영국

1. ABS 관련 법령 채택 개요

영국은 국제조약인 생물다양성협약 부속의 나고야의정서의 EU 역내 이행입법인 규칙 511/2014/EU에 대한 이행입법으로서 EU규칙에서 다루지 않은 내용을 다소 포함하는 '나고야의정서 이행규칙 2015'[6]를 제정하였다.

영국의 나고야의정서 이행규칙 2015의 제2부(Part 2), 제3부(Part 3)의 내용에서 알 수 있듯이 영국은 유전자원 및 관련 전통지식의 '이용자'에게 상당한 의무를 부담시키고 있고, 영국 이행규칙 제6조와 같이 이를 제재(감시 및 처벌)하기 위한 영국 관할기관으로서 내무장관을 지정하여 민간을 감시하여 처벌하고 있다.[7]

2. PIC 관련 내용

영국내 나고야의정서 이행입법인 '나고야의정서 이행규칙 2015' 제2조에 따라 영국 내무장관(Secretary of State)이 국가책임기관으로서의 직무를 수행한다.[8] 또한 내무장관은 영국 ABS법 제5조에 따라 '점검기관'으로서의 기능을 수행함에 있어서 EU규칙 511/2014/EU 제7조 제1항에 의거하여 이용자의 준수사항을 감시하는 데에 필요한 자료를 요청할 수 있다.[9] 그리고 내무장관은 영국 ABS법 제6조에 따라 규칙 511/2014/EU 제13조에 따른 회원국으로서의 기능을 수행해야 하는 바, 유전자원 또는 관련 전통지식이 나고야의정서에 따라 이용되도록 "적절하고, 효과적이며 및 비례적인 '행정적 또는 정책적인 조치'를 취할 필요"가 있다.

이에 내무장관은 영국 ABS법 제7조에 따라 사람(자연인이나 법인)에게 동 이행규칙에 부속된 스케줄(Schedule)에서 규정한 바와 같은 이행준수명령(compliance

---

6 The Nagoya Protocol (Compliance) Regulations 2015.
7 영국 나고야의정서 이행규칙 2015, 제6조.
8 영국 나고야의정서 이행규칙 2015, 제2조.
9 영국 나고야의정서 이행규칙 2015, 제5조.

notice), 중지명령(stop notice), 또는 다양한 금전적 또는 불순응 벌금 등의 '민사 제재 (civil sanction)'를 부과할 수 있다.[10]

따라서 영국 ABS법 제8조 제2항과 제3항에 따라 '적절주의의무(due diligence obligations)'에 대한 '과실이 인정되지 않는' '예외'의 경우(제8조 제2항과 제3항에 따르는 경우는 과실이 없는 것으로서 면책사유가 된다)를 제외하고는, 영국 ABS법 제8조 제1항 (a), (b), (c)에 따라 다음과 같이 관련 규정을 이행하지 않은 경우에는 위법행위로서 민사 제재가 부과될 수 있다.[11] 첫째, EU 규칙 511/2014/EU 제4조 제1항(적절주의의무의 이행)에 따라 이용자가 영국 ABS 법률에 따른 자신의 이행의무를 위반한 경우에 민사 제재가 부과될 수 있다. 둘째, EU 규칙 511/2014/EU 제4조 제3항(다음 이용자에게 관련 정보와 문서를 전달해야 할 의무)에 따라 동 규칙 511/2014/EU 제4조 제1항의 목적을 위하여 이용자가 다음 이용자에게 전달해야 할 내용으로 국제적 재료확인서, 국제적 재료확인서를 이용할 수 있는 정보 및 관련 문서, 유전자원 또는 관련 전통지식의 접근 날짜 그리고 장소, 이용된 유전자원 또는 관련 전통지식의 설명, 직접 취득한 유전자원 또는 관련 전통지식의 근원, 접근의 의무와 권리를 포함하는 이익 공유 및 사후이용과 상업화와 관련된 의무의 존재 유무, 해당 기밀사항 접근 허가증, 해당 이익 공유의 합의를 포함하는 MAT 등에 관하여 규정하고 있으나 이를 이행하지 않는 경우에 위법행위로서 민사 제재가 부과될 수 있다. 셋째, EU 규칙 511/2014/EU 제7조 제1항, 제2항(이용자의 적절주의의무 이행 신고)의 적용과 관련하여, 동 규칙 511/2014/EU 제7조는 유전자원 및 관련 전통지식의 '점검기관'의 기능을 '국가책임기관'에 부여하고 있으며, 동조 제1항에 따라 EU회원국 및 집행위원회는 유전자원 및 관련 전통지식의 이용과 관련된 연구비의 모든 수령자에게 동 규칙 제4조에 따른 '적절주의의무' 이행 '신고'을 요청해야 하며, 동조 제2항에 따라 유전자원 또는 관련 전통지식의 활용을 통한 생산물의 최종개발단계에서 이용자는 제4조에 따른 의무로서 제6조 제1항의 해당관할기관(책임기관 또는 점검기관)에 이를 공표함과 동시에 관련된 국제적 재료확인서, MAT상의 정보를 포함하여 제4조 제3항 (b)의 (1)~(5) 및 제4조 제5항에서 언급된 관련정보를 제출해야 하며, 이를 이행하지 않는 경우 위법행위로 민사 제재가 부과될 수 있다. 더욱이 유전자원 및 관련 전통지식의 이용자는 회원국 관할기관의 요청이 있는 경우에는 더 많은 추가 증거를 제출해야 한다.

---

10 영국 나고야의정서 이행규칙 2015, 제7조.
11 영국 나고야의정서 이행규칙 2015, 제8조.

한편, 영국의 ABS법의 이행에 있어서 다음과 같은 경우에는 민사 제재가 면제되는데, 이는 '이용자의 의무'를 강조하면서도 이용자의 '면책사유'를 일부 명확하게 규정하고 있다는 점에서 의미가 있다. 또한 이렇게 함으로서 이용자의 의무에 대한 부담을 완화시키는 효과를 가져 올 수 있다. 첫째, 영국 ABS법 제8조 제2항에 따라, 이용자들이 EU 규칙 511/2014/EU 제8조(업무처리 모범관행, Best Practice) 제2항의 내용(이용자가 제4조, 제7조상의 의무이행을 위하여 '업무처리 모범관행'을 이행하였다고 보는 경우: 이는 재판관의 판단 사항으로 case by case를 의미한다고 봄)을 인지하고 가장 최상의 행동을 효과적으로 취했다는 점을 국가책임기관인 내무장관이 인정하는 경우에는 민사 제재가 면제된다. 이러한 측면에서 2015년 10월 13일 EU 집행위원회 이행규칙 2015/1866/EU의 채택은 매우 중요한 의미가 있으며, 동 이행규칙 2015/1866/EU 제8조에서 제11조까지는 업무처리 모범관행에 관하여 신청절차(제8조), 승인 및 철회(제9조), 변경사항 허가 절차(제10조), 결함(제11조) 등에 관하여 규율하고 있다.[12] 둘째, 영국 ABS법 제8조 제3항에 따라, 국가책임기관인 내무장관이 다음과 같은 사항을 인정하는 경우에는 EU 규칙 511/2014/EU 제4조 제3항상의 의무(이용자의 다음 이용자에 대한 의무)가 면제된다. 즉, ① 이용자가 EU 규칙 511/2014/EU 제4조 제4항의 상당한 주의의무(적절주의의무)를 이행하였다고 간주되는 경우, ② 이용자가 EU 규칙 511/2014/EU 제4조 제7항의 상당한 주의의무(적절주의의무)를 이행하였다고 간주되는 경우(유전자원수집등록처로부터 자료를 획득하는 이용자), ③ 이용이 EU 규칙 511/2014/EU 제4조 제8항상의 이용에 해당하는 경우(공중보건 등 비상사태를 대비하기 위한 병원균(pathogen)의 사용)에는 면책된다.[13]

처벌과 관련하여, 영국은 '경범죄'와 '중범죄'를 달리하여 규율하고 있다. 즉, 영국 ABS법 제13조 (a) 또는 (b)에 의거하여 유죄인 사람은 ① 경범죄의 경우 5,000파운드 이하의 벌금 혹은 3개월 이하의 징역 혹은 두 가지 모두 가능한 (병과)처벌을 받으며, ② 중범죄의 경우 벌금형 혹은 2년 이하의 징역 혹은 두 가지 모두 가능한 (병과)처벌을 받는다. ③ 그리고 영국 ABS법 제13조 (c)(이용자의 향후 20년 간 정보보관 의무)에 의거하여 유죄인 사람은 5,000파운드 이하의 벌금에 처한다.[14] 한편 영국 ABS법 제16조에 따라, 제13조의 범죄가 처벌되기 위해서 검사(prosecutor)는 범죄로부터 3년 이내

---

12 영국 나고야의정서 이행규칙 2015, 제8조 제2항.
13 영국 나고야의정서 이행규칙 2015, 제8조 제3항.
14 영국 나고야의정서 이행규칙 2015, 제13조.

에 또는 범죄사실의 발견으로부터 1년 이내에 제소해야 한다.[15]

3. MAT 관련 내용

나고야의정서는 실제적으로는 유전자원 및 관련 전통지식을 직접적으로 다루는 제공자와 이용자 간의 법률관계를 규율하는 것으로 PIC과 MAT이 핵심적인 규율대상이 되고 있다. 이는 결국 유전자원 및 관련 전통지식을 '거래'하는 자연인이나 법인 간의 '사적 법역'을 규율하는 것으로서의 '민사 제재'의 성격을 가지고 있다. 이에 내무장관은 영국 ABS법 제7조에 따라 사람(자연인이나 법인)에게 동 이행규칙에 부속된 스케줄(Schedule)에서 규정한 바와 같은 이행준수명령(compliance notice), 중지명령(stop notice), 또는 다양한 금전적 또는 불순응 벌금 등의 '민사 제재(civil sanction)'를 부과할 수 있다. 그리고 물론 동 ABS법의 후미에 부속되어 규정하고 있는 이러한 '민사 제재'를 규정하고 있는 스케줄(Schedule)은 법적 효력을 가진다.

---

15 영국 나고야의정서 이행규칙 2015, 제16조.

III. 네덜란드

1. ABS 관련 법령 채택 개요

네덜란드는 이용자 입장의 국가로서 유전자원에 대한 '지속적인 접근가능성과 이용가능성'의 보장이라는 주된 경제적 이해관계를 갖고 있다. 네덜란드는 이전에는 유전자원의 보전 및 이용과 관련하여 '자율 규제'적 정책을 선택하였고, 농림수산 유전자원을 망라하여 네덜란드 영토에서의 유전자원에 대한 자유로운 접근 정책을 선택하였다. 그러나 2015년 9월 30일 나고야의정서 이행법률인 'Wet implementatie Nagoya protocol'을 채택하기로 결정하였고, 2016년 8월 19일 나고야의정서를 비준하였다. 네덜란드 국내이행법률은 나고야의정서상의 유전자원에 대한 접근 및 공정하고 공평한 이익 공유의 이행을 위한 기본적 내용을 규정하고 있고, 특히 나고야의정서상의 이용자 이행의무준수에 관한 EU 규칙 511/2014/EU의 관련 규정들을 규정하고 있다.

네덜란드 ABS 국내이행법률[16]에 의하면, 국가책임기관이 지정되게 되고, EU 규칙 적용상의 위반행위에 대한 처벌규정을 마련해야 하며, 규칙에 대한 이행의무준수 위반의 경우에 행정적 및 형사적 규제 조치를 채택할 것을 보장하게 된다. 이로서 첫째, 나고야의정서상의 이해관계자들은 나고야의정서 이행상의 '법적 명확성, 투명성, 예측가능성'을 보장받을 수 있게 되었고, 둘째, 나고야의정서의 규제 관리가 국내외적으로 보다 체계화되게 되었으며, 셋째, 네덜란드는 국제환경법의 발전적 측면에서 국제적 입지가 강화되고 나고야의정서를 보다 구체적으로 이행함으로서 국제적으로 기여할 것으로 보인다.

2. PIC 관련 내용

네덜란드의 국가책임기관은 경제부(Ministry of Economic Affairs)이며, 경제부장

---

16 Wet implementatie Nagoya Protocol.

관이 그 업무를 책임진다. 네덜란드 ABS법 제1조에 의하면 유전자원 관련 EU 규칙의 요건을 규정한 경제부령을 위반하는 행위가 금지된다. 동 경제부장관은 나고야의정서 또는 유전자원에 관한 EU 규칙에 따른 일정한 조건이나 제한 하에 제2조의 규정으로 부터의 '특별허가(dispensation)' 또는 '면제(exemption)'를 부여할 수 있다.

네덜란드 ABS법 제4조에 따라 경제부장관은 나고야의정서 제13조 제1항에 언급된 접근 및 이익 공유(ABS)를 위한 국가연락기관(nationaal contactpunt, national focal point)을 지정하도록 하고 있는데,[17] 네덜란드 바게니겐 대학의 유전자원정보센터(Centre for Genetic Resources: CGR)가 지정되었다. 동 기관은 경제부 산하의 국가책임기관이기도 하다. 네덜란드 정부 정책에 따라 네덜란드 유전자원센터(CGN)는 CGR과 함께 국가연락기관의 업무를 함께 수행하는데, CGN은 토지소유자들과의 '간단한 계약(simple contract)'을 필요로 한다. 동 계약에는 다음 사항들을 명시하는데, 즉 유전자원센터(CGN)가 특정 장소에서 특정 기간에 특정 종을 수집하는 데 대한 '허가권'을 보유한다는 것, 토지소유자가 수집된 자원에 대한 '접근 권리'를 보유한다는 것, 유전자원센터(CGN)는 자연지역의 '지역적 조건(local conditions)'을 존중하며, 어떤 수집 활동에 대해서도 그 유형(성질), 규모, 그리고 시기에 대하여 토지소유자에게 통지할 것 등이다. 그런데 이 계약에서는 접근 및 이익 공유(ABS)와 관련된 '국제적 의무사항'에 대해서는 다루어지지 않는다.

한편 네덜란드 ABS법 제6조에 따라 형사소송법(Wetboek van Strafvordering) 제5조 및 제117조에 저촉되지 않는 한, 경제부는 유전자원에 관한 EU 규칙의 적용에 있어서 '이 법'의 규정에 위반하는 행위를 하는 '이용자'에 대한 '임시조치'를 즉시 취한다.[18] 이 임시조치는 '유전자원이나 최종개발상품'의 구류(보존조치) 또는 다음과 같은 부과조치의 결정들(besluit)을 포함한다.

a. 유전자원(genetische rijkdommen)이나 개발된 파생물(daaruit ontwikkelde producten)의 운송, 소지, 공급의 금지;

b. 유전자원이나 개발된 파생물의 '계속적 이용(verdere gebruik)'의 금지;

c. 유전자원이나 개발된 파생물의 임시보관저장(tijdelijke opslag)의 요청;

---

17 네덜란드 ABS법 제4조.
18 네덜란드 ABS법 제6조.

d. 유전자원 또는 그 개발상품의 소유자(제공자)에게 특정 유전자원이 '이 법'에
   따라 취득될 수 없다는 사실을 '즉시' 그리고 '효과적으로' 통지할 의무;

e. 유전자원을 공급한 제공국에 '반환'할 의무;

f. 공급된 유전자원이나 최종개발상품의 '회수 또는 저장보관'의 의무;

g. 해당 유전자원을 '확인(규명)하고 기록'할 의무.

또한 네덜란드 ABS법 제7조 제5항에 따라 중대 범죄의 경우이거나 중대한 상황
의 경우 형사 기소된다.[19]

3. MAT 관련 내용

유전자원센터(CGN)와 토지소유자들 간의 계약에서도 접근 및 이익 공유(ABS)와
관련된 '국제적 의무사항'에 대해서는 다루어지지 않는다. 이는 네덜란드가 접근에 관
하여는 그래도 제도를 깆추고 있으나, '이익 공유'의 경우에는 국제적 경항에 따라 '사
적 자치'의 영역으로 보장하는 정도에서 이를 이행하고 있다고 볼 수 있다. 즉, EU 법
을 준수하는 방향으로 기본적으로 정책이 설정되었다고 볼 수 있다.

---

19 네덜란드 ABS법 제7조 제5항.

IV. 독일

1. ABS 관련 법령 채택 개요

보통 이용국의 입장인 경우 나고야의정서에 대한 대응이 미온적이나, 독일은 적은 천연자원 보유의 이용국 입장이면서도 ABS에 대한 국제질서에 적극적으로 대응하여 왔다. 독일은 CBD에 1992년 서명한 후 1993년 비준하였으며, 2008년에는 본(Bonn)에서 CBD 제9차 당사국총회(COP9)를 개최한 바 있다. 그리고 독일은 2011년 나고야의정서에 서명하였으며, 2016년 4월 21일 동 의정서에 비준하고, 동 의정서 및 동 의정서 관련 EU 규칙 511/2014의 국내이행을 위한 법률(Gesetz zur Umsetzung der Verpflichtungen nach dem Nagoya−Protokoll, zur Durchführung der Verordnung 511/2014/EU und zur Änderung des Patentgesetzes sowie zur Änderung des Umweltauditgesetzes)을 채택하였다.

적은 천연자원을 갖는 독일은 유전자원의 '제공자'의 지위가 아닌 '이용자(user)'의 지위에 있다. 독일의 공기업과 사기업은 '기초 및 응용 연구(basic and applied research)'와 '실험 개발(experimental development)' 두 부문에 '투자'하고 있다. 독일은 유전자원이 부족하기 때문에 유전자원의 연구와 개발(R&D)에 상당한 투자를 하고 있는 것으로 보인다. 독일은 특히 '특허'에 대한 '지식재산권(intellectual property rights)'을 법적으로 보호하는 대표적인 국가이며, 독일의 '연구 관련 산업'은 경쟁력이 있다. 이러한 '연구 관련 산업들' 중 일부는 '유전자원'의 이용과 관련되어 있다. 그러한 '유전자원' 관련 산업들은 천연화합물을 사용하거나 천연자원을 합성하는 분야들인 약학(pharmacy), 원예학(horticulture), 식물 육종학(plant breeding: 식품, 농업, 장식용), 기능성 식품(nutraceuticals, 즉 약효식품), 화장품(cosmetics), 생명공학(biotechnology) 등의 산업부문들을 포함한다.

2. PIC 관련 내용

연방의 환경자연보호건설핵안전부(BMUB)는 국가연락기관이며, 독일에서의 나고야의정서 ABS 이행을 위한 국가정책수립을 담당하는 부서이다. 동 기관은 연방보건부, 연방식품농업부, 연방연구교육부, 연방경제에너지부 등의 관계부처와 합의하에 관련 업무를 수행한다.

국가책임기관인 연방자연보존청(BfN)은 BMUB의 부속기관으로서의 역할을 수행한다. 독일은 ABS 연방법[20] 제1-2조(Artikel 1 § 2)에 의하면, '법적 예외 적용을 제외'하고는, 이용자 입장을 견지하여 현재 독일에서 '유전자원에 대한 접근'은 '제한'되지 않는다.[21] 독일 정부는 사전통보승인(PIC)에 관하여 소극적 규제 태도를 취하고 있다.

그리고 ABS 연방법 제1-4조(Artikel 1 § 4)는 의무위반시 연방자연보존청(BfN)에 의한 최고 5만 유로의 벌금을 규정하고 있다. 그리고 ABS 연방법 제1-4조상의 범죄란, ① 규칙 511/2014 제7조 제2항(최종 상품개발단계)상의 적절주의의무 신고, ② 규칙 511/2014 제4조 제3항상의 ABS 법률준수에 관한 국제이행의무준수인증서(IRCC)에 관한 의무를 위반하는 경우를 말한다.[22]

그런데, 독일의 경우 이용자 규율이 완화되어 있으나, 국제사회의 상호주의에 입각하여 그리고 나고야의정서의 목적과 취지에 입각하여 이익 공유 이외에 생물다양성 보전, 지속가능한 이용을 위하여 개선할 필요도 있어 보인다. 예를 들면, 연방 ABS법 제1-3조(Artikel 1 § 3)에 따라, 연구자금의 수령자들은 EU 규칙 511/2014 제4조의 '적절주의의무'에 따라 이용자로서 신중하게 연구자금을 사용해야 한다.[23] 그런데 독일 특허법 제34a조 1단에 따라 특허 신청은 '출처공개'를 포함해야 하나, 이는 '특허신청의 심사' 또는 '승인된 특허로부터 발생하는 유효한 권리'를 침해하지는 않는다. 따라서 이 '출처공개절차'는 출처정보를 공개제공하지 않아도 '제재'가 없기 때문에 분명 '자발적인' 공개조치에 해당되는 것으로 보인다.

---

20 Gesetz zur Umsetzung der Verpflichtungen nach dem Nagoya-Protokoll, zur Durchführung der Verordnung 511/2014/EU und zur Änderung des Patentgesetzes sowie zur Änderung des Umweltauditgesetzes.
21 독일 ABS 연방법 제1-2조.
22 독일 ABS 연방법 제1-4조.
23 독일 ABS 연방법 제1-3조.

3. MAT 관련 내용

독일 정부는 사전통보승인(PIC)에 관하여 소극적 규제 태도를 취하는 것과 마찬가지로, 계약자유의 원칙에 따라 상호합의조건(MAT)의 내용에 대해서도 '강요'하거나 '평가'를 할 수는 없고, 단지 계약(MAT)의 존재 유무에 대해 보장할 의무만 있다는 견해를 취하고 있다.

V. 덴마크

1. ABS 관련 법령 채택 개요

덴마크는 다른 유전자원 이용국과는 달리 나고야의정서의 ABS 체계에 대한 국제적 체제에 일찌감치 적극적으로 대응하여 왔다. 덴마크는 나고야의정서에 2011년 6월 23일 서명하였으며, 2014년 5월 1일 동 의정서에 비준하였다. 그리고 덴마크는 동 의정서 관련 국내이행법률인 '유전자원의 이용으로부터 발생하는 이익의 공유에 관한 법(LOV nr 1375 af 23/12/2012 om udbyttedeling ved anvendelse af genetiske ressourcer)'을 2012년 12월 23일 EU 회원국들 중에도 선도적으로 이미 채택하였고, 동 법률은 나고야의정서의 국제적 발효일과 동일한 2014년 10월 12일 발효되었다. 그리고 덴마크는 2014년 10월 6일 '유전자원의 이용으로부터 발생하는 이익의 공유에 관한 법률의 발효에 관한 행정명령(Bekendtgørelse nr 1101 af 06/10/2014 om ikrafttræden af lov om udbyttedeling ved anvendelse af genetiske ressourcer)'을 채택하였다.

덴마크 ABS법[24]은 사전통보승인(PIC)과 관련하여 유전자원의 '이용'만을 규제하기 때문에 보호지역이나 보호종에 대한 특별한 법적 규제 외에는 덴마크 내 유전자원에 대한 접근을 규율하고 있지는 않다. 그리고 덴마크 ABS법은 상호합의조건(MAT)에 대한 규정을 두고 있지 않아, 유전자원 관련 분쟁이 발생하는 경우에 민사소송을 통하여 분쟁을 해결할 수 있다. 한편, 덴마크 ABS법 제11조에 따라 위반행위가 발생하는 경우 5년의 공소시효로서 벌칙이 부과될 수 있으며, 고의나 중과실의 경우에는 최고 2년의 징역형에 처할 수 있다.[25] 그런데, 비록 덴마크가 국제사회에서 ABS 체계에 대하여 일찌감치 선도적으로 임하였기는 하지만, 덴마크가 ABS 법을 채택한 것 보다 나중에 채택된 EU ABS 규칙 511/2014/EU 및 이행규칙 2015/1866/EU상의 적절주의의무, 이행의무준수감시, 업무처리 모범관행 등의 내용을 적절히 반영하여 보다 구체화시킬 필요가 있다.

---

24 LOV nr 1375 af 23/12/2012 om udbyttedeling ved anvendelse af genetiske ressourcer (Act on sharing benefits arising from the utilisation of genetic resources).

25 덴마크 ABS법 제11조.

아울러 유의할 사항은 덴마크왕국(Kingdom of Denmark)은 덴마크(Denmark), 페로 제도(Faroe Islands), 그린란드(Greenland)로 구성되어 있는데, 페로 제도와 그린 란드는 공법 및 사법상의 모든 부분에 대한 입법적, 행정적 권한을 소유하고 있고, EU 의 '회원국으로서의 덴마크왕국'의 영역에는 포함되지 않는다는 점이다. 따라서 1992 년 덴마크가 비준한 CBD의 적용 범위에는 덴마크령 전부가 속하더라도, 나고야의정 서상의 ABS 체제에 관해서는 덴마크의 체제와 페로 제도의 체제, 그린란드의 체제를 구별해야 할 필요가 있다.

2. PIC 관련 내용

덴마크 ABS법은 나고야의정서 제6조 및 제7조에 따라 기본적인 이용자의 필요 조건에 관하여 규정하고 있으며, 그리고 덴마크가 유전자원의 '접근'에 대한 PIC을 요 구하지 않는다는 점을 확인시켜 주고 있다. 동법의 명칭 및 제1조의 규정에서도 알 수 있듯이, 덴마크 ABS법은 유전자원의 '접근'에 대해서는 규율하지 않으며, 유전자원의 '이용'에 대하여만 규율하고 있다.[26]

한편 덴마크 환경부(장관)는 동법 제5조와 제7조에 따라 '국가책임기관'으로서 덴 마크 자연청(Vand og Naturstyrelsen, Agency for Water and Nature Management: DNA) 을 '지정'하여 유전자원 이용자의 '이행의무준수'를 '감시'하고 보장해야 한다.[27]

3. MAT 관련 내용

덴마크 ABS법은 유전자원의 '접근'에 대해서는 규율하지 않으며, 유전자원의 '이 용'에 대하여만 규율하고 있다.

덴마크 ABS법 자체에는 'MAT'에 관한 아무런 규정이 없다. 다만, 주석서에 나 타난 관련 기술들을 볼 때, 동 법에서는 MAT에 관하여 염려할 대상이 아니며, MAT

---

26 덴마크 ABS법 제1조.
27 덴마크 ABS법 제5조, 제7조.

의 불이행은 사법(private law)에 따라 시행된다. 그러나 앞에서도 살펴보았듯이, 제공국의 ABS 법령에 따라 PIC이나 TK의 이용에 관한 위반으로서의 완전한 불이행은 동법 제3조 및 제4조상의 금지위반이 된다.[28] 그러나 유전자원의 수집과 관련 전통지식의 이용에 대한 '사전동의' 위반이 제공국 ABS법 규정의 위반으로 처벌받는 것에 비하여, 유전자원 또는 관련 전통지식의 이용에 대한 MAT의 위반은 '민사소송'을 통해 기소되어야 한다.

따라서, MAT 준수에 관한 나고야의정서 제18조의 이행을 구현하는 구체적인 규정은 덴마크 ABS법에는 존재하지 않는다. 그리고 '중재판정(arbitral awards)'과 관련해서는 덴마크가 당사국이면서 매우 신뢰하고 있는 '1958년 외국 중재판정의 승인 및 집행에 관한 뉴욕협약(1958 New York Convention on the Recognition and Enforcement of Foreign Arbitral Awards)'을 통하여 구제받을 수 있을 것이다.

---

28 덴마크 ABS법 제3조, 제4조.

VI. 프랑스

1. ABS 관련 법령 채택 개요

　프랑스는 2011년 9월 20일 나고야의정서에 서명한 후, 2016년 8월 31일 나고야의
정서에 비준하였고, 2016년 11월 29일 당사국이 되었다.

　프랑스는 국제적인 '연구개발(R&D)' 활동을 수행하기 위하여 자국영토, 해외영
토, 영해와 배타적 경제수역을 포함하는 지역에서 많은 유전자원을 '제공'할 뿐만 아
니라, 발달된 생명공학능력을 바탕으로 바이오 경제에 적극적으로 참여하는 다수의
경제 및 산업 분야를 갖고 있는 '이용국'이기도 하다. 2012년 11월 이래로 '자발적 접
근절차(voluntary access procedure)'를 통해 신청자들의 유전자원에 대한 '접근'을 국
가연락기관에 '신고(허가가 아닌)'하고, 그리고 자유의사에 따른 ABS의 구체적인 조건
을 설정하는 것을 허가하였다. 게다가 이 자발적 접근절차에 추가하여, 국가연락기관
은 또한 신청자들에게 생물자원에 대한 접근 및 수출과 관련된 법률 규정들, 즉 보호
종(protected species), 보호지역(protected areas), 보건규칙(health rules), CITES, UN해
양법협약 등 현재 적용하고 있는 법 규정들과 신청자들이 스스로 알기 어려운 법 규
정들에 관한 정보를 제공하여 왔다.

　그러나 이제는 유전자원 및 관련 전통지식(TK)으로의 접근을 위한 강제절
차(compulsory procedures)를 도입하는 '생물다양성법안(*Projet de Loi relatif a la
biodiversite*, Draft Biodiversity Law: DBL)'으로 인해 급격하게 변화하게 된다. 특히, 나
고야의정서 비준 이후 프랑스에서의 '생물학적 발견과 유전자원의 이용'에 적용할 규
제체계를 명확하게 하고 (타국의 시스템과) 조화롭게 하기 위해 환경에너지부는 ABS에
관한 새로운 입법 제안을 위해 논의를 개시한 바 있고, 2013년 12월 17일 생물다양성
법안(DBL)은 국립생태학변이위원회(National Council for Ecological Transition, 자문기
능을 수행하는 행정부 산하 위원회인 Conseil national de la transition ecologique(CNTE))
라는 한 자문기구의 길고 비수용적인 고려 끝에 대다수인 찬성 28명, 반대 9명, 기권
1명으로 승인되었다.

2. PIC 관련 내용

프랑스에서 '길들여지고 재배된 종(domesticated and cultivated species)'에서부터 '미생물 병원 종(microbial pathogenic species)'의 범주에 해당되는 유전자원에 관하여는 다음과 같은 복수의 국가책임기관들에 의해 권한이 배분되었다. 즉, ① 농림부(Ministry of Agriculture, Agrifood and Forestry)는 길들여지거나 재배된 종들의 유전자원에 관한 '접근절차'에 대하여 책임이 있다. ② 환경에너지부(Ministry of Ecology, Sustainable Development and Energy)는 야생 종들의 유전자원에 관한 '접근절차'에 대하여 책임이 있다. ③ 보건사회부(Ministry of Social Services and Health)는 인간 건강을 위협할 우려가 있는 건강 위해성을 다루는 병원 및 미생물(pathogenic and microbial) 유전자원에 관한 '접근절차'에 대하여 책임이 있다.

생물다양성법안(DBL)[29]에 따르면 '접근 방법(access measures)'은 ① '신고 절차(declarative procedures: DBL, Title Ⅳ, Article 412-5)',[30] ② '유전자원으로의 접근에 대한 허가 절차(authorization procedures concerning access to genetic resources: DBL, Title Ⅳ, Article 412-6)',[31] ③ '유전자원 관련 진통지식(TK)으로의 접근에 대한 허가 절차(authorization procedures concerning access to traditional knowledge associated with genetic resources: DBL, Title Ⅳ, Articles 412-7 to 412-12)'[32] 3가지의 범주로 나눌 수 있다.

국가책임기관으로의 '단순한 신고'는 유전자원에 대한 접근이 비상업적 연구 목적(non-commercial research purposes)을 위한 ⓐ 생물다양성에 관한 지식의 증가, ⓑ 현지 외(ex situ) 보존의 증진, 또는 ⓒ 가치의 증대를 위한 경우에 적용된다.

'신고 절차'의 대상이 아닌 유전자원의 이용을 위한 접근은 국가책임기관이 교부하는 특별한 '허가(authorization)'를 요건으로 한다. 이 허가에는 적용될 '이익 공유 조건'뿐만 아니라, '유전자원 사용기한'까지도 특정된다.

생물다양성법안은 '유전자원 관련 전통지식(TK)의 이용'을 위해서는 별도의 '허가 절차'를 따르도록 규정하고 있고, 따라서 이 허가는 '오직' 동 허가 절차에 따라서

---

29 Projet de Loi relatif a la biodiversite (Draft Biodiversity Law: DBL).

30 DBL, Title Ⅳ, Article 412-5.

31 DBL, Title Ⅳ, Article 412-6.

32 DBL, Title Ⅳ, Articles 412-7 to 412-12.

만 교부될 수 있다. 그리고 생물다양성법안은 후속되는 주요 요소들에 관하여 규정하고 있다. ⓐ 국무원(Council of State, Conseil d'État, 프랑스 정부의 법적 자문단)이 지정한 국가책임기관은 이러한 '허가' 부여에 대하여 책임을 진다. ⓑ 개별 '지방 정부'의 영역에 있어서는, 국무원이 '법인(공법상의 법인격(juridical personality under public law)을 갖는)'을 지정하여 전통지식을 소유하고 있는 원주민공동체와 필요한 상담을 진행하도록 한다. 이 법인은 원주민공동체와의 상담 결과에 따라 이용자와의 이익 공유 협정에 대하여 협상하고 서명할 책임을 진다.

3. MAT 관련 내용

생물다양성법안(DBL)은 개념 정의 부분에서 '이익 공유'의 구체적인 '성질(specific characterization)'을 포함하고 있는데, 바로 유전자원 및 관련 전통지식(TK)의 이용으로부터 발생되는 '이익의 공정하고 공평한 공유'로서 설명된다. 이는 '연구 및 기타 가치 향상 활동'의 결과뿐만 아니라 '상업적 이용' 등으로부터 발생되는 이익도 포함된다. 이에 대하여 '국가'는 그러한 '유전자원'에 대하여 주권(sovereignty)을 행사하고, '원주민공동체'는 관련 전통지식(TK)의 소유자(holders)에 해당된다(DBL, Title IV, Article 412–3, 3°).[33] 게다가, 이익 공유는 통상적으로 '금전적'인 것뿐만 아니라 '비금전적'인 것도 포함된다(DBL, Title IV, Article 412–3, 3°. (a) to (e)).[34] 이러한 규정들은 국립생태학변이위원회(CNTE)가 지적한 바와 같이, 모든 비금전적인 이익 공유도 가치가 있다고 특히 강조되었으며, 유전자원 및 관련 전통지식의 이용으로부터 발생하는 모든 '비금전적 이익 공유'는 넓은 의미에서 보면 그와 관련된 경제적 및 사회적 활동의 증진을 포함하여 '생물다양성의 보전 및 강화'와 '직접적'으로 관련이 있다고 하겠다.

---

33 DBL, Title IV, Article 412−3, 3°.
34 DBL, Title IV, Article 412−3, 3°. (a) to (e).

부록

부록 1

나고야의정서 영문[1]

Nagoya Protocol
on Access to Genetic Resouces and
the Fair and Equitable Sharing of Benefits
arising from their Utilization
to the Convention on Biological Diversity

The Parties to this Protocol,

Being Parties to the Convention on Biological Diversity, hereinafter referred to as "the Convention",

Recalling that the fair and equitable sharing of benefits arising from the utilization of genetic resources is one of three core objectives of the Convention, and recognizing that this Protocol pursues the implementation of this objective within the Convention,

Reaffirming the sovereign rights of States over their natural resources and according to the provisions of the Convention,

---

1 http://www.abs.go.kr/kabsch/sub.do?cid=23.

Recalling further Article 15 of the Convention,

Recognizing the important contribution to sustainable development made by technology transfer and cooperation to build research and innovation capacities for adding value to genetic resources in developing countries, in accordance with Articles 16 and 19 of the Convention,

Recognizing that public awareness of the economic value of ecosystems and biodiversity and the fair and equitable sharing of this economic value with the custodians of biodiversity are key incentives for the conservation of biological diversity and the sustainable use of its components,

Acknowledging the potential role of access and benefit–sharing to contribute to the conservation and sustainable use of biological diversity, poverty eradication and environmental sustainability and thereby contributing to achieving the Millennium Development Goals,

Acknowledging the linkage between access to genetic resources and the fair and equitable sharing of benefits arising from the utilization of such resources,

Recognizing the importance of providing legal certainty with respect to access to genetic resources and the fair and equitable sharing of benefits arising from their utilization,

Further recognizing the importance of promoting equity and fairness in negotiation of mutually agreed terms between providers and users of genetic resources,

Recognizing also the vital role that women play in access and benefit–sharing and affirming the need for the full participation of women at all levels of policy—making and implementation for biodiversity conservation,

Determined to further support the effective implementation of the access and benefit—sharing provisions of the Convention,

Recognizing that an innovative solution is required to address the fair and equitable sharing of benefits derived from the utilization of genetic resources and traditional knowledge associated with genetic resources that occur in transboundary situations or for which it is not possible to grant or obtain prior informed consent,

Recognizing the importance of genetic resources to food security, public health, biodiversity conservation, and the mitigation of and adaptation to climate change,

Recognizing the special nature of agricultural biodiversity, its distinctive features and problems needing distinctive solutions,

Recognizing the interdependence of all countries with regard to genetic resources for food and agriculture as well as their special nature and importance for achieving food security worldwide and for sustainable development of agriculture in the context of poverty alleviation and climate change and acknowledging the fundamental role of the International Treaty on Plant Genetic Resources for Food and Agriculture and the FAO Commission on Genetic Resources for Food and Agriculture in this regard,

Mindful of the International Health Regulations(2005) of the World Health Organization and the importance of ensuring access to human pathogens for public health preparedness and response purposes,

Acknowledging ongoing work in other international forums relating to access and benefit—sharing,

Recalling the Multilateral System of Access and Benefit—sharing established under the International Treaty on Plant Genetic Resources for Food and Agriculture developed in harmony with the Convention,

Recognizing that international instruments related to access and benefit—sharing should be mutually supportive with a view to achieving the objectives of the Convention,

Recalling the relevance of Article 8(j) of the Convention as it relates to traditional knowledge associated with genetic resources and the fair and equitable sharing of benefits arising from the utilization of such knowledge,

Noting the interrelationship between genetic resources and traditional knowledge, their inseparable nature for indigenous and local communities, the importance of the traditional knowledge for the conservation of biological diversity and the sustainable use of its components, and for the sustainable livelihoods of these communities,

Recognizing the diversity of circumstances in which traditional knowledge associated with genetic resources is held or owned by indigenous and local communities,

Mindful that it is the right of indigenous and local communities to identify the rightful holders of their traditional knowledge associated with genetic resources, within their communities,

Further recognizing the unique circumstances where traditional knowledge associated with genetic resources is held in countries, which may be oral, documented or in other forms, reflecting a rich cultural heritage relevant for conservation and sustainable use of biological diversity,

Noting the United Nations Declaration on the Rights of Indigenous Peoples, and

Affirming that nothing in this Protocol shall be construed as diminishing or extinguishing the existing rights of indigenous and local communities,

Have agreed as follows:

Article
1
OBJECTIVE

The objective of this Protocol is the fair and equitable sharing of the benefits arising from the utilization of genetic resources, including by appropriate access to genetic resources and by appropriate transfer of relevant technologies, taking into account all rights over those resources and to technologies, and by appropriate funding, thereby contributing to the conservation of biological diversity and the sustainable use of its components.

Article

2

USE OF TERMS

The terms defined in Article 2 of the Convention shall apply to this Protocol. In addition, for the purposes of this Protocol:

(a) "Conference of the Parties" means the Conference of the Parties to the Convention;

(b) "Convention" means the Convention on Biological Diversity;

(c) "Utilization of genetic resources" means to conduct research and development on the genetic and/or biochemical composition of genetic resources, including through the application of biotechnology as defined in Article 2 of the Convention;

(d) "Biotechnology" as defined in Article 2 of the Convention means any technological application that uses biological systems, living organisms, or derivatives thereof, to make or modify products or processes for specific use;

(e) "Derivative" means a naturally occurring biochemical compound resulting from the genetic expression or metabolism of biological or genetic resources, even if it does not contain functional units of heredity.

Article

3

SCOPE

This Protocol shall apply to genetic resources within the scope of Article 15 of the Convention and to the benefits arising from the utilization of such resources. This Protocol shall also apply to traditional knowledge associated with genetic resources within the scope of the Convention and to the benefits arising from the utilization of such knowledge.

Article

4

RELATIONSHIP WITH INTERNATIONAL AGREEMENTS AND INSTRUMENTS

1. The provisions of this Protocol shall not affect the rights and obligations of any Party deriving from any existing international agreement, except where the exercise of those rights and obligations would cause a serious damage or threat to biological diversity. This paragraph is not intended to create a hierarchy between this Protocol and other international instruments.

2. Nothing in this Protocol shall prevent the Parties from developing and implementing other relevant international agreements, including other specialized access and benefit-sharing agreements, provided that they are supportive of and do not run counter to the objectives of the Convention and this Protocol.

3. This Protocol shall be implemented in a mutually supportive manner with other international instruments relevant to this Protocol. Due regard should be paid to useful and relevant ongoing work or practices under such international instruments and relevant international organizations, provided that they are supportive of and do not run counter to the objectives of the Convention and this Protocol.

4. This Protocol is the instrument for the implementation of the access and benefit–sharing provisions of the Convention. Where a specialized international access and benefit–sharing instrument applies that is consistent with, and does not run counter to the objectives of the Convention and this Protocol, this Protocol does not apply for the Party or Parties to the specialized instrument in respect of the specific genetic resource covered by and for the purpose of the specialized instrument.

Article

5

FAIR AND EQUITABLE BENEFIT–SHARING

1. In accordance with Article 15, paragraphs 3 and 7 of the Convention, benefits arising from the utilization of genetic resources as well as subsequent applications and commercialization shall be shared in a fair and equitable way with the Party providing such resources that is the country of origin of such resources or a Party that has acquired the genetic resources in accordance with the Convention. Such sharing shall be upon mutually agreed terms.

2. Each Party shall take legislative, administrative or policy measures, as appropriate, with the aim of ensuring that benefits arising from the utilization of genetic resources that are held by indigenous and local communities, in accordance with domestic legislation regarding the established rights of these indigenous and local communities over these genetic resources, are shared in a fair and equitable way with the communities concerned, based on mutually agreed terms.

3. To implement paragraph 1 above, each Party shall take legislative, administrative or policy measures, as appropriate.

4. Benefits may include monetary and non−monetary benefits, including but not limited to those listed in the Annex.

5. Each Party shall take legislative, administrative or policy measures, as appropriate, in order that the benefits arising from the utilization of traditional knowledge associated with genetic resources are shared in a fair and equitable way with indigenous and local communities holding such knowledge. Such sharing shall be upon mutually agreed terms.

Article

6

ACCESS TO GENETIC RESOURCES

1. In the exercise of sovereign rights over natural resources, and subject to domestic access and benefit−sharing legislation or regulatory requirements, access to genetic resources for their utilization shall be subject to the prior

informed consent of the Party providing such resources that is the country of origin of such resources or a Party that has acquired the genetic resources in accordance with the Convention, unless otherwise determined by that Party.

2. In accordance with domestic law, each Party shall take measures, as appropriate, with the aim of ensuring that the prior informed consent or approval and involvement of indigenous and local communities is obtained for access to genetic resources where they have the established right to grant access to such resources.

3. Pursuant to paragraph 1 above, each Party requiring prior informed consent shall take the necessary legislative, administrative or policy measures, as appropriate, to:

   (a) Provide for legal certainty, clarity and transparency of their domestic access and benefit-sharing legislation or regulatory requirements;

   (b) Provide for fair and non-arbitrary rules and procedures on accessing genetic resources;

   (c) Provide information on how to apply for prior informed consent;

   (d) Provide for a clear and transparent written decision by a competent national authority, in a cost-effective manner and within a reasonable period of time;

   (e) Provide for the issuance at the time of access of a permit or its equivalent as evidence of the decision to grant prior informed consent and of the establishment of mutually agreed terms, and notify the Access and Benefit—sharing Clearing—House accordingly;

(f) Where applicable, and subject to domestic legislation, set out criteria and/or processes for obtaining prior informed consent or approval and involvement of indigenous and local communities for access to genetic resources; and

(g) Establish clear rules and procedures for requiring and establishing mutually agreed terms. Such terms shall be set out in writing and may include, *interalia*:

   (i) A dispute settlement clause;

   (ii) Terms on benefit—sharing, including in relation to intellectual property rights;

   (iii) Terms on subsequent third—party use, if any; and

   (iv) Terms on changes of intent, where applicable.

Article

7

ACCESS TO TRADITIONAL KNOWLEDGE ASSOCIATED WITH GENETIC RESOURCES

In accordance with domestic law, each Party shall take measures, as appropriate, with the aim of ensuring that traditional knowledge associated with genetic resources that is held by indigenous and local communities is accessed with the prior and informed consent or approval and involvement of these indigenous and local communities, and that mutually agreed terms have been established.

Article

8

SPECIAL CONSIDERATIONS

In the development and implementation of its access and benefit—sharing legislation or regulatory requirements, each Party shall:

(a) Create conditions to promote and encourage research which contributes to the conservation and sustainable use of biological diversity, particularly in developing countries, including through simplified measures on access for non—commercial research purposes, taking into account the need to address a change of intent for such research;

(b) Pay due regard to cases of present or imminent emergencies that threaten or damage human, animal or plant health, as determined nationally or internationally. Parties may take into consideration the need for expeditious access to genetic resources and expeditious fair and equitable sharing of benefits arising out of the use of such genetic resources, including access to affordable treatments by those in need, especially in developing countries;

(c) Consider the importance of genetic resources for food and agriculture and their special role for food security.

Article

9

CONTRIBUTION TO CONSERVATION AND SUSTAINABLE USE

The Parties shall encourage users and providers to direct benefits arising from the utilization of genetic resources towards the conservation of biological diversity and the sustainable use of its components.

Article

10

GLOBAL MULTILATERAL BENEFIT-SHARING MECHANISM

Parties shall consider the need for and modalities of a global multilateral benefit-sharing mechanism to address the fair and equitable sharing of benefits derived from the utilization of genetic resources and traditional knowledge associated with genetic resources that occur in transboundary situations or for which it is not possible to grant or obtain prior informed consent. The benefits shared by users of genetic resources and traditional knowledge associated with genetic resources through this mechanism shall be used to support the conservation of biological diversity and the sustainable use of its components globally.

Article

11

TRANSBOUNDARY COOPERATION

1. In instances where the same genetic resources are found *in situ* with in the territory of more than one Party, those Parties shall endeavour to cooperate, as appropriate, with the involvement of indigenous and local communities concerned, where applicable, with a view to implementing this Protocol.

2. Where the same traditional knowledge associated with genetic resources is shared by one or more indigenous and local communities in several Parties, those Parties shall endeavour to cooperate, as appropriate, with the involvement of the indigenous and local communities concerned, with a view to implementing the objective of this Protocol.

Article

12

TRADITIONAL KNOWLEDGE ASSOCIATED WITH GENETIC RESOURCES

1. In implementing their obligations under this Protocol, Parties shall in accordance with domestic law take into consideration indigenous and local communities' customary laws, community protocols and procedures, as applicable, with respect to traditional knowledge associated with genetic resources.

2. Parties, with the effective participation of the indigenous and local

communities concerned, shall establish mechanisms to inform potential users of traditional knowledge associated with genetic resources about their obligations, including measures as made available through the Access and Benefit-sharing Clearing-House for access to and fair and equitable sharing of benefits arising from the utilization of such knowledge.

3. Parties shall endeavour to support, as appropriate, the development by indigenous and local communities, including women within these communities, of:

(a) Community protocols in relation to access to traditional knowledge associated with genetic resources and the fair and equitable sharing of benefits arising out of the utilization of such knowledge;

(b) Minimum requirements for mutually agreed terms to secure the fair and equitable sharing of benefits arising from the utilization of traditional knowledge associated with genetic resources; and

(c) Model contractual clauses for benefit-sharing arising from the utilization of traditional knowledge associated with genetic resources.

4. Parties, in their implementation of this Protocol, shall, as far as possible, not restrict the customary use and exchange of genetic resources and associated traditional knowledge within and amongst indigenous and local communities in accordance with the objectives of the Convention.

Article

13

NATIONAL FOCAL POINTS AND COMPETENT NATIONAL AUTHORITIES

1. Each Party shall designate a national focal point on access and benefit—sharing. The national focal point shall make information available as follows:

(a) For applicants seeking access to genetic resources, information on procedures for obtaining prior informed consent and establishing mutually agreed terms, including benefit—sharing;

(b) For applicants seeking access to traditional knowledge associated with genetic resources, where possible, information on procedures for obtaining prior informed consent or approval and involvement, as appropriate, of indigenous and local communities and establishing mutually agreed terms including benefit—sharing; and

(c) Information on competent national authorities, relevant indigenous and local communities and relevant stakeholders.

The national focal point shall be responsible for liaison with the Secretariat.

2. Each Party shall designate one or more competent national authorities on access and benefit—sharing. Competent national authorities shall, in accordance with applicable national legislative, administrative or policy measures, be responsible for granting access or, as applicable, issuing written evidence that access requirements have been met and be responsible for advising on applicable procedures and requirements for obtaining prior

informed consent and entering into mutually agreed terms.

3. A Party may designate a single entity to fulfil the functions of both focal point and competent national authority.

4. Each Party shall, no later than the date of entry into force of this Protocol for it, notify the Secretariat of the contact information of its national focal point and its competent national authority or authorities. Where a Party designates more than one competent national authority, it shall convey to the Secretariat, with its notification thereof, relevant information on the respective responsibilities of those authorities. Where applicable, such information shall, at a minimum, specify which competent authority is responsible for the genetic resources sought. Each Party shall forthwith notify the Secretariat of any changes in the designation of its national focal point or in the contact information or responsibilities of its competent national authority or authorities.

5. The Secretariat shall make information received pursuant to paragraph 4 above available through the Access and Benefit—sharing Clearing—House.

Article
14
THE ACCESS AND BENEFIT—SHARING CLEARING—HOUSE AND INFORMATION—SHARING

1. An Access and Benefit—sharing Clearing—House is hereby established as part of the clearing—house mechanism under Article 18, paragraph 3, of

the Convention. It shall serve as a means for sharing of information related to access and benefit–sharing. In particular, it shall provide access to information made available by each Party relevant to the implementation of this Protocol.

2. Without prejudice to the protection of confidential information, each Party shall make available to the Access and Benefit–sharing Clearing–House any information required by this Protocol, as well as information required pursuant to the decisions taken by the Conference of the Parties serving as the meeting of the Parties to this Protocol. The information shall include:

(a) Legislative, administrative and policy measures on access and benefit– sharing;

(b) Information on the national focal point and competent national authority or authorities; and

(c) Permits or their equivalent issued at the time of access as evidence of the decision to grant prior informed consent and of the establishment of mutually agreed terms.

3. Additional information, if available and as appropriate, may include:

(a) Relevant competent authorities of indigenous and local communities, and information as so decided;

(b) Model contractual clauses;

(c) Methods and tools developed to monitor genetic resources; and

(d) Codes of conduct and best practices.

4. The modalities of the operation of the Access and Benefit-sharing Clearing-House, including reports on its activities, shall be considered and decided upon by the Conference of the Parties serving as the meeting of the Parties to this Protocol at its first meeting, and kept under review thereafter.

Article

15

COMPLIANCE WITH DOMESTIC LEGISLATION OR REGULATORY REQUIREMENTS ON ACCESS AND BENEFIT-SHARING

1. Each Party shall take appropriate, effective and proportionate legislative, administrative or policy measures to provide that genetic resources utilized within its jurisdiction have been accessed in accordance with prior informed consent and that mutually agreed terms have been established, as required by the domestic access and benefit-sharing legislation or regulatory requirements of the other Party.

2. Parties shall take appropriate, effective and proportionate measures to address situations of non-compliance with measures adopted in accordance with paragraph 1 above.

3. Parties shall, as far as possible and as appropriate, cooperate in cases of alleged violation of domestic access and benefit-sharing legislation or regulatory requirements referred to in paragraph 1 above.

Article

16

COMPLIANCE WITH DOMESTIC LEGISLATION OR REGULATORY REQUIREMENTS ON ACCESS AND BENEFIT-SHARING FOR TRADITIONAL KNOWLEDGE ASSOCIATED WITH GENETIC RESOURCES

1. Each Party shall take appropriate, effective and proportionate legislative, administrative or policy measures, as appropriate, to provide that traditional knowledge associated with genetic resources utilized within their jurisdiction has been accessed in accordance with prior informed consent or approval and involvement of indigenous and local communities and that mutually agreed terms have been established, as required by domestic access and benefit-sharing legislation or regulatory requirements of the other Party where such indigenous and local communities are located.

2. Each Party shall take appropriate, effective and proportionate measures to address situations of non-compliance with measures adopted in accordance with paragraph 1 above.

3. Parties shall, as far as possible and as appropriate, cooperate in cases of alleged violation of domestic access and benefit-sharing legislation or regulatory requirements referred to in paragraph 1 above.

Article

17

MONITORING THE UTILIZATION OF GENETIC RESOURCES

1. To support compliance, each Party shall take measures, as appropriate, to monitor and to enhance transparency about the utilization of genetic resources. Such measures shall include:

(a) The designation of one or more checkpoints, as follows:

(i) Designated checkpoints would collect or receive, as appropriate, relevant information related to prior informed consent, to the source of the genetic resource, to the establishment of mutually agreed terms, and/or to the utilization of genetic resources, as appropriate;

(ii) Each Party shall, as appropriate and depending on the particular characteristics of a designated checkpoint, require users of genetic resources to provide the information specified in the above paragraph at a designated checkpoint. Each Party shall take appropriate, effective and proportionate measures to address situations of non−compliance,

(iii) Such information, including from internationally recognized certificates of compliance where they are available, will, without prejudice to the protection of confidential information, be provided to relevant national authorities, to the Party providing prior informed consent and to the Access and Benefit−sharing Clearing−House, as appropriate;

(iv) Checkpoints must be effective and should have functions relevant to implementation of this subparagraph (a). They should be relevant to the utilization of genetic resources, or to the collection of relevant information at, *inter alia*, any stage of research, development, innovation, pre−commercialization or commercialization.

(b) Encouraging users and providers of genetic resources to include provisions in mutually agreed terms to share information on the implementation of such terms, including through reporting requirements; and

(c) Encouraging the use of cost−effective communication tools and systems.

2. A permit or its equivalent issued in accordance with Article 6, paragraph 3 (e) and made available to the Access and Benefit−sharing Clearing−House, shall constitute an internationally recognized certificate of compliance.

3. An internationally recognized certificate of compliance shall serve as evidence that the genetic resource which it covers has been accessed in accordance with prior informed consent and that mutually agreed terms have been established, as required by the domestic access and benefit− sharing legislation or regulatory requirements of the Party providing prior informed consent.

4. The internationally recognized certificate of compliance shall contain the following minimum information when it is not confidential:

(a) Issuing authority;

(b) Date of issuance;

(c) The provider;

(d) Unique identifier of the certificate;

(e) The person or entity to whom prior informed consent was granted;

(f) Subject—matter or genetic resources covered by the certificate;

(g) Confirmation that mutually agreed terms were established;

(h) Confirmation that prior informed consent was obtained; and

(i) Commercial and/or non—commercial use.

Article

18

COMPLIANCE WITH MUTUALLY AGREED TERMS

1. In the implementation of Article 6, paragraph 3 (g) (i) and Article 7, each Party shall encourage providers and users of genetic resources and/or traditional knowledge associated with genetic resources to include provisions in mutually agreed terms to cover, where appropriate, dispute resolution including:

(a) The jurisdiction to which they will subject any dispute resolution processes;

(b) The applicable law; and/or

(c) Options for alternative dispute resolution, such as mediation or arbitration.

2. Each Party shall ensure that an opportunity to seek recourse is available under their legal systems, consistent with applicable jurisdictional requirements, in cases of disputes arising from mutually agreed terms.

3. Each Party shall take effective measures, as appropriate, regarding:

(a) Access to justice; and

(b) The utilization of mechanisms regarding mutual recognition and enforcement of foreign judgments and arbitral awards.

4. The effectiveness of this article shall be reviewed by the Conference of the Parties serving as the meeting of the Parties to this Protocol in accordance with Article 31 of this Protocol.

Article

19

MODEL CONTRACTUAL CLAUSES

1. Each Party shall encourage, as appropriate, the development, update and use of sectoral and cross-sectoral model contractual clauses for mutually agreed terms.

2. The Conference of the Parties serving as the meeting of the Parties to this Protocol shall periodically take stock of the use of sectoral and cross—sectoral model contractual clauses.

Article
20
CODES OF CONDUCT, GUIDELINES AND BEST PRACTICES AND/OR STANDARDS

1. Each Party shall encourage, as appropriate, the development, update and use of voluntary codes of conduct, guidelines and best practices and/or standards in relation to access and benefit—sharing.

2. The Conference of the Parties serving as the meeting of the Parties to this Protocol shall periodically take stock of the use of voluntary codes of conduct, guidelines and best practices and/or standards and consider the adoption of specific codes of conduct, guidelines and best practices and/or standards.

Article
21
AWARENESS–RAISING

Each Party shall take measures to raise awareness of the importance of genetic resources and traditional knowledge associated with genetic resources, and related access and benefit—sharing issues. Such measures may include, inter alia:

(a) Promotion of this Protocol, including its objective;

(b) Organization of meetings of indigenous and local communities and relevant stakeholders;

(c) Establishment and maintenance of a help desk for indigenous and local communities and relevant stakeholders;

(d) Information dissemination through a national clearing—house;

(e) Promotion of voluntary codes of conduct, guidelines and best practices and/or standards in consultation with indigenous and local communities and relevant stakeholders;

(f) Promotion of, as appropriate, domestic, regional and international exchanges of experience;

(g) Education and training of users and providers of genetic resources and traditional knowledge associated with genetic resources about their access and benefit—sharing obligations;

(h) Involvement of indigenous and local communities and relevant stakeholders in the implementation of this Protocol; and

(i) Awareness—raising of community protocols and procedures of indigenous and local communities.

Article

22

CAPACITY

1. The Parties shall cooperate in the capacity—building, capacity development and strengthening of human resources and institutional capacities to effectively implement this Protocol in developing country Parties, in particular the least developed countries and small island developing States among them, and Parties with economies in transition, including through existing global, regional, subregional and national institutions and organizations. In this context, Parties should facilitate the involvement of indigenous and local communities and relevant stakeholders, including non— governmental organizations and the private sector.

2. The need of developing country Parties, in particular the least developed countries and small island developing States among them, and Parties with economies in transition for financial resources in accordance with the relevant provisions of the Convention shall be taken fully into account for capacity—building and development to implement this Protocol.

3. As a basis for appropriate measures in relation to the implementation of this Protocol, developing country Parties, in particular the least developed countries and small island developing States among them, and Parties with economies in transition should identify their national capacity needs and priorities through national capacity self—assessments. In doing so, such Parties should support the capacity needs and priorities of indigenous and local communities and relevant stakeholders, as identified by them, emphasizing the capacity needs and priorities of women.

4. In support of the implementation of this Protocol, capacity-building and development may address, *inter alia*, the following key areas:

   (a) Capacity to implement, and to comply with the obligations of, this Protocol;

   (b) Capacity to negotiate mutually agreed terms;

   (c) Capacity to develop, implement and enforce domestic legislative, administrative or policy measures on access and benefit-sharing; and

   (d) Capacity of countries to develop their endogenous research capabilities to add value to their own genetic resources.

5. Measures in accordance with paragraphs 1 to 4 above may include, *inter alia*:

   (a) Legal and institutional development;

   (b) Promotion of equity and fairness in negotiations, such as training to negotiate mutually agreed terms;

   (c) The monitoring and enforcement of compliance;

   (d) Employment of best available communication tools and Internet-based systems for access and benefit-sharing activities;

   (e) Development and use of valuation methods;

(f) Bioprospecting, associated research and taxonomic studies;

(g) Technology transfer, and infrastructure and technical capacity to make such technology transfer sustainable;

(h) Enhancement of the contribution of access and benefit−sharing activities to the conservation of biological diversity and the sustainable use of its components;

(i) Special measures to increase the capacity of relevant stakeholders in relation to access and benefit−sharing; and

(j) Special measures to increase the capacity of indigenous and local communities with emphasis on enhancing the capacity of women within those communities in relation to access to genetic resources and/or traditional knowledge associated with genetic resources.

6. Information on capacity−building and development initiatives at national, regional and international levels, undertaken in accordance with paragraphs 1 to 5 above, should be provided to the Access and Benefit−sharing Clearing−House with a view to promoting synergy and coordination on capacity−building and development for access and benefit−sharing.

Article

23

TECHNOLOGY TRANSFER, COLLABORATION AND COOPERATION

In accordance with Articles 15, 16, 18 and 19 of the Convention, the Parties shall collaborate and cooperate in technical and scientific research and development programmes, including biotechnological research activities, as a means to achieve the objective of this Protocol. The Parties undertake to promote and encourage access to technology by, and transfer of technology to, developing country Parties, in particular the least developed countries and small island developing States among them, and Parties with economies in transition, in order to enable the development and strengthening of a sound and viable technological and scientific base for the attainment of the objectives of the Convention and this Protocol. Where possible and appropriate such collaborative activities shall take place in and with a Party or the Parties providing genetic resources that is the country or are the countries of origin of such resources or a Party or Parties that have acquired the genetic resources in accordance with the Convention.

Article

24

NON-PARTIES

The Parties shall encourage non-Parties to adhere to this Protocol and to contribute appropriate information to the Access and Benefit-sharing Clearing-House.

Article
25
FINANCIAL MECHANISM AND RESOURCES

1. In considering financial resources for the implementation of this Protocol, the Parties shall take into account the provisions of Article 20 of the Convention.

2. The financial mechanism of the Convention shall be the financial mechanism for this Protocol.

3. Regarding the capacity—building and development referred to in Article 22 of this Protocol, the Conference of the Parties serving as the meeting of the Parties to this Protocol, in providing guidance with respect to the financial mechanism referred to in paragraph 2 above, for consideration by the Conference of the Parties, shall take into account the need of developing country Parties, in particular the least developed countries and small island developing States among them, and of Parties with economies in transition, for financial resources, as well as the capacity needs and priorities of indigenous and local communities, including women within these communities.

4. In the context of paragraph 1 above, the Parties shall also take into account the needs of the developing country Parties, in particular the least developed countries and small island developing States among them, and of the Parties with economies in transition, in their efforts to identify and implement their capacity—building and development requirements for the purposes of the implementation of this Protocol.

5. The guidance to the financial mechanism of the Convention in relevant decisions of the Conference of the Parties, including those agreed before the adoption of this Protocol, shall apply, *mutatis mutandis*, to the provisions of this Article.

6. The developed country Parties may also provide, and the developing country Parties and the Parties with economies in transition avail themselves of, financial and other resources for the implementation of the provisions of this Protocol through bilateral, regional and multilateral channels.

Article

26

CONFERENCE OF THE PARTIES SERVING AS THE MEETING OF THE PARTIES TO THIS PROTOCOL

1. The Conference of the Parties shall serve as the meeting of the Parties to this Protocol.

2. Parties to the Convention that are not Parties to this Protocol may participate as observers in the proceedings of any meeting of the Conference of the Parties serving as the meeting of the Parties to this Protocol. When the Conference of the Parties serves as the meeting of the Parties to this Protocol, decisions under this Protocol shall be taken only by those that are Parties to it.

3. When the Conference of the Parties serves as the meeting of the Parties to this Protocol, any member of the Bureau of the Conference of the Parties

representing a Party to the Convention but, at that time, not a Party to this Protocol, shall be substituted by a member to be elected by and from among the Parties to this Protocol.

4. The Conference of the Parties serving as the meeting of the Parties to this Protocol shall keep under regular review the implementation of this Protocol and shall make, within its mandate, the decisions necessary to promote its effective implementation. It shall perform the functions assigned to it by this Protocol and shall:

(a) Make recommendations on any matters necessary for the implementation of this Protocol;

(b) Establish such subsidiary bodies as are deemed necessary for the implementation of this Protocol;

(c) Seek and utilize, where appropriate, the services and cooperation of, and information provided by, competent international organizations and intergovernmental and non-governmental bodies;

(d) Establish the form and the intervals for transmitting the information to be submitted in accordance with Article 29 of this Protocol and consider such information as well as reports submitted by any subsidiary body;

(e) Consider and adopt, as required, amendments to this Protocol and its Annex, as well as any additional annexes to this Protocol, that are deemed necessary for the implementation of this Protocol; and

(f) Exercise such other functions as may be required for the implementation of this Protocol.

5. The rules of procedure of the Conference of the Parties and financial rules of the Convention shall be applied, *mutatis mutandis*, under this Protocol, except as may be other wise decided by consensus by the Conference of the Parties serving as the meeting of the Parties to this Protocol.

6. The first meeting of the Conference of the Parties serving as the meeting of the Parties to this Protocol shall be convened by the Secretariat and held concurrently with the first meeting of the Conference of the Parties that is scheduled after the date of the entry into force of this Protocol. Subsequent ordinary meetings of the Conference of the Parties serving as the meeting of the Parties to this Protocol shall be held concurrently with ordinary meetings of the Conference of the Parties, unless otherwise decided by the Conference of the Parties serving as the meeting of the Parties to this Protocol.

7. Extraordinary meetings of the Conference of the Parties serving as the meeting of the Parties to this Protocol shall be held at such other times as may be deemed necessary by the Conference of the Parties serving as the meeting of the Parties to this Protocol, or at the written request of any Party, provided that, within six months of the request being communicated to the Parties by the Secretariat, it is supported by at least one third of the Parties.

8. The United Nations, its specialized agencies and the International Atomic Energy Agency, as well as any State member thereof or observers thereto not party to the Convention, may be represented as observers at meetings of the Conference of the Parties serving as the meeting of the Parties to this Protocol. Any body or agency, whether national or international, governmental or non−governmental, that is qualified in matters covered by this Protocol and that has informed the Secretariat of its wish to be

represented at a meeting of the Conference of the Parties serving as a meeting of the Parties to this Protocol as an observer, may be so admitted, unless at least one third of the Parties present object. Except as otherwise provided in this Article, the admission and participation of observers shall be subject to the rules of procedure, as referred to in paragraph 5 above.

Article

27

SUBSIDIARY BODIES

1. Any subsidiary body established by or under the Convention may serve this Protocol, including upon a decision of the Conference of the Parties serving as the meeting of the Parties to this Protocol. Any such decision shall specify the tasks to be undertaken.

2. Parties to the Convention that are not Parties to this Protocol may participate as observers in the proceedings of any meeting of any such subsidiary bodies. When a subsidiary body of the Convention serves as a subsidiary body to this Protocol, decisions under this Protocol shall be taken only by Parties to this Protocol.

3. When a subsidiary body of the Convention exercises its functions with regard to matters concerning this Protocol, any member of the bureau of that subsidiary body representing a Party to the Convention but, at that time, not a Party to this Protocol, shall be substituted by a member to be elected by and from among the Parties to this Protocol.

Article

28

SECRETARIAT

1. The Secretariat established by Article 24 of the Convention shall serve as the secretariat to this Protocol.

2. Article 24, paragraph 1, of the Convention on the functions of the Secretariat shall apply, *mutatis mutandis*, to this Protocol.

3. To the extent that they are distinct, the costs of the secretariat services for this Protocol shall be met by the Parties hereto. The Conference of the Parties serving as the meeting of the Parties to this Protocol shall, at its first meeting, decide on the necessary budgetary arrangements to this end.

Article

29

MONITORING AND REPORTING

Each Party shall monitor the implementation of its obligations under this Protocol, and shall, at intervals and in the format to be determined by the Conference of the Parties serving as the meeting of the Parties to this Protocol, report to the Conference of the Parties serving as the meeting of the Parties to this Protocol on measures that it has taken to implement this Protocol.

Article

30

PROCEDURES AND MECHANISMS TO PROMOTE COMPLIANCE WITH THIS PROTOCOL

The Conference of the Parties serving as the meeting of the Parties to this Protocol shall, at its first meeting, consider and approve cooperative procedures and institutional mechanisms to promote compliance with the provisions of this Protocol and to address cases of non-compliance. These procedures and mechanisms shall include provisions to offer advice or assistance, where appropriate. They shall be separate from, and without prejudice to, the dispute settlement procedures and mechanisms under Article 27 of the Convention.

Article

31

ASSESSMENT AND REVIEW

The Conference of the Parties serving as the meeting of the Parties to this Protocol shall undertake, four years after the entry into force of this Protocol and thereafter at intervals determined by the Conference of the Parties serving as the meeting of the Parties to this Protocol, an evaluation of the effectiveness of this Protocol.

Article

32

SIGNATURE

This Protocol shall be open for signature by Parties to the Convention at the United Nations Headquarters in New York, from 2 February 2011 to 1 February 2012.

Article

33

ENTRY INTO FORCE

1. This Protocol shall enter into force on the ninetieth day after the date of deposit of the fiftieth instrument of ratification, acceptance, approval or accession by States or regional economic integration organizations that are Parties to the Convention.

2. This Protocol shall enter into force for a State or regional economic integration organization that ratifies, accepts or approves this Protocol or accedes thereto after the deposit of the fiftieth instrument as referred to in paragraph 1 above, on the ninetieth day after the date on which that State or regional economic integration organization deposits its instrument of ratification, acceptance, approval or accession, or on the date on which the Convention enters into force for that State or regional economic integration organization, whichever shall be the later.

3. For the purposes of paragraphs 1 and 2 above, any instrument deposited

by a regional economic integration organization shall not be counted as additional to those deposited by member States of such organization.

Article
34
RESERVATIONS

No reservations may be made to this Protocol.

Article
35
WITHDRAWAL

1. At any time after two years from the date on which this Protocol has entered into force for a Party, that Party may withdraw from this Protocol by giving written notification to the Depositary.

2. Any such withdrawal shall take place upon expiry of one year after the date of its receipt by the Depositary, or on such later date as may be specified in the notification of the withdrawal.

Article

36

AUTHENTIC TEXTS

The original of this Protocol, of which the Arabic, Chinese, English, French, Russian and Spanish texts are equally authentic, shall be deposited with the Secretary—General of the United Nations.

IN WITNESS WHEREOF the undersigned, being duly authorized to that effect, have signed this Protocol on the dates indicated.

DONE at Nagoya on this twenty—ninth day of October, two thousand and ten.

Annex
MONETARY AND NON-MONETARY BENEFITS

1. Monetary benefits may include, but not be limited to:

    (a) Access fees/fee per sample collected or otherwise acquired;

    (b) Up-front payments;

    (c) Milestone payments;

    (d) Payment of royalties;

    (e) Licence fees in case of commercialization;

    (f) Special fees to be paid to trust funds supporting conservation and sustainable use of biodiversity;

    (g) Salaries and preferential terms where mutually agreed;

    (h) Research funding;

    (i) Joint ventures;

    (j) Joint ownership of relevant intellectual property rights.

2. Non-monetary benefits may include, but not be limited to:

    (a) Sharing of research and development results;

(b) Collaboration, cooperation and contribution in scientific research and development programmes, particularly biotechnological research activities, where possible in the Party providing genetic resources;

(c) Participation in product development;

(d) Collaboration, cooperation and contribution in education and training;

(e) Admittance to *ex situ* facilities of genetic resources and to databases;

(f) Transfer to the provider of the genetic resources of knowledge and technology under fair and most favourable terms, including on concessional and preferential terms where agreed, in particular, knowledge and technology that make use of genetic resources, including biotechnology, or that are relevant to the conservation and sustainable utilization of biological diversity;

(g) Strengthening capacities for technology transfer;

(h) Institutional capacity—building;

(i) Human and material resources to strengthen the capacities for the administration and enforcement of access regulations;

(j) Training related to genetic resources with the full participation of countries providing genetic resources, and where possible, in such countries;

(k) Access to scientific information relevant to conservation and sustainable use of biological diversity, including biological inventories and taxonomic studies;

(l) Contributions to the local economy;

(m) Research directed towards priority needs, such as health and food security, taking into account domestic uses of genetic resources in the Party providing genetic resources;

(n) Institutional and professional relationships that can arise from an access and benefit—sharing agreement and subsequent collaborative activities;

(o) Food and livelihood security benefits;

(p) Social recognition;

(q) Joint ownership of relevant intellectual property rights.

부록 2
나고야의정서 국문[1]

**생물다양성협약 부속
유전자원에 대한 접근 및
그 이용으로부터 발생하는 이익의 공정하고 공평한 공유에 관한
나고야의정서**

이 의정서 당사국은,

이하 "협약"이라고 지칭되는 생물다양성협약 당사국으로서,

유전자원의 이용으로부터 발생하는 이익의 공정하고 공평한 공유가 협약의 3대 핵심 목표 중 하나라는 점을 상기하고, 그리고 의정서가 협약의 범위 내에서 이 목표의 이행을 추구한다는 점을 인식하며,

자국의 자연자원에 대한, 그리고 협약의 규정에 따라 국가의 주권적 권리를 재확인하고,

아울러 협약 제15조를 상기하며,

---

1 http://www.abs.go.kr/kabsch/sub.do?cid=23.

협약 제16조와 제19조에 따라, 개발도상국 유전자원의 가치를 증대시키기 위한 연구 및 혁신능력을 배양하기 위한 기술 이전 및 협력이 지속 가능한 발전에 중요한 기여를 한다는 점을 인식하고,

생태계 및 생물다양성의 경제적 가치에 대한, 그리고 이러한 경제적 가치를 생물다양성의 관리자와 공정하고 공평하게 공유하는 것에 대한 대중의 인식은 생물다양성의 보전 및 그 구성요소에 대한 지속가능한 이용의 핵심 유인이라는 점을 인식하고,

생물다양성의 보전 및 지속 가능한 이용, 빈곤 퇴치, 환경적 지속성에 기여함으로써 새천년개발목표 달성에 기여하는 접근 및 이익 공유의 잠재적 역할을 인정하고,

유전자원에 대한 접근과 그러한 자원의 이용으로부터 발생하는 이익의 공정하고 공평한 공유 간의 연계성을 인정하고,

유전자원에 대한 접근과 유전자원의 이용으로부터 발생하는 이익의 공정하고 공평한 공유에 관한 법적 확실성 제공의 중요성을 인식하고,

아울러 유전자원 제공자와 이용자 간 상호합의조건 협상에 있어서 공평성 및 공정성 제고의 중요성을 인식하고,

또한 접근 및 이익 공유에 있어 여성의 핵심적 역할을 인식하고, 생물다양성 보전을 위한 정책 수립 및 이행의 모든 단계에서 여성의 완전한 참여 필요성을 인식하며, 협약의 접근 및 이익공유 조항의 효과적 이행을 증대하기로 결정하며,

월경성 상황, 또는 사전통보승인을 부여하거나 취득하는 것이 불가능한 유전자원 및 이와 연관된 전통지식의 이용으로부터 발생하는 이익의 공정하고 공평한 공유 문제를 해결하기 위해 혁신적인 해법이 요구된다는 점을 인식하고,

식량 안보, 공중 보건, 생물다양성 보전, 기후 변화 완화 및 이에 대한 적응에 있어서

유전자원의 중요성을 인식하고,

농업 생물다양성의 특별한 성격, 차별화된 특징, 그리고 특수한 해법이 요구되는 문제를 인식하고,

전 세계적 식량안보 달성과, 빈곤 완화 및 기후 변화와 관련하여 농업의 지속가능한 발전을 위한 유전자원의 특별한 성격 및 중요성과 더불어, 식량과 농업을 위한 유전자원에 대한 모든 국가의 상호의존성을 인식하고, 이러한 점에서 식량과 농업을 위한 식물유전자원에 관한 국제조약과 식량 및 농업을 위한 유전자원에 관한 국제연합 식량농업기구 위원회의 기본적 역할을 인식하며,

세계보건기구의 국제보건규칙(2005)을 유념하며, 아울러 공중 보건 준비태세 및 대응 목적으로 인체 병원균에 대한 접근을 보장하는 것이 중요함을 유념하고,

접근 및 이익 공유와 관련하여 다른 국제적 포럼에서 진행 중인 작업을 인정하고,

협약과 조화롭게 마련된 식량 및 농업을 위한 식물유전자원에 관한 국제조약 하에 확립된 접근 및 이익 공유의 다자 체제를 상기하며,

접근 및 이익 공유와 관련한 국제적 약속문서들이 협약 목표의 달성을 위해 상호 보완적이어야 함을 인식하고,

협약 제8조 차호는 유전자원 관련 전통 지식과 그러한 지식의 이용으로부터 발생하는 이익의 공정하고 공평한 공유와 관계된다는 그 관련성을 상기하고,

유전자원과 전통지식 간 상호연관성, 토착지역공동체에게 있어 양자 간의 불가분적 속성, 생물다양성 보전과 그 구성요소의 지속 가능한 이용과 이들 공동체의 지속 가능한 생활을 위한 전통 지식의 중요성에 주목하고,

유전자원 관련 전통 지식을 토착지역공동체가 보유 또는 소유하는 상황들의 다양성을 인식하고,

유전자원 관련 전통 지식의 정당한 보유자를 공동체 내에서 찾아내는 것은 토착지역공동체들의 권리임을 유념하고,
아울러 유전자원 관련 전통 지식이 생물다양성의 보전 및 지속 가능한 이용과 관련한 풍부한 문화적 전통을 반영하여 구전, 문서 기록, 또는 기타 형태로 각국에 보유되어 있는 독특한 상황들을 인식하고,

토착민 권리에 관한 국제연합선언을 주목하고,

이 의정서의 어떤 규정도 토착지역공동체의 권리를 축소하거나 소멸시키는 것으로 해석되지 아니함을 확인하면서,

아래와 같이 합의하였다.

제1조 목적
이 의정서의 목적은, 유전자원에 대한 적절한 접근, 유전자원과 기술에 대한 모든 권리를 고려한 관련 기술의 적절한 이전, 그리고 적절한 기금조성을 포함한 방법 등을 통하여, 유전자원의 이용으로부터 발생하는 이익을 공정하고 공평하게 공유하는 것이고, 그럼으로써 생물다양성 보전과 그 구성요소의 지속가능한 이용에 기여하는 것이다.

제2조 용어 사용
협약 제2조에 정의된 용어가 이 의정서에 적용된다. 이에 부가하여, 이 의정서의 목적상,

　가. "당사국 총회"는 협약 당사국 총회를 의미한다.

나. "협약"은 생물다양성협약을 의미한다.

다. "유전자원 이용"은, 협약 제2조에 정의된 생명공학기술의 적용을 통한 것을 포함하여, 유전자원의 유전적 그리고/또는 생화학적 구성성분에 관한 연구·개발을 수행하는 것을 의미한다.

라. "생명공학기술"은, 협약 제2조에 정의된 바와 같이 특정 용도로 산출물 또는 공정을 개발하거나 변경하기 위해 생물학적 체계, 살아있는 유기체, 또는 그 파생물을 이용하는 모든 기술적 응용을 의미한다.

마. "파생물"은 유전의 기능적 단위를 포함하지 않더라도 생물자원 또는 유전자원의 유전자 발현 또는 대사작용으로부터 자연적으로 생성된 생화학적 합성물을 의미한다.

제3조 범위

이 의정서는 협약 제15조의 적용범위 내의 유전자원과 그 자원의 이용으로부터 발생하는 이익에 적용된다. 이 의정서는 또한 협약의 적용범위 내의 유전자원과 연관된 전통지식과 그 지식의 이용으로부터 발생하는 이익에 적용된다.

제4조 국제 협약 및 문서와의 관계

1. 이 의정서의 조항들은 기존의 국제협약에서 유래하는 당사국의 권리 및 의무의 행사가 생물다양성에 심각한 피해 또는 위협을 초래하는 경우를 제외하고 그 권리와 의무에 영향을 미치지 아니한다. 이 항은 의정서와 다른 국제 문서들 간의 상하관계 창설을 의도하는 것이 아니다.

2. 이 의정서의 어떤 규정도 당사국이 접근 및 이익 공유에 관한 기타 특별 협정을 포함하여 기타 관련 국제 협정을 개발·이행하는 것을 금지하지 아니한다. 단, 위 협정

들은 협약과 이 의정서의 목적에 배치되어서는 아니 되며 이를 지지하여야 한다.

3. 이 의정서는 이 의정서와 관련이 있는 다른 국제적 문서들과 상호 보완적인 방식으로 이행되어야 한다. 협약과 이 의정서의 목적을 지지하고 이와 배치되지 않는 한, 위 국제 문서들과 관련 국제기구들이 진행하는 유용하고 관련성 있는 작업이나 관행에 적절한 주의를 부여하여야 한다.

4. 이 의정서는 협약의 접근 및 이익 공유 조항의 이행을 위한 문서이다. 협약과 이 의정서의 목적과 부합하고 배치되지 않는 접근 및 이익 공유에 관한 특별 국제 문서가 적용되는 경우, 이 의정서는 특별 문서에 의해 그리고 그 목적상 적용되는 특정 유전자원에 대해 해당 특별 문서의 당사국 또는 당사국들에 적용되지 아니한다.

제5조 공정하고 공평한 이익공유

1. 협약 제15조 제3항 및 제7항에 의거하여, 유전자원 이용 및 후속하는 응용 및 상용화에 따라 발생하는 이익은 그러한 자원의 원산지 국가로서 그러한 자원을 제공하는 당사국 또는 협약에 따라 유전자원을 획득한 당사국과 공정하고 공평한 방식으로 공유되어야 한다. 그러한 공유는 상호합의조건에 따른다.

2. 각 당사국은 유전자원에 대한 토착지역공동체의 확립된 권리에 관한 국내 입법에 따라 토착지역공동체가 보유하는 유전자원의 이용으로부터 발생하는 이익이 상호합의조건에 근거하여 해당 공동체와 공정하고 공평하게 공유되는 것을 보장할 목적으로 입법적, 행정적, 또는 정책적 조치 중 적절한 조치를 채택하여야 한다.

3. 위 제1항을 이행하기 위해 각 당사국은 입법적, 행정적, 또는 정책적 조치 중 적절한 조치를 채택하여야 한다.

4. 이익은 금전적, 비금전적 이익을 포함하며, 부속서에 열거된 것들을 포함하되 이에 국한되지 아니한다.

5. 각 당사국은 유전자원 관련 전통지식의 이용으로부터 발생하는 이익이 그러한 지식을 보유하는 토착지역공동체들과 공정하고 공평하게 공유되도록 입법적, 행정적, 또는 정책적 조치 중 적절한 조치를 채택하여야 한다. 그러한 공유는 상호합의조건에 따른다.

제6조 유전자원에 대한 접근

1. 자연자원에 대한 주권적 권리를 행사하는 데 있어, 그리고 접근 및 이익공유에 관한 국내 입법 또는 규제 요건의 설치를 조건으로, 유전자원 이용을 목적으로 하는 유전자원 접근은, 해당 당사국이 달리 결정하지 않는 한, 그러한 자원의 원산지 국가로서 그러한 자원을 제공하는 당사국 또는 협약에 따라 유전자원을 획득한 당사국의 사전통보승인에 따라야 한다.

2. 각 당사국은, 국내법에 의거하여, 토착지역공동체가 유전자원에 대한 접근을 부여할 확립된 권리를 가진 경우, 그러한 유전자원에 대한 접근을 위한 토착지역공동체의 사전통보승인 또는 승인과 관여를 취득하는 것을 보장할 목적으로 적절한 조치를 채택하여야 한다.

3. 상기 제1항에 따라, 사전통보승인을 요구하는 각 당사국은 다음 각 호와 같은 사항을 위해 필요한 입법적, 행정적, 또는 정책적 조치 중 적절한 조치를 채택하여야 한다:

가. 접근 및 이익 공유에 관한 국내입법 및 규제 요건의 법적 확실성, 명확성, 그리고 투명성의 제공;

나. 유전자원 접근에 관한 공정하고 비자의적 규칙과 절차의 제공;

다. 사전통보승인 신청 방법에 관한 정보의 제공;

라. 비용효과적인 방법으로 그리고 합리적 기간 내에 국가책임기관의 명확하고 투명한 서면 결정의 제공;

마. 유전자원 접근 시 사전통보승인 부여 결정과 상호합의조건 체결의 증거로서 허가증이나 그 상응 문서의 발급과 이의 접근 및 이익공유 정보공유체계에 대한 통보의 제공;

바. 적용 가능한 경우, 그리고 국내입법을 조건으로, 유전자원 접근에 대한 토착지역공동체의 사전통보승인 취득 또는 승인과 참여를 위한 기준 그리고/또는 절차에 관한 규정; 그리고

사. 상호합의조건의 요구 및 체결에 대한 명확한 규칙 및 절차의 설치. 상호합의조건은 서면으로 작성되어야 하고, 특히 다음 각 목에 대한 내용이 포함될 수 있다:

(1) 분쟁 해결 조항;

(2) 지적재산권 관련 사항을 포함한 이익 공유 조건;

(3) 해당 사항이 있을 경우, 제3자의 추후 이용에 관한 조건; 그리고

(4) 적용 가능한 경우, 사용 목적의 변경에 관한 조건.

제7조 유전자원 관련 전통 지식에 대한 접근

국내법에 따라, 각 당사국은 토착지역공동체가 보유하는 유전자원 관련 전통지식에 대한 접근이 해당 토착지역공동체의 사전통보승인 또는 승인과 참여에 따라 접근되고, 상호합의조건이 체결되었다는 점을 보장할 목적으로 적절한 조치를 채택하여야 한다.

제8조 특별 고려사항

각 당사국은, 접근 및 이익 공유 관련 법률 또는 규제 요건을 제정·이행함에 있어, 다음 각 호를 이행해야 한다.

가. 연구 의도의 변경에 대한 대처 필요성을 고려하여, 비(非)상업적 연구를 위한 접근에 대한 간소화된 조치를 포함하여, 특히 개발도상국에서의 생물다양성의 보전 및 지속 가능한 이용에 기여하는 연구를 촉진하고 장려하기 위한 여건을 조성한다.

나. 국내적으로 또는 국제적으로 판단할 때 인간, 동물, 또는 식물의 건강을 위협하거나 침해하는 현존하는 또는 임박한 비상사태에 적절한 주의를 부여한다. 당사국은 유전자원에 대한 신속한 접근의 필요성과, 그리고 도움을 필요로 하는 대상이 (특히 개도국에서) 감당 가능한 치료제에 접근하는 것을 포함하여, 그러한 유전자원 이용으로부터 발생하는 이익을 공정하고 공평하면서 신속하게 공유하는 것을 고려할 수 있다.

다. 식량 및 농업을 위한 유전자원의 중요성과 식량 안보에 있어서의 특별한 역할을 고려한다.

제9조 보전 및 지속 가능한 이용에 대한 기여

각 당사국은 이용자와 제공자가 유전자원 이용 이익을 생물다양성 보전과 그 구성요소의 지속 가능한 이용에 사용하도록 장려해야 한다.

제10조 세계 다자 간 이익공유 체제

각 당사국은 월경성 상황에서 발생하는 또는 사전통보승인의 부여 또는 취득이 불가능한 유전자원 및 유전자원 관련 전통 지식 이용으로부터 발생하는 이익의 공정하고 공평한 공유 문제를 해결하기 위한 세계 다자 간 이익공유 체제의 필요성과 양식을 고려해야 한다. 이러한 체제를 통해 유전자원 및 유전자원 관련 전통 지식 이용자가 공유하는 이익은 생물다양성 보전 및 그 구성요소의 지속 가능한 이용을 세계적으로 지원하는 데 사용되어야 한다.

제11조 월경성 협력

1. 동일한 유전자원이 두 당사국 이상의 영토 현지 내에서 발견되는 경우 해당 당사국은, 이 의정서를 이행할 목적으로, 해당되는 경우, 관련 토착지역공동체를 참여시키고, 적절한 바에 따라 협력하기 위해 노력해야 한다.

2. 유전자원과 연관된 동일 전통 지식을 복수의 당사국에 걸쳐 있는 하나 이상의 토착지역공동체가 공유하는 경우, 해당 당사국들은 해당 토착지역공동체들을 참여시키고 이 의정서의 목적 이행을 위해 적절한 바에 따라 협력하도록 노력해야 한다.

제12조 유전자원 관련 전통 지식

1. 당사국들은 이 의정서에 따른 의무를 이행함에 있어 국내법에 따라, 유전자원 관련 전통 지식에 관한 토착지역공동체들의 해당되는 관습법, 공동체 규약 및 절차를 고려해야 한다.

2. 당사국들은 해당 토착지역공동체들이 효과적으로 참여하는 가운데 유전자원 관련 전통 지식의 잠재적 이용자에게, 그러한 지식의 접근 및 이용으로부터 발생하는 이익에 대한 공정하고 공평한 공유를 위한 접근 및 이익공유 정보공유체계를 통해 열람 가능한 사항들을 포함하여, 이용자의 의무를 통지할 체제를 마련하여야 한다.

3. 당사국들은 공동체 내 여성의 참여를 포함하여 토착지역공동체가 다음 각 호를 개발하는데 적절한 경우 지원을 제공하도록 노력해야 한다.

   가. 유전자원 관련 전통 지식에 대한 접근 및 그러한 지식의 이용으로부터 발생하는 이익의 공정하고 공평한 공유에 관한 공동체 규약;

   나. 유전자원 관련 전통 지식 이용으로부터 발생하는 이익의 공정하고 공평한 공유를 확보하기 위한 상호합의조건의 최소 요건; 그리고

다. 유전자원 관련 전통 지식 이용으로부터 발생하는 이익 공유에 관한 표준계약조항

4. 당사국들은 이 의정서를 이행함에 있어 협약의 목적에 따른 토착지역공동체 내, 또는 공동체 간 유전자원 및 유전자원 관련 전통 지식의 관습적 이용 및 교류를 가능한 한 제한하지 않아야 한다.

제13조 국가연락기관 및 국가책임기관

1. 각 당사국은 접근 및 이익 공유에 관한 국가연락기관을 지정해야 한다. 국가연락기관은 다음 각 호와 같은 정보를 공개해야 한다.

   가. 유전자원에 대한 접근 신청자의 경우, 사전통보승인 취득과 상호합의조건(이익 공유를 포함) 체결을 위한 절차에 관한 정보

   나. 가능할 경우, 유전자원 관련 전통 지식에 대한 접근 신청자의 경우, 토착지역공동체의 사전통보승인 취득 또는, 적절한 경우, 토착지역공동체의 승인과 참여에 관한 절차, 그리고 이익 공유를 포함하여 상호합의조건 체결에 관한 정보, 그리고

   다. 국가책임기관, 관련 토착지역공동체, 그리고 관련 이해관계자에 관한 정보

국가연락기관은 사무국과의 연락의 책임이 있다.

2. 각 당사국은 접근 및 이익 공유에 대한 하나 이상의 국가책임기관을 지정해야 한다. 국가책임기관은 해당 입법적, 행정적 또는 정책적 조치에 따라 접근 허가를 부여하거나, 적절한 경우 접근 요건이 충족되었다는 증서를 발급할 책임이 있고, 사전통보승인 취득 및 상호합의조건 체결에 관한 해당 절차 및 요건에 대해 자문할 책임을 부담한다.

3. 당사국은 국가연락기관 및 국가책임기관 직무를 수행할 단일 기관을 지정할 수 있다.

4. 각 당사국은 늦어도 이 의정서의 발효일까지 국가연락기관 및 국가책임기관의 연락처를 사무국에 통보해야 한다. 당사국이 두 개 이상의 국가책임기관을 지정할 경우 해당 기관들이 각각 부담하는 책임에 대한 관련 정보를 사무국에 통보하여야 한다. 해당되는 경우, 그러한 정보에는 최소한 접근 신청 유전자원에 대한 책임기관을 명시하여야 한다. 각 당사국은 국가연락기관 지정이나 연락처 또는 국가책임기관(들)의 책임에 변경 사항이 발생하는 경우 이를 즉시 사무국에 통보해야 한다.

5. 사무국은 제4항에 따라 접수된 정보를 접근 및 이익공유 정보공유체계를 통해 공개하여야 한다.

제14조 접근 및 이익공유 정보공유체계와 정보 공유

1. 접근 및 이익공유 정보공유체계가 이 문서에 의거하여 협약 제18조 제3항에 따른 정보공유체계의 일환으로 설치된다. 이 체계는 접근 및 이익 공유 관련 정보를 공유하는 역할을 수행한다. 특히, 이 체계는 이 의정서의 이행과 관련하여 각 당사국이 공개하는 정보에 대한 접근을 제공한다.

2. 각 당사국은, 기밀 정보 보호에 영향을 미치지 않는 한, 이 의정서가 요구하는 정보는 물론, 이 의정서 당사국 회의 역할을 하는 당사국총회가 내린 결정에 따라 요구되는 정보를 접근 및 이익공유 정보공유체계에 공개해야 한다. 그러한 정보는 다음 각 호를 포함해야 한다.

　　가. 접근 및 이익 공유에 관한 입법적, 행정적, 그리고 정책적 조치

　　나. 국가연락기관 및 국가책임기관에 관한 정보

　　다. 유전자원 접근 시 사전통보승인 부여 결정과 상호합의조건 체결 증거로 발급하는 허가증 또는 상응 문서

3. 가능하고 적절할 경우, 추가 정보는 다음 각 호를 포함할 수 있다.

　가. 토착지역공동체들의 관련 책임기관과, 이에 관하여 결정된 정보

　나. 표준계약조항

　다. 유전자원 감시를 위해 개발된 방법 및 수단, 그리고

　라. 행동규범 및 모범관행

4. 접근 및 이익공유 정보공유체계의 활동 보고서를 포함한 운영 방식은 이 의정서 당사국 회의 역할을 하는 당사국총회의 제1차 회의에서 심의하고 결정하며, 계속하여 검토된다.

제15조 접근 및 이익 공유에 관한 국내입법 또는 규제 요건의 준수

1. 각 당사국은 그 관할 내에서 이용되는 유전자원이 타방 당사국의 접근 및 이익 공유 관련 국내법 또는 규제 요건이 요구하는 사전통보승인에 따라 접근되고, 상호합의조건이 체결되었다는 것을 규정할 적절하고 효과적이며 비례적인 입법적, 행정적, 또는 정책적 조치를 채택하여야 한다.

2. 각 당사국은 제1항에 따라 채택된 조치의 위반상황에 대처하기 위한 적절하고 효과적이며 비례적인 조치를 채택한다.

3. 당사국들은 제1항에 언급된 접근 및 이익 공유에 관한 국내입법 또는 규제 요건의 위반 사례에 대해, 가능한 한 그리고 적절한 바에 따라, 협력한다.

제16조 유전자원 관련 전통 지식에 대한 접근 및 이익 공유에 관한 국내입법 또는 규제 요건 준수

1. 각 당사국은 토착지역공동체가 소재한 타방 당사국의 접근 및 이익 공유 국내입법 또는 규제 요건이 요구하는 대로, 자국의 관할 내에서 이용되는 유전자원 관련 전통 지식이 해당 토착지역공동체의 사전통보승인 또는 승인과 참여 하에 접근되었고, 그리고 상호합의조건이 체결되었다는 것을 규정할 적절하고 효과적이며 비례적인 입법적 조치, 행정적 조치 또는 정책적 조치를 적절하게 채택한다.

2. 각 당사국은 제1항에 따라 채택된 조치의 위반상황에 대처하기 위한 적절하고 효과적이며 비례적인 조치를 채택한다.

3. 당사국들은 제1항에 언급된 접근 및 이익 공유 국내입법 또는 규제 요건에 대한 위반주장에 대해 가능한 한 그리고 적절한 바에 따라 협력한다.

제17조 유전자원 이용 감시

1. 의무준수를 장려하기 위해 각 당사국은 적절한 경우 유전자원 이용의 투명성을 감시하고 향상시키기 위한 조치를 취해야 한다. 그러한 조치는 다음 각 호를 포함한다.

    가. 다음 각 목에 따라 하나 이상의 점검기관을 지정한다.

        ⑴ 지정된 점검기관은 적절한 경우 사전통보승인, 유전자원의 출처, 상호합의조건의 체결, 그리고/또는 유전자원 이용과 관련한 정보를 취합하거나 접수한다.
        ⑵ 각 당사국은 적절한 경우, 그리고 특정 지정 점검기관의 특징에 따라 유전자원의 이용자가 지정 점검기관에 위 목에 명시된 정보를 제공하도록 해야 한다. 각 당사국은 미 준수 상황에 대처하기 위한 적절하고 효과적이며 비례적인 조치를 취해야 한다.

        ⑶ 기밀 정보 보호에 영향을 미치지 않는 한, 국제적으로 인정되는 의무준수

인증서가 있는 경우 이러한 인증서로부터의 정보를 포함하여 그러한 정보를 적절한 관련 국가 기관들, 사전통보승인을 하는 당사국, 그리고 접근 및 이익공유 정보공유체계에 제공해야 한다.

(4) 점검기관은 효과적으로 운영되어야 하며 가호의 이행과 관련한 직무를 수행해야 한다. 직무는 유전자원 이용이나, 연구, 개발, 혁신, 상용화 이전 또는 상용화 등 모든 진행 단계에 관한 정보와 관련이 있어야 한다.

나. 유전자원의 이용자 및 제공자로 하여금 상호합의조건에 보고 요건을 포함하여 그러한 조건의 이행에 관한 정보를 공유하기 위한 조항들을 포함시키도록 장려한다. 그리고

다. 비용 대비 효과가 높은 의사소통 수단 및 체계를 활용할 것을 장려한다.

2. 제6조 제3항 마호에 따라 발급되고 접근 및 이익공유 정보공유체계에 공개된 허가 또는 그에 상당하는 것은 국제적으로 인정된 의무준수 인증서를 구성한다.

3. 국제적으로 인정된 의무준수 인증서는 사전통보승인을 제공하는 당사국의 접근 및 이익 공유 국내법 및 규제 요건이 요구하는 대로, 해당 인증서에 적시된 유전자원이 사전통보승인에 따라 접근이 허용되었고 상호합의조건이 확정되었다는 증거 역할을 한다.

4. 국제적으로 인정된 의무준수 인증서는 해당 정보가 기밀 정보가 아닐 경우 최소한 다음 각 호와 같은 정보를 포함해야 한다.

가. 발급 기관

나. 발급일

다. 제공자

라. 인증서 고유 확인

마. 사전통보승인이 부여된 자나 기관

바. 인증서가 대상으로 하고 있는 사안이나 유전자원

사. 상호합의조건이 체결되었다는 확인

아. 사전통보승인이 있었다는 확인, 그리고

자. 상업적 그리고/또는 비상업적 이용

제18조 상호합의조건의 준수

1. 제6조 제3항 사호 제(1)목과 제7조를 이행함에 있어, 적절한 경우, 각 당사국은 유전자원 그리고/또는 유전자원 관련 전통지식 제공자 및 이용자가 다음 각 호를 포함하는 분쟁 해결 관련 조항을 상호합의조건에 포함시키도록 권장해야 한다.

   가. 모든 분쟁 해결 절차의 귀속 관할

   나. 적용 가능한 법률, 그리고/또는

   다. 조정 또는 중재와 같은 대안적 분쟁 해결책

2. 각 당사국은 상호합의조건에서 비롯된 분쟁이 일어날 경우 적용 가능한 관할 요건에 따라 당사국의 법률 체계 하에서 분쟁해결을 추구할 기회를 보장해야 한다.

3. 각 당사국은 다음 각 호에 관하여 적절한 경우 효과적인 조치를 취해야 한다.

　가. 사법제도에 대한 접근, 그리고

　나. 외국 판결 및 중재 판정 상호 인정과 집행 관련 체계의 이용

4. 이 조의 효력은 이 의정서 당사국 회의 역할을 하는 당사국총회가 이 의정서 제31
조에 따라 검토해야 한다.

제19조 표준계약조항

1. 각 당사국은 적절한 경우 상호합의조건을 위한 부문별 및 부문 간 표준계약조항의
구성, 갱신 및 이용을 권장해야 한다.

2. 이 의정서의 당사국 회의 역할을 하는 당사국총회는 주기적으로 부문별 및 부문
간 표준계약조항의 사용현황을 파악해야 한다.

제20조 행동규약, 지침 및 모범관행 그리고/또는 기준

1. 각 당사국은 적절한 경우 접근 및 이익공유와 관련한 자발적인 행동규약, 지침 및
모범 관행 그리고/또는 기준의 개발, 갱신 및 이용을 권장해야 한다.

2. 이 의정서의 당사국 회의 역할을 하는 당사국총회는 자발적 행동규약, 지침 및 모범
관행 그리고/또는 기준의 이용 현황을 정기적으로 파악하고, 특정 행동규약, 지침
및 모범관행 그리고/또는 기준의 채택을 고려해야 한다.

제21조 대중인식 제고

각 당사국은 유전자원과 유전자원 관련 전통지식의 중요성과, 이와 관련한 접근 및 이

익공유 관련 사안들에 대한 인식 개선을 위한 조치를 취해야 한다. 그러한 조치에는
예를 들어 다음 각 호의 사항들이 포함될 수 있다.

가. 의정서의 목적을 포함하여 이 의정서에 대한 홍보

나. 토착지역공동체 및 관련 이해관계자가 참여하는 회의 조직

다. 토착지역공동체 및 관련 이해관계자를 위한 지원센터의 설치 및 운영

라. 국가 정보공유체계를 통한 정보 제공

마. 토착지역공동체와 관련 이해관계자와의 협의를 바탕으로 하는 자발적 행동규
약, 지침 및 모범관행 그리고/또는 기준 홍보

바. 저절한 경우, 국가 내, 지역 내, 그리고 국제적 경험의 공유 촉진

사. 유전자원과 유전자원 관련 전통지식의 이용자 및 제공자를 대상으로 하는 접근
및 이익공유 의무에 관한 교육 및 훈련

아. 토착지역공동체 및 관련 이해관계자의 이 의정서 이행 참여, 그리고

자. 토착지역공동체의 공동체 규약 및 절차에 대한 인식 개선

제22조 역량

1. 각 당사국은 특히 최빈개도국과 군소도서최빈개도국, 그리고 경제 전환기에 있는
당사국을 포함하여 개발도상국인 당사국에서 이 의정서를 효과적으로 이행하기 위
해 기존의 세계적, 지역적, 소(小) 지역적, 국가적 기관 및 기구를 통한 수단을 포함
하여 역량 강화, 역량 개발, 인적 자원 및 제도적 역량 강화를 위해 협력해야 한다.

이러한 맥락에서 각 당사국은 비정부기구 및 민간 부문을 포함하여 토착지역공동체와 관련 이해관계자의 참여를 촉진해야 한다.

2. 특히 최빈개도국과 군소도서최빈개도국, 그리고 경제 전환기에 있는 당사국을 포함하여 개발도상국인 당사국의, 협약 관련 조항에 따른 재정 자원에 대한 필요성을 이 의정서 이행을 위한 역량 강화 및 개발을 위해 적극 고려한다.

3. 이 의정서 이행과 관련한 적절한 조치의 토대로서 특히 최빈개도국과 군소도서최빈개도국, 그리고 경제 전환기에 있는 당사국을 포함하여 개발도상국인 당사국은 국가 역량 자체 평가를 통해 자국의 국가 역량 관련 요구와 우선순위를 파악하여야 한다. 그렇게 함에 있어서 그러한 당사국들은 여성의 역량 관련 필요사항과 우선순위에 중점을 두고 토착지역 공동체들 및 관련 이해관계자가 자체 파악한 역량 관련 필요사항 및 우선순위를 지원하여야 한다.

4. 이 의정서의 이행을 지원하기 위해 역량 강화 및 개발은 예를 들어 다음 각 호와 같은 핵심 분야를 포함할 수 있다.

가. 이 의정서의 이행과 그 의무 준수 역량

나. 상호합의조건의 협상 역량

다. 접근 및 이익공유에 관한 국내 입법적, 행정적, 또는 정책적 조치의 개발, 이행, 집행 역량, 그리고

라. 자국의 유전자원에 가치를 더할 내생적 연구 능력을 개발하는 각 국의 역량

5. 상기 제1항에서 제4항에 따른 조치는 예를 들어 다음 각 호를 포함할 수 있다.

가. 법적, 제도적 개발

나. 상호합의조건 협상을 위한 훈련과 같이, 협상의 공평성 및 공정성의 촉진노력

다. 의무준수 감시 및 집행

라. 접근 및 이익공유 활동을 위해 최고로 가용한 의사소통 수단 및 인터넷 기반 체계 이용

마. 평가 방법의 개발 및 사용

바. 생물자원탐사 및 관련 연구, 그리고 분류학적 연구

사. 기술 이전, 그리고 그러한 기술 이전을 지속 가능하게 하기 위한 인프라와 기술 역량

아. 접근 및 이익공유 활동의 생물다양성 보전 및 그 구성요소의 지속 가능한 이용에 대한 기여도 강화

자. 접근 및 이익공유와 관련하여 관련 이해관계자의 역량을 강화하기 위한 특별 조치, 그리고

차. 유전자원 그리고/또는 유전자원 관련 전통지식에 대한 접근과 관련하여 특히 공동체 내 여성의 역량 강화에 중점을 두고 토착지역공동체들의 역량을 강화하기 위한 특별 조치

6. 상기 제1항에서 제5항에 따라 착수되는 국가적, 지역적, 국제적 차원의 역량 강화 및 개발 계획에 대한 정보는 접근 및 이익공유와 관련한 역량 강화 및 개발의 시너지 및 조율을 촉진하기 위해 접근 및 이익공유 정보공유체계에 제공되어야 한다.

제23조 기술 이전, 공조, 협력

협약 제15조, 제16조, 제18조, 제19조에 따라 각 당사국은 이 의정서의 목적 달성을 위해 생명공학 연구를 포함하여 과학기술 연구 및 개발 프로그램에 있어서 공조하고 협력해야 한다. 각 당사국은 협약 및 이 의정서의 목적 달성을 위한 건실하고 타당성 있는 기술적, 과학적 토대를 마련하고 이를 강화할 수 있기 위해 특히 최빈개도국과 군소도서최빈개도국, 그리고 경제 전환기에 있는 당사국을 포함하여 개발도상국인 당사국의 기술 접근 및 이들 당사국에 대한 기술 이전을 촉진하고 장려할 것을 약속한다. 가능하고 적절할 경우, 그러한 공조 활동들은 해당 자원의 원산지 국가인 유전자원 제공 당사국 또는 당사국들 혹은 협약에 따라 유전자원을 획득한 당사국 또는 당사국들 내에서 이들 국가와 함께 진행되어야 한다.

제24조 비당사국

각 당사국은 비당사국들이 이 의정서를 준수하고 접근 및 이익공유 정보공유체계에 적절한 정보를 제공하도록 장려해야 한다.

제25조 재정적 체계 및 자원

1. 이 의정서의 이행을 위한 재정적 자원을 고려함에 있어서, 각 당사국은 협약 제20조의 조항들을 고려해야 한다.

2. 협약의 재정적 체계는 이 의정서의 재정적 체계이다.

3. 이 의정서 제22조에 언급된 역량 강화 및 개발과 관련하여 이 의정서 당사국 회의 역할을 하는 당사국총회는 상기 제2항에 언급된 재정적 체계에 관한 지침의 심의를 위해 당사국총회에 제출함에 있어서 특히 최빈개도국과 군소도서최빈개도국, 그리고 경제 전환기에 있는 당사국을 포함하여 개발도상국인 당사국의 재정 자원에 대한 필요성은 물론, 공동체 내 여성을 포함하여 토착지역공동체의 역량 관련 필요사항과 우선순위를 고려해야 한다.

4. 상기 제1항의 맥락에서, 이 의정서를 이행하기 위한 자국의 역량 강화 및 개발 요건을 파악하고 이행하려는 노력에 있어서도 각 당사국은 특히 최빈개도국과 군소도서 최빈개도국, 그리고 경제 전환기에 있는 당사국을 포함하여 개발도상국인 당사국의 필요사항을 아울러 고려해야 한다.

5. 이 의정서의 채택 이전에 합의된 사항을 포함하여 당사국총회의 관련 결정에 포함된 협약의 재정적 체계에 대한 지침은 이 조의 조항들에 준용된다.

6. 또한 선진국인 당사국들은 양자간 경로, 지역적 경로 및 다자간 경로를 통해 이 의정서의 이행을 위한 재정적 자원과 기타 자원을 제공할 수 있고 개발도상국인 당사국들과 경제 전환기에 있는 당사국들은 이를 이용할 수 있다.

제26조 이 의정서의 당사국 회의 역할을 하는 당사국총회

1. 당사국총회는 이 의정서의 당사국 회의 역할을 한다.

2. 이 의정서의 당사국이 아닌 협약 당사국은 이 의정서의 당사국총회 역할을 하는 당사국총회의 모든 회의 절차에서 참관국으로 참여할 수 있다. 당사국총회가 이 의정서의 당사국 회의 역할을 할 때, 이 의정서에 따른 결정은 이 의정서의 당사국만 내릴 수 있다.

3. 당사국총회가 이 의정서의 당사국회의 역할을 할 때, 해당 시점에 이 의정서의 당사국이 아닌 협약 당사국을 대표하는 당사국총회 사무국의 일원은 이 의정서 당사국들에 의해 이 의정서 당사국들이 선출하는 일원으로 대체되어야 한다.

4. 이 의정서의 당사국회의 역할을 하는 당사국총회는 이 의정서의 이행을 정기적으로 검토하며 당사국총회에 위임된 권한 내에서 이 의정서의 효과적인 이행을 촉진하는 데 필요한 결정을 내린다. 당사국총회는 이 의정서에 의해 할당된 직무를 수행하며 다음 각 호의 사항을 이행한다.

가. 이 의정서의 이행에 필요한 모든 사항들에 관한 권고를 한다.

나. 이 의정서의 이행에 필요한 것으로 판단되는 산하 기구를 설치한다.

다. 적절한 경우, 유관 국제기구 및 정부간기구 또는 비 정부기구의 서비스 및 협력과 이들 기구가 제공하는 정보를 구하고 이용한다.

라. 이 의정서 제29조에 따라 제공되는 정보를 전송하는 형식 및 시간적 간격을 정하고 그러한 정보는 물론 모든 산하 기구가 제출하는 보고서를 고려한다.

마. 요청받는 대로, 이 의정서의 이행에 필요한 것으로 판단되는, 이 의정서 및 의정서의 부칙은 물론 이 의정서에 대한 모든 추가 부칙에 대한 수정안을 검토하고 채택한다. 그리고

바. 이 의정서의 이행에 요구될 수 있는 다른 직무를 수행한다.

5. 이 의정서의 당사국 회의 역할을 하는 당사국총회의 합의로 달리 결정되는 경우를 제외하고, 당사국총회 의사규칙과 협약의 재정 관련 규칙은 이 의정서에 준용된다.

6. 이 의정서의 당사국 회의 역할을 하는 당사국총회의 첫 회의는 사무국이 소집하며, 이 의정서 발효일 이후 예정된 첫 당사국총회와 동시에 개최된다. 이 의정서의 당사국 회의 역할을 하는 당사국총회에 후속하는 정례 회의는 이 의정서의 당사국 회의 역할을 하는 당사국총회가 달리 결정하는 경우를 제외하고 당사국총회 정례 회의와 동시에 개최된다.

7. 이 의정서의 당사국회의 역할을 하는 당사국총회의 특별 회의는 이 의정서의 당사국 회의 역할을 하는 당사국총회가 필요하다고 판단하는 때에 개최되거나, 당사국의 서면 요청으로 개최하되, 사무국이 그러한 요청을 당사국들에 전달한 시점부터 6개월 이내에 적어도 당사국 3 분의 1이 찬성할 시에 한한다.

8. 협약의 당사국이 아닌, 국제연합, 국제연합 특별기구, 국제원자력기구는 물론 그러한 기구의 모든 회원국 또는 참관국은 이 의정서의 당사국회의 역할을 하는 당사국총회에 참관국으로 참석할 수 있다. 이 의정서에 포함된 사안들에 있어 자격이 있고 이 의정서의 당사국회의 역할을 하는 당사국총회에 참관국으로 참여하고자 하는 의사를 사무국에 표시한 모든 국가, 국제, 정부, 비 정부기구 또는 기관은 참석한 당사국 3분의 1이 반대하지 않는 한 그러한 자격으로 참석하는 것이 허용될 수 있다. 이 조에 달리 규정된 경우를 제외하고, 참관국의 참석과 참여는 상기 제5항에 언급된 의사규칙에 따라야 한다.

제27조 보조기구

1. 협약에 의하거나 그에 따라 설립된 모든 보조기구는 이 의정서의 당사국회의의 역할을 수행하는 당사국총회의 결정에 의거하여 의정서의 보조기구로서 기능할 수 있다. 이 경우 당사국회의에서 해당 보조기구가 수행하는 기능을 정한다.

2. 이 의정서의 당사자국이 아닌 협약 당사국은 모든 그러한 보조기구의 모든 회의에 참관국으로 참여할 수 있다. 협약 보조기구가 이 의정서의 보조기구 역할을 하는 경우, 이 의정서에 따른 결정은 이 의정서 당사국에 의해서만 이루어질 수 있다.

3. 협약 보조기구가 이 의정서에 관한 업무와 관련된 기능을 수행하는 경우, 협약의 당사국을 대표하는 그 보조기구의 임원국 중에 의정서의 비당사국은 의정서의 당사국들이 그들 중에서 선출한 임원국으로 대체된다.

제28조 사무국

1. 협약 제24조에 의거하여 설치된 사무국은 이 의정서의 사무국 역할을 한다.

2. 사무국의 기능에 대한 협약 제24조 제1항은 이 의정서에 준용된다.

3. 이 의정서를 위한 사무국 서비스의 비용은 그것이 명확히 구별되는 범위에서 이 의정서의 당사국에 의하여 충당된다. 이 의정서의 당사국 회의 역할을 하는 당사국총회는 제1차 회의에서 위와 같은 목적을 위하여 필요한 예산상의 조치를 결정한다.

제29조 감시와 보고

각 당사국은 이 의정서에 따른 의무 이행을 점검해야 하며, 이 의정서의 당사국 회의 역할을 하는 당사국총회가 결정하는 시간적 간격과 형식으로 이 의정서의 이행을 위해 해당 당사국이 취한 조치에 관해 이 의정서의 당사국 회의 역할을 하는 당사국총회에 보고해야 한다.

제30조 이 의정서의 준수를 촉진하기 위한 절차와 체제

이 의정서의 당사국 회의 역할을 하는 당사국총회는 제1차 회의에서 이 의정서 조항들의 준수를 촉진하고 위반 사례에 대처하기 위한 협력 절차 및 제도적 체제를 검토하고 승인해야 한다. 이러한 절차와 체제들은 적절한 경우 조언과 지원을 제공하기 위한 규정들을 포함해야 한다. 이러한 절차와 체제들은 협약 제27조에 따른 분쟁 해결 절차 및 체제와 별도이며, 이를 저해하지 아니한다.

제31조 평가 및 검토

이 의정서의 당사국회의 역할을 하는 당사국총회는 이 의정서의 발효부터 4년 후, 그리고 그 후 이 의정서의 당사국회의 역할을 하는 당사국총회가 정하는 시간 간격에 따라 이 의정서의 효력에 관한 평가를 수행해야 한다.

제32조 조인

이 의정서는 2011년 2월 2일부터 2012년 2월 1일까지 뉴욕 국제연합본부에서 당사국의 서명을 받는다.

제33조 발효

1. 이 의정서는 협약 당사국인 국가나 지역 경제 통합 기구의 50번째 비준서, 수락서, 승인서, 혹은 가입서의 기탁일 이후 90일째 되는 날 발효한다.

2. 이 의정서는 상기 제1항에 따라 의정서가 발효된 날 이후에 의정서를 비준·수락 또는 승인하거나 이 의정서에 가입하는 국가나 지역경제통합기구에 대해서는 그 국가나 지역경제통합기구가 비준서, 수락서, 승인서 또는 가입서를 기탁한 날로부터 90일째 되는 날이나 그 국가가 지역경제통합기구에 대하여 협약이 발효되는 날 중에서 가장 늦은 날짜에 발효한다.

3. 상기 제1항과 제2항의 목적상, 지역경제통합기구가 기탁한 모든 문서는 그러한 기구의 회원국들이 기탁한 문서에 추가되는 것으로 간주되지 아니한다.

제34조 유보

의정서에 대해서는 어떠한 유보도 할 수 없다.

제35조 탈퇴

1. 이 의정서가 한 당사국을 대상으로 발효된 날로부터 2년 이후 언제든 해당 당사국은 수탁자에게 서면 통지를 함으로써 이 의정서에서 탈퇴할 수 있다.

2. 모든 그러한 탈퇴는 수탁자가 그러한 통지를 받은 날로부터 1년이 경과한 때, 혹은 해당 탈퇴 통지에 명시될 수 있는 날 중 늦은 시점에 효력이 발생한다.

제36조 정본

아랍어, 중국어, 영어, 불어, 러시아어, 스페인어본이 동등하게 정본인 이 의정서의 원본은 국제연합사무총장에게 기탁한다.

이상의 증거로서 아래의 서명자가 정당한 권한을 위임 받아 명시된 날짜에 이 의정서에 서명하였다.

2010년 10월 29일 나고야에서 작성되었다.

부속서
금전적 이익과 비금전적 이익

1. 금전적 이익은 다음 각 호를 포함하되 이에 국한되지 아니한다.

   가. 수집되었거나 기타 방법으로 획득한 표본에 대한 접근료/접근료들

   나. 선급금

   다. 이행 단계에 따른 중도금

   라. 로열티 지급액

   마. 상용화의 경우 면허료

   바. 생물다양성의 보전 및 지속 가능한 이용을 지원하는 신탁기금에 지급하는 특별 부담액

   사. 상호 합의된 경우 봉급 및 우대 조건

   아. 연구 지원금

   자. 합작투자

   차. 지적재산권 공동 보유

2. 비금전적 이익은 다음 각 호를 포함하되 이에 국한되지 아니한다.

　가. 연구개발 결과의 공유

　나. 가능할 경우, 유전자원을 제공하는 당사국 내, 특히 생명공학 연구 활동을 포함
　　　하여 과학연구개발 프로그램에 있어서의 협력, 협업, 기여

　다. 제품 개발 참여

　라. 교육 및 훈련에 있어서의 협력, 협업, 기여

　마. 유전자원 현장 외 시설 출입 및 데이터베이스 접근

　바. 합의된 양보 및 우대 조건에 의한 것들을 포함하여, 공정하고 가장 유리한 조건
　　　으로 유전자원의 제공자에게 이전하는 지식 및 기술. 생명공학을 포함하여 특
　　　히 유전자원을 이용하는 지식과 기술 또는 생명다양성의 보전 및 지속 가능한
　　　이용과 관련 있는 지식과 기술의 이전

　사. 기술 이전을 위한 역량 강화

　아. 제도적 역량 강화

　자. 접근 규정의 운용 및 집행을 위한 역량을 강화하기 위한 인적, 물적 자원

　차. 유전자원 제공 국가가 전면적으로 참여하는, 그리고 가능할 경우 그러한 국가
　　　에서 열리는 유전자원 관련 훈련

　카. 생물학적 자료 및 분류학적 연구를 포함하여 생물다양성의 보전 및 지속 가능
　　　한 이용과 관련한 과학 정보에 대한 접근

타. 지역 경제에 대한 기여

파. 유전자원 제공 당사국 내 유전자원 활용을 고려하여 보건 및 식량 안보 등 최우선 요구를 다루는 연구

하. 접근 및 이익공유 협정 및 후속 협력 활동으로 형성될 수 있는 제도적, 전문적 관계

거. 식량 안보 및 생계 유지의 이익

너. 사회적 인식

더. 관련 지적재산권의 공동 보유

찾아보기

저자

김두수

한국외국어대학교 법학박사
Hague Academy of International Law 수료
대한국제법학회 사무국장·이사
한국국제경제법학회 총무이사·출판이사
한국유럽학회 이사
국가공무원시험 문제선정위원
한국법제연구원 비교법제연구센터 해외법제조사위원
국회도서관 EU법 강사
한국지식재산연구원 협력연구원
한국외국어대학교, 경희대학교, 서울시립대학교,
아주대학교, 동국대학교, 가천대학교, 창원대학교 강의교수
경상대학교 객원교수·학술연구교수

현대국제조약집(공편)
개정판 현대국제조약집(공편)
EU소송법상 선결적 부탁절차
EU법론
EU사법(Ⅰ)·(Ⅱ)(공저)
EU공동시장법
글로벌시대의 유럽읽기(공저)
EU식품법
유럽연합의 법, 정치와 대외관계(공저)
EU환경법
EU의 통합성과 지역성(공저)
EU법
한눈에 살펴보는 나고야의정서 주요 당사국 동향(공저)
외 다수

나고야의정서의 이행: 환경과 통상

초판발행	2018년 8월 10일
지은이	김두수
펴낸이	안종만
편 집	김상윤
기획/마케팅	정연환
표지디자인	김연서
제 작	우인도·고철민
펴낸곳	(주) **박영사**
	서울특별시 종로구 새문안로 3길 36, 1601
	등록 1959. 3. 11. 제300-1959-1호
전 화	02)733-6771
f a x	02)736-4818
e-mail	pys@pybook.co.kr
homepage	www.pybook.co.kr
ISBN	979-11-303-3230-7 93360

copyright©김두수, 2018, Printed in Korea

정 가	22,000원